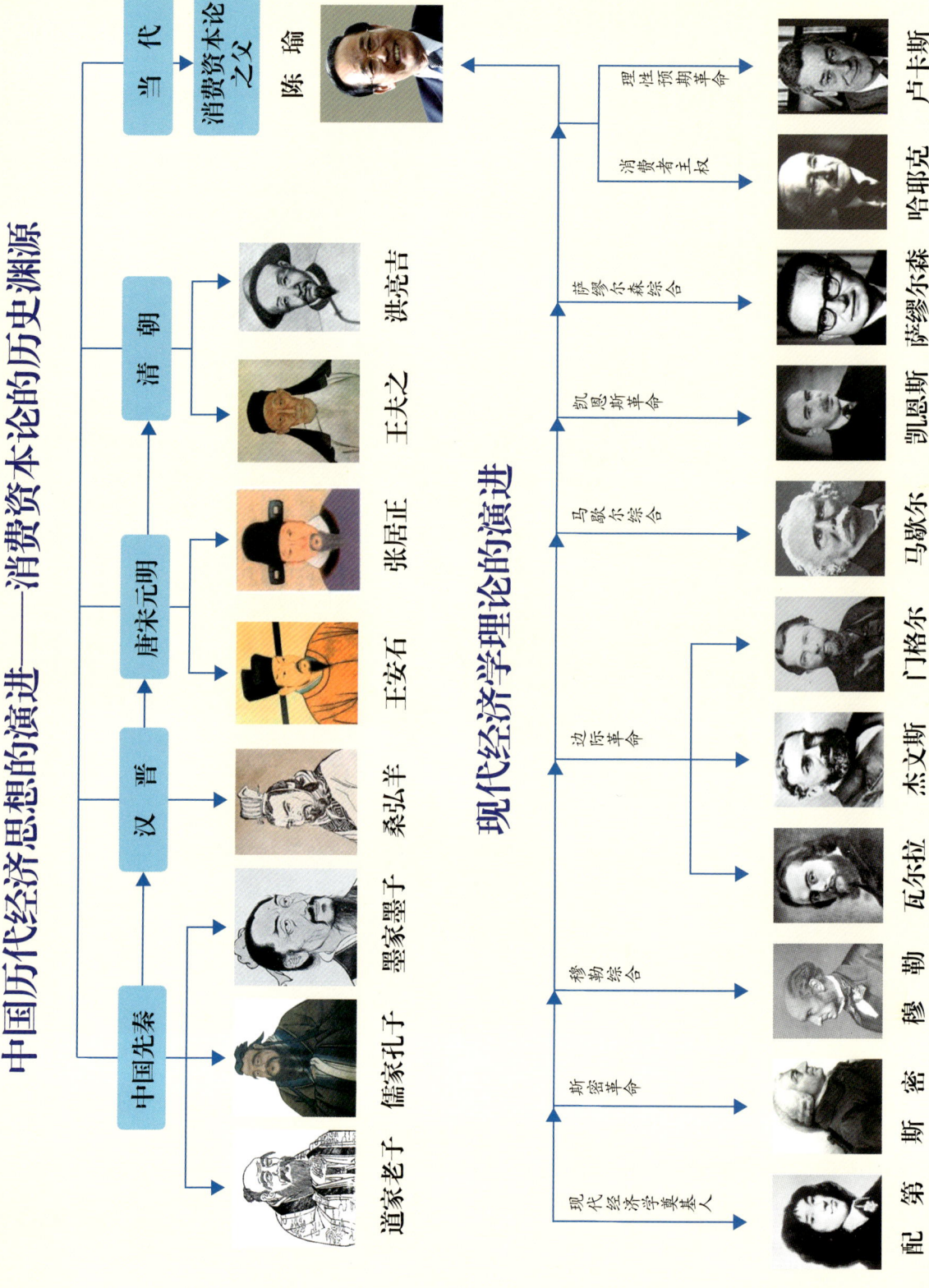

陈瑜教授在中国十大系列英才颁奖典礼上

原全国政协副主席、国务委员李贵鲜向陈瑜教授颁发"2005年度中国十大财智英才"奖杯

中秋佳节之际,陈瑜教授探望我国著名经济学家、中国社会科学院著名学者于光远

陈瑜教授与经济学家厉以宁教授同时荣获"2005年度中国十大财智英才"奖

陈瑜教授与著名社会活动家、原外经贸部副部长龙永图同时荣获"2005年度中国十大财智英才"奖

陈瑜教授同全国人大常委会原副委员长王光英合影

陈瑜教授在全国人大常委会原副委员长铁木尔·达瓦买提家做客

陈瑜教授与全国人大常委会原副委员长成思危出席全球首届消费资本高峰论坛

陈瑜教授同全国人大常委会原副委员长丁石孙等合影。右一为国家科技部原副部长惠永正

陈瑜教授在卡塔尔国大使馆与大使合影

陈瑜教授与阿联酋大使夫妇合影

陈瑜教授应美国麻省理工大学斯隆商学院邀请进行考察时留影

陈瑜教授在美国麻省理工大学与青年学者合影

陈瑜教授在驻华使节会议上与英国驻华大使合影

陈瑜教授在办公室接待韩国公使申凤吉来访

陈瑜教授同香港霍氏集团总裁霍震寰先生合影

陈瑜教授同原香港特首董建华特别助理叶国华先生合影

2017年11月,在全球中小型企业联盟会议上陈瑜教授同联盟主席、德国前总统武尔夫合影

在多哈会议上陈瑜教授与也门原总理(中)、中国外交部原副部长杨福昌(左)合影

陈瑜教授在多哈与巴黎大学教授合影

陈瑜教授在多哈参加第五次世界经济大会同与会代表合影

2009年12月,陈瑜教授出席全球首届消费资本高峰论坛

2009年8月,陈瑜教授出席全球首届知识资本高峰论坛

陈瑜教授与瑞典顶级知识资本专家
L.Edvinsson 合影

陈瑜教授与中国香港特别行政区政府
知识产权署署长合影

陈瑜教授出席全球首届知识资本高峰论坛,并同各国著名知识资本专家合影

2004年10月,陈瑜教授主持中国西部地区对外经济合作论坛

陈瑜教授在第四届中国金融(专家)年会会场

陈瑜教授获得的部分奖项

各大媒体有关陈瑜教授的报道

全世界消费者，联合起来！

ON CONSUMPTION CAPITAL

消费资本论
第三版

陈 瑜 著

中国商业出版社

图书在版编目（CIP）数据

消费资本论（第三版）／陈瑜著．—3版．—北京：中国商业出版社，2018.1

ISBN 978-7-5208-0144-7

Ⅰ.①消…　Ⅱ.①陈…　Ⅲ.①消费经济学-研究　Ⅳ.①F014.5

中国版本图书馆CIP数据核字（2017）第301103号

责任编辑：刘毕林

中国商业出版社出版发行
010-63180647　www.c-cbook.com
（100053　北京广安门内报国寺1号）
新 华 书 店 经 销
北京彩虹伟业印刷有限公司印刷

* * *

700×1000毫米　16开　31印张　0.5彩页　476千字
2018年1月第1版　2018年1月第1次印刷
定价：78.00元

* * * *

特别声明：版权所有，侵权必究！未经许可，本书的任何部分不准以任何方式在世界任何地区以任何文字翻印、拷贝、仿制或转载。

自序

资本、市场、经济模式，是各国政府领导人和企业家最关注的问题，也是各国经济学家理论研究的核心内容和焦点。

呈现在你面前的这本《消费资本论（第三版）》，不仅对以往经济学家关于上述问题的论述进行深入的梳理和分析，而且提出了作者新的诠释。

人类社会在此之前的几个世纪，由于生产力发展水平不高，对社会产品的供应还不充分，所以，人类社会的注意力主要集中在如何扩大生产和增加对社会产品的供应上。无论是亚当·斯密和大卫·李嘉图提出的古典经济学派，还是庞巴维克为代表的边际主义学派，以及后来的凯恩斯主义，保罗·萨缪尔森为代表的新古典综合派等，他们的理论研究基本上都是围绕着如何发展生产、增加对社会产品的供应这一主题展开的。因此，在理论性质上，都属于建立在生产本位基础上的经济理论。

但是，进入新世纪，世界经济发生了深刻的变化。随着生产力的发展，生产规模迅速扩大，对社会的产品供应大幅度增长，市场经济已经完成了由卖方市场向买方市场的过渡，进入到以买方为主的新的发展阶段。它标志着市场经济由卖方（生产方）占主导地位的时代已经结束，以买方（消费者）占主导地位的时代已经到来。与市场经济发展变化的实际过程相适应，市场经济理论也必然会不断完善。适应生产占主导地位的时代、建立在生产本位基础上的市场经济理论已不合时宜，新的市场经济理论应运而生。

消费资本论从时代变化和理论发展两个方面，突破西方经济学理论的局限，成为新的资本理论完成的标志。它从市场经济资本构成和经济发展方式两个方面突破了原有的市场经济理论体系，从而使市场经济理论本身也发展到一个新的阶段。

三个世纪以来，传统的经济学家对资本的研究，从未超过货币资本范畴。他们的注意力集中在对现有资本形态即货币资本功能的挖掘，而忽略了对新资本形态的探索。所以，他们在资本的内涵和资本的形态两个方面，都没有研究到位。

"资本"是一个总的概念，是具有多种资本属性要素的统称。作为市场经济发展动力的资本，它对市场经济发展投入的不仅仅是生产性资本要素，还包括知识性资本要素和消费性资本要素。我们必须对资本的丰富内涵深入地进行细分研究，分类分析、梳理、界定不同属性的资本要素，并在此基础上，探索出不同属性的具体的资本形态。

资本在市场经济发展中投入的三种属性的资本要素，逐渐分别形成生产性资本（简称生产资本）、知识性资本（简称知识资本）和消费性资本（简称消费资本）。这三种资本是以资本要素这一共性为特征，以资本要素属性的分类为依据形成的具体资本形态。资本是多种具体资本形态的综合体。

深入认识资本的内部结构和各种具体资本形态的属性，更新资本观念，具有重要的现实意义。唯有如此，才能符合新时期市场经济发展的需要，才能对新时期经济发展给予科学的指导。

今天看来，资本的内涵，比人们以往对资本的认识要丰富得多。需要特别指出的是，在资本形成的初期，传统的经济学家认为资本就是货币，货币就是资本，这一认识是对资本最初的认识，是对资本丰富的内涵尚未深入认识的一种表述，远没有达到目前人们对资本内涵的认识水平。

货币资本其科学的称谓应该是生产资本。今天，在澄清了货币与资本的认识之后，生产资本应该恢复本来的属性名称，而货币也应该回归到资本价值的衡量尺度的位置上。无论是生产资本、知识资本和消费资本都以货币作为价值尺度计量其资本值。

首先，本书对已经呈现出的三种资本形态的内涵进行了界定，并根据三种资本的内在联系以及它们运行的特点和规律，对新资本理论的结构和内容以完整的理论系统地揭示出来，重建了到目前为止完整的新资本理论体系，即新资本论。消费资本论则是新资本论形成的标志。

实践证明，人类社会经济在长期发展的过程中，必然会经历一个漫长的市场经济发展时期，经历一个由初级阶段向高级阶段、由不完全的市场经济向完全的市场经济的发展过程。伴随着市场经济的发展，便产生了不同的市场经济理论。传统的市场经济理论，是植根于市场流通领域或生产领域，是在单一的、局部的范围内提出的市场经济理论，它未能反映市场经济发展的全部内容和市场经济全面发展的要求。因此具有片面的和局部的特征，是不完全的市场经济理论。不完全的市场经济理论引领不完全的市场经济发展。

而以消费资本论为代表的市场经济理论，植根于市场经济全过程，它充分反映了市场经济的全部内容和市场经济全面发展的需要，因此它是完全的市场经济理论，它将引领市场经济向高级阶段发展，由不完全的市场经济向完全的市场经济发展。市场经济理论是经济理论的核心内容。本书的贡献在于对迄今为止的市场经济理论，进行了深入的研究，并作出历史性的、批判性的评估。我们根据市场经济理论产生的领域和范围的不同，将其区分为三种市场经济理论，即植根于流通领域的市场经济理论、植根于生产领域的市场经济理论和植根于市场经济全过程的市场经济理论，并对各种市场经济理论的主要内容和理论成果进行评述。

其次，本书在新资本论和新市场经济理论研究的基础上，提出了当代新的经济运行体系。新经济运行体系，是以三种资本为动力，以发展速度适宜、经济效益显著、可持续发展为特征，以实现社会全体成员共同富裕、建设和谐社会为目的的经济运行体系。它包括新的经济发展方式、新的商业模式、新的企业制度和新的分配制度。

提出新的经济运行体系，是本书对市场经济理论发展作出的一项重要成果。它不仅对当前我国经济发展进一步升级具有重大现实意义，而且也为世界各国市场经济的发展提供了科学的理论导向。

中国模式——中国特色社会主义市场经济运行体系，是中国践行新市场经济理论的经验总结，是建立在消费资本论基础上的新市场经济运行体系的成功范例。

中国在经济发展的实践过程中，逐渐摆脱了传统市场经济理论的束缚，克服了单一货币资本支持经济发展的增长方式的缺陷，不断调整和优化经济增长方式，成功地走出了一条具有中国特色的市场经济发展道路。

根据市场经济发展实践的需要，笔者在本书中增加了对消费资本和知识资本量化的研究。消费资本和知识资本量化研究是目前全球瞩目的、世纪性的前沿课题，具有极其重要的科学价值和实际意义。它不但是重大的科技创新，同时还将对国家、地区和企业的经济发展产生不可估量的作用。知识资本量化是衡量一个国家创新能力最重要的标准和最精确的指标，消费资本量化是测量和激活国家、地区和企业消费资本存量，并使之最充分发挥作用的最重要的前提和最关键的条件。消费资本和知识资本量化研究，有助于准确量化国家、地区和企业在发展过程中运行着的资本总量；为国家、地区和企业经济成长从资本构成方面提供非常精确的量化说明，对于解决国家、地区和企业经济发展提速、优化资本结构、充分发挥资本的作用具有重大意义。

第三，本书也是为中国十三亿消费者和全世界数十亿消费者权益立言的一部著作。《消费资本论（第三版）》以完整的理论体系把市场经济中消费和消费资本的力量系统地揭示出来，从而深刻地论证了消费资本的载体——当今数十亿消费者在市场经济发展中的重要地位和巨大作用。作者在对市场经济的深入研究中，发现消费者才是市场经济的真正主人。他们是经济发展的原动力，他们是社会财富和企业利润的创造者。但是，几个世纪以来，他们在市场经济中的重要地位和巨大作用，连同他们的权益一起，一直处于被淡化、被边缘化、甚至处于缺失状态。这是当今世界广大消费者依然处于"相对贫困"状态的根本原因。

《消费资本论（第三版）》通过对商品经济过程的分解，充分揭示了商品经济的全部真实过程，进一步深刻地、具体地揭示了企业利润形成的秘密：企业利润是由三种资本——货币资本、知识资本和消费资本共同创造的。因此，应由三种资本所有者共同参与利润分配。这一发现，从根本上动摇了流行几个世纪之久的货币资本所有者独享企业利润的不公平的分配制度，为亿万消费者和知识资本所有者共同参与企业利润分配，提供了极为重要的科学理论依据。为解决分配不公、贫富悬殊、两极分化这一市场经济久治不愈的痼疾，彻底打破社会分配不公的格局奠定了坚实的理论基础。在此基础上，作者还提出了科学的、公平的分配制度，以使数十亿消费者摆脱相对贫困状态，踏上共同富裕的道路。这是本书的最终目的，也是经济学理论研究的最终目的。

我始终认为，谁能为人类社会经济发展提出最佳解决方案，包括国家、地区和企业发展的最佳方案，谁就是世界一流的研究机构、世界一流的高校、世界一流的学者。提出最佳解决方案，是经济学理论研究的最高目标，但不是经济学理论研究的最终目的。经济学研究的最终目的是在最佳解决方案的基础上，提出人类社会最科学、最公平的分配制度，使数十亿人能够走上共同富裕的道路。

本书正是为经济学理论研究的最高目标和最终目的作出的努力。

经济科学是一门历史科学。每个历史时期，都拥有属于它自己的经济学理论。在百年一遇的世纪之交，在新旧理论交替时代，消费资本论的提出，既是偶然，也是必然。它是源自中国本土化的、原创的、体系性的理论创新，是作者在新世纪向世界数十亿消费者献上的一份厚礼。我认为，中华民族不仅能够在经济发展上取得举世瞩目的成就，同样，在世界经济理论发展史上也会留下中国人浓重的笔墨。消费资本论，作为一种以人为本的"全富"理论，必将为中国和全世界构建一个共赢的社会、一个和谐的社会、一个真正繁荣幸福的社会作出贡献。

作为经济学理论工作者，时代赋予我们这一历史使命，我们是幸运的。作为本书的作者，我一定秉承"心系国家、博爱天下"的精神，继续为亿万消费者权益立言，继续呼吁"全世界消费者，联合起来"。本书是中国原创的经济学理论，它是中国的、民族的，也是世界的。

本书第一版《消费者也能成为资本家——消费资本化理论与应用》发行时，承蒙广大读者厚爱，短短两年时间，发行八万册。许多消费者、企业家，包括部分政府官员纷纷来函来电，要求再版。第二版《消费资本论》自2008年出版后，至今已经重印14次。由此可以看出，广大读者对本书给予的关注和厚爱。如今根据广大读者的要求，作者又在第二版基础上做了认真的思考和研究，增添了近几年的最新研究成果。值得一提的是，鉴于消费资本论已经进入广泛推广和应用阶段，本次出版，书中又增加了消费资本论在国民经济各领域应用的具体模式，供广大读者学习研究和参考。

本书在撰写过程中，得到了社会各界人士和专家学者的大力支持，青年学者也贡献了他们的热情和智慧。有关专家和领导包括：徐有芳、杨福昌、张序三、赵登举、方嘉德、白文庆、桓玉珊、韩德乾、田鹤年、国林、李惠仁、李玉堂、孙尚斌、景在新、萧灼基、冯并、王瑞璞、倪光南、张必清、许榕生、温崇真、陈高桐、贾康、河山、刘科、刘振堂、吴子寿、王斯洪、钱龙生、周道许、初炳英、朱明德、高玉滨、李守荣、吴松生、梅松、朱铁臻、徐夏平、陈克强、吴慧荣、由长科、黄进、李连仲等，都对本书的出版给予大力的支持和关心。著名教授和青年学者聂世基、王国军、郑志鹏、徐孟洲、马仲良、唐进、靳宝兰、姚建培、陈文通、武斌、陈和权、郗仲来、李元元、谢一岗、刘俊峰、白家强、刘婷、王新利、陈洵、李璐、吴孟捷、董迎军、李恒、惠建国、李连梦、许晶晶、赵莉、吴畏等分别参与了本书部分文稿的撰写、模型的设计以及文献资料的编辑整理工作。在此，一并致以深切谢忱！

最后，敬请广大读者对本书提出宝贵意见，以便日后继续加以修订和完善。

陈 瑜
2017年10月 于北京

目录

第一篇　资本总论

第一章　发展中的资本理论 ………………………………… 3
第一节　重新认识资本，更新资本观念 ……………………… 3
第二节　货币和资本的关系 …………………………………… 6
第三节　资本形态的演进过程 ………………………………… 8
　　一、资本的萌芽 ………………………………………………… 8
　　二、货币资本的确立 …………………………………………… 9
　　三、知识资本的产生 …………………………………………… 9
　　四、消费资本的产生 ………………………………………… 11
第四节　三种资本内涵的界定 ………………………………… 12
　　一、货币资本——资本的第一形态 ………………………… 12
　　二、知识资本——资本的第二形态 ………………………… 13
　　三、消费资本——资本的第三形态 ………………………… 15
第五节　资本的定义 …………………………………………… 16

第二章　消费资本论的创立 ………………………………… 19
第一节　消费资本论的核心内容 ……………………………… 19
第二节　消费资本论的历史渊源 ……………………………… 22
　　一、中国传统的消费思想 …………………………………… 23
　　二、西方消费主权思想和消费主权理论 …………………… 25

三、消费资本论的创建 ························· 26
第三节　消费资本的量化 ····························· 28
　　　一、消费资本量化的重要意义 ····················· 28
　　　二、消费资本量化的基本思路和方法 ················· 29
第四节　消费资本对社会经济发展的重大作用 ················· 36
　　　一、将解决当代世界通货膨胀和消费紧缩难题 ············ 36
　　　二、为构建社会公平分配制度奠定坚实的理论基础 ········· 38
　　　三、消费是扩大内需的原动力 ····················· 40
　　　四、有利于构建和谐社会 ······················· 43
第五节　消费资本论的理论价值和实际意义 ··················· 47
　　　一、消费资本论是社会经济发展观的重大革命 ············ 47
　　　二、消费资本论开创公平分配的新纪元 ················ 48
　　　三、消费资本论开启新企业制度的新时代 ··············· 49
　　　四、消费资本论是新商业模式的理论基础 ··············· 49
　　　五、消费资本论是中国的，也是世界的 ················ 50

第三章　知识资本体系的建立 ···························· 51
第一节　知识经济时代的到来 ························· 51
第二节　知识资本理论研究的历程及成果 ··················· 53
第三节　知识资本的量化研究 ························· 57
　　　一、知识资本量化研究成果综述 ···················· 57
　　　二、知识资本量化研究的重大突破 ··················· 60
　　　三、知识资本量化研究的重要意义 ··················· 63
第四节　知识资本量化管理在企业中的应用 ·················· 64
　　　一、企业知识资本管理的必要性 ···················· 64
　　　二、《知识资本量化长效激励机制管理系统》的基本内容
　　　　　 ·································· 66
　　　三、知识资本量化的指标体系和计量模型 ··············· 67
　　　四、知识资本量化的薪酬体制和激励机制 ··············· 71
　　　五、知识资本量化管理对企业的重大作用 ··············· 72

  第五节 知识资本体系建立的重大意义 ………………………… 73

第四章 消费资本论的法律基石 ………………………………… 76
  第一节 消费资本论的法学基础 ……………………………… 76
    一、消费资本化与法制经济 ………………………………… 76
    二、消费资本化与权利本位 ………………………………… 78
    三、消费资本化与契约（合同）自由 ……………………… 79
    四、消费资本化与自愿原则 ………………………………… 81
    五、消费资本化与平等原则 ………………………………… 83
    六、消费资本化与诚信原则 ………………………………… 83
  第二节 消费资本论的实践和法律保护 …………………………… 85

第五章 建立新资本理论体系 ………………………………………… 90
  第一节 新资本理论体系的建立 ……………………………… 91
    一、消费资本论是新资本理论体系形成的标志 …………… 91
    二、新资本理论的主要内容和特征 ………………………… 93
  第二节 新资本理论的实际作用和理论意义 ………………… 99
    一、新资本理论的重大实际作用 …………………………… 99
    二、新资本理论的重大理论意义 …………………………… 101

第六章 建立新的市场经济理论 ……………………………………… 103
  第一节 根植于流通领域的市场经济理论 …………………… 104
  第二节 根植于生产领域的市场经济理论 …………………… 107
  第三节 根植于市场经济全过程的市场经济理论 …………… 114
  第四节 三种市场经济理论的比较分析 ……………………… 117

第七章 新经济运行体系 …………………………………………… 120
  第一节 两种传统经济运行体系 ……………………………… 120
  第二节 建立在消费资本论基础上的新经济运行体系 ……… 124
    一、新的经济发展方式 ……………………………………… 124
    二、新的商业模式 …………………………………………… 125
    三、新的企业制度 …………………………………………… 127
    四、新的分配制度 …………………………………………… 129

第三节　中国模式——社会主义市场经济运行体系……………131
　　　　一、中国特色社会主义是一种新的经济形态……………132
　　　　二、中国社会主义市场经济模式的理论基础
　　　　　　和实际运行过程………………………………………132

第八章　互联网经济……………………………………………138
　　　第一节　互联网经济概述……………………………………138
　　　　一、互联网经济发展背景………………………………139
　　　　二、关于互联网经济的定义……………………………140
　　　第二节　互联网经济的产业发展……………………………141
　　　　一、互联网商业…………………………………………141
　　　　二、互联网金融…………………………………………143
　　　　三、互联网虚拟电子货币………………………………145

第二篇　消费资本论在社会经济发展中的应用

第九章　农业硅谷模式……………………………………………153
　　　　一、农业硅谷试验区的建设……………………………153
　　　　二、农业硅谷试验区的实施内容………………………154
　　　　三、农业硅谷试验区的重大作用………………………161

第十章　创新商业模式……………………………………………163
　　　　一、创新商业模式的主要特征…………………………163
　　　　二、创新商业模式的实施内容…………………………165
　　　　三、创新商业模式的运营平台…………………………167
　　　　四、创新商业模式的运营优势…………………………170

第十一章　消费养老保险模式……………………………………172
　　　　一、消费养老保险模式的基本内容……………………174
　　　　二、消费养老保险模式的运营管理……………………176
　　　　三、消费养老保险模式的创新作用与意义……………177

第十二章　创新消费金融模式……………………………………180
　　　　一、消费金融行业发展现状……………………………180
　　　　二、传统消费金融的局限性……………………………182

三、消费资本为消费金融注入新的动力……………………182
　　四、创新消费金融模式的重大意义……………………………184

第十三章　科技孵化器创新模式……………………………185
　　一、科技孵化器发展现状………………………………………185
　　二、科技孵化器创新模式的提出………………………………186
　　三、科技孵化器创新模式的特征………………………………188
　　四、科技孵化器创新模式的意义………………………………189

第十四章　文化硅谷模式……………………………………191
　　一、文化硅谷产生的社会经济时代背景………………………191
　　二、文化硅谷建设的现实意义…………………………………192
　　三、文化硅谷的定位……………………………………………193
　　四、文化硅谷的内涵……………………………………………195
　　五、文化硅谷的发展模式………………………………………196
　　六、文化硅谷的意义和作用……………………………………198

第十五章　投资促进创新模式………………………………200
　　一、我国投资促进存在的问题…………………………………200
　　二、以消费资本论为指导，实现投资促进模式创新…………201

第十六章　商业银行体制创新模式…………………………206
　　一、新经营模式实施的依据……………………………………207
　　二、实行"储蓄即投资，储户即股东"的创新模式……………208
　　三、实施新经营模式的意义……………………………………211

第十七章　在我国旅游业中的应用…………………………212
　　一、我国旅游业发展的新机遇…………………………………212
　　二、旅游业新发展模式的主要内容……………………………213
　　三、我国旅游业新发展模式的重要意义………………………218

第十八章　在保险业中的应用………………………………220
　　一、消费资本论在保险业中的运用基础和实践模式…………221
　　二、消费资本论在保险实践运用中的重大意义………………225

第十九章　在国企改革中的应用 ･･････････････････ 227
　　一、我国国企改革历程回顾 ････････････････････ 227
　　二、国企面临的问题及对现行解决措施的评析 ････ 228
　　三、以消费资本论为基础的国企改革新举措 ･･････ 235
　　四、总结 ････････････････････････････････････ 243
第二十章　在民企改革中的应用 ･･････････････････ 244
第二十一章　智慧城市建设 ･･････････････････････ 249
　　一、智慧城市建设的主要内容 ････････････････ 249
　　二、智慧城市智慧化程度的量化标准 ･･････････ 251

第三篇　消费资本论实践应用的规则与案例

第二十二章　消费资本论的实际应用总则 ･･････････ 257
第一节　基本原则 ･･････････････････････････････ 257
第二节　实践操作的基本条件 ････････････････････ 259
　　一、必须建立科学支撑系统 ････････････････････ 259
　　二、必须建立法律支撑系统 ････････････････････ 260
　　三、必须建立互联网支撑系统 ･･････････････････ 262
第三节　实施方案的基本要点 ････････････････････ 262
　　一、设置个人消费资本账户 ････････････････････ 262
　　二、消费资本投资额的确定 ････････････････････ 263
　　三、配套措施 ････････････････････････････････ 265
第二十三章　案例和数学模型 ････････････････････ 266
　　一、案例和模型之一：酒业 ････････････････････ 266
　　二、案例和模型之二：汽车业 ･･････････････････ 275
　　三、案例和模型之三：电器业 ･･････････････････ 290
第二十四章　消费资本论与蒙特·卡罗物理模型 ････ 314
　　一、蒙特·卡罗物理模型产生的历史背景 ････････ 314
　　二、蒙特·卡罗物理模型在消费资本论中的应用 ･･ 315
　　三、蒙特·卡罗物理模型在消费资本论中的参数建立 ･･ 317

附 录

附录一：部分专家评论 ……………………………………… 321
  《消费资本论》：马克思《资本论》的续篇 ……………… 321
  陈瑜教授提出的"新资本结构理论"是社会主义市场
    经济理论的基石 ………………………………………… 327
  消费资本论与中国经济学的千年进程 …………………… 340
  消费资本论——中西方经济思想交流与融合的结晶 …… 356
  消费资本论是对市场经济理论与实践的全面创新 ……… 364

附录二：部分媒体报道 ……………………………………… 376
  陈瑜：世界消费资本之父 ………………………………… 376
  消费资本理论：一个可能改变世界的观点 ……………… 390
  为消费立言 ………………………………………………… 400
  他可以获得诺贝尔奖 ……………………………………… 405

附录三：演讲选编 …………………………………………… 409
  在多哈国际会议上的演讲 ………………………………… 409
  在美国麻省理工大学斯隆商学院的演讲 ………………… 415
  关于知识资本量化研究
    ——在"澳门特别行政区生产力暨科技转移中心组织的
    学术报告会"上的演讲 ………………………………… 423
  论新时期商业模式的创新
    ——在台湾"第三十六届国际中小企业年会"上的讲话 …… 425
  知识经济时代和知识资本
    ——在"全球首届知识资本高峰论坛"上的开幕词 ……… 433
  在"全球首届消费资本高峰论坛"上的开幕词 ………… 435
  关于我国海洋经济发展新思路的思考和建议
    ——在"2016 中国海洋经济发展高端论坛"上的讲话 …… 438
  创新商业模式，让丝绸之路再铸辉煌
    ——在"丝绸之路沿线各国驻华大使座谈会"上的讲话 …… 446

附录四：序言荟萃 ··· 449
 《消费者也能成为资本家（中文版）》自序 ············· 449
 《消费者也能成为资本家（英文版）》序言 ············· 451
 《消费资本论——消费资本理论与应用》自序 ········· 454
 《陈瑜文选》自序 ····································· 458

附录五：两篇宣言 ··· 464
 知识资本宣言
  ——全球首届知识资本高峰论坛通过 ················· 464
 消费资本宣言
  ——全球首届消费资本高峰论坛通过 ················· 473

参考文献 ·· 479

第一篇

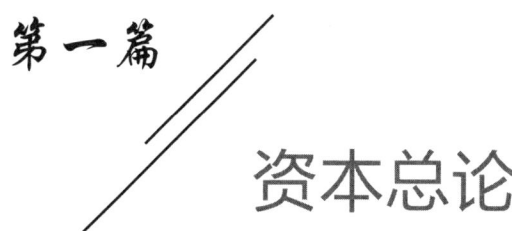
资本总论

　　"资本"是一个总的概念，是具有多种资本属性要素的统称。作为市场经济发展动力的资本，它对市场经济发展投入的不仅仅是生产性资本要素，还包括知识性资本要素和消费性资本要素。我们必须对资本的丰富内涵深入地进行细分研究，分类分析、梳理、界定不同属性的资本要素，并在此基础上，探索出不同属性的具体的资本形态。

第一章 发展中的资本理论

第一节 重新认识资本，更新资本观念

传统的经济学理论认为，推动经济发展的只有一种资本，即货币资本（实际是指具有生产属性的资本，即生产资本）。但市场经济发展的实践说明，事实并非如此。人们通过对市场经济发展史的研究，尤其是对最近二百多年的市场经济的研究，逐渐认识到：完整的市场经济资本构成应包括生产资本、知识资本和消费资本三个重要组成部分，而不是单一的生产资本。

解析最近二百多年的市场经济发展史，我们可以看到：在第一个一百年里，世界各国大都是单一的依靠生产资本来推动和发展经济。但在进入最近一百年时，人们逐渐意识到还有另外一种资本在推动经济发展，这就是后来在20世纪80年代逐渐明晰起来的知识资本。随着经济发展的实践和与之相应的经济理论研究的深入，在20世纪末和21世纪初，人们又逐渐意识到还有一种巨大的资本存量——第三种形式的资

本，即消费资本。它同货币资本与知识资本一样，是推动国家、地区和企业经济发展的直接动力。

从工业革命开始至今，三个世纪以来，传统的经济学家对资本的研究，从未超过货币资本范畴，他们对资本丰富的内涵，没有进行深入研究。他们的注意力集中在对现有资本形态即货币资本功能的挖掘，而忽略了对新资本形态的探索。所以，他们在资本的内涵和资本的形态两个方面，都没有研究到位。

经过深入研究，人们逐渐认识到："资本"是一个总的概念，是具有多种资本属性要素的统称。作为市场经济发展动力的资本，它对市场经济发展投入的不仅仅是生产性资本要素，还包括知识性资本要素和消费性资本要素。我们必须对资本的丰富内涵深入地进行细分研究，分类分析、梳理、界定不同属性的资本要素，并在此基础上，探索出不同属性的具体的资本形态。

随着人类社会经济发展和科学技术的进步，人们对资本的认识有一个逐步深化的过程。人们对资本的内涵、资本的具体表现形态、资本的作用和发挥作用的机制的认识也日渐清晰。主要表现在：第一，资本是包括多种属性资本要素的聚合体，作为市场经济发展动力的资本要素，并不仅局限于一种属性的资本要素，它包括生产性资本要素、知识性资本要素和消费性资本要素。资本在市场经济发展中投入的三种属性的资本要素，逐渐分别形成生产性资本（简称生产资本）、知识性资本（简称知识资本）和消费性资本（简称消费资本）。这三种资本是以资本要素这一共性为特征，以资本要素属性的分类为依据形成的具体资本形态。资本是多种具体资本形态的综合体。第二，资本的三种具体形态的演进，是同社会经济发展程度和生产力水平相对应的。它们随着市场经济发展的不同阶段，依次呈现在人们的面前。

对资本细分研究得出的结论，具有重要的现实意义。我们必须更新资本观念，以适应新时期经济发展的需要。

进入新世纪，如果我们继续沿用传统的资本观念引导今后的经济发展，提出的资本要素只是包括土地、资源、原材料和劳动力，这会使今后的经济发展重复过去的老路，使经济发展停滞不前，甚至走回头路。我们必须用新的资本观念来引导今后的经济发展，我们必须对资本观念进行两次更新。第一次更新是加入知识性资本要素，对今后经济发展提出的资本要素，不仅包括土地、资源、原材料和劳动力，还应包括知识、知识产权、发明专利、信息和信息技术。这将使未来的经济发展，高度重视知识、技术和信息等知识资本的作用，逐步改变主要依靠资源投入支持经济发展的局面，使经济发展取得更好的效果。第二次更新提出的资本要素，除上述各种要素外，还应包括消费、消费者和消费者创造的巨大的市场力量。唯有如此，在全新的资本观念的引领下，经济发展才能进入全面的、迅速的和可持续的发展之路。

通过研究发现，作为市场经济发展动力的资本内涵是非常丰富的。资本是诸多资本要素的总称，它是三种不同属性的具体资本形态即生产资本、知识资本和消费资本的综合体。换言之，资本是由三种具体形态的资本组成的。今天看来，资本的内涵，比人们以往对资本的认识要丰富得多。这里需要特别指出的是，在资本形成的初期，传统的经济学家认为资本就是货币，货币就是资本，这一认识是对资本最初的认识，是对资本丰富的内涵尚未深入认识的一种表述，远没有达到目前人们对资本内涵的认识水平。

综上所述，深入认识资本的内部结构和各种具体资本形态的属性，具有重要的现实意义。因为只有更新资本观念，才能符合新时期市场经济发展的需要，才能对新时期经济发展给予科学的指导。

但多年以来，我们的市场经济一直是货币资本（实际上是生产性资本，下同）一枝独秀，它的作用受到人们的高度重视，货币资本所有者的权益也得到充分的保证。而知识资本和知识资本的所有者，特别是消费资本和消费资本的所有者，却长期处在被淡化甚至缺位的状况，从而使他们长期处于被动的消极状态，形成单一的依靠货币资本发展经济的局面。虽然经济也能取得一定程度的发展，但是由于长期依靠货币资本单一要素发展经济，资本短缺、创新乏力、消费萎缩的问题不可避免。

近年来，知识资本的作用开始受到人们的重视。人们认识到，新的科学技术即人类知识的结晶，对创造财富起着重大的作用。也就是说，除货币资本以外，还有一种形式的资本即人类的知识结晶——高新技术也是推动经济发展的直接动力。这就是后来人们所清晰认识到的第二种形式的资本即知识资本。知识资本的产生，丰富了人们对资本概念的定义和资本形态的认识。知识资本作为新的资本形态同货币资本一起，共同推动了人类社会经济的高速发展，而不再是单纯依靠单一的货币资本支撑人类社会经济发展。知识资本对经济发展的作用具体表现为：当货币资本不能充分满足一个国家、一个地区、一个企业经济发展需要的时候，知识资本就起到一种点石成金的作用，它可以几倍、十几倍地扩大现有货币资本的作用，推动国家、地区和企业自身的经济发展，创造更大量的财富。这种货币资本联合知识资本推动经济发展的模式收到了很好的成效。

随着市场经济的不断发展，人们进一步深刻地认识到：消费者才是市场竞争的最终决定性力量。因为消费者既是市场经济的主人，又是给经济发展注入新的资本动力的源泉。谁能够赢得最多的消费者，谁就拥有最大的市场和巨额资金的注入。换言之，消费和消费资本成为新世纪经济发展的关键性资源和主导力量。消费资本由此而生，消费资本论的构建也以此为基础。

综上所述，我们可以看出，在市场经济的发展过程中将会依序呈现出新的资本形态。货币资本→知识资本→消费资本即是逐步凸显出来的三种资本基本形态。可以预计，随着市场经济进一步深入发展，还将会有更新的资本形态呈现在我们面前。

第二节　货币和资本的关系

长期以来，在传统经济学理论的影响下，人们将资本和货币混为一谈，认为资本就是货币，货币就是资本。其实，这个认识是不准确的。

在人类经济发展史上，货币在商品经济发展的初期就已经出现，但它并不是资本。因为，商品经济的基本规律是价值规律，商品交换要遵循等价交换原则。在等价交换的条件下，买卖双方在商品交换过程中都没有新的价值产生。货币只是作为衡量商品价值的工具，在本质上是商品交换的一般等价物。货币的其他功能还包括价值尺度、流通手段、支付手段、贮藏手段、世界货币的职能，但并不具有资本的属性，货币不是资本。

商品经济由初级阶段向高级阶段过渡，进入市场经济发展阶段，逐渐出现资本的概念。资本的本质，是在其运行过程中能够产生增殖。随着市场经济的发展，资本的形态也在不断地演进，由于知识和消费在参与生产过程和经营过程中，也能够产生价值增殖，因而也转化为资本。当市场经济依次出现三种具体形态的资本，即生产资本、知识资本和消费资本时，且三种资本都需要用货币这一价值尺度进行量化时，继续把生产资本称为货币资本显然已不合时宜。因为，一律称为货币资本，就会掩饰不同资本形态的属性特征，难以区分不同具体资本形态的属性，不利于研究不同形态的资本发挥作用的机制和特点，也不利于发挥它们在市场经济发展中独有的功能和作用，因此生产资本不能再称为货币资本。

其实，人们最初称货币为资本时，货币资本的具体表现形式是资本家用手中的货币，购置土地和厂房，购买原材料和生产工具，通过支付工资的方式雇用劳动力，使生产要素和劳动力相结合，生产出满足人们所需要的各类商品，从而完成社会商品的生产过程。货币资本在整个运行过程中，都显示出它作为生产性资本要素投入的属性。也就是说，货币资本从开始启动和在整个运行过程中，都具有明显的生产性资本属性的特征。

人们将货币当做资本，还有一个重要的原因是货币作为资本的价值尺度用来计量资本的规模。人们投入的货币量，就决定了能够购买的原材料、生产设备和支付劳动力工资的资本规模。因此，这个时候人们将货币和资本等同起来，货币量就代表了资本的规模。这也是生产资本最初以货币资本称谓长期流行的原因。

因此，货币资本科学的称谓应该是生产性资本，简称生产资本。今天，在澄清了货币与资本的认识之后，生产资本应该恢复本来的属性名称，而货币也应该回归到资本价值的衡量尺度的位置上，无论是生产资本、知识资本和消费资本都以货币作为价值尺度进行衡量，计量其资本值。

第三节　资本形态的演进过程

为了深入研究消费资本的产生，我们需要首先回顾一下人类社会资本的发展史。

考察人类社会资本发展的历史，我们可以大致将人类社会资本的演进过程分为以下几个阶段。

一、资本的萌芽

从人类社会出现商品经济开始，资本的三种形态就已经存在了。首先，在进行生产之前，人们必须准备原材料和生产场地——这是货币资本（即生产性资本要素）的投入；其次，在生产进行的过程中，人们必须通过设计和劳动，把原材料转化为产品，知识资本（即知识性资本要素）正是在这一环节发挥作用；再次，生产的产品出售给消费者，消费者通过其购买行为，完成消费资本（即消费性资本要素）的权利和义务。于是一个独立的市场经济过程完成了。但是在那个时期，由于人们的生产能力还相当有限，无论是货币资本还是消费资本，都不存在短缺的压力。同时由于生产力水平低下，知识资本能够起到的作用也相当有限。因此，在当时这一切都被看作是自然而然的、习以为常的事。无论是哪一种资本，都没有被人们发现并很好地利用。

二、货币资本的确立

到了第一次产业革命前后,货币资本逐渐被人们认识并开始受到重视。当时生产力的发展已经具备了一定的水平,通过大量消耗资源来换取经济增长的时代开始了。由于当时资源的投入在生产中占据了相当重要的位置,因此货币资本(即生产性资本要素)的作用和重要性逐渐凸显出来,成为推动经济发展的主要力量。

对于资本的高度重视,始于18世纪的古典经济学家亚当·斯密。亚当·斯密在其《国富论》一书中,提出了关于资本在财富生产过程和在经济发展中作用的重要性。他认为:一个国家的财富取决于资本积累。亚当·斯密对资本的研究和论述,从理论上确立了货币资本在市场经济发展中的地位。货币资本作为市场经济发展的重要因素,在一定的时期内成为商品经济发展的主要力量。

货币资本地位确立的过程中,还发生了一个特别重要的事件,即有限责任公司制度的确立。为了通过降低投资风险来鼓励投资,人们建立了有限责任公司制度。投资者可以享受公司带来的全部利润,但仅需要以投资额为限来承担公司的责任。这种有限责任公司制度,极大地调动了货币资本的积极性,有力地推动了经济的增长。在这种有限责任公司制度下,货币资本获得了对企业的控制权,并且独自享有企业全部最终收益。而知识资本和消费资本的利益却没有得到保障。虽然,在那个时期知识资本和消费资本的作用还比较小,这种制度的推行还不会造成严重的负面效应,但是随着经济的发展,这种制度的缺陷就越来越明显。

三、知识资本的产生

货币资本推动经济增长的速度是惊人的,但是单纯依靠货币资本发展经济很快就遇到了"瓶颈"。货币资本(生产性资本要素)的不断增长,带来的是资源消耗的不断加速。因此很快就出现有限的资源无法继续支撑经济高速增长需要的局面。

在人类发展史上,知识作为经济活动的生产要素,对经济发展的重要作用，在中西方的历史记载中均有迹可循。西方最早可以追溯到柏拉图（约公元前 427 年–公元前 347 年）《理想国》的论述，认为国家的治理应该是哲学家，哲学家才能统筹国家资源建立理想的城邦制国度。哲学即是最高的知识形态，是影响社会经济关系的重要要素。中国则更早可以追溯到商朝后期，周文王著作《周易》一书，它是建立在阴阳二元论基础上对世界万物变化规律的论述，是一部有条理性、系统性的哲学论著，对于天地万物进行归类，配以天干地支五行论，探索事物变化运行轨迹，后来逐渐发展形成了中国传统的农业经济发展理念，采取生态和谐的农业生产方式，使中国农业社会绵延数千年。1776 年亚当·斯密《国富论》的出版，标志着经济学的诞生。他认为专家善于总结发现有用的知识，这些知识对于经济发展具有重大作用。

近几个世纪以来，随着市场经济的发展，人们发现商品的生产过程中，除了原材料和机器设备等生产要素的投入之外，技术和人才等知识性资本要素的投入也非常重要。知识资本（知识性资本要素）逐渐从其他资本要素中独立出来，成为一种新的资本形态。知识资本不同于原材料和机器设备等静态的生产性资本，知识作为人类智力劳动的成果，它是一种动态的资本形态。知识资本有自己独特的属性和特征，它同生产性资本有很大的区别。因此，人们开始重新认识知识资本，并将知识资本独立出来，同其他资本要素进行分离，将其视为一种新的资本形态进行研究。

知识资本涵盖了以人为载体的知识和专业技术，也包括人类社会知识生产过程的结晶——发明专利和知识产权。这些人类社会知识生产过程的结晶，是社会经济发展的重要推动力，同货币资本相结合，共同创造了企业利润和社会财富。

于是，人们发现了新的支柱——知识经济。通过知识的投入代替资源的投入，来支撑经济的快速增长，人们制定了知识产权制度，将知识的成果以货币资本的形式进行量化之后在市场上流通。在这个时期，知识还未能成为真正的资本。因为知识产权是知识资本的成果，而不是知识资本本身。知识成果的出现，是知识转化为知识资本的重大推动力。

知识成果在生产中的应用，完成了知识转化为知识资本的过程。

但是，知识资本的很多成果，是无法完全用知识产权的方式表现的。它所能表现的只是一部分成果，即可以购买和流通的那些成果。在知识产权制度下，更大程度上是由货币资本代行知识资本的职责，而不是让知识资本本身参与管理并承担责任。在人们根深蒂固的传统思想之下，货币资本所有者仍然是企业的控制者、企业责任唯一的承担者和企业利润的唯一享有者。

但在经济发展过程中，知识资本的作用已经十分重要，能够承担企业更多的责任和义务，也要求在企业中获得更大的权益。但是，所有的人——包括货币资本的所有者和知识资本的所有者本身——都还没有充分认识到这一点，而仅仅把知识资本的所有者看作是货币资本的代理人。对知识资本尚未能发挥重大作用的原因，却认为应由代理人负责。人们想了很多办法，试图解决代理人问题，但是由于缺乏清晰的科学理论支撑，人们无法抓住问题的实质，不能真正将知识资本的活力解放出来。我们认为必须将知识产权体制进而转化为知识资本体制，才能充分发挥知识资本的作用，才能使市场经济真正迅速地发展起来。

四、消费资本的产生

随着经济持续的高速增长，消费逐渐成为一种紧缺的资源，消费资本开始发挥越来越大的作用。

最初，人们还没有真正认识到消费资本的存在。直到后来由于消费资本缺位引发了几次大规模的经济危机，才最终使人们认识到消费资本的重大作用。即使如此，经济学家依然没有从资本的高度认识消费资本缺位给经济造成的巨大损失，而只认为是消费不足。

到了20世纪末和21世纪初，人类终于探索出了一个划时代的伟大发现——人们发现了消费资本的存在。人们发现：消费不仅决定货币资本能否实现其最终价值，而且是给经济发展注入新的资本动力的源泉。正是由于其在生产过程中和社会经济发展过程中的巨大作用，而成为一种新的资本形态。这一发现打破了人们长期以来认为货币资本是唯一资本形态的传统观念。

消费资本的发现，引发了人们对知识资本的重新思考。人们认识到市场经济的发展是由货币资本、知识资本和消费资本三种资本共同推动的，而不是由单一的货币资本推动的。

发现资本的三种形态，对于经济学的意义，不亚于发现元素周期表对化学的意义。在消费资本及其相关理论的指导下，人类社会必然会发生一场翻天覆地的变化，将迎来一个全新的世界！

第四节　三种资本内涵的界定

一、货币资本——资本的第一形态

货币资本实际上是以货币形态表现的生产性资本，它包括在产品和服务的创造过程中，可以用货币购入的所有物质性的投入。

纵观世界经济发展史，可以发现，在相当长的一个历史时期里，世界各地都是单一依靠货币资本来推动和发展经济的。直到今天，货币资本仍然是一些国家、地区和企业经济发展的主要动力。这是由于货币资本可以迅速化解行业和企业发展过程中因资本短缺所造成的各种问题，从而迅速推动经济发展。人们长期以来一直认为货币就是资本，资本就是货币，因此货币资本成为人们认识中的资本的第一形态。

货币资本在商品经济的最初阶段发挥着绝对主导作用，它推动着人类对自然力的征服和使用，成为工业革命的基本经济动力：机器的制造和使用，化学在工业和农业中的应用，轮船的建造和行驶，铁路的建设和通行，电报的使用，整个大陆的开垦，河川的通航，军工产品的泛滥，货币资本把社会劳动里蕴藏的生产力迅速激发出来，整个世界的面貌为之改变。

但是，市场经济发展的实践说明，依靠单一货币资本推动经济发展的模式，虽然经济也能取得一定程度的发展，但是随着科学技术的飞速发展和新的时代的到来，已经显示出这一传统发展经济的基本模式的局限性和不充分性。通过对国际经济发展经验的研究和对本国经济发展经验的总结，我们发现，货币资本对经济的发展并不总是正面效应，有时它会造成经济过热，有时又会造成经济发展迟缓。导致过热或迟缓的原因，并不是缺少货币资本，而是由于资本相对过剩、投资过热，造成生产相对过剩和资本利用率的普遍低下。其次，货币资本的不断增长，带来的是资源消耗的不断加速。因此，很快就出现了有限的资源无法继续支撑经济高速增长需要的局面。由此看来，货币资本是必不可少的，但却不是支持经济发展的唯一动力。

二、知识资本——资本的第二形态

知识资本是以知识形态表现的资本。它包括在产品和服务的创造过程中所有知识性、技术性的投入。

知识资本分为广义的知识资本和狭义的知识资本。广义的知识资本是指以人及其知识成果为载体所凝聚的知识总量。它包括人力、管理、技术、经验等要素。狭义的知识资本是指以人及其知识成果为载体的知识总量在其工作过程中一定期间内释放出来的现值。它包括员工积累的知识和技能的应用，以及正在创造的知识及其成果等。

人们对知识资本的认识也经过了一个从人力资源到人力资本、再到知识资本的逐渐深入的过程。

人力资源是货币资本投入教育后转化而成的由人的个体所承载的知识和技能。人力资源作为资本投入到生产和流通领域创造价值，即转化为人力资本①。

20世纪60年代,西奥多·舒尔茨明确地提出了人力资本的概念,即人力资本是指凝结于劳动者身上、通过投资费用转化而来的表现为劳动者技能和技巧的资本。莱斯特·瑟罗则将人力资本定义为个人的生产技术、才能和知识。M. M. 麦塔从人口全体的角度给出了人力资本的定义:国民的知识、技术及能力总和。更广义地讲,还包括首创精神、应变能力、持续工作能力、正确的价值观、兴趣、态度以及其他可以提高产出和促进经济增长的人的质量因素。

人力资本的概念进一步演进到20世纪末,人力资本中知识技能的重要性越来越突出,知识资本的概念因此也逐渐成形。斯图尔特认为知识资本包括人力资本、结构性资本和顾客资本,三者构成了知识资本体系。人力资本指员工各种技能与知识,是知识资本的重要基础。结构性资本是企业组织结构、制度规范、企业文化等。顾客资本指市场营销渠道、顾客忠诚度、企业信誉度等经营性资产,实际上这就是一部分消费资本,只不过人们还没有充分认识到消费资本的作用,而未能把它与人力资本和结构性资本相区分并提炼出来。

作为资本的第二形态的知识资本的重要性,已经得到人们的广泛认同。货币资本联合知识资本推动经济发展的模式,对地区和企业的经济

---

① 对于资源与资本的差异,有学者举一个实例进行分析:2000年北京出现了11次沙尘暴天气,科学家发现沙尘主要来自内蒙古,内蒙古草原的沙化是根本原因之一。而草原沙化的一个重要原因则在于,草原作为畜牧资源被过度利用而缺少养护。改革开放以后,内蒙古的畜牧业开始打破"大锅饭",转而采取类似于种植业"包产到户"的政策。但不同的是,农民不仅得到了庄稼的产权,也得到了土地的使用权;而牧民只得到了畜群的产权,牧场的产权(包括其中的使用权)则完全归"国家所有"。这样的政策导致牧民只在乎放牧的直接收益,而不考虑草场的"成本"。换言之,草场对于牧民来说,只是可利用的资源(而非资本),草场的损益与牧民没有直接利害关系。牧民在决定是否扩大它的畜群的时候,只需要考虑边际收入是否大于每只羊的单位变动成本即可,即当"边际收入>单位变动成本"时,牧民就有扩大畜群的动力。事实正是如此,它的后果是草场的严重退化和不可持续发展。因此有经济学家建议汲取农业的经验,把草场的使用权从国家下放到牧民,将草场从牧民"外部性"资源变为牧民的"内部性"资本。如此,在牧民的成本支出中就会多出一个固定成本(草场的成本),牧民在计算他的投入产出的时候就必须考虑草场的损失的机会成本和可持续发展问题,即只有当"边际收入>边际成本(包括边际固定成本)+机会成本"的时候,他才会有扩大畜群的动力。从而实现了社会资源的优化配置。

发展将产生不可估量的作用。

三、消费资本——资本的第三形态

消费资本是以消费形态表现的资本，包括在产品和服务的消费过程中，所有由消费者创造的市场力量及其价值表现。它是货币资本和知识资本之外的第三种资本形态。

消费资本可分为广义的消费资本和狭义的消费资本。广义消费资本是指包括在产品和服务的消费过程中，所有由消费者创造的市场力量及其价值的总量。狭义消费资本是指市场消费资本总量在一定时期内在企业中释放出的现值。

在产品短缺时代，消费者处于被动地位，消费的价值仅在哲学家的眼里具有重要意义；而到了产品相对过剩时代，任何人都不能再忽视消费的力量。消费者成为市场经济的主人，消费已成为市场的主导力量。消费决定着生产的成败，决定着每一张货币的投向，关系到每一个企业、家庭和个人。每个社会细胞的经济行为的终极目标都可归结为消费，任何产品的最终指向也都是消费。因而一切社会活动都在围绕消费而展开。消费决定生产，也决定货币资本和知识资本能否实现其最终价值。

因此，消费已经不仅仅是一个过程，而是有足够的力量形成影响一切并且能够和货币资本、知识资本并驾齐驱的一种资本——消费资本。

实际情况证明，消费资本真正发挥作用是在产品相对过剩之后，而其作用是随着商品供求格局的变化而变化的。和货币资本、知识资本一样，消费资本一直是存在的。只不过在产品短缺时代，它的作用长期处于被淡化、被掩盖、被忽视的状态，当时也没有一种理论把它的力量系统地揭示出来。

消费资本的产生，将进一步完善市场经济发展的增长方式。它将同货币资本、知识资本一起联动，推动市场经济的发展。在当前，尤其要重视和发挥消费资本对经济发展的拉动作用。因为我国有世界上最大的消费市场，是有近14亿消费人口的大国。在地方和企业资金短缺的同时，银行城乡居民的存款却一直居高不下，截至 2016 年 12 月末我国城乡居民人民币储蓄存款余额已达到 59.7751 万亿元①。在消费资本论的作用下，我国消费资本的力量将得到最充分的释放，其带来的推动力量是难以估量的。

今后经济发展应是融合三种资本力量，依靠三种资本联动来共同推动企业、地区和国家的发展。消费资本导向、知识资本创新、货币资本推动将是今后企业、地区和国家经济发展的基本模式。

第五节　资本的定义

资本的概念是随着社会经济的发展而发展，随着意识形态的变化而变化的，有着鲜明的历史时代特征。为构建消费资本论体系，我们需要对资本的基本概念进行重新界定。我们不妨首先回顾一下历史上一些经济学家们对资本概念的描述。

首先给资本以明确定义的是马克思主义政治经济学："掌握在资本家手里的生产资料和用来剥削工人的货币"，"当货币变成剥削手段时，即转化为资本"。书中的标准描述是："资本是带来剩余价值的价值"②。这个定义是在资本主义这个特定历史阶段的特殊定义，它强调的是"阶级剥削"的概念。

苏格兰著名经济学家麦克鲁德曾经对资本作了这样的概括："资本是用于增殖目的的经济量，任何经济量均可用为资本，凡可以获取利润之物都是资本。"可见在古典经济学家眼里，资本是一种可增殖的经济形式，资本的定义不带有任何政治色彩，其涵盖的范围非常广阔。

而在现代西方经济学中，资本反而没有太严格的定义。即使是西方最流行的经济学教科书，给资本下的定义也很简单。N. 格里高利·曼昆所定义的资本是"用于生产物品与劳务的设备和建筑物存量，即现在

---

① 该数据来源于国家统计局发布的《2016 年国民经济和社会发展统计公报》。
② 均见马克思《资本论》，人民出版社 2004 年第 2 版，第一卷，第一篇，第三章。

正在用于生产新物品和劳务的过去生产的物品的积累"①。这个概念多少有点含糊，它似乎把除劳动和土地这两个投入要素之外的生产要素都划入了资本的范畴，但又仅把资本与物品联系起来。

而亚当·斯密在《国富论》中还提出由"一个社会全体居民或成员所具有的有用的能力"也是资本。经济学家萨伊也认为，由于人的技艺和能力的形成需要花费成本，并可以提高工人的劳动生产率，因此可以把其视为资本。穆勒、罗雪尔、塞德威克和 W. 白哥豪特等人也持相同的观点。N. W. 西尼尔明确指出，人的健康、体能和知识，以及其先天和后天获得的体能与智能也是财富。瓦尔拉斯认为，从事专业工作的人，如律师、医生和艺术家等，他们拥有的技术也是现实的资本。马歇尔则强调，所有资本中最有价值的是对人本身的投资，他认为知识是我们生产的最有力的发动机。

而在中国的辞书中，关于"资本"的概念有以下三种描述：

（1）带来剩余价值的价值。

（2）投于企业的固定资产和流动资产的价值形态。

（3）会计学上，企业主投到企业的资本金以及由此形成的资本公积，即企业所有者权益。

上述定义概括起来有两大特点：其一，资本是一种价值的表现形态；其二，这种价值的表现形态必须参与生产、经营活动。

我们根据市场经济三种资本的内在联系以及它们的运行特点和规律，并借鉴历史上经济学家们对资本概念的多视角的描述，给予资本一个返璞归真的定义。即资本是人们可配置于生产或交换领域，用以创造产品和服务，以获得经济利润的各种资源，是一种对社会生产和交换进行配置的力量的价值反映。

资本具有以下五个基本特征：

（1）资本可以是有形的，也可以是无形的。

---

① 〔美〕曼昆：《经济学原理》（下册）〔梁小民译〕，三联书店及北京大学出版社，2006 年第 4 版，第 15 页。

(2) 资本必须投入到生产或交换领域，用以创造产品和服务并且带来增殖。

(3) 资本投入的目的是获得经济利润。

(4) 资本是决定社会生产和交换的原动力。

(5) 资本只有在运动中（即运作中）才能增殖。

第二章 消费资本论的创立

第一节 消费资本论的核心内容

消费资本论的核心内容,是将消费向生产领域和经营领域延伸。当消费者购买企业的产品时,生产厂家和商业企业应把消费者对本企业产品的采购视同是对本企业的投资,并按一定的时间间隔,把企业利润的一定比例返给消费者。此时消费者的购买行为,已不再是单纯的消费,他的消费行为同时变成了一种储蓄行为和参与企业生产的投资行为。于是消费者同时又是投资者,其消费转化为资本。

这实际上是把消费者从产品链的末端以投资者的身份提升到前端,使消费者在购买产品时,既能分享企业成长的成果,同时也为企业发展注入新的资本动力,使消费和投资有机结合,从而使买卖双方在这种条件下合二为一,成为一体,完成消费转化为资本的过程。这样,消费作为一种资本,它同货币资本、知识资本一样,成为企业和地方经济发展的直接动力。

此时，消费者的购买行为，已经不再是单纯地为了获取商品从而满足意愿和偏好，他的消费行为同时变成了一种储蓄行为和参与企业生产的投资行为。这就可以在一定程度上消除买卖双方的对立，化解消费者和生产者之间的根本矛盾，从而使双方获益，达到消费者、生产者、经营者和全社会共赢的目的。

消费资本论具有与众不同和独树一帜的特点，它同迄今为止所有经营理念和营销方式不同，具有强烈的新鲜感和独特的魅力。它将对广大消费者的消费心理产生很大的影响———一种宝贵的积极参与尝试的心理，以及愿意长期合作的巨大的吸引力和凝聚力。由于它的与众不同和独特新意，将会产生很大的轰动效应，即"注意力经济学"效应，或者说"眼球经济学"效应，也就是说广大消费者的眼光将集中在应用消费资本论的企业的产品上。同时因为它不但满足消费者的需求，而且还关心消费者的利益，所以会受到消费者的欢迎。当企业把消费者作为本企业一位投资人和成员时，消费者也会从另一端作同样的考虑，即广大消费者愿意成为我们企业长期的合作者，因为他们可以从我们的企业中长期获益。

消费资本论在实践和应用中可以有多种实现形式，比如消费者投资、消费者参股、消费者期权、消费者选择权等，通过这些方式将消费向生产领域和经营领域延伸，在不同的层次上实现消费的资本化，它对经济发展将产生重大经济效应。

第一，规模经济效应。消费资本化可以为企业带来范围经济效应和地域经济效应，这是规模经济最重要的两个组成部分。消费资本化在理论和实践上的创新，本身会在学界、商界和新闻界产生很大的"注意力经济学"效应。消费资本化同迄今为止的所有企业经营理念和销售方式不同，它具有强烈的新鲜感和魅力。追赶时代潮流的消费者将在新闻媒体的引导下凝聚在最初尝试消费资本化的企业和产品周围。企业将因此被赋予尊重消费者主权、关心消费者利益的形象而受到消费者的欢迎，一个地方性的企业的知名度可以借此迅速扩展到全国范围，同时被更多的行业所熟知，有利于企业经营的产品范围和地域范围的扩大，规模经济效应将非常明显。

第二，消费聚拢效应。当企业通过消费资本化将消费者作为本企业的一位投资人和成员时，消费者也从另一端做着同样的思考。因为消费资本化过程可以使消费者从企业长期获益，分享企业的发展成果，消费者已经不再是单纯的消费者，亲和力将使消费者聚拢到这样的企业周围，并对企业的经营和发展保持长期的关注。若以此为基础，企业再通过优质的产品、细致周到的服务将更多的消费者吸引过来，在消费者心目中树立信誉良好、亲和力强的企业形象，并逐步加强互动联系，通过完整的信息流通渠道，用诚意和周到的服务来培养消费者忠诚度，企业的发展将得到消费聚拢效应的大力推动。

第三，资本沉淀效应。企业的发展离不开资本，或者说在短期内，资本是企业发展最重要的决定因素。以"消费者投资"这种最基本的消费资本化形式为例，当企业将消费者购买产品的消费额的一定比例（等于销售净收入）以记账形式记入消费者在本企业的个人投资账户（实际资金已经投入到企业的再生产之中），在一段时间之后（比如1年），企业才开始按账户余额和企业盈利情况按比例以资金或产品的形式分期返还给消费者，企业的收入和支出之间存在一个时间差，企业自始至终都保留了一个资本存量，而随着消费规模的扩大，这个沉淀下来的资本存量将以算术或几何级数递增，企业的发展因此而得到了另一个渠道的资金支持。

第四，社会资本效应。尽管"社会资本"作为一种不同于经济学和人口学定义的资本概念在1977年的有关文献中才出现，但在经济学界和社会学界却有着广泛而深远的影响。社会资本理论又叫社会网络理论，特点是从人际网而不是从技术网角度解读信息化。哈佛政治学家罗伯特·普特南是社会资本理论的创始人，他在其著作《让民主运作》一书中明确阐明，社会资本诞生并且体现于民众交往网络之中，由于民众对社会经济的参与，社会资本逐渐演进成一种能够使人们互相信赖并恩恩相报的经济资源，人们为了共同的利益而相互合作。普特南还认为，社会资本是经济发展的先决条件，社会资本的强弱决定了经济发展水平的差异。普特南之后，国外社会学者对社会资本的认识以詹姆斯·科尔曼和皮埃尔·布尔迪厄为代表。科尔曼认为，社会资本是个人拥有的、表现为社会结构资源的资本财产，它们由构成社会结构的要素组成，主要存在于人际关系和社会结构之中，并为结构内部的个人行动提供便利。而布尔迪厄认为，社会资本是一种通过对"体制化关系网络"的占有而获取的实际的或潜在的资源集合体。社会资本的拥有者可以是个人、群体、组织、社区、企业等，其表现形式为社会结构资源，但社会结构资源本身不是社会资本，只有经过动员才能成为社会资本。行动主体对社会资本具有回报预期，社会资本与其他资本一样具有工具性效应。企业社会资本是指企业通过纵向联系、横向联系和社会联系获取稀缺资源的能力，一个企业社会资本量的大小，受经济结构和企业家能动性两大要素影响。社会资本对企业的经营能力和经济效益有直接的提升作用。

消费资本论应用于实践可以丰富企业的社会资本量，整合市场资源，形成以企业为核心、由消费者推动的强势市场。

第五，市场压力效应。消费资本化使企业在获得货币资本和社会资本等市场动力的同时，也受到更多的具有建设性的市场压力。消费者对企业的投资和对企业生产销售的浅层参与，也有利于提高企业的质量管理意识，有利于企业更大范围、更加深入地收集和处理市场需求信息。在这种市场压力下，企业最终会在提高产品质量和降低生产成本方面，甚至在产权改革、现代企业制度建设方面发生根本性的变革。

第二节　消费资本论的历史渊源

消费资本论是以中国传统消费思想为基础，吸收和借鉴西方经济学的有关理念，立足于当代世界和中国的社会经济条件而形成的一种新的经济理论，与中国经济学的两大支脉马克思主义政治经济学和西方经济学完全自西方引进不同，是中国知识分子结束缺乏本土经济学理论现状的一项重要理论成果。

一、中国传统的消费思想

中国古典哲学和经济学是世界科学思想宝库的重要组成部分。自15世纪以来，通过西方传教士，如意大利的利马窦、德国的汤若望、法国的金尼阁、葡萄牙的徐日升、比利时的南怀仁等人的翻译和介绍①，中国的古典哲学、自然神观和重农经济思想传到西方并产生了重要影响。据文化史学家的研究，中国的古典哲学曾经帮助德国哲学家莱勃尼兹创立德国古典思辨哲学，并经由其学生沃尔夫的进一步系统化，为沃尔夫的学生康德所吸收，从而创立了德国古典哲学，一直影响到黑格尔和马克思。在法国，中国的古典哲学为"百科全书派"的哲学家所吸收，以其无神论、唯物论和民本思想，成为法国大革命的哲学思想基础。而中国的重农经济思想，则影响了著名经济学家魁奈"重农学派"的创立，以其关于中国重农学说的论著，感动了英国伟大的经济学家亚当·斯密，在其代表作《国富论》中抨击了当时流行欧洲的重商主义。

在中国的古典哲学和经济学中，中国传统消费思想不但富有特色，而且深深影响着中国人的生活方式。中国传统消费思想以儒家的等级消费观为主流，其代表人物为孔子。孔子是儒家学派的创始人，他维护等级制度，提倡道德教化，认为人有名分之分，社会有等级差别，名分、等级决定一个人的政治地位、经济利益和消费状况。并由此提出贵贱有序、贫富有差、消费有别的等级消费观。同时，他主张节用、宁俭，强

---

① 利玛窦在万历二十一年（1593年）翻译《四书》；金尼阁在天启六年（1626年）用拉丁文翻译了《五经》。殷铎泽和郭纳爵将《大学》翻译为《中国的智慧》；殷铎泽将《中庸》翻译为《中国的政治道德学》。其他如《论语》、《易经》、《诗经》、《礼记》等都有多种拉丁文译本出现。1585年传教士多萨撰写了《中华大帝国史》，1658年传教士卫匡国撰写了《中国历史》（上古部分）相继在欧洲出版，并译成多国文字，风行一时，大大推动了西方对中国的认识。这些传教士还携回了大量的中国书籍。如柏应理返罗马带回了四百多册书籍，藏于梵蒂冈图书馆，白晋返法时将三百多卷中国图书送给国王路易十四，法国国家图书馆的前身傅尔蒙皇家文库，藏有数千卷中国图书。

调对消费行为进行必要的道德约束①。《国语·晋语》中有"公食贡，大夫食邑，士食田，庶人食力，工商食官，皂隶食职，官宰食加。"其基本消费思想是：不同阶级、不同阶层的消费具有严格的等级差别。同时，孔子把人们的消费行为与道德追求结合在一起，认为"合于义，至乎礼，虽苦亦乐"。比如在《论语·述而》中强调"饭疏食饮水，曲肱而枕之，乐亦在其中矣。不义而富且贵，于我如浮云。"对于颜回的安贫乐道，孔子大加赞扬，《论语·雍也》记载的孔子对颜回的评价是"贤哉，回也！一箪食、一瓢饮，在陋巷，人不堪其忧，回也不改其乐。贤哉，回也！"

由此看来，今天指导生产和消费的消费级差理论以及管理学和营销学中的客户定位理论，实际上是继承了二千五百多年前中国的传统经济思想，而今天人们对消费的理解和认识，如消费的作用和诚信原则等，还没有达到孔子的境界。在孔子的眼中，消费关乎道德，关乎政治，关乎生产、分配，关乎治国、修身、平天下。

中国传统消费思想中道家的无为消费观占有重要地位，其代表人物为老子。老子尊道贵德，提倡顺应自然，无为而治。从物极必反的哲理出发，认为经济发展、财富增长和社会进步所带来的必然结果是人的物欲膨胀，社会矛盾尖锐，这不利于人的身心和谐与国家的长治久安。因而，在消费上他主张返璞归真、去奢从俭、提倡清心寡欲、俭朴自持和知足常乐。应该说知足常乐的哲理，对于人的身心和谐、对于调节消费需求与消费能力的矛盾有积极意义②。

而墨子则提倡消费上的公平。《墨子·辞过》中说"富贵者奢侈，孤寡者冻馁，虽欲无乱，不可得也"。假如在一个消费悬殊的社会，一部分人挥金如土，以填欲壑，而另一部分人却求温饱而难得，和谐和安定的社会秩序将无法实现。而现代社会中，如果商家和厂家都把服务的

---

① 傅允生：《去奢从俭：中国古代消费观溯源——从孔子、老子消费思想说起》，《现代财经》2000 年第 10 期。

② 傅允生：《去奢从俭：中国古代消费观溯源——从孔子、老子消费思想说起》，《现代财经》2000 年第 10 期。

目标群体定位于富裕客户，而忽略大众消费，将不可能获得稳定的利润。政府官员如果仅关心高收入阶层的消费利益，国计民生将无从谈起。

消费资本论吸收和借鉴了中国传统的消费思想，扬弃了奢靡的消费观，重视和强调消费的力量，保护消费者的利益，利用消费对社会生产、社会道德和价值观念的影响力，使消费作为一种社会资本的力量充分发挥出来。从经济学和管理学的角度挖掘消费作为一种资本的价值和在市场中实现其价值的路径。它是对中国古代消费思想的继承、延伸和发展。

二、西方消费主权思想和消费主权理论

"消费者主权"最早见于现代经济学之父亚当·斯密的《国富论》中，后来的奥地利学派和剑桥学派都把"消费者主权"看成是市场关系中最重要的原则。所谓"消费者主权"，是诠释市场上消费者和生产者关系的一个概念，即消费者根据自己的意愿和偏好到市场上选购所需的商品，这样就把消费者的意愿和偏好通过市场传递给了生产者，于是所有生产者听从消费者的意见安排生产，提供消费者所需的商品。这就是说生产者生产什么、生产多少，最终取决于消费者的意愿和偏好。消费者主权可以用一个比喻来说明，消费者在市场上每花一元货币就等于一张选票，消费者喜欢某种商品，愿意花钱去买它，就等于向这一商品的生产者投了一票。生产者只有使自己的商品适合消费者的需要，消费者才会投他的票，也就是愿意购买他的商品，否则商品就会滞销、生产者就会亏本。各个生产者就是通过消费者在市场上"投货币票"，了解到社会的消费趋势和消费者的动向。从而以此为根据，安排劳动力和生产资料，改进技术、降低成本、增加品类来满足消费者的需求，从而最终达到利润最大化的目的。

消费者主权理论也曾引起争议。比如一位获得诺贝尔经济学奖的经济学家加尔布雷思曾根据大公司垄断市场的现实提出过"生产者主权"的概念。但另一位获得诺贝尔经济学奖的经济学家哈耶克认为，即使是

完全的市场垄断，生产者的生产也必须遵从消费者的意愿。否则大公司将失去最终的发展推动力，生产就会处于受限制的状态中，终将失去已有的垄断地位。这对公司和整个社会经济都是有害的。而20世纪80年代以来，苹果计算机公司、麦道公司、康柏公司等等大公司的兴衰在实践中多次验证了消费者主权理论的正确性。

消费资本论与消费者主权理论一脉相承，但又突破了古典和新古典经济学的束缚以及哈耶克理论的局限，是通货和消费紧缩时代理论上的创新和发展。消费者主权理论仅仅阐明了消费者的重要性，仅仅解决了"是什么"的问题，没有解决"怎么办"的问题。即没有探讨生产者应在"消费者主权"的前提下，如何获得消费者支持；他没有认识到消费不仅仅是市场的导向，而且是对企业投资的重要参与者。此外，在理论模型上，消费者主权理论认为生产者和消费者是对立的，消费者的主权对应的是生产者的服从。它没有认识到生产者与消费者可以在一定的机制下有机结合，在市场上实现消费的资本化。而消费资本论主要针对的问题是在新经济的条件下，如何实现生产者与消费者的有机结合，通过构建各种类型的市场制度，使生产和消费从对立走向统一。在使消费者的主权得到最大化满足的同时，通过消费的资本化实现企业利润在更高层面上的最大化。

消费思想和消费理念，抑或是消费理论，都是一定历史时期内社会经济发展的产物。在不同的历史发展时期，由于生产力发展水平不同和社会经济发展程度不同，而分别具有不同的消费思想和消费观。消费资本论则是生产力高度发展、社会经济发展到新的水平和市场经济充分发展条件下的产物。它既是新的历史时期的消费理论，同时也是以往各个历史发展阶段的消费思想和消费观念的延伸和发展的结晶。

三、消费资本论的创建

进入21世纪，世界经济发生了深刻变化，国家、地区和企业发展的经济背景与上个世纪相比有了本质的不同。最重要的不同是：市场经济已经完成了由卖方市场向买方市场的过渡。我们现在是处于以买方为主的市场经济发展阶段。这标志着卖方占主导地位的时代已经结束，买方占主导地位的时代已经到来。在这一阶段，作为买方的消费者，成为市场竞争的最终决定性力量。消费者既是市场经济的主人，又是给经济发展注入新的资本动力的源泉，消费和消费资本成为新世纪经济发展的关键资源和主导力量。谁能赢得最多的消费者，谁就能拥有最大的市场和巨额的资本注入，消费资本由此而生，"消费资本理论"的构建也以此为基础。

它一经出现，就显示出它对社会经济发展的巨大威力，并立即向传统的经济发展方式发起挑战，引起各国政府领导人、企业家的高度关注，也激发了世界各国专家学者对消费和消费资本的研究热情，并且事实上已经成为各国研究经济发展的焦点。消费资本论至今已经成为对中国经济和世界经济发展产生广泛影响的新的资本理论，为所有市场经济国家提供了新时期经济发展的理论导向，它将引导人们寻找到新的经济增长极和新的经济发展方式。

消费资本犹如一只无形的大手，无时无刻不在影响着市场经济的发展。它已经成为市场经济发展最主要、最直接的动力。

由此，消费已经不仅仅是一个过程，而是有足够的力量形成影响一切的，能够和货币资本、知识资本并驾齐驱的一种资本——消费资本。和货币资本、知识资本一样，消费资本一直是存在的，只不过在商品短缺时代，它的作用被掩盖、被长期忽视，更没有一种理论把它的力量系统地揭示出来。

消费资本论，从时代变化和理论发展两个方面突破西方传统经济学理论的局限，而提出的新的资本理论体系。它引领了一种新颖的创新思维方式，着眼于从生产和消费双向看问题，把消费向生产领域和经营领域里延伸，科学地论证了消费转化为资本的过程，提出消费即是投资。从而在世界经济学说史上第一次提出消费资本这一新的资本形态，说明消费作为一种资本，它同货币资本、知识资本一样，成为经济发展的直接动力，并以完整的理论体系把社会经济发展中消费和消费资本的力量系统地揭示出来，建立了一种全新的资本理论——消费资本论。

第三节 消费资本的量化

消费资本量化是消费资本理论体系的重要组成部分，在现阶段国内外学术理论界对消费资本量化的研究几乎是空白。消费资本量化研究，既是学术理论界的重大前沿课题，也是世界各市场经济国家，特别是各国企业家高度关注的实际问题。因为任何一个市场经济国家，都需要消费资本量化理论来指导本国的实践。消费资本量化是国家、地区和企业经济发展实践亟待解决的问题。

一、消费资本量化的重要意义

消费资本量化，是消费资本论实施的基础。消费资本量化的应用范围非常广泛，不仅应用于宏观经济，也应用于微观经济，对国家、地区和企业的经济发展都具有重要的实际意义，而且对经济学及其相关学科的发展也具有十分重要的理论意义。

首先，消费资本量化研究，将有助于精确量化国家、地区和企业在发展过程中运行着的资本总量，为国家、地区和企业经济成长从资本构成方面提供非常精确的量化说明，对于解决国家、地区和企业经济发展提速、优化资本结构、充分发挥知识资本和消费资本的作用具有重大意义。

其次，有利于实行新的企业制度和分配制度。因为，新的企业制度是包括货币资本、知识资本和消费资本三种资本的综合股份有限公司。必须对三种资本量化之后才能衡量三种资本所占股份，并按各自所占股份比例大小组建三种资本综合股份有限公司。同样，必须对三种资本进行量化之后，才能使新的收入分配制度得以顺利实施。所以，消费资本量化为建立新的企业制度和新的收入分配制度提供了必要条件。

第三，消费资本量化对于丰富和完善经济学研究的内容和方法，使经济理论更加客观、全面地指导经济发展实践，具有十分重要的现实意义。同时，消费资本量化对于经济学相关学科的建设，如计量经济学、会计学、统计学等分支学科的发展也具有十分重要的理论意义。

二、消费资本量化的基本思路和方法

消费资本分为广义的消费资本和狭义的消费资本。广义消费资本是指包括在产品和服务的消费过程中，所有由消费者创造的市场力量及其价值的总量。狭义的消费资本是市场消费资本总量在一定时期内在企业中释放出的现值。

在发现消费资本之前，消费资本的一部分被计入知识资本当中，这部分消费资本是知识资本的溢出部分，具有知识资本和消费资本的双重属性，但其基本属性属于消费资本。由于当时人们还没有充分认识到消费资本的重要作用，而未能把它从中分离出来。

消费资本量化是一个非常复杂的问题，即便是狭义消费资本的量化，其测评指标体系也是非常庞大的。

下面，分别说明广义消费资本量化和狭义消费资本量化的思路和方法。

（一）狭义消费资本的量化

我们以狭义消费资本的量化研究作为出发点，因为只有准确量化单体消费资本，才能够从宏观上量化企业、地区和国家的消费资本总量，才能够制定出具有科学依据的消费资本利润分配机制。

消费者的消费额是企业利润的主要来源。因此狭义消费资本量化测评的基本思路是，企业把消费额中扣除销售成本和生产成本之后的余额，作为消费者对本企业的投资额，并按一定的时间间隔将相应的利润返还给消费者，使消费者享受投资成果。狭义消费投资额的计算公式如下：

$$CI = C - SC - PC \tag{1}$$

$$r = (C - SC - PC)/C \tag{2}$$

其中，CI 代表消费资本投资，这部分投资获取的利润将用于回报消费者；C 是消费者的消费额，SC 是销售成本，PC 是生产成本。r 是消投资系数，$r \in [0, 1]$，是指消费者的消费投资所占消费额的比例。

1. 消费资本参与利润分配。由消费者货款转化的资本，所产生的利润应该归消费者所有，消费者拥有消费资本利润的分配权。当消费者购买企业的产品和服务时，付货款之后，取走了物有所值的商品和服务，之后享有的是参与企业利润的分配权，根据消费者和企业的约定参与利润分配。

2. 消费资本收益分析。消费资本参与利润分配的依据是消费者的货款在下一个生产过程和经营过程中转化为资本，因此消费资本应同货币资本和知识资本一样共同参与企业利润的分配。消费资本是同企业回笼的货币资本一起进入到商品生产和经营过程中并产生利润的。在这一过程中，消费资本同货币资本共同发挥了资本的职能。消费资本同货币资本实际上是融为一体的，在使用和发挥货币的职能上并不分彼此，因此可以得出结论，消费资本和货币资本具有相同的利润率。

3. 消费资本利润的分配机制。消费资本利润的分配是建立在企业盈利的基础上，企业将某一段会计时间内的企业盈利的一部分分配给消费者。企业可以将货币资本利润和消费资本利润同时分配，也可以采用不同的时间周期和时间段分期分配，这可以取决于企业自身的意愿。由于消费资本是在下一轮商品的生产、流通和销售过程中产生的，当新的一轮商品循环完成后，消费资本利润就产生了。此外，消费资本利润分配还同分配的方式相关。若消费者参与利润分配得到的是本利之和，则消费者实际只是参与一次分配。若消费者参与利润分配得到的是当期的消费资本收益，而消费资本本金留在了企业进行周转，则消费者可以多次参与分配。因此，消费资本参与分配的机制，要根据企业和商品循环的实际情况制定出合理可行的方式。

通过对狭义消费资本的计量，可以计算出消费者购买企业的商品与服务，可以为企业贡献的消费资本量，进一步可以计算出消费者作为消费资本所有者，能够从企业获得的消费资本利润。这为广义消费资本的计量奠定了量化基础。

(二)广义消费资本的量化

广义消费资本的量化,需要综合考虑消费过程中的各个要素,建立庞大的测评指标体系。这是因为,在消费主体的周围存在着复杂多变的市场环境,企业必须采取对应的营销策略来影响消费者的消费行为。其中基本的要素包括:企业、产品、消费者、营销策略和市场等,并在此基础上予以细分,建立广义消费资本量化的测评指标体系。

企业和消费者是消费过程的主体,产品或服务是消费过程的客体。产品和服务的消费过程如图2-1所示。

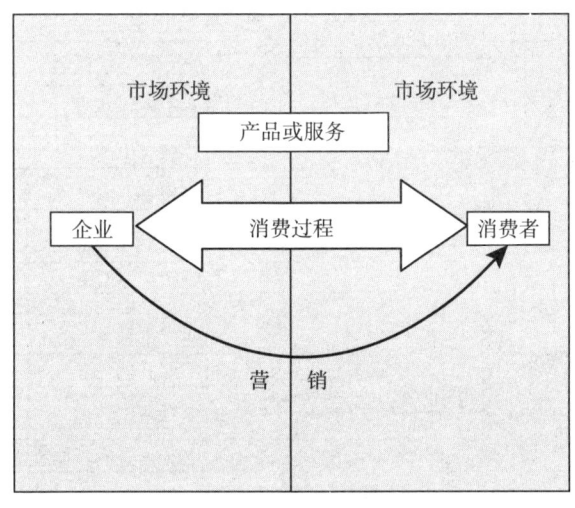

图 2-1 消费过程

广义消费资本测评指标体系(如图2-2),其中包含5个方向和20个基本指标。

用各指标的平均测评结果 $\overline{\beta_i}$ 乘以相应的衡量因子 θ_i,得到各个指标的具体值。

广义消费资本量化计算公式,如公式(3)和公式(4):

$$I_i = \overline{\beta_i} \times \theta_i \tag{3}$$

$$CI = \sum_{i=1}^{20}(\alpha_i \times I_i) \tag{4}$$

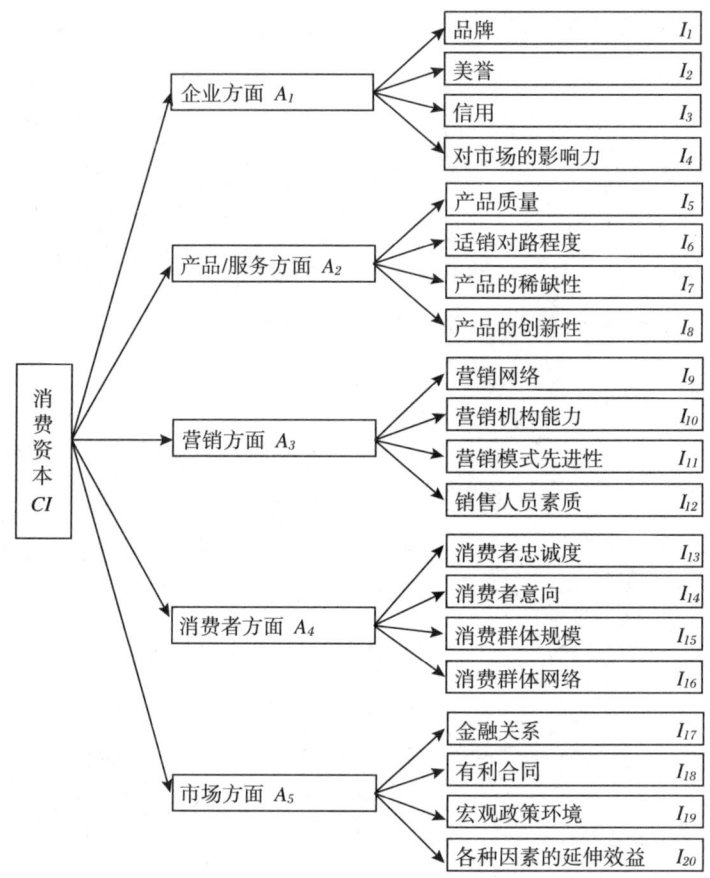

图 2-2 广义消费资本量化测评基本指标体系

其中，CI 代表消费资本投资，I_i 为各指标的值，α_i 为各指标的权重。

（三）消费资本存量分析

消费资本存量是指一定区域内（地区或国家）蕴藏的、可通过消费转化为消费资本的消费资本库。之所以称之为存量，是因为这部分消费资本在没有发生购买行为之前，尚未流入到企业并转化为消费资本。研究消费资本存量的意义在于，可以衡量一个地区消费资本存量可转化消费资本的潜力，以及消费资本存量转化为消费资本后，对该地区生产经济活动的拉动作用。消费资本存量，可以衡量一个地区或一个国家经济发展的资本动力构成中所蕴藏的消费资本的总量及其价值，从而可以为国家、地区和企业经济发展决策提供重要参考。

对国家和地区消费资本存量的计算，相对比较复杂。消费资本存量涉及到当地居民人口状况、地区经济发展水平、储蓄存款和居民消费水平等在内的诸多影响因素，计算数据复杂庞大。地区和国家的消费资本计量反映了所有消费者的实际消费能力总和，以及这种消费能力总和所能产生的消费资本，对计量主体生产经济活动的拉动作用。下面，我们对影响消费资本存量的影响因素逐一进行分析。

1. 人口状况

每个人都离不开消费，只有解决了衣食住行等基本消费，才能提供生存的保障。因此，我们在计算国家或地区的消费资本存量的时候，第一个研究的影响因素就是人口状况。首先，我们要计算出一个城市的人口基数。通常一个城市的人口基数大，比方城市 A 有 500 万人口，而城市 B 有 100 万人口，那么我们初步估算就可以判断出城市 A 比城市 B 的消费资本存量大。在同等经济发展水平和消费水平下，城市 A 的人口基数比城市 B 大，消费资本总量也就比城市 B 大。

在考虑人口基数因素时，为了使计算更加精确，我们还要考虑人口年龄结构因素。人口年龄结构是按照不同的年龄段进行划分，不同年龄段人的消费能力是不同的，因此我们在计算人口基数的消费资本因素时，还要考虑到人口年龄结构因素。

2. 居民收入水平

居民收入水平是对经济发展水平最直观的表现方式。通常经济比较发达的城市，居民收入水平就高。经济欠发达的城市，居民收入水平相对较低。而居民收入水平决定了居民的购买力水平，在经济发达地区，居民普遍收入水平较高，消费能力较强，通过消费行为产生的消费资本量就大，因此消费资本对经济发展的拉动作用表现突出。而在经济欠发达地区，居民收入水平较低导致消费能力趋弱，通过消费行为产生的消费资本量就较小，消费资本对经济发展的拉动作用也因此受到严重制约。

因此，居民收入水平是对消费资本存量的重要影响因素。在相同人口基础和人口结构的情况下，由于居民收入水平因素的影响，经济发达的城市往往比经济欠发达城市的消费资本存量大。同时，对于经济欠发达的城市，要发挥消费资本对经济发展的拉动作用，应该将提高居民收入水平作为研究的出发点，制定出对应措施和解决办法。

3. 居民消费水平

居民消费水平直接影响到消费资本存量向消费资本的转化水平。居民消费水平越高，代表居民通过消费产生的消费资本越多；居民消费水平越低，代表居民的消费资本存量没有被充分激发出来，而是受到其他因素的影响被抑制，只有部分的消费能力得到释放，并转化为消费资本。

4. 银行储蓄水平

银行储蓄存款按照类型包含企业存款和个人存款，企业存款的基本属性是企业投资，个人存款的基本属性是消费。个人存款分为当期消费和未来消费两种形式。个人存款中用于当期消费的部分，就直接转化为消费资本，进入到生产和经营领域，发挥推动经济发展的作用。个人存款中用于未来消费的部分，是在未来要转化为消费资本的，在未转化为消费资本之前，应该被计入消费资本存量。

居民储蓄与居民未来的消费能力密切相关。居民储蓄金额越大，居民未来的消费能力越强，可转化的消费资本量就越多。居民储蓄金额越小，居民未来的消费能力越弱，可转化的消费资本量就越少。居民储蓄是尚未进入生产和经营领域的消费资本，但在未来合适的条件下，就会形成购买力进入到商品流通和经营环节，转化为消费资本。从这一点来看，居民储蓄实际上是蕴藏的消费资本存量。居民储蓄的多少反映的是消费资本存量的大小。

在核算居民储蓄时，主要参考数据是银行统计的城乡居民储蓄存款数，但实际上居民存款还有一部分没有进入统计系列，在计算时也应该考虑在内。居民存款反映的是消费资本存量，这部分存量在当前尚未转化为消费资本，远离经济发展主渠道。因此，这一方面对于国家和地区的经济发展而言，没有发挥消费资本对经济发展的拉动作用，造成当地经济发展的资本短缺和消费萎缩的问题。另一方面，对于消费者而言，消费者在银行的存款天天躺在银行缩水，没有办法实现保值和增值。银行大量存款未能转化为消费资本，无论是对国家和地区经济发展，还是从消费者的角度来看，都是不利的。

5. 消费资本存量的转移

消费资本存量的转移包括消费资本的流入和流出两种类型。消费资本的流入，是指本区域之外的消费者在本区域进行消费，或者是本区域内的企业将商品和服务销售到其他地区，其他区域的消费资本随着货款流入本地区经济活动的过程中，发挥消费资本对经济发展的推动作用。对于地区来说，比如某个城市生产的汽车销往全国各地，这个时候计算这家企业获得消费资本量的时候，就不仅局限在本区域范围内的消费资本存量，而是全国各地的消费资本存量。再比如一个国家，通过出口将企业的商品销往全球各地，全球各地的消费资本会随着商品的购买行为流向这个企业。因此，我们计算企业实际获得的消费资本量时，要计算商品销售到的所有地区可能流向企业的消费资本量。

消费资本的流出，是指本区域内的消费者到其他区域进行消费，购买其他地区的商品或服务。这就相当于本地区的消费资本存量在转化为消费资本的过程中，没有在本区域内进行转化，而是转化到了其他区域，对其他地区经济的发展发挥了作用。消费资本的流出意味着虽然本地区具有较大的消费资本存量，可以转化为对本地经济发展具有推动作用的消费资本，但是由于消费行为同其他区域的企业和商家有关系，消费资本就流入了其他地区出售商品和服务的企业发挥作用。

消费资本的转移对国家或地区在计算本国消费资本时，有着重要的作用和意义，政府可以有效地调节本地区的消费资本和消费资本存量，优化资本结构，充分发挥消费资本对本地区经济发展的推动作用。

第四节　消费资本对社会经济发展的重大作用

一、将解决当代世界通货膨胀和消费紧缩难题

通货紧缩是指物价总水平在较长时间内持续下降的经济现象，其实质是社会总需求小于社会总供给。通货紧缩表现为物价持续下降、市场疲软、经济萎缩的现象。这种现象长期持续会影响企业生产和投资的积极性，导致市场销售不佳、影响消费心理等，对经济的长远发展和人民群众的长远利益不利。

多年来通货膨胀是中国经济发展中另一个难题，政府政策的主要注意力都集中在舒缓供需矛盾、抑制通货膨胀上。与此同时，消费需求不足的矛盾也在不断积累加剧，这主要是政府长期实行高积累政策对居民收入增长产生压抑的结果。但是由于投资需求的膨胀与消费需求不足的矛盾在大部分时间里被掩盖起来。虽然有时有所显现，但通常都是在政府采取紧缩政策抑制投资过热时才暴露出来，因而被看成是短期宏观经济政策的结果，而没有当做一个带有长期性、根本性的矛盾来认真对待。因此，我们可以说由消费需求不足所形成的通货紧缩压力在通货膨胀时期已经存在，并被通货膨胀所掩盖。

解决通货紧缩的方法，一是扩大总需求；二是减少总供给。到目前为止，中国宏观经济政策的努力方向一直集中在推动总需求的增加，采取扩张性的财政政策和货币政策。尽管这些政策主要是刺激投资需求，但民间投资需求仍然没有被带动起来，而在刺激消费需求方面更是显得束手无策。目前的经济增长速度在很大程度上是靠政府投资拉动的，虽然通货紧缩在这些政策作用下有所缓和，但投资需求和消费需求仍然萎靡，通货紧缩的压力仍然很大。这些扩张性政策的力度稍有减弱，通货紧缩的形势就会进一步发展。

解决市场中的投资需求和消费需求问题同供给问题有密切联系。解

决这些问题不仅与企业的生产和效益有关，而且关系到投资的效率和经济发展的质量。在这个过程中我们应做好两方面的工作：一是尽力消除过剩的生产能力；二是降低积累率。通过这些调整不仅可以促使总供给降低，而且有利于居民收入水平和消费水平的提高，进而缓解生产能力过剩的矛盾，改善企业经营状况。

通货紧缩的直接原因是有效需求不足，特别是消费需求不足。事实上消费需求不足是长期以来一直存在的一个矛盾，只不过一直被过热的投资需求所掩盖。

在扩大需求方面，西方经济学家如凯恩斯讲扩大需求，不是从消费者本身来讲的，而是以减少税收、增加贷款等手段来刺激需求，是外界对消费者的刺激，而不是消费者本身的动力。在这种措施之下，消费者是被动的，而不是主动的。因此这种刺激的作用是有限的。

我国也仿照国外的某些做法，采取降低银行利息并征收利息税来促使消费者减少存款，甚至期待消费者从银行取出存款进行消费来扩大需求，但同样收效甚微。银行城乡居民存款一直居高不下，截至2016年12月末我国城乡居民人民币储蓄存款余额达到59.7751万亿元，就是很好的说明。

而消费资本论由于把消费转化为资本，从而具备调动消费者消费积极性的功能，把消费变成消费者的内在驱动力。于是可以使消费者由消极被动消费走向积极主动消费。因为消费者既然认识到自己也是一种资本的载体，是消费资本的所有者，他就希望通过消费转化为投资，而得到回报的预期，为什么还要存在银行里？这样，就可以使其躺在银行里的巨额存款被取出来进入生产领域发挥作用。这是促进中国经济发展的巨大动力。由此可以看出，消费资本化是扩大需求的一种十分有效的办法。

消费资本论的实施有利于刺激消费者的消费，把需求保持在一个稳定的水平，可以避免经济的急剧下滑和社会矛盾激化。企业与消费者利益日益密切，使消费与生产进入了一个良性的循环，有助于经济的发展和投资效率的提高，从而消除了通货紧缩的根源。

消费资本论的另一个作用是有利于企业与消费者信息的有效沟通，使企业产品的生产与消费者的总需求紧密结合。因此会减少生产能力相对过剩和总需求大于总供给的矛盾，也就不会产生企业经营困难和再投资的资金问题。消费需求和投资需求的有机结合，会使价格水平保持在一个稳定的水平。企业由于有了大量的资金进行再次的投资，加大了企业的规模，产生了很好的经济效益。企业效益的增长又反过来影响到居民收入的增长和对未来收入的预期，从而人们更愿意去消费，有效的需求不断扩大，价格保持在一个稳定的水平，从而有效地减少了通货紧缩的机率。

综上所述，我们可以看到消费资本论同传统的经济学理论解决通货紧缩的办法截然不同。它从根本上找到了解决消费不足和通货紧缩的办法，是通货紧缩和消费紧缩时代的理论创新。

二、为构建社会公平分配制度奠定坚实的理论基础

几个世纪以来，社会分配不公问题一直困扰着各国政府领导人和经济学家。这一问题，也是全世界人民共同关注的问题，因为它关系到他们的切身利益。分配不公并不只是在哪一个国家才存在的现象，而是全世界各市场经济国家普遍存在的现象，并且是各国政府和经济学家"久治不愈"的问题。

为了寻找分配不公的根本原因，必须对分配制度本身进行深入的分析，必须从源头上对不公平分配制度藉以形成的理论基础进行深层次的考察。我们只能从经济的角度而不是从行政的角度去思考。各国政府举措不当，只会加大收入差距，但并不是分配不公的根本原因。其根本原因，是目前在世界各国流行的、现行的分配制度本身是不公平的。进一步说，现行分配制度藉以形成的理论依据是失衡的，从而导致了分配格局的不公。

在现行分配制度所形成的分配格局下，货币资本所有者几乎独享企业所有利润；知识资本所有者只享有少许利润；而消费资本所有者长期以来甚至处于缺位状态，完全不参与分配，无利可获。这是社会分配不

公的源头和始发原因，是社会分配不公的根本原因。

传统的市场经济理论认为，推动经济发展的只有一种资本，即货币资本。但市场经济发展的实践证明，完整的市场经济应包括货币资本、知识资本和消费资本三个重要组成部分，而不是一种资本，是三种资本共同创造了社会财富和企业利润。因此应由三种资本所有者共同参与社会财富和企业利润的分配，而不应由货币资本所有者独享企业利润。

但几个世纪以来，在传统的市场经济理论影响下，我们的市场经济一直是货币资本一枝独秀。它的作用一直受到高度重视，货币资本所有者的权益也得到最充分的保证。而知识资本的作用和知识资本所有者的权益，尤其是消费资本的作用和消费资本所有者的权益，却长期处于被淡化甚至缺位的状态。传统市场经济资本理论的这种失衡，是形成不公平分配制度的深刻的理论根源。它对不公平分配制度的形成和流行起着最主要的作用。甚至在这种资本理论影响下，形成了一个支持这一不公平分配制度的企业制度，这就是1602年在荷兰成立的第一个单一货币资本的股份有限责任公司所代表的企业制度。这种企业制度只维护货币资本所有者的利益。

我们必须突破旧的传统的市场经济理论的束缚，在总结市场经济发展经验的基础上，尤其应在总结我国市场经济发展经验的基础上，勇于探索，进行理论创新，才能找到新的公平的分配模式，建立起新的公平制度和分配格局。

为此，我们必须找到形成不公平分配制度的理论基础的缺陷，以便找到形成分配不公的最深刻的原因。

以往的经济学家，包括一些获得诺贝尔经济学奖的经济学家，他们理论上一个共同的缺陷，是重生产轻消费，而且对知识资本的作用也未能给予应有的重视。

新的资本理论体系的建立，特别是消费资本理论的提出，向人们揭示了商品经济全部的真实过程，从而揭示并科学地论证了以往经济学家予以回避的、没有揭示出来的社会财富和企业利润形成的秘密。

新时期市场经济理论研究的前提是"商品经济全过程"。商品经济全过程包括商品生产的准备过程、商品的生产过程和商品的消费过程等三个环节。消费资本论具体地分析和论证了市场经济的资本构成应包括生产资本、知识资本和消费资本三个部分，它们分别在三个环节中发挥各自的作用，共同创造了企业利润（包括社会财富），因此三种资本的载体即三种资本所有者，应当共同参与社会财富和企业利润的分配。

对商品经济过程的分解，充分揭示了商品经济的全部真实过程，也深刻地揭示了企业利润形成的秘密。这一发现，从根本上动摇了流行几个世纪之久的货币资本所有者独享企业利润的不公平的分配制度。为彻底打破社会分配不公的格局奠定了坚实的理论基础。这是人类社会一次伟大的发现，由此将揭开人类社会生活和经济发展的新的一页。

同时，在这一理论基础上可以确立一种新型的、由三种资本参与的综合资本股份有限责任公司，作为支持新的公平分配格局的企业制度。因为由单一货币资本股份有限公司体制向综合资本股份公司体制转化，是市场经济发展所必然遵循的总的趋势，我国市场经济迫切需要建立新的企业制度，也是我国经济体制深化改革的需要。

这种在新的资本理论基础上建立的新的企业制度是一种以人为本的企业制度，它将为我们构建一个和谐的社会，一个真正繁荣幸福的社会。新的企业制度使我们找到了一条真正符合大多数人利益的经济学途径，为社会构筑了一个富人、穷人都适用的共赢的经济平台。

这种新的企业制度，将结束1602年荷兰建立的单一货币资本股份有限公司以来的企业制度的历史。同时，也将结束几个世纪以来企业不公平分配制度的历史，开创企业利润公平分配的新纪元。

三、消费是扩大内需的原动力

当前，扩大内需是我国经济保持平稳高速发展的关键。一个国家的国内生产总值有四个流向——消费、投资、净出口和政府采购，无论哪个流向，都能有效地拉动国内生产总值的增长。

近年来，净出口对我国国内生产总值的贡献很大。出口实际上是依靠国外的需求发展我国的经济。但是目前我国出口空前快速增长的势头却由于技术壁垒和交易纠纷频频发生而被减弱。

投资同样是这几年我国经济发展的重要推动力量之一。但是，近年来的投资增长所造成的自然资源的过度消耗和环境污染，已经接近甚至突破我国自然环境所能承受的能力，我国政府已采用宏观调控手段对投资进行限制。

政府投资和采购，对我国经济总量的增长也作出了一定的贡献。但是由于政府采购规模有限，从而对国民经济发展的作用也有很大的局限性。

因此，拉动我国经济快速发展将主要靠国内消费需求的增长。我国有世界上最多的人口，这意味着我国有世界上最大的消费市场。截至2016年12月末我国城乡居民人民币储蓄存款余额达到59.7751万亿元。这说明我国居民的消费需求和实际消费能力还远没有得到充分的释放。

我国的消费需求之所以没有得到充分的释放，主要原因有三个方面。

首先是生产和消费的对立。在传统经济模式下，生产与消费的对立导致消费者不愿意轻信任何一家企业。在这种情况下，市场的交易成本很高，消费者需求的释放也十分有限。正是由于生产和消费的对立，企业生产的产品总是很难充分符合市场的需要。消费者对产品的需求，经常低于企业的产品生产，从而使经济发展处于困难境地。

其次，在旧的习惯思维模式下，消费者把消费行为看作是自身拥有价值的降低，因此消费者进行消费的积极性不高。虽然消费资本原本就存在于经济运行的实践中，但是消费者并没有认识到消费资本的存在。在消费者的传统观念中，投资是消费者个人拥有价值的提高，而消费是个人拥有价值的降低。消费者并没有意识到，消费也是一种投资行为，进行消费同样会带来消费者拥有价值的提高。于是，人们总是倾向于更多地进行储蓄而减少消费。这种惯性思维，在我国还有很大的影响力，是造成我国内需不足的重要原因之一。

再次，消费者在进行消费时还存在很多顾虑。在现代社会中，每个消费者都有失业、生病等种种风险。消费者为了应对这些可能发生的风险,不得不进行储蓄,限制自身的消费。其实,规避风险本身也是一种需求。如果消费者能够充分认识到自己是消费资本的载体,是经济发展的重要推动力量,那么就会主动地利用消费资本的力量参与金融和保险业的发展。于是消费者规避风险的需求自然能够得到满足,同时金融保险业也能够得到更充分的发展。消费者对风险的顾虑将得到消除,从而消费者的需求将能够得到更充分的释放。

当前,政府采取扩大内需的手段,主要是货币政策和财政政策。

在货币政策方面,主要是降低利率。通过降低利率,降低投资的收益来刺激居民增加消费。这种办法很难有效地解决社会需求不足的问题。因为对于那些由于对企业不信任而拒绝消费的消费者,这种政策基本无效。由于货币政策不能改善企业的产品和服务,消费者并不会因此改变对企业的看法而提高自己的消费。而对于那些试图提高自身拥有价值的消费者,这种政策的作用则十分有限。降低利率意味着投资收益的下降,这可能使一部分居民的注意力转移到消费领域。但是只要居民仍然认为消费是自身拥有价值的下降,大部分居民就不会选择消费,而选择回报更高的投资。对于那些考虑规避风险的居民,这种政策只会起相反的作用。因为储蓄的收益率降低了,居民会被迫进行更多的储蓄,以应付未来可能发生的风险。因此,这部分居民的消费反而会下降。

在财政政策方面,主要方法有两个:增加财政开支和降低税收。增加财政开支的社会成本很高,而且我国政府已经连续多年保持了很高的财政支出,继续增加的潜力已很有限。降低税收,从另一个角度看就是在一定程度上提高居民的收入。对于对企业不满意的消费者来说,这种手段同样不会起到明显作用。对于希望提升自身拥有价值的居民来说,降低税收往往意味着投资收益的提高。这些居民,有可能反而增加投资。对于那些考虑规避风险的居民,这种手段可以起到一定的作用。不过,在所降低的税收总额中,往往只有有限的一部分进入消费领域。

这些手段之所以无法取得明显的效果,主要是因为西方传统的经济学理论有很大的局限性,很难解释和指导今天的市场经济的发展。

以凯恩斯为代表的西方传统经济学家讲扩大内需,不是从消费者本身来讲的，而是以减少税收、增加贷款等手段来刺激需求，是外界对消费者的刺激，而不是消费者本身的内在动力。在这种刺激下，消费需求的增加是被动的，而不是主动的。需求增加的幅度将十分有限。

要想从根本上解决内需不足的问题，则应以消费资本论为指导，彻底改变经济运行中生产者和消费者之间的关系，调动消费者内在的驱动力，使消费转化为资本，成为经济发展的一种推动力量。

首先，在消费资本化的条件下，生产和消费将得到统一，生产者和消费者的冲突将不复存在，生产者和消费者成为平等的合作者，生产者和消费者之间的信息不对称的状况将得到很大改观。消费者将能够充分地了解生产者的信息，从而建立对生产者的信任。生产者也将得到充分的需求信息，从而有效地安排生产，向消费者提供最能满足需求的产品和服务。社会生产的效率将空前提高，生产量高于消费需求的情况将得到很大的缓解。

其次，消费资本论将使消费者意识到，消费行为将是自身拥有价值的提高。因为消费也是一种投资行为，消费者拥有的价值能够在消费活动中得以增加，而不是通常认为的所拥有价值的降低。一旦消费者被消费资本论所吸引，认识到进行消费同样是自身拥有价值的提高，他们就不会再刻意压缩消费，从而使这部分被压抑的需求得到充分的释放。

最后，在实行消费资本化之后，那些考虑规避风险的消费者将认识到消费资本同样是经济增长的推动力量，从而消费者会积极行动起来，充分发挥消费资本的作用，推动金融和保险市场的发展，同时也化解了自身抵御风险的压力。为了防范风险而压抑的需求，将得到充分的释放。

综上所述，消费资本论的实施，将从根本上改变生产相对过剩、消费相对短缺的情况。消费资本化将成为扩大国内消费需求的原动力，它将使市场经济走出需求不足的"瓶颈"，实现经济发展新的飞跃。

四、有利于构建和谐社会

消费资本论意在构建一个共赢的社会。这个社会必然是一个和谐的社会，一个繁荣幸福的社会。消费资本论作为一种以人为本的理论，找到了一条符合大多数人利益的经济学途径。因此，有人称它为中国的"穷人经济学"。其实，它更是一种"全富"的理论。因为它同时为社会构筑了一个富人、穷人都适用的、共赢的经济平台。

消费资本论，改变了利益单向分配的格局，使不同利益主体达到共赢，包括消费者、生产者、经营者在内的整个社会都将获得利益。它将改变人与人的关系，消费者同时也是投资者，从而改变了此前与生产者的关系，双方处于平等地位。**消费资本论的核心内容是，当消费者向企业购买商品时，企业应视为对本企业的投入，消费者的消费行为变成储蓄或投资行为，参与企业生产经营并获取一定比例的利润回报，于是消费者被提升为投资者。**这是消费资本论站在资本理论的巅峰和经济发展大潮的潮头，多角度地审视了消费在经济发展中的重要作用，破天荒第一次给予消费的正确定位。从此消费者可以名正言顺地参与企业利润分配，改变了长期以来单一的利润分配格局，即货币资本一家独占企业利润的格局。

消费资本论具有广泛的社会性和群众性。它高度重视消费者权益，是以人为本的理论创新。这个理论使广大的消费者变成投资者，改变了人与人之间的经济关系。在传统的消费理论下，消费者对商品和服务的采购仅仅有选择权，可以说是被动消费，没有主动权和主人翁意识。消费资本化从理论上把生产、流通和消费过程中人与人的关系融为一体，将传统的生产和消费在经济利益上的对立关系实现了合二为一的转化。生产者、经营者和消费者联成一体，增强了市场经济内在的和谐性，也增进了广大社会成员的和谐性。

消费资本论以人为本，高度重视普通大众，即广大消费者在经济社会发展中的重要性，十分强调消费者才是市场经济的真正主人和最终决定力量。谁拥有最多消费者，谁就赢得最大市场和巨额的资本注入。城市居民和广大农村的农民是消费群体中的主体，也是消费资本的巨大载体。但他们往往被视为弱势消费群体而被忽视、被淡化。实际上，他们拥有巨大的消费潜力，是待开发的最大消费市场。消费资本论，是开发消费市场的最有力的武器。消费被正确定位之后，消费就是投资，消费转化为资本，包括穷人在内的广大消费者也能成为"资本家"了。消费既可以满足自己的需求，又可以得到利润回报，有钱就消费，何乐而不为呢！这就是说，消费者的地位提升后，将会进一步调动消费的积极性，并开始改变和调整消费观念。观念产生的力量是不可估量的。

先进的消费观念将会带动大量的社会资金，包括近60万亿元的城乡居民存款，作为消费资金进入生产领域和经营领域。企业获得更多投入就可以更新设备，引进先进的科学技术，扩大产量，增加产品科技含量，推动国民经济上新台阶、新水平，更好地满足消费，这是一个良性循环。中国三十多年经济高速持续发展的一条重要经验，就是必须高度重视消费，启动消费，推动经济发展。推广实施消费资本化，大力启动消费是保持国民经济持续稳定高速发展，构筑和谐共富的社会主义社会不可替代的重要措施。

习近平总书记在党的十九大报告中明确要求"实施乡村振兴战略"，并以此为主题，对"三农"工作进行了部署。这是我们党在全面认识和把握我国发展阶段特性特征基础上，从党和国家事业发展全局出发作出的一项重大战略决策。

实施乡村振兴战略，是开启全面建设社会主义现代化国家新征程的必然选择。

党的十九大报告提出实施乡村振兴战略，就是要始终坚持把解决好"三农"问题作为全党工作重中之重，并通过采取更加有力的举措，切实改变农业农村落后面貌，拉长"四化同步"发展中农业这条短腿，补齐农村这块全面小康社会的短板。

实施乡村振兴战略，应按照产业兴旺、生态宜居、乡风文明、治理有效、生活富裕的总要求，加快推进农业农村现代化。产业兴旺，就是要以推进农业供给侧结构性改革为主线，以构建现代农业产业体系、生产体系、经营体系为抓手，促进农村一二三产业融合发展，延伸农业产业链、价值链，提高农业综合效益和竞争力。

消费资本论为建设社会主义新农村、实现小康和现代化农业建设，提供了一条新途径。当前一些地区推行的以消费资本论为基础的"农业硅谷"试验区,是农业生产方式的一种创新,是体制、机制和经营方式的创新。农民是"农业硅谷"试验区的主体,是真正的主人,是股东,是所有者、实践者、经营者和受益者。这种崭新的生产方式,对发展地方经济,对推动我国由农业大国向农业强国转化,实现我国整体现代化将起重要作用。

消费资本化为企业与消费者建立了一个有效的平台。在现实的社会生活中,货币资本所有者、知识资本所有者由于资本的力量,他们的地位和权益得到了实现和放大;而最大多数的普通百姓的权益在哪里?他们有没有资本积累和增殖的机制呢?答案是肯定的。普通人没有进行资本增殖和积累的平台,或者说平台非常稀少和狭窄。但是企业有,越大的品牌企业拥有的平台越大、越好。通过消费资本化,只要进行消费,任何人都可以将消费转化为投资,将他的消费资本放到他自己选择的企业平台上进行增殖和积累。消费资本论从维护大多数公众的利益出发,协调效率与公平,推动社会经济的发展。

建立和谐社会的关键是什么呢?重要的是民众从理性的角度来思考社会所发生的问题,这样才能找到社会共赢的方式。总之,以人为本的和谐社会,一方面要通过市场机制不断地扩张个人经济生活权利的空间,让每一个潜力得到最好发挥;另一方面政府要通过种种政策来保证弱势者的生活权利,约束政府权力减少对个人财富的掠夺,遏制不合理、不合法市场对社会财富的掠夺。如何才能做到更好地扩张个人的权利空间,这是建立和谐社会的根本。通过消费资本化的推动作用,消费者在消费的过程中,不但可以决定自己的消费行为,而且还通过消费行为来影响企业的发展,消费者就有了更大的权利空间。消费者权利的提升,又增加了消费者主人翁的意识,使消费者积极参与到社会建设中去,为社会的经济发展作出应有的贡献。

消费资本论是全民共富的理论,其出发点不是从富人那里拿一部分钱分给穷人,而是直接从经济机制上产生"全富"。消费资本论的长期实践会产生"全富"的效果。这与邓小平理论所主张的让一部分人先富起来，最后达到全体人民的共同富裕是完全吻合的。如何才算得上是全民共富？我们不能只根据一个国家最上层人群的富裕程度来判断社会的富裕程度，而要根据社会最底层人的生活状况来判断。只有这部分人真正地富裕起来，并在思想、文化、知识、能力、技术、住房、工资、收支、福利等方面，能和那些已富裕起来的人看齐的时候，我们才能说这个国家的人民是幸福安康的。在没有消费资本化以前，富人还是会富，而穷人只会越来越穷，我们通过让一部分人先富起来，然后让先富裕起来的人帮大家共同致富。没有这个理论，富人要富你阻止不了，穷人要穷你也帮他不了。有了这个理论，富人仍然富他的，而穷人却可以逐渐富起来。这个理论是让富起来的人得到保护，而让没富起来的人得到帮助。这与台湾的"均富"理论有一定的区别，"均富"是对利益的平均分配，政府通过各种经济手段来干预一部分富人的经济学，如通过高税收来控制富人资本的增长。而消费资本化是富人与穷人之间的经济学，政府在这个过程中没有过多的经济机制参与其中。

根据我国的国情，在二十年前，我们建设小康社会侧重点在于解决温饱和提高物质文明水平。而如今，我国已进入全面建成小康社会决胜阶段，开启了全面建设社会主义现代化国家的新征程。实施消费资本论，有利于解决人民日益增长的美好生活需要与不平衡不充分的发展之间的矛盾，推动社会经济的快速发展，为进入富强、稳定、和谐的新时代提供强大的理论武器和实施途径。

第五节　消费资本论的理论价值和实际意义

一、消费资本论是社会经济发展观的重大革命

消费资本论的提出，是社会经济发展的重大革命。它以崭新的视角和思维模式，分析了消费同生产一样，是推动社会经济发展的动力。

以往的经济学家，包括获得诺贝尔经济学奖的经济学大师们，他们

理论上一个共同的缺陷，是重生产轻消费。这种缺陷是由于历史的局限及其理论研究前提失衡双重原因而形成的必然结果。

消费资本论，从时代变化和理论发展两个方面突破西方传统经济学理论的局限，而提出的新的资本理论体系。它引领了一种新颖的创新思维方式，着眼于从生产和消费双向看问题。把消费向生产领域和经营领域里延伸，科学地论证了消费转化为资本的过程，提出消费即是投资。从而在世界经济学说史上第一次提出消费资本这一新的资本形态，并以完整的理论体系把社会经济发展中消费和消费资本的力量系统的揭示出来。

继货币资本、知识资本之后，消费资本的创立，是21世纪资本理论的又一重大突破，是新资本理论体系形成的标志，是资本理论的第三次革命，是资本理论新的里程碑，也是社会经济发展观的一次重大革命。在市场经济发展史上第一次提出了科学的、完善的、新的资本理论体系，完成了当代新资本论的建设。消费资本论是新资本理论体系形成的标志。

二、消费资本论开创公平分配的新纪元

几个世纪以来，在传统的市场经济理论影响下，我们的市场经济一直是货币资本一枝独秀。它的作用一直受到高度重视，货币资本所有者的权益也得到最充分的保证。而知识资本的作用和知识资本所有者的权益，尤其是消费资本的作用和消费资本所有者的权益，却长期处于被淡化甚至缺位的状态。传统的市场经济资本理论这种失衡，是形成不公平分配制度的理论根源。

消费资本论认为由三种资本共同创造企业利润，因而应由三种资本所有者共同参与利润分配的理论，是确立新的公平分配制度的理论基础。这种新的公平分配制度，将从根本上打破流行已久的不公平的分配格局，而从源头上解决分配不公的问题，将结束几个世纪以来企业不公平分配制度的历史，开创企业利润公平分配的新纪元。

三、消费资本论开启新企业制度的新时代

新企业制度是由三种资本组成、并保护三种资本所有者权益的"综合资本股份有限公司"。

在"综合资本股份有限公司"中，三种股东——原始股东、员工股东、消费者股东分别代表了货币资本、知识资本和消费资本。具体做法是，根据我国现在市场经济的发育程度和我国企业发展的实际情况，实施知识资本股东价值测评制和消费资本股东预留制。"综合资本股份有限公司"将充分发挥三种资本的重要作用，真正实现了三种资本融合、联动推动企业经济的发展。

新企业制度的建立，需要对企业原有的组织结构进行调整，除了企业原有的董事会、总经理、市场部等职能部门外，特别要在企业中建立的消费资本管理部和知识资本管理部，有效地将企业知识资本和消费资本的积极性和能动性调动起来，共同为企业的发展服务。

"综合资本股份有限公司"作为全新的企业制度，从根本上改变了从1602年由荷兰开始建立并流行至今的单一货币资本股份制模式，从而开启了新企业制度发展的新时代。

四、消费资本论是新商业模式的理论基础

新商业模式是以消费资本论为理论基础，以全新的电商平台为运作载体，应用崭新的地面商铺经营理念，使地网（地面商铺）和天网（电商平台）有机结合；联合生产厂家、供应商和物流企业，并引入虚拟经济（订单经济）和增值服务理念，同银行和保险公司密切合作，使企业的信息流、价值流和物流，三流合一；使实行新商业模式的企业在获得规模优势的同时，兼具中小型企业灵敏的反应和创新能力。因此，新商业模式具备以往传统企业运营模式难以比拟的强大竞争优势。

新商业模式的核心特征是消费者与商家共同分享利润。新商业模式在实际运作过程中，将形成一个长期的、深层次合作的，甚至是互为股东、利润共享的、紧密型的利益共同体。企业在这一利益共同体中发挥

核心作用，为各合作单位提供卓有成效的服务，给合作者带来显著的经济效益，同时也给本企业带来巨大的利润。

这种新的商业模式是世纪之交更新换代、具有划时代意义的新模式。一方面，消费者在购买商品的过程中有回报预期，从而深受广大消费者的欢迎；另一方面，又由于把大批规模订单交给供应商，使供应商扩大了市场，从而深受广大供应商的欢迎。它一改以往旧运营模式的诸多弊端，更加方便、快捷，效率更高地为消费者服务。它从根本上改变了完全无视消费者利益的旧的商业模式，是在世纪之交提出的一个科学的、严谨的、具有更新换代和划时代意义的新商业模式。

五、消费资本论是中国的，也是世界的

由我国学者提出的消费资本论是中国市场经济发展的理论总结，是中国本土的、原创的体系性理论创新，一经推出就引起了世界各地的广泛关注和热烈反响。作为以人为本的创新理论，消费资本论为最广大的消费者立言，被称为中国的"穷人经济学"；同时，它作为一种"全富"理论，也将为中国和全世界构建一个共赢的社会、一个和谐的社会、一个真正繁荣的社会作出贡献。

消费资本论在不断发展、传播和实践的过程中，已经由一人之论转变成为一派之论，也必将成为一国之论和普世宏论。消费资本论是为全世界消费者送上的一份辉煌的礼品，同时也触动了经济学界几个世纪以来的盲区，其意义不亚于发现元素周期表，是世界经济未来几十年发展的一把金钥匙，必将造福全世界数十亿消费者。因此，研究、宣传和践行消费资本论，不仅是经济学家的责任，而且也是广大消费者、企业和广大企业员工的责任，同时也是全世界各国人民共同的责任。为此，我们呼吁：全世界消费者联合起来，为开辟消费资本论研究的新境界，开创消费资本理论实践的新纪元而共同奋斗！

第三章　知识资本体系的建立

20 世纪 80 年代以来,一种全新的经济形态——知识经济正疾步向我们走来,它以其独特的魅力登上了社会经济发展的历史舞台。它一经出现就展现出对社会经济发展的巨大威力,并以不可阻挡之势向传统经济发展模式发起挑战,引起各国政府领导人、企业家的高度关注,也由此激发了世界各国专家学者对知识经济和知识资本研究的热情。人类从未像现在这样深刻地感受到"知识就是力量"的真正含义,知识的迅速传播和知识资本的广泛应用,为新时期经济发展注入了强大的动力和无限的活力。

第一节　知识经济时代的到来

知识资本是伴随着知识经济时代的到来而凸显的一种资本形态。

进入新世纪,世界经济发生了深刻的变化,各国国民经济知识化水平越来越高。每个经济元素包含的知识和科技含量的比重越来越大,知识生产率日益成为国家、地区和企业经济发展的关键要素和主导力量,而不再是以体力劳动为主的劳动生产率。这标志着世界经济已经进入知识经济发展阶段。人类深刻地认识到,与物质产品生产过程并行的,还存在着知识产品的生产过程。知识产品,有力地推动着国家、地区和企业的经济发展,成为一种崭新的资本力量和新的资本形态,即知识资本。知识资本与传统的货币资本不同,它是一种清洁的、无污染的资本,可以无限的复制,对货币资本发挥着点石成金的倍加效应,它将创造出比货币资本更高的利润率。它一经出现,就展现出它对社会经济发展的巨大威力。由此,人们深刻地认识到,单一货币资本主导经济发展的时代已经结束,货币资本、知识资本和消费资本共同发挥作用的新资本时代已经到来。

20世纪后半期,随着科学技术的迅猛发展,人类社会逐步从工业时代进入知识经济时代。新经济是20世纪末出现的极为重要的经济概念和经济形态,新经济不仅体现了以网络技术为核心的产业提升与产业形态的急剧变化,也从根本上改变了经济生活的运行方式和部分重要规则。在新经济中,科技创新进一步成为企业的发展动力,风险投资应运而生,价格被"净化",所有的产品一问世就处于最低的价格水平。在这种情况下,传统的货币资本理论已经难以描述经济增长的"秘密",于是出现了知识资本的新概念,知识经济社会是以知识资本为基础的经济,是以知识的生产、交换、分配和应用为基础的经济形态。"知识经济"是指整个社会经济活动主要建立在知识积累和知识创新基础上的一种新型经济,它区别于以劳动资源或货币资本为依托的传统经济。

20世纪末,人们在研究新的经济增长理论时,开始认识到知识生产对社会经济活动的重要性。1996年世界《经济合作与发展组织》发表了《以知识为基础的经济》报告,提出了"以知识为基础的经济"这一概念,并指出"OECD(经济合作与发展组织)主要成员国国内生产总值(GDP)的50%以上现在已是以知识为基础的"。据相关资料显示,英、法、美等14个工业化国家的经济增长主要不是来源于物质资源投入的增加,而是依靠知识资本的贡献。知识资本对经济增长的贡献率,在20世纪初为5%~20%,在20世纪中叶上升到50%左右,在20

世纪 80 年代以后上升到 60%~80%。通过对当时各产业的观察，可以看到：社会经济活动对劳动者的技能和知识有了更高的要求；整个社会对无形资产的投资（譬如教育、培训和科研）也逐渐超过了对有形资产的投资，与之相应的各种高科技产业（如信息技术、生物工程技术、航天技术等）成为增长最快的产业。所有产业，不管其知识含量高低，都需要知识和知识创新的支持。

知识经济是以知识资本为基础的经济，它在资本构成和增长方式方面同传统经济社会有着根本的区别。首先，知识经济是以知识和知识成果的投入代替资源的投入，支撑社会经济的高速发展，是人类社会经济高速发展动力转型的历史性标志。其次，知识经济是以知识积累和知识创新为基础的一种新型经济，是人类社会知识产品生产过程规模化的历史性开端。在知识经济时代，知识和知识成果成为经济发展动力的重要组成部分，是经济增长的关键要素和主导力量。它大大减轻了经济发展对资源的依赖，而转化为依靠知识和知识成果获得新的发展动力。

以我国经济发展的实际经验为例。党中央和国务院结合新经济时代的宏观大背景，把科教兴国作为重要的发展战略，走出了一条货币资本和知识资本相结合的发展道路。国家曾设立了 14 个沿海开放城市、53 个国家级高新技术产业开发区和 54 个经济技术开发区，用货币资本与知识资本相结合的增长方式引导经济发展。实践证明，这些地区的经济都得到了突飞猛进的发展。作为国民经济的重要组成部分，它们也有力地带动了整个国家的经济高速增长。

第二节　知识资本理论研究的历程及成果

对知识经济和知识资本的研究，已经成为全球瞩目的世纪性课题。它有如巨大的磁铁，吸引着一切有识之士注目，凝聚着一切有志于此的经济专家和学者聚焦。

面对全球性周期性经济危机和金融危机，更多的学者开始跳出传统经济学的藩篱，用一种崭新的、更加宽广的、更加科学的视野和方法，审视现实、规划未来，积极为自己的国家和全世界尽快化解危机难题寻找新的理论，探索新的方向和路径。

为此，世界各国许多经济学家对知识资本理论进行了积极的探索和研究，并取得了一定的研究成果。

1969年，美国经济学家加尔布雷斯第一次提出知识资本概念。他认为"知识资本是一种知识性的活动，是一种动态的资本，而非固定的资本形式"。此后，知识资本概念正式以理论形态被世人认可，并迅速燃起了世界各大洲经济学家的研究热情。

1980年，日本学者弘之伊丹出版了《发动无形资产》的专著，对知识资本与企业价值的关系，作了系统的开创性的研究。

1986年，卡尔·艾里克·斯维比出版了第一本探讨只有员工知识和创造力的知识公司的著作，对知识资本的本质进行了深入的分析，认为知识资本体现在公司员工的竞争力和公司的内外结构上。斯维比被称为知识管理的奠基人和开拓者，也是第一个认识到需要测量知识资本量的人。他率先为无形资产建立了会计制度，并在自己的公司里进行周密的测试。

20世纪90年代以来，有越来越多的经济学家和管理学家投入对知识资本的研究，不断为知识资本理论和实践的发展作出贡献。其中，美国《财富》杂志的编辑托马斯·斯图尔特等人是特别值得一提的卓越者。托马斯以其深刻的分析，推动知识资本研究工作不断向深度和广度发展。1991年，他在其经典性论文《知识资本：如何成为美国最有价值的资产》中指出，知识资本已经成为美国最重要的资产；1994年，他又进一步论证了知识资本是企业最有价值的资产。Stewart Thomas A 将长期以来被大家忽视的知识资本及其重要性揭示出来，指出知识资本虽然常常以潜在的方式存在，但都是企业、组织和一个国家最重要的资产。

人们对知识资本内涵的认识和科学界定，经历了一个从人力资源到人力资本，再到知识资本的不断深化过程。

20世纪五六十年代，西奥多·舒尔茨明确地提出了人力资本的概念，将凝结于劳动者身上、通过投资费用转化而表现为劳动者技能和技巧的资本，看作是一种全新的资本形态——人力资本；确立了无形资产的概念和相应的产权制度；明确了货币资本与人力资本相结合的新型经济发展方式。人力资本这一概念虽然源于知识经济、无形资产和产权制度，但概念本身却并没有表现出知识这一最重要的特征。加之人力资本难以量化，从而还不能像货币资本那样作为推动经济发展的直接动力。因此，舒尔茨的理论提出近半个世纪以来，人力资本并没有得到充分的开发和利用，市场上的资本运作方式仍然以传统的货币资本为主要内容。也就是说，舒尔茨对于传统市场经济理论及资本构成理论作出的变革，未能完成对旧的市场经济理论的突破。

中国学者对知识资本进行了更为深入的研究，在知识资本基本理论建设上，取得了巨大成果。

中国学者指出，在知识资本理论研究中遇到的第一个问题，就是知识资本内涵应如何界定？为此，中国学者在研究的过程中，首先科学地界定了知识资本的内涵，明确地提出了知识资本的定义：知识资本是以知识形态表现的资本，包括在产品和服务的创造过程中，以人及其知识成果为载体的所有知识性、技术性的投入。

其次，中国学者对知识资本深入地进行了细分研究，指出知识资本分为广义的知识资本和狭义的知识资本。广义的知识资本是指以人及其知识成果为载体所凝聚的知识总量。它包括人力、管理、技术、经验及其相应的知识与科技成果等要素。狭义的知识资本是指以人及其知识成果为载体的知识总量在工作岗位上一定期间内释放出来的现值。它包括员工积累的知识及其成果的应用，以及正在创造的知识及其相应的成果等。

第三，对知识资本量化进行深入研究并得出重要研究成果，提出了知识资本的计量单位、量化标准、知识资本量化指标体系和量化模型。

中国学者对知识资本内涵的界定、分类以及知识资本的量化研究成果，是对知识资本理论研究的重大突破。它使人们对于知识资本的认识达到一个新的高度，对知识资本理论的发展和知识资本在实践中的应用具有重要的指导意义。

第四，消除了在知识资本研究领域存在的一些误区。

多年来，一些知识资本研究专家，对知识资本的认识，存在着一定的误区。一是认为知识资本是无形资产，知识资本是无形的。这是一个认识误区。因为储存在人脑中的知识，通过语言叙述和记录整理，就可以完成似乎是无形的知识，表现为有形的知识成果，实现知识资本向具体表现形态的转化。比如知识成果的记录，就是将无形的知识资本，通过记录的形式转化为具体的、可以界定范围和内容的知识资本。技术工人参与具体的生产实践时，提出具体的生产方案，并把使用的技术和内容进行详细的记录和说明，这就是无形的知识资本向有形的知识资本的转化，可以证明此项技术非彼项技术。二是认为知识资本是无法计量的。实际上，知识资本的形成和它在实际运用中凝结在产品中的价值，都是可以计量的。通过形成知识资本所包含的社会平均必要劳动时间，可以计算出知识资本自身的价值，进一步通过同货币链接，可以计算知识资本的货币值。对知识资本在应用过程中凝结在产品中的价值，也可以精确地计算出来。所以，知识资本是可以计量的。

中国学者对知识资本量化研究的成果表明，知识资本的量化，既可以量化像人的智力等无形的知识资本，如专家、学者、管理者和社会各界人士的知识资本；也可以量化有形的知识资本，如发明专利、知识产权、科技成果；还可以量化已经固化或物化的知识资本，比如各种硬件、仪器、仪表、技术设备和各种技术设施，等等；还可以量化以组织形式表现的集合知识资本，如企业、学校、文化机构、管理部门、社团组织等的知识资本。

中国学者对知识资本研究的成果，是对世界知识资本研究作出的重大贡献，对知识资本理论研究和知识资本在实践中的应用，具有十分重大的作用，开辟了知识资本理论研究和实际应用的新纪元。

第三节 知识资本的量化研究

一、知识资本量化研究成果综述

在探索知识资本量化的过程中，各国经济学家、管理专家和财务专家提出了许多富有建设性的核算方法和模式，但是也存在明显的问题，需要深入研究并予以解决。

目前，各国专家，包括美国、瑞典、法国、英国等国专家，提出的知识资本量化方法，据不完全统计，大约有二十几种。

纵观已提出的量化方法，主要沿着两条思路展开。

一是宏观方法。这种方法是把企业的知识资本作为一个整体来估算。如美国学者斯图尔特提出的市场余额法：

$$无形资产 = 公司市值 - 有形净资产的账面价值$$

这种方法对企业的知识资本所包括的具体项目未作分类区别和说明，因而无法了解企业知识资本的具体构成，其实用性不是很大。

二是微观方法。把知识资本分为各类独立项目，如美国哈佛商学院诺顿提出的平衡计分卡，主要指标包括财务、流程、学习与成长、顾客。

又如瑞典 Edvinsson 和 Malone 提出的斯堪地亚知识资本测评法，包括五个指标：财务、人力、创新、流程、客户。这类量化方法存在计算越位问题，把非知识资本值计入在内。比如客户或者说顾客，显然属于消费资本，而不是知识资本。

英国布鲁金提出的科技中介法存在这同样问题，他是把市场资产计入在内。

下面，就各国专家提出的知识资本量化方法，具体分述如下：

（一）美国的主要研究方法

1. 平衡计分卡［Kaplan（卡普兰）& Norton（诺顿），1996，哈佛

商学院］

主要指标：财务、顾客、流程、学习与成长。

2. 成本法［Stewart（斯图尔特），1997］

主要指标：历史成本；重置成本。

3. 市场余额法［Stewart（斯图尔特），1997］

无形资产=公司整体之市价（MV）-有形净资产之账面价值（BV）

4. 经济价值增益模式［Stewart（斯图尔特），1997］

EVA=税后营业净利-［加权平均资金成本率×（总资产-流动负债）］，即 EVA=税后营业利润-机会成本。

5. 知识资产价值评测［Sullivan（沙利文），1998）］

以"价值萃取"为中心，有效地运用知识财产来产生价值，各种知识资本最后终将形成知识的结晶就是知识财产，如专利、版权等。

6. Tobin 的 Q 系数法［James Tobin（詹姆士·托宾），1999，耶鲁大学］

Tobin 的 Q 系数=市场价值/重置成本（账面价值）

7. 人力资源损益法［Johanson（强森），1996］

将人力资源对公司的贡献和必须付出的成本转成人力资源损益表，附在一般财报上，提供给利害关系人参考。

8. Strassmann（斯特拉斯曼，1999）提出管理决策的报酬（ROM）法

9. Baruch Lev（巴鲁·列弗）提出知识资本价值（KCV）法

10. Baruch Lev（巴鲁·列弗），Marc Bothwell（博斯维）提出知识资本赢余法（KCE）

（二）瑞典的主要研究方法

1. 斯堪地亚（Skandia）知识资本评测法［瑞典保险金融公司（Edvinsson & Malone，1997）］

五大指标：财务、客户、人力、创新、流程；包括 112 个衡量项目；组织智慧资本=iC（i，代表效率系数；C，智慧资本绝对测度值）。

2. 无形资产监测法 Sveiby（斯威比，1997）

主要指标：员工胜任能力、内在结构及外在结构；衡量的指标为"成长/更新指标"、"效率指标"以及"稳定指标"。

（三）英国的主要研究方法

科技中介法［Brooking（布鲁金），1996］。市场资产、以人为主体的资产、知识财产权资产和基础设施资产；衡量重点稽核。三种方法来计算知识资本的价值：成本法、市价法、收益法。

（四）其他一般计算方法

1. 现金流量折现法

$$NPV = (I_1-O_1)/(1+r)^1 + \cdots + (I_t-O_t)/(1+r)^t$$

2. 评价架构-计分卡法（S）

利用衡量知识资本构成要素之重要指标，产生报表或图形，作为传统财报之附件，原则上并不计算金钱价值。

3. 评价架构-直接评价法（DIC）

只要构成要素确认，就可以利用此种方法个体分别直接评价或汇总出整体效益和价值，可以和计分卡法合并应用。

适用于隐藏价值的萃取、智慧资产专利的评价和未来净现值的投资计算。

4. 评价架构-资产效益法（ROA）

利用收益与成本求出资产回收效益。

5. Ante Public 提出 VAIC（知识增值系数）法

计算方法为：①计算企业增值，企业增值=企业产出-企业投入；②计算财务资本增值系数，财务资本增值系数=企业增值/所有财务资本之和；③计算智力潜力增值系数，智力潜力增值系数=企业增值/企业智力潜力；④计算企业智力能力，企业智力能力=②+③。

以上为各国对知识资本量化评估的主要方法。总体来看，关于知识资本量化方面存在如下几个问题：①知识资本计算结果不准确，与企业实有的知识资本量不符；②在量化方法上，缺乏统一的量化标准，因此，其计算结果在不同的国家和地区的可比性不大；③大多数量化方法都不是以知识资本单体的量化为研究量化的起点，而是以企业组织这种知识资本总体的量化为研究起点，这不是很科学。说明还有待于建立关于知识资本量化的相关理论支持。

二、知识资本量化研究的重大突破

中国学者在知识资本量化研究方面，取得了突破性的重大成果。主要表现在：

（一）开创性地提出了知识资本的计量单位

知识资本计量单位中文名称为"知量"，英文为"KC（Knowledge Capital）"（命名为"陈瑜定义1"）。这是在世界知识资本量化研究史上第一次提出的知识资本的计量单位。由此，我们可以准确地计量和表示知识资本成果和知识资本所有者拥有的知识资本的数量。这是对知识量化具有度量衡标准意义的重大突破，是对知识资本量化研究的重大贡献。

（二）首次提出了知识资本的计量标准

知识资本的计量标准（命名为"陈瑜定义2"），是指知识资本所有者，通过智力劳动，凝结一个标准计量单位的知识资本含量所需要的社会平均必要劳动时间。社会平均必要劳动时间是指在现有的社会正规的教育和培训条件下，在社会平均的研究水平和研究难度下，形成一个标准计量单位知识资本含量所需要的劳动时间，而不是某个单体知识资本所有者在个别情况下完成研究所需的劳动时间。

知识资本计量单位和量化标准的提出，为知识资本量化提供了最关键也是最重要的科学依据，为知识资本量化研究奠定了坚实的科学基础，从而使知识资本量化研究进入实质性的发展阶段，开启了知识资本量化研究的新局面。因此，知识资本量化标准的提出，是在世界知识资本理论研究史上，具有里程碑意义的重大实质性突破。它将有力地推动知识资本量化研究深入而迅速地发展。

（三）设计和构建了知识资本量化要素系统和指标体系

根据知识资本定义、计量单位和计量标准，把体现人及其知识成果的知识资本的节点，组成和构建知识资本量化要素系统和指标体系。它是构建知识资本计量模型的基础，可以计算出每个知识资本载体及其知识成果的知识资本含量。这套要素系统和量化指标体系，被命名为"陈瑜定义3"。

将知识资本量化分为四个层次，依次是单体（个人）知识资本量化、组织（机构、企业等）知识资本量化、区域知识资本量化和国家知识资本量化。

个人及其知识成果是知识资本的基本载体。因此，以单体（个人）知识资本量化为出发点，可以为组织、地区和国家的知识资本量化奠定坚实的基础。因为只有研究单体的知识资本的量化，才可以进一步研究企业、地区和国家的知识资本总量。

为了对单体知识资本进行量化，首先必须设定知识资本的指标体系，以这个指标体系为基础，利用层次分析法进行数学建模，可以求出每个单体的知识资本的含量。这个测评指标系统即由要素系统和指标体系组成。

建立单体知识资本测评体系，其中包括：要素系统和指标体系。在此基础上构建知识资本量化模型。①用语义差别隶属赋值法将定性指标量化并赋值。为避免主观判断所引起的失误，增加定性指标的准确性可采用语义差别隶属度赋值方法，将定性指标分成若干档次，并对每个档次内容所反映指标的趋向程度提出明确、具体的要求，建立各档次与隶属度之间的对应关系。②用模糊隶属赋值法将定量指标无量纲处理。按照对评价对象作用方向的不同，定量指标可分为正指标（要求数值越大越好）和适度指标（要求以适中为好）。可以采用模糊数学中的隶属赋值方法，给出正指标与适度指标的无量纲化处理公式。公式中以定量指标所适用的评分制中的最大值、最小值和平均值为标准，进行无量纲化处理，将定量指标原值转换成指标平均值。③用判断矩阵确定评价指标的权数。知识资本评价体系中的每个指标的重要性程度是不同的。知识资本的层次结构建立以后，上下层元素之间的隶属关系就确定了，同时还将对每一层元素的相互之间的重要性给出判断，即确定每一层元素之间的相对权重。

（四）提出了知识产权和发明专利的量化方法和计量模型（陈瑜定义4）

当所有的知识资本所有者及其成果，包括著作、创新成果、发明专利都折合成社会平均必要劳动时间的量，就可以使不同领域、不同类型的专家及其成果具有了统一的计量标准，通过对统一的计量标准赋值，就可以具有统一的计价标准，进而计算该项成果的货币值。这将使知识资本成果——知识产权和专利发明能够在市场上进行流通，充分发挥对社会经济发展的重大作用。

以上成果是知识资本量化研究中的最具开拓性的重大成果。多年来，由于知识资本没有自身专用的度量衡标准，只能对知识资本及其成果——知识产权、发明专利和科技成果进行评估。但由于各国各地评估条件不同、评估标准不一，评出的结果没有可比性，使数以万计的知识产权、发明专利和科技成果难以在市场上流通，难以充分发挥作用。但是，提出知识资本计量单位和计量标准之后，情况发生了根本变化。知识产品通过自身专有的"具有度量衡意义的计量单位"，准确地计算出它的价值和价格，从而使知识产品同物质产品一样，有了自己的"长度"和"重量"。这是知识资本研究史上迈出的关键一步，是一项重大的突破。

（五）研发和推出了世界第一套《知识资本量化长效激励机制管理系统》软件

这套软件承载了知识资本量化与管理研究的最新成果，它将引导知识资本在世界各个国家、地区和企业发展中的广泛应用，它将引领新世纪管理科学的一场深刻革命。

这套软件以全新的视角，从深层次因素研究和提升企业管理水平，建立知识经济时代企业的现代化管理机制；消除了以往传统的企业管理机制的诸多误区和弊端，是具有划时代意义的、更新换代的管理模式。开启了企业管理知识资本的先河，是目前企业管理知识资本最先进的办法。它的运用，将帮助企业踏上管理知识资本的科学道路。

三、知识资本量化研究的重要意义

知识资本量化研究是目前全球瞩目的、世纪性的前沿课题，具有无限的科学价值和实际意义。它不但是重大科技创新，同时还将对国家、地区和企业的经济发展产生不可估量的作用。知识资本量化研究能够为我国在世界最前沿的重大科研课题上争取话语权。

第一，知识资本量化，是衡量一个国家创新能力最重要的标准和最精确的指标。而且也是测量和激活国家、地区和企业知识资本存量，并使之最充分发挥作用的最重要的前提和最关键的条件。

第二，知识资本量化研究，将有助于准确量化国家、地区和企业在发展过程中运行着的资本总量；为国家、地区和企业经济成长从资本构成方面提供非常精确的量化说明，对于解决国家、地区和企业经济发展提速、优化资本结构、充分发挥知识资本的作用具有重大意义。

第三，知识资本量化是计量知识产权价值，实现知识产权流通，完善知识产权制度的关键因素。因为知识产权反映的是知识资本的成果，只有解决了知识资本量化问题，才能够精确计算出知识产权的价格，才能形成被国内外普遍接受的客观的、科学的、统一的衡量标准，从根本上解决国内各地区之间、内地和港澳台之间、国与国之间知识产权难以流通、无法流通，甚至不能流通的瓶颈。

第四，知识资本量化标准的提出，为知识资本量化提供了最关键也是最重要的科学依据，为知识资本量化研究奠定了坚实的科学基础，从而使知识资本量化研究进入实质性的发展阶段，开启了知识资本量化研究的新局面。

以上是中国学者在知识资本量化研究中取得的最具开拓性的重大成果，是知识资本研究史上迈出的关键一步，是一项重大突破，是世界知识资本理论研究史上具有鲜明的里程碑意义的重大实质性贡献。它将有力地推动知识资本量化研究深入而迅速地发展。

第四节　知识资本量化管理在企业中的应用

一、企业知识资本管理的必要性

知识经济时代，知识资本同货币资本一样是企业的支柱资本，推动企业的发展。企业依靠单一的货币资本支撑发展的时代已经结束，货币资本和知识资本共同推动企业发展的时代已经到来。

以往，企业的管理模式是建立在单一货币资本管理体系的基础上，企业知识资本管理长期处于缺位状态。多年以来，企业只有建立在货币资本基础上的薪酬管理和分配制度，而没有建立在知识资本基础上的薪酬管理和分配制度。因此，长期依靠货币资本单一要素发展经济，资本短缺、创新乏力、市场萎缩、员工跳槽、薪酬分配矛盾突出等问题不可避免。

在传统管理模式下，企业的发展中存在着诸多问题，有三个问题一直困扰着企业家，成为久治不愈的"顽症"。第一，企业员工的主人翁意识比较弱，积极性不高，离心离德的思想比较普遍。第二，无论是高级管理人员、科技人员、普通员工对工资都不满意，认为干得多了拿得少了。第三，跳槽的现象比较普遍。每逢年底，高管人员、科技人员和业务骨干跳槽现象十分普遍。这三个问题一直到2016年底在企业是年年重复、年年存在，这说明多年来我国企业采取的管理制度对解决这三个问题是无效的。

究其原因，是由于传统的管理办法缺乏科学合理的衡量标准，对每位管理人员和普通员工的工作业绩的考核以及相应的薪酬分配，存在很大的主观性和模糊性。因此，造成员工对企业薪酬制度普遍不满，相互间攀比现象严重，影响团结，影响和谐，造成企业内耗严重。多年以来，这种现象年年重复，始终未能得到解决，充分说明企业的管理模式必须创新，必须更新换代，必须用更先进的、科学的、现代化的管理模式取而代之。探索和应用新的更加科学的知识资本管理体系和新的激励机制，成为企业家的迫切需求。

《知识资本量化长效激励机制管理系统》是知识资本应用于企业管理的具体实践。它依托先进的计算机技术和网络技术，将科学的知识资本计量标准和计量模型应用到企业对员工的日常管理，能够实现对全体员工为企业贡献的知识资本进行客观、准确的量化，为企业建立起更加科学的知识资本管理体系、薪酬体制和长效激励机制，实现企业对员工的管理由人力资源管理升级为知识资本管理，帮助企业踏上科学管理知识资本的道路。

《知识资本量化长效激励机制管理系统》针对企业面临的实际问题，提出了一整套科学、有效的管理办法，对员工为企业服务所投入的知识资本进行科学、准确的量化，从而核定员工的基础工资、绩效工资、奖金、分红、股权分配等数据，为企业构建科学的、公平的、具有长效激励机制的薪酬体系。在传统管理模式下，企业给员工发放奖金、分红，甚至给予股份，但员工依然有意见，认为分配额度和比例不公平，原因在于对员工的业绩缺乏精确的量化，员工心中无数，老板心中也无数。知识资本量化管理系统，实现了对知识资本的量化，为企业制定薪酬分配提供了一把"尺子"，这把"尺子"可以测量高管科技人员和普通员工拥有多少知识资本，以及拥有这样多的知识资本在一年内在企业的释放量，通过把一年的业绩逐一记录在案，逐一转化为知识资本量作为依据进行分配，这就实现了从定性到定量的转变，使企业的薪酬分配有据可依。

企业通过对员工拥有的知识资本进行量化和管理，能够提高企业综合管理能力，为企业队伍建设、组织结构稳定、经济效益增长提供切实的保障。同时也增强了企业的创新能力和市场竞争力，大幅度提高企业经济效益，引领企业成为市场竞争中的佼佼者。

几乎所有类型的企业和社会组织，都需要对知识资本进行管理，以解决这些企业和机构长期以来存在的人才流失、市场流失、技术纠纷、劳资矛盾等一系列妨碍发展的难题。可以说，《知识资本量化长效激励机制管理系统》是现代企业必备的管理工具,是现代企业家必备的管理宝典,是现代企业核定基础工资、绩效工资、奖金、分红、股权分配最重要的科学依据。

二、《知识资本量化长效激励机制管理系统》的基本内容

知识资本量化管理是对目前企业广泛应用的人力资源管理的重大革命与创新,是管理科学的一场深刻革命。它消除了以往传统企业管理机制的诸多误区和弊端。为知识经济时代企业高管人员、科技人员和业务骨干制定了知识资本基础上的薪酬体系,弥补了多年以来企业只有建立在货币资本基础上的薪酬体系的不足,从根本上完善了知识经济时代企业的薪酬体制,使企业的分配制度真正具有了公平性、客观性和激励性,全面妥善地解决了企业的薪酬制度和分配问题,这是企业制度和管理制度的一项重大的基本建设。

知识资本量化管理和传统的管理相比,最大的不同是注入了新的管理理念和管理方法。新的管理理念认为,推动企业发展的不仅是货币资本,还有知识资本。企业的高级管理人员拥有管理能力、管理理论、管理办法和管理经验,他们把企业的各个要素科学地组合在一起,使各个要素充分地发挥作用,这是他们所拥有并投入给企业的知识资本;企业科技人员和技术工人,他们有专业、有技术、甚至有发明专利和知识产权,这些是他们的知识资本;企业的普通员工,有技能、有办事能力和经验,这些是普通员工的知识资本。全体员工为企业所做的服务,实际上投入的是他们所拥有的知识资本。如果对他们所投入的知识资本进行科学的和精确的计量,并同产生的效益挂钩,就可以根据企业员工释放出的知识资本量,给付报酬,真正体现了"各尽所能、按劳分配"的原则,这是对企业员工的极大鼓舞。

还不仅如此,实行知识资本量化长效激励机制管理系统,使员工意识到他们作为知识资本的所有者和货币资本所有者一样,也是企业的主人,从而可以使企业的员工队伍逐步由雇佣型转化为主人翁型员工队伍。这将极大地增强企业员工的忠诚度,稳定员工队伍,避免员工频繁

跳槽所带来的人才流失、科技成果流失、顾客流失、市场流失等问题。

根据知识资本理论研制的《知识资本量化长效激励机制管理系统》，主要特点是：（1）以全新的视角，从深层次因素研究和提升企业管理水平，建立知识经济时代企业的现代化管理机制；提出具有划时代意义的、更新换代的管理模式。（2）为企业高管人员、科技人员和业务骨干制定建立在知识资本量化基础上科学的薪酬制度和激励机制，使企业的分配制度真正具有公平性、客观性和激励性。（3）对企业员工知识资本进行精确的计量，实行知识资本量化基础上的薪酬体制和分配机制，将解决企业发展过程中面临的一系列问题，比如资本短缺、创新乏力、市场萎缩、员工跳槽、薪酬分配矛盾突出等问题。

这套系统可以整合知识资本量化管理的各个方面的内容，建立从人才招聘、员工培训、绩效考核、薪酬分配等全面的知识资本量化管理体系。本系统利用计算机信息和网络技术，使企业内部的知识资本管理既保持相对独立，又保持相互统一。借助企业内部信息网，建立以计算机和通信为主要手段的多层次、功能齐全、智能型的知识资本管理系统和决策支持系统，对员工的知识资本进行收集、存储、检索、加工、分析及必要的输出，为企业管理部门提供科学决策的依据。

三、知识资本量化的指标体系和计量模型

根据对知识资本内涵的界定，在知识资本量化软件研发中，对知识资本的计量单位，给出了如下的定义。

1. 知识资本的标准计量单位中文名称为"知量"，英文为"KC（Knowledge Capital）"（陈瑜定义1），是指一个知识资本含量的标准计量单位。

在系统中，我们给出了知识资本量和知识资本的相关定义，基本名词解释：

KC：知识资本的计量单位，也是知识资本的简称。

KC量：知识资本的数量，即员工在企业所释放知识资本的数量。

KC值：知识资本的货币值，即员工在企业释放知识资本量所创造

的货币价值。

具体内容及缩写见表 3-1：

表 3-1

缩写	术语	解 释
KC	知识资本基本计量单位	知识资本量化的基本计量单位，中文名称为"知量"，英文名称为"KC（Knowledge Capital）"。1个 KC 或 1 个知量，是指一个知识资本标准计量单位包含的知识资本量。
KC 量	知识资本量	知识资本分为广义的知识资本和狭义的知识资本。 广义的知识资本量是指以人及其知识成果为载体所凝聚的知识资本总量。它包括人力、管理、技术、经验及其成果等要素。 狭义的知识资本量是指以人或其知识成果为载体的知识总量在工作岗位上一定期间内释放出来的现值，包括员工积累的知识和技能的应用，以及正在创造的知识及其成果等。
KC 值	知识资本值	一个标准单位 KC 值是指一个 KC 量的货币值，根据企业知识资本所创造的利润和企业员工所释放的知识资本总量计算得到。 一定时期内员工 KC 值，是企业员工释放出的知识资本量所创造的价值，按企业员工知识资本的实际释放量进行计算。

在此基础上，研发并提出了一套完整的、科学的、具有可操作性的计算员工知识资本的指标体系和计量模型，可以计算出企业员工在一定时间内为企业所释放的知识资本量及其为企业创造的价值，并将其记录在案。

2. 提出并确定知识资本量化要素系统和指标体系。由于各企业情况不同，根据各企业的实际情况设计并确定知识资本量化的要素系统和指标体系（陈瑜定义2），科学地量化企业员工释放的知识资本量。

3. 知识资本计量模型。根据员工的实际工作情况，对量化指标予以赋值后，计算出企业员工在各个月份知识资本的释放量，即月 KC 量，并形成知识资本报表，将员工释放的知识资本记录在案。

根据建立的知识资本测评体系,分别计算在一定时期内,企业员工在所有指标要素上凝结的知识资本总量和在工作过程中释放的知识资本值。

(1)以"学历要素"为例,对知识资本在各级指标要素上的数值进行计量。

表 3-2　　　　　　知识资本量化指标体系——学历要素

一级要素	符号	二级指标	符号	三级指标	符号
学历要素	D	学历等级	D1	博士后	D_{11}
				四年制博士	D_{12}
				三年制博士	D_{13}
				三年制硕士	D_{14}
				二年制硕士	D_{15}
				一类本科	D_{16}
				二类、三类本科	D_{17}
				大专	D_{18}
				职业高中	D_{19}
				普通高中	D_{110}
				初中及以下	D_{111}
		专业对口程度	D2	专业完全对口	D_{21}
				专业基本对口	D_{22}
				专业不对口	D_{23}
				专业完全不对口	D_{24}

如表3-2所示:D表示"学历要素"所凝结的知识资本量;D1表示二级指标"学历等级"上所凝结的知识资本量,D2表示学历同岗位所需学历之间的对口程度;D_{1i} ($i=1,2,\cdots,n$)分别表示学历等级的三级指标上所凝结的知识资本量,即"博士后""四年制博士""三年制博士""三年制硕士""二年制硕士""一类本科""二类、三类本科""大专""职业高中""普通高中""初中及以下"所分别凝结的知

识资本量，其中 n 表示等级种类的数目，此处 $n=11$；D_{2j}（$j=1,2,\cdots,n$）表示学历与岗位所需学历之间的对口程度情况，即"专业完全对口""专业基本对口""专业不对口"和"专业完全不对口"。

通过对三级指标 D_{1i} 和 D_{2j} 的赋值，可以得到 D1 和 D2 的量值，则学历要素的二级指标的值为：

$$D1 = D_{1i}, \text{当 } i \text{ 对应于所计算员工的学历级别。} \tag{1}$$

同样，$D2 = D_{2j}$，当 j 对应于所计算员工的释放程度。 (2)

所以，企业员工在"学历要素"项下，所释放出来的知识资本量的计算公式为：

$$D = D1 \times D2 = D_{1i} \times D_{2j} \tag{3}$$

上述公式计算的 D 即为员工在学历要素上所凝结的知识资本量。

（2）依据上述计算方法，可以分别计算出员工在一级要素上分别凝结的知识资本量。假定某企业员工知识资本量化要素系统包含 N 个一级要素，一级要素所凝结的知识资本量用 D_i 表示，则可以计算出员工在各要素上所凝结的知识资本的基本量，用 QKC 来表示，其计算公式为：

$$QKC = \sum_{i=1}^{N} D_i \tag{4}$$

（3）计算各个月份员工的知识资本释放量，即月 KC 量。假定一级要素在各个月份对员工知识资本量化的影响因子为 $h_i(i=1,2,\cdots,n)$，则可以计算出员工各个月份在工作过程中释放的知识资本量，即月 KC 量用 KCM_j（j 对应于不同的月份）来表示，计算公式如下：

$$KCM_j = \sum_{i=1}^{N} D_i \times h_i \tag{5}$$

根据员工各个月份的知识资本量 KCM_j，进而可以计算出员工整个年度释放的知识资本量 KCY，计算公式如下：

$$KCY = \sum_{j=1}^{12} KCM_j \tag{6}$$

本软件采用科学的、统一的计量标准，无论企业员工所在的岗位不同、职责不同，但是其计量的标准都是一致的，量化方法的科学性充分保障了员工的权益，员工为企业投入的知识资本量越多，投入知识资本量为企业创造的价值越大，员工将能够获得越多的收益分配。

四、知识资本量化的薪酬体制和激励机制

知识资本量化软件，可以帮助企业构建起科学薪酬体制和长效激励机制。知识资本量化结果将为企业核定员工的基础工资、绩效工资、奖金、分红、股权分配提供科学依据。

1. 核定员工的基础工资。根据员工知识资本量化要素系统和指标体系所建立的模型，以及影响员工基础工资的一级要素及其指标体系，可以计算出员工所拥有的基本知识资本量（QKC）。QKC 是一个相对固定的量值，可以作为核定员工的基础工资依据。

2. 核定员工的绩效工资和奖金。通过对员工各个月份的知识资本量化要素系统和指标体系进行赋值，可以计算出员工在各个月份释放的 KC 量即 KCM，KCM 表示员工在各个月份释放的 KC 量，是一个相对变动的量值。KCM 同基本知识资本量（QKC）之间的差额，主要是增量部分，即为员工当月的绩效工资和奖金制定的依据。

3. 核定员工的分红或者股权。员工若能够参与分红通常是按照年度进行分配，因此要根据员工各个月份释放的知识资本量计算出员工年度释放的知识资本量即 KCY，KCY 也是一个相对变动的量值，根据员工在各个年度的实际表现来进行计算。KCY 作为一个年度的衡量指标，可以作为核定员工分红的重要依据。

根据知识资本量化的方法，制定员工参与持股的股权分配方案。我们可以计算出员工自入职以来，各个年度所释放的 KCY 的数值进行积累加总，计算出员工为企业贡献的总知识资本量。当员工为企业贡献的总知识资本量达到一定的数值，可以为员工分配一定的企业股权或股份。员工持股，可以使员工凭借自己为企业所作的贡献，从而持有企业一定的股权或股份，实现由雇佣型员工向主人翁型的员工的转变。员工分红或持股是知识资本参与企业利润分配的重要实现途径，也是具有长效激励机制的管理举措。

五、知识资本量化管理对企业的重大作用

《知识资本量化长效激励机制管理系统》软件的研发是时代需要，是企业的迫切需求。在知识经济时代，中国企业家的脚步已经跨入了知识经济时代的门槛，但他们的思想还远没有进入知识经济时代——这集中体现在，他们还没有意识到在知识经济时代，妥善管理知识资本是企业发展的必由之路。在新的市场经济环境里，企业要取得更好更快的发展，实现其经济发展方式的转型，需要充分发挥企业知识资本的作用。

知识资本量化管理软件的重要作用，主要表现在以下几个方面：

（一）充分发挥知识资本的作用

《知识资本量化长效激励机制管理系统》充分重视知识资本的作用，并对知识资本进行科学管理。通过对整个企业员工知识资本的量化，从而发掘企业知识资本总量，以及企业知识资本总量的增长方式，使已经释放出来的知识资本得到充分发挥，对未释放出来的知识资本予以激活，充分发挥知识资本对企业发展的巨大作用。

（二）避免企业人才流失

该软件能够精确地计算员工的价值，为企业高管人员、科技人员和业务骨干制定了科学的薪酬绩效和激励机制，真正具有了公平性、客观性和激励性，员工能够准确地为自己定位，不再为了工资的高低，而轻易跳槽，从而稳定了企业队伍，避免了人才的流失。

（三）提高企业凝聚力

知识资本量化软件，将员工视为企业知识资本股东，这将充分尊重企业知识资本所有者的权益，使企业员工由简单的"雇佣型"转变为"主人翁型"，员工同企业之间建立起更加紧密的利益关系，从而提高了企业凝聚力。员工的成长促进企业的发展，企业的发展给员工带来更大的施展空间。

（四）提高企业创新能力

创新为企业的发展提供不竭的动力，只有通过创新，企业才能更好更快地发展。企业充分地尊重知识资本，员工作为知识资本的所有者，

才能愿意充分地发挥其主观能动性，释放出来更多的知识资本，这将大大增强企业的创新能力。

（五）提高企业竞争力

知识资本量化稳定了企业队伍，增强了企业凝聚力，也从整体上提高了企业的竞争力。企业不再单单依靠货币来支撑其发展，而是货币资本和知识资本两种资本融合联动来促进发展，极大地增强了企业的市场竞争力。

（六）提高企业综合管理水平

知识资本量化软件帮助企业实现对知识资本的科学管理。企业能够像管理货币资本那样管理知识资本。这是企业管理制度一种质的突破，企业将由此踏上知识资本管理的道路，大大提高企业的综合管理水平。

（七）提高企业经济效益

企业员工充分释放知识资本，将大幅度提升企业的经济效益。企业通过有效地管理知识资本，使知识资本集中在能更多创造效益的地方，使企业内部的知识资本结构得到优化、知识资本利润率得到提升，从而使企业经济效益迅速增长。

对知识资本量化研究，我国已经具备了理论成果和方法论上的优势。世界新经济研究院研发的《知识资本量化长效激励机制管理系统》，充分体现了我国知识资本量化理论研究的成果和水平，具有重大的理论意义和实践意义。

《知识资本量化长效激励机制管理系统软件》是我国对知识资本管理与量化研究的最前沿和最新成果。它将引领知识资本在世界各个国家、地区、企业发展中广泛应用；它将引领新世纪管理科学的一场深刻革命。

第五节　知识资本体系建立的重大意义

近两个世纪以来，人类社会所创造的物质财富比之前所有时代财富的总和还要多，人类的生活水平与科学技术得到了空前的进步。但是，高投入、高消耗的传统经济发展模式，在世界各国人民创造物质财富的同时，也给我们赖以生存的自然环境留下了难以愈合的伤痕。资源枯竭，环境污染，动植物生存环境日益恶化，这种种问题都成为悬在世界各国人民头上的达摩克利斯之剑，迫使人们加快步伐，寻找全新的、可持续发展的经济增长模式。

在这样的历史大潮下，知识经济携着一阵春风，出现在我们的面前。知识资本理论研究与实践也随之如雨后春笋般在世界各国展开。

知识资本理论作为一种新兴的经济理论，它是以高科技为主要特征，以无限知识为基础的，能够给企业带来利润的无形资产；人类社会的生产力开始进入这样的一个阶段，知识正在取代土地、物质资源等传统资本要素日益在生产中起着主导作用；在新世纪，只有以知识的投入代替资源的投入，经济才能持续长久地发展；知识资本的出现，使企业的所有制发生了变化，新型的以知识管理和知识资本配置为主要内容的企业制度开始出现并深刻影响未来社会的所有制结构。知识资本理论的兴起，丰富了生产资料的内涵，为认识所有制提供了新的视角，为全世界经济可持续发展提供了一条康庄大道。

未来的时代是知识经济时代，更是一个知识资本起主导作用的自由王国。研究知识资本理论，发展知识经济，为我们的子孙后代创造一个良好的物质与精神生活环境是我们共同的使命，让我们在不同的国度共同踏上通往知识资本自由王国的征程。各国专家们已经取得的研究成就，标志着我们已经叩开了自由王国的大门。当然，这是一个充满神奇的世界，还有数不清的必然的东西，等待着我们去触摸和认识。

经济全球化使我们成为"地球村"的邻居，也让我们告别了以往的孤立地单兵作战式的研究方法。为了更好地凝聚和优化稀有资源，早在2008年12月第四届中国—东盟企业家交流研讨会上，笔者作为世界新经济研究院院长就正式发出了"成立一个由各国专家组成的关于知识资本量化研究的学术委员会，建立一个世界性的知识资本研究中心，搭建一个有利于彼此交流的平台"的倡议，当时得到了与会者的一致赞同。于是，就有了 2009 年 3 月在香港成立的"知识资本国际联盟"，就有了在北京举办的"全球首届知识资本高峰论坛"。

近距离的接触让我们有了深切的了解，深切的了解锻造了"知识资本国际联盟"面向世界和未来的共同的理念和追求。

今天，我们比以往任何时候都更加懂得，面向世界，就意味着让我们更自觉地投入世界，与世界共忧患，思人类所共思之题，创人类尚未创立之业，解人类仍未解之谜，让知识资本理论的参天巨树挺拔于世界知识之林；面向未来，不仅意味着时间的无限性，也意味着勃发的想象力和上下求索、众志成城的豪迈精神。未来不停地呼唤，自由王国的大门永远敞开着，迎纳所有涉过暗夜的来者。在未来的行进中，"必然"将一个个被征服，成为一个个"自由"。未来的天地如梦，我们的任务就是变梦想为现实。

拂晓的阳光已照亮崎岖的山路，让我们负重前行，毫不踌躇，肩并着肩，手拉着手，共同开辟知识资本理论的新境界，一道开创知识资本应用的新纪元，携手谱写知识经济时代的新篇章！

第四章　消费资本论的法律基石

第一节　消费资本论的法学基础

消费资本论是继知识资本理论之后，对资本理论又一重大发现和创新。是21世纪初资本理论的一场革命。它将消费者的地位从产品链的末端提升到前端，使被动的消费者变成主动的投资者，即消费者在消费的同时，完成"转身动作"，成为一个投资者。而消费则质变为资本。这就非常形象而又非常深刻地阐释了消费资本论的内涵与精髓。该理论的伟大理论意义和实践价值是难以估量的。消费资本论的诞生并非偶然，它是世界经济蓬勃发展的必然，是时代的产物。

消费资本论不仅具有充分的理论依据，而且也具有坚强的法律支撑。这是该理论具有强大生命力的关键所在。

一、消费资本化与法制经济

市场经济实质上是法制经济。市场经济秩序的形成、发展和资源配置，都是通过一系列法律、法规制度加以维持而实现的。现代市场经济并不是单纯的自由竞争，而是一个有序化、制度化的过程。为了保证运行机制的畅通运作，必须要有良好公共权力体系的间接干预。而间接干预的最佳形式就是具有普遍性、客观性、规律性和强制性的国家法律。正如美国经济学家布坎南所说："没有合适的法律和制度，市场就不会产生任何体现价值最大化意义上的效率。"

消费资本论的核心内容，是将消费向生产领域延伸。消费者在消费的同时，即变成一个投资者。毋庸置疑，由消费到资本的转变，是在一个完整的法制市场条件下，经过一系列的市场运作得以实现的。首先，生产者将产品作为商品拿到市场上销售，而消费者根据自由意志购买此商品，这一卖一买达成交易，两者便形成一种债权关系，这种债权关系便是一种法律关系，是权利与义务的关系，法律应当保障权利义务的实现。其次，用消费资本论的视角审视消费者的购买行为，已经不再是单纯为了获取商品，他的消费行为同时变成了一种储蓄行为和参与企业生产的投资行为。消费资本化有多种实现形式，包括：消费者投资、消费者参股、消费者期权、消费者选择权等，通过这些方式将消费向生产领域延伸。以上诸种行为都是在市场条件下的法律行为，消费者所获取和实现的利益（法律上称为权利）是一种物权，生产者和消费者之间的关系仍是一种物权关系。两者都是权利义务的主体，各主体的地位是平等的，法律应确认市场主体的意志自主性，保护其财产权及其意志自由，对侵害他人利益的行为法律要予以追究。再次，法律要保护市场运行规则的顺利实施。市场的良性运行是由诸多规则构筑的，如生产资料市场规则、金融市场规则、劳动力市场规则、技术市场规则等，无不需要各种法律强制力来保证其顺利运行。否则市场将混乱无序，市场经济难以有效运转。

市场经济实质上是法制经济，其意味着一切经济活动法制化，它不仅规范社会经济活动中各主体的权利与义务的行为，而且更要规范政府的行为。消费资本论的运作与实施无不在法律规范的调整下进行。

二、消费资本化与权利本位

消费资本论是资本理论的一个新的突破和发展。这一理论之所以有着强大的生命力就在于它深深植根于现代法律精神——权利本位的基础之上。

现代法的精神是与市场经济的本质和规律相适应的理性精神和价值原则。它是一个具有多样性、层次性、动态性的有机整体。权利本位是现代法精神的首要因素。商品经济是交换经济，而交换从法律角度讲就是权利的相互让渡，没有权利就没有交换可言。因而市场经济当然是权利经济。搞市场经济就必须权利先行，权利到位，市场经济才能到位①。正如伟大的思想家马克思所说："每一个社会的经济关系首先是作为利益关系表现出来的。"②、"人们奋斗所争取的一切，都是与他们的利益有关"③。利益本质上是人们乞求满足的要求、愿望或期待。追求利益是人类最一般的、最基础的心理特征和行为规律，"是一切创造性活动的源泉和动力"④，追求利益是人的天性，然而这种天性以往却被扭曲、压抑和抹杀了，市场经济的发展才使得追求利益最大化的心理特征和行为规律凸显其真实面貌。承认人们的利益，就必须承认人们需要权利，因为利益在法律上表达就是权利，利益只有法律化为权利，才是合法的、安全的、可预测的。从漠视、蔑视利益到承认、关心、追求利益，把个人的实习、工作、生产经营等活动与利益挂钩应当是社会的进步、人们思想的解放、生产力的解放。

消费资本论就是建立在权利本位基础上的理论，消费者不仅关心自己所购商品的质量，还要关心购物后所带来的利益。因为消费资本论最本质的要求是消费越多谋取的利益就越大，并将利益带入生产环节，成为资本，将传统的消费单一的欲望变成了多元的欲望。消费者不仅关心

---

① 参见张文显：《市场经济与现代法的精神论略》，《中国法学》，1994年第6期。
② 《马克思恩格斯选集》第2卷，人民出版社，1972年第1版，第537页。
③ 《马克思恩格斯选集》第1卷，人民出版社，1972年第1版，第82页。
④ 《普列汉诺夫哲学著作选》（俄文版），三联书店，1959年第1版，第649页。

着消费质量，同时也关心着生产流通环节的发展。

消费者权利的欲望变成实现的权利，需要有个过程，必须要有明确利益机制作保证。只有将消费者利益法律化，即消费者享有法定的权利，而生产者尽到自己的义务，利益才是合法、安全、可靠的。权利本位的法律精神意味着：权利是目的，而义务是手段，法律设定义务的目的在于保障权利的实现。

三、消费资本化与契约（合同）自由

契约自由是现代法的精神内核。契约（即合同。以下不再标出）是商品经济的产物，随着市场经济的发展而普遍化和社会化。市场经济的形成，实质上就是经济关系的逐步契约化。那么，究竟什么是契约呢？法学中的概念为：契约是平等的主体自然人、法人及其他组织之间设立、变更、终止民事权利义务的意思表示一致的协议，是反映交易的法律形式。契约随着市场经济的发展而发展。马克思曾经指出：先有交易，后来才由交易发展为法制……这种通过交换和在交换中才产生的实际关系，后来发展为契约这样的法律形式。因此"契约经济"成为市场经济的表征之一。契约的思想超出经济范畴而渗透到社会生活的各个领域。契约成为独立平等主体间发生交换关系和信用关系的媒介，是当事人自主而合意的行为。因而，当事人双方之间必然是，也必须是地位平等、个体独立的平等缔约和自由缔约。如果当事人个体不独立，受这样或那样人为的束缚和支配，契约便不会是真实的意思表示和真诚的承诺。契约的平等自由不仅表现在人的地位和人格上，而且还表现在契约的内容上。任何显失公平的契约，含有特权、奴役、歧视、剥夺性内容的契约都是无效的。总之一句话，契约精神的实质就是自由和平等。

然而，契约的自由也不是绝对的，它要受到各种限制。比如任何契约不能违反法律、不能显失公平、不能损害他人和社会的利益、不能违反公序良俗、不能损坏经济秩序和公共秩序。否则将被视为无效，甚至将受到法律的制裁。

消费资本论与契约自由化原则两者有着不谋而合的共识。消费者与

生产者之间的亲和力和信任度靠什么来连接和维系？消费者和生产者如何从对立走向统一？如何在市场上实现消费的资本化？消费者投资、参股、期权、分利等如何得以实现？这一切活动靠的都是契约。契约成为消费资本化的生命线。无契约，消费资本化也只是一句空话。

根据契约自由原则，消费资本化下的生产者和消费者之间都是平等、自由的独立体，他们之间的买与卖都是各自合意或协议的行为，不受任何外力的影响，一旦成交就意味着两者契约的形成。契约便是反映交易的法律形式。消费资本论新的内涵在于把消费者提升到投资者的地位，他与生产者之间没有隶属关系，地位是完全平等的。生产者和消费者由过去对立的局面，通过构建各种类型的市场制度，使生产和消费从对立走向统一。消费者从生产者那里取得的利益，并非是生产者的恩赐，而是消费者投资的回报，投的越多回报越大。这种机制的形成和结果的实现，必须要有各种法律制度加以维护和保证。如果违背承诺，要承担相应的法律责任。

当然，契约形成后，并不是一成不变的。契约是以设立、变更或终止民事权利义务关系为目的和宗旨的。消费资本论下的生产者与消费者之间在契约关系形成以后，便可以具体享受民事权利，承担民事义务。如果遇到合同无法履行的情况发生，可以通过双方协议一致变更相关内容，即变更原有的权利义务。因此，契约不仅导致民事法律关系的产生，而且可以成为民事法律关系变更和终止的原因。必须指出的是，变更契约关系通常是在继续保持原契约关系效力的前提下变更契约内容。

消费资本论指导下的市场运作，必须要在遵循民事法律契约有关规定的前提下进行。因为契约是当事人协商一致的产物或意思表示一致的协议，是双方合意的结果。因此，它必须要包括如下要素：第一，契约的成立必须要有两个以上的当事人；第二，各方当事人须互相作出意思表示；第三，各方意思表示是一致的，也就是说当事人达成一致的协议。缺少以上任何一项内容，都意味着契约的不成立。例如，目前商业企业对消费者购物都有奖励，比如积分、打折、赠现金券等，虽然它具有消费资本化萌芽的状况，但这不是消费资本化的本质要求，它只是一种商业促销活动,是为了刺激消费,是商业企业的单方面的意思表示,商场和消费者之间没有任何协议,权利义务都由企业单方面订立,解释权在企业手中。这些表征可充分说明它不符合契约的法律条件,因而它不是消费资本论所祈求的。

四、消费资本化与自愿原则

自愿原则是世界各国民事法律中一项公理性原则。2017 年 3 月 15 日十二届全国人大五次会议通过的《中华人民共和国民法总则》第五条明文规定:"民事主体从事民事活动,应当遵循自愿原则,按照自己的意思设立、变更、终止民事法律关系。"所谓自愿原则,即意思自治原则的法律表现形式。"自愿"就是主体意思自由,按照国际通则的表述,就是意思自治。意思自治是指民事主体在不违反强制法的情况下依照自己的意愿安排司法关系,即自己作主判断、选择、管理自己的事务,也就是说,当事人有根据自己的意思和利益,决定是否实施某种民事法律行为、参加或不参加民事法律关系的权利。民事权利可以由主体在法定范围内依自己意思取得,也可以依自己意思转移和放弃。当然,民事主体自愿进行的各项自由选择,也不是随意而为,既要受到契约的约束,也要受到法律的制约。同时合法的权益也理应受到法律的保障,并排除国家和他人的非法干预。

自愿原则完全适用于消费资本化要求。消费资本论,把消费者视为投资者,消费转化为资本。消费和投资,买与卖成为一体,本身就完成了消费转化为资本的过程。这种民事法律关系的形成,首先消费者与生产者之间必须是平等的,其次双方必须是自愿的。消费者是否消费、如何消费、消费程度高低多少均由消费者自主抉择,即自主参与和自己负责。消费者一经选择参与,便形成与生产者的契约。契约自由是自主参与的主要表现。既然已经参与,参与者对参与所导致的结果既享受应该的权利,又要承担相应的责任。因为参与消费是自由的、自主的。因此结果也就自然归属于参与者。当然,生产者也是同样,生产什么、生产多少、价格高低等应由生产者自由选择,但是它要受市场供求关系及生产成本的影响。

在消费资本化运作过程中，自愿原则应当体现在如下几个方面。首先，缔约自由。消费资本论认为，消费者不再是单纯的消费者，同时也是投资者，消费资本化过程可以使消费者从企业长期获益，并分享企业的发展成果。消费者究竟要购买哪家的产品，与哪家签订契约，完全是自己自愿选择的权力。消费者出于关心自身利益和更高的盈利考虑，当然要选择那些管理先进、品牌优秀、盈利多、服务好的企业作为自己缔约的对象。因此就会引起生产企业的竞争，加强管理、降低成本、提高产品质量、赢得消费者的信任以获取利益的更大化。其次，内容自由。消费资本论要求消费者在购买了企业的商品之后，企业应把消费者的消费视同是对该企业的投资，并按一定的时间间隔，把该企业利润的一定比例返还给消费者。这一承诺的实现是一个非常复杂的过程，比如时间的间隔有多长，该企业利润的比例应有多大，通过什么方式运作和落实等，这些问题的解决都要由双方当事人共同商量，形成合意，用契约的形式确定下来。内容自由还表现在对已过时的内容需要变更或解除。消费者与生产者双方可以经由协商变更或解除契约。再次，自愿原则还表现在争议解决方式的自由。消费者与生产者之间在运作过程中不可避免的会发生一些矛盾，甚至是纠纷。出现问题后，消费者和生产者双方应充分协商，自愿选择解决的途径和办法。例如可以提起诉讼，也可以申请仲裁，或利用契约中约定的方式解决等。

自愿原则的核心是契约自由原则。它的存在和实现是以平等原则的存在和实现为前提的。然而契约自由从来都不是绝对的、无限制的自由。我国实行社会主义市场经济，注重社会公德，维护国家利益和社会公共利益，对契约的自由有许多限制。例如在我国的邮政、电信、供电、水、气、热力、交通运输、医疗等领域所存在的强制缔约，在保险、运输等许多领域盛行的定式合同都是对合同自由的限制[①]。

---

① 王利明主编：《民法》，中国人民公安大学出版社，2005年第一版，第33页。

五、消费资本化与平等原则

平等原则，也称为法律地位平等原则。这一原则集中反映了民法所调整的社会关系的本质特征，这是一条公理性原则。《中华人民共和国民法总则》第四条规定："民事主体在民事活动中的法律地位一律平等。"这里指的是自然人、法人的民事权利能力平等、地位的平等和法律对其保护的平等，其实质是民事主体之间机会的平等和过程的平等，消费者与生产者双方在主体地位上是平等的，只有如此，彼此之间的契约关系才能成立。平等是契约签订的前提。倘若民事主体没有独立平等的法律人格，合法权益平等就是一句空话。所以平等以独立为前提，独立以平等为归宿。民事主体互不隶属，各自能独立地表达自己的意志，这就是民事法律关系区别于其他关系的主要标志。

消费资本论与平等原则的本质特征和内在要求完全是吻合的。消费资本论高度重视消费者的权益，是一个以人为本的创新理论。它把生产者与消费者等同看待。消费者，不论其社会地位如何，哪怕他是贫穷的农民或城市的平民，只要他是消费者，就应真诚地尊重他们的人格和权益。消费者、生产者、经营者是平等合作的关系，他们之间不存在隶属关系。没有这种平等观，就不会出现生产者和消费者的融合，不可能形成体现平等的契约关系，不可能聚集最大化的资金量，不可能实现生产者和消费者的双赢。因此平等原则是消费者资本化实现的基础条件。

六、消费资本化与诚信原则

诚实信用原则是市场经济活动中形成的道德法规，它要求人们在市场活动中讲究信用、恪守诺言、诚实不欺、在不损害他人利益和社会利益的前提下追求自己的利益。在市场活动中按互惠性原则办事。在订约时诚实行事，在订约后重信用，自觉履约。《中华人民共和国民法总则》将其纳入法律条文中。该法第七条规定："民事主体从事民事活动，应当遵循诚信原则，秉持诚实，恪守承诺。"这是民法中一条基本原则。现在这一原则之内涵和外延已经远远超出了其语义，它已拓展到一切权利的和一切义务的履行,甚至成为司法机关和司法裁判的原则,成为以法律形式确认的道德规范。由于诚实信用原则内涵概括抽象、无色透明,因而有"透明规定"之美称。又由于其外延具有随时间、空间而变化的不确定性,因而呈现出极大的弹性,甚至法院用其直接调整当事人之间的权力义务关系,从而被奉为现代法院的最高指导原则。有的人将其称为"帝王条款",即当法院处理案件时,遇到法律上没有规定的新情况、新问题时,可直接依据诚信原则行使公平裁量权,调整当事人之间的权利义务关系。所以诚信原则的弹性和灵活性比较大。

诚信原则的内容如下:

1. 以善意的方式行使权利,并获得利益。诚信原则要求在当事人利益之间应尊重他人利益,以对待自己事务的态度对待他人事务。不得以损害他人利益为目的而滥用权利。

2. 自觉履行义务。就是实事求是,在订立合同时,不得隐瞒事实真相,以假乱真;在订立合同后,严格按合同办事,自觉履行义务。在出售商品时要保证质量,不得以次充好,不得有假冒伪劣商品等等。

消费资本论是需要诚实信用原则作为法律支撑的。消费者基于对生产者的诚信,放心购置所需要和偏好的产品,生产者则更加应当遵从诚信原则将自己的产品投放市场,不得掺杂使假、以次充好,欺骗消费者。在做广告时,不可言过其实,吹牛撒谎;发现产品质量问题,应当主动保修调换;在出现诉讼时,应当秉持诚信原则,尊重他人权益,从维护社会整体大局利益出发,保证法律关系的当事人都能得到自己应得的利益。生产者以诚信的道德规范约束自己,既有利于消费者,也有利于自己。诚信原则是互赢原则,消费者对生产者的产品买得放心,用得踏实,产品销路才会得到拓展,生产者才能获得最大化的利益;消费者才能自愿放心地将资金投向生产者,并可以选择多种形式如参股、期权等向生产领域延伸,使消费资本化的道路越走越宽阔。所以说,诚实信用原则是消费资本化成长、发展的生命线。

第二节　消费资本论的实践和法律保护

正如前文所述，消费资本论具有极大的理论价值和深刻的实践价值，具有资本理论又一里程碑的历史意义。这一理论不仅在中国，而且在世界上也将会产生深远的影响。

消费资本论，不仅仅是给经济发展注入新的资本动力的源泉，促进市场经济加速发展，更重要的还在于这一新的经济理论的实践运用，将会使消费者权益获得最大化。传统的理论认为，消费者在市场上根据各自的生活需求购买、使用商品或接受服务，消费者获得合法权益之后，消费行为即告完结，消费者与生产经营者的法律关系也到此结束，仅此而已。如消费者在商店花了一万元，买了一台电视，回家后看到色彩鲜艳、清晰明亮的电视节目，没有受骗，也没有上当，便心满意足了。消费者主权理论虽然突破了传统经济学理论的束缚，但它仅仅是提出消费者在消费市场上的重要性，消费者和生产者之间的法律关系仍是对立的，没有发生根本性的改变，消费者的权益没有发生"增值"。但是随着消费资本论的出现并将之运用于实践，消费者的消费行为所产生的法律后果则完全不同。生产者和消费者之间的法律关系不再是对立的，而变为统一的，在消费者获得权益最大化的同时，企业（即生产者和经营者）的利润也将在更高层面上实现最大化。

消费资本论，既突破了货币资本的传统理论，同时又发展了消费主权论。其认为消费者实施消费行为，不仅从生产者或经营者那里获得商品的使用价值或应有的服务，而且"转身"又变成投资者，消费则成为资本，投入生产经营的再生产领域。消费者作为新的投资者，虽然在某些方面不同于原有的投资者，在利润的分成上也区别于原生产和经营者的"股东"，但这一特殊的投资者的法律地位则发生了根本改变，他与生产经营者之间的法律关系变成为平等、协议合作关系。

消费资本理论的产生，无疑在经济学界会引起很大的轰动，对法学界也是一次新的挑战。消费者作为消费资本的载体和所有者,作为生产和经营领域新的特殊的投资者,其应获得的合法权益的实现,法律如何给予有力的保障?原有的《中华人民共和国消费者权益保护法》的法律规定是否适用?实践中出现的诸多新的法律关系如何确认这一系列的法律问题,将摆在各法律部门面前。

  对消费者权益的法律保护,世界各国都给予特别的关注。早在1983年"国际消费者组织联盟"就作出决定,将每年的3月15日作为"国际消费者权益日"。我国是一个拥有近14亿人口的大国,党和国家历来特别重视这个问题,多年的实践有力地证明了这一点。1993年10月31日八届全国人大常委会第四次会议通过了《中华人民共和国消费者权益保护法》并于1994年1月1日开始实施,2009年、2013年全国人大常委会又作了两次修正。这一法律的制定,是在广泛吸收外国立法经验,并在我国的特殊国情的基础上,经过充分的讨论而成的。《中华人民共和国消费者权益保护法》的立法宗旨是保护消费者的合法权益,维护社会经济秩序,促进社会主义市场经济健康发展。该法分为八章六十三条,具体规定了消费者的权利、经营者的义务、国家对消费者合法权益的保护、消费者组织、争议的解决、以及法律责任等。除了《中华人民共和国消费者权益保护法》之外,其他相关法律、法规对消费者合法权益的保护亦作了相应的规定。如《中华人民共和国民法总则》《中华人民共和国产品质量法》《中华人民共和国反不正当竞争法》《中华人民共和国食品安全法》《中华人民共和国合同法》《侵害消费者行为处罚办法》《禁止价格欺诈行为的规定》等等。此外还有相当多的地方性法规,均作了消费者权益保护的具体规定。

  《中华人民共和国消费者权益保护法》以立法的形式具体列举了消费者享有的九项权利:安全权、知情权、自主选择权、公平交易权、获得赔偿权、结社权、受教育权、受尊重权、监督权。所谓消费者权益,是指消费者实施消费行为的过程中,享有的权力和利益的总和。①安全权,是指消费者在购买、使用商品和接受服务时所享有的人身、财产安全不受损害的权利。消费者有权要求经营者提供的商品和服务,符合保障人身、财产安全的要求。②知情权，是指消费者享有知悉其购买、使用的商品或者接受的服务的真实情况的权利。如价格、产地、生产者、用途、性能、规格、等级、主要成分、生产日期、有效期限、使用方法说明书、售后服务，或者服务的内容、规格、费用等有关情况。③自主选择权，是指消费者享有自主选择商品或者接受服务的权利。在选择商品或者接受服务时，有权进行比较、鉴别和挑选。④公平交易权，是指消费者在购买商品或者接受服务时，有权获得质量保障、价格合理、计量正确等公平交易条件，有权拒绝经营者的强制交易行为。⑤获得赔偿权，是指消费者因购买、使用商品或者接受服务，受到人身、财产损害的，享有依法获得赔偿的权利。⑥结社权，是指消费者享有依法成立维护自身合法权益的社会组织的权利。⑦受教育权，是指消费者享有获得有关消费和消费者权益保护方面的知识的权利。消费者应当努力学习掌握所需商品或者服务的知识和使用技能，正确使用商品，提高自我保护意识。⑧受尊重权，是指消费者在购买、使用商品和接受服务时，享有人格尊严、民族风俗习惯得到尊重的权利，享有个人信息依法得到保护的权利。⑨监督权，是指消费者享有对商品和服务以及保护消费者权益工作进行监督的权利。即有权检举、控告侵害消费者合法权益的行为和国家机关及其工作人员在保护消费者权益工作中的违法失职行为，有权对保护消费者权益工作提出批评和建议。

《中华人民共和国消费者权益保护法》颁布与实施后，20多年来取得了巨大成就，对于消费者合法权益的保护、净化市场经济秩序、保障市场经济的健康发展作出了重大贡献。随着市场经济的快速发展，科学技术的不断进步，人民对美好生活需求的增长，消费者权益的保护当前仍然是消费市场的热点和难点。显然，消费者权益保护方面的法律法规，总是不能完全适应、满足经济社会发展的客观要求，必须不断地进行修改、补充和完善。

消费资本论的广泛运用，对消费者权益保护这一法律问题是一个新的挑战。因为消费者权益的保护，不只限于消费领域，而是超越消费领域，延伸到生产领域；消费者也不仅仅是消费者，而且还是投资者，其享有的权益也远不只是上述九项权利。对消费者的合法权益的保护，也绝不是简单的不受骗、不上当，摆脱假冒、伪劣产品的困扰，而应当是买到合格的、高质量的商品或者得到精心、热情、满意的服务。显然，消费者合法权益的保护也相应提出更高层次的要求。各法律部门面对上述一系列的法律问题，如何承担起保驾护航的重任，必须给予回答。

第一，法律部门，包括立法、执法以及相关部门在观念上、认识上必须彻底更新，即消费者不再仅仅是消费者，而同时又是投资者。对消费资本论的精髓、核心应有深刻认识和理解。

第二，应加速《中华人民共和国消费者权益保护法》的修改、补充、完善，从而使消费资本论的实施有法可依。例如消费者的范围，消费者的概念、法律地位以及消费者的权利等，均应用立法的形式加以界定。因为现行的《中华人民共和国消费者权益保护法》规定的权利，已经不能涵盖消费资本论所提出的消费者应享有的权利。比如，应该加上消费者的第十项权益即消费者的消费投资收益权。

第三，消费者作为特殊的投资者，与生产、经营者享有平等的法律地位，二者之间依一定形式的协议确定相互的权利和义务关系。双方协议的形式、具体内容、双方的权利和义务、法律责任、争议的解决等，均需要以立法的形式加以规定。

第四，消费者作为特殊的投资者和生产经营者的利润分配的形式、时间间隔、回报率的计算，以及中介组织等重要法律问题，立法必须加以细化，予以明确规定。当前消费市场上出现的积分、打折、返券等做法，虽然在一定意义上可以视为是消费资本论的萌芽或者是雏形，但绝不可等同对待。因为它仅是生产经营者为了自身的利润扩大而采取的一种促销手段，是一种单向的、短时间的、局部的自我行为，不能从根本上保障消费者应获得合法权益的最大化。

第五，消费者组织的合法化、规范化。随着消费者权益保护范围的扩大、任务的加重，除加强和完善立法外，健全并完善消费者组织同样很重要。

消费资本论的实践和法律保护，是一个系统工程。实践当中，无疑会遇到很多难题，如消费资本论的适用范围是否包括所有的消费流通领域，适用这一新的理论的背景条件是什么？生产者、经营者以及消费者各自应具备哪些条件？新的法律规定未出台之前，法律部门应采取哪些法律补救措施，保障这一经济理论的实施等。以上这些法律难题，有待立法、司法部门深入地进行探讨、研究和解决。

第五章 建立新资本理论体系

　　三种资本形态在市场经济发展的初期就已经存在。它是随着经济发展的不同阶段而依次呈现出来。本书的贡献在于，对已经呈现出的三种资本形态的内涵进行了界定，并根据三种资本的内在联系以及它们运行的特点和规律，对新的资本理论的结构和内容以完整的理论系统地揭示出来，重建了到目前为止完整的新的资本理论体系，即新资本论。消费资本论则是新资本论形成的标志。

　　任何一种理论的发展都是与社会生产力和经济发展水平相适应。我们知道，随着科学技术的进步和人类对自然界认识能力的提高，物理学、化学等自然科学不断取得新的进展。从物理学家发现原本存在的基本粒子，到门捷列夫提出元素周期表，人类对自然界的认识逐步加深。经济学作为一门社会科学也存在着类似情况。随着社会生产力的发展和与之相应的经济理论的深入研究，经济学家也会逐渐发现在社会经济发展过程中依序出现的资本形态，并不断推进着资本理论的发展，为人类的社会经济发展提供理论指导。

　　经济科学是一门历史科学，是一种实践性很强的科学，它与社会生产力发展水平、市场经济发育程度和全球化经济紧密相关。每一种受到公认的资本理论,都曾在它适宜的时代和环境下诞生,并发挥了重大作用。进入新时期,则需要提出新的资本理论,完成资本理论体系的建设,结束单一资本支撑经济发展的局面。消费资本论担当起资本理论体系建设的历史责任,消费资本论是新资本理论体系完成的标志。

第一节 新资本理论体系的建立

一、消费资本论是新资本理论体系形成的标志

从理论上讲,资本理论是经济学的第一理论。经济学研究的目的就在于充分发挥资本效能,从而推动生产力水平的提高和经济实力的增长。在社会经济生活中,资本是推动一个国家、地区和企业的直接动力。因此,资本理论的发展对于经济的进步具有重大意义。在资本理论史上有过两次重大的理论突破,都对当时的社会经济产生巨大的影响。

第一次理论突破要追溯到18世纪后期,当时世界经济正处于工业经济时代。由于机械化大生产的发展,社会生产力大幅度提高。资本以货币的形式被资本家掌握并在市场经济中发挥着举足轻重的作用。以亚当·斯密、凯恩斯、弗莱德曼等为代表的经济学家们,通过长期的研究,不断加深对社会经济发展规律的认识,创立了古典经济学、政治经济学等经济学理论。这些理论在各自的体系中分别说明货币资本的积累和流通,是资本家获得利润的主要方式,并从生产过程和流通过程统一的角度,论述了劳动价值理论、资本积累理论、资本循环和周转理论、MM理论以及均衡理论等关于货币资本在市场经济中运行规律的理论,形成了货币资本理论体系。这一体系的建立是货币资本研究的重大的理论突破,为整个工业经济时代的生产活动提供了理论指导,是资本理论史上的第一个里程碑。

工业经济时代统治了世界二百多年。在这期间,人们一直认为资本就等于货币,货币资本就是资本的全部内容,资本的来源主要是企业原

始资本积累和银行贷款。所以，出现了持续很长时间的货币金融主导社会经济发展的时期，至今依然对社会经济发展产生着重大的影响。

然而，随着经济的进一步发展，单一货币资本支持社会经济发展的模式以及伴随这一模式所形成的单一的货币资本理论，已不能充分有效地满足人类社会经济的发展。人们开始寻求一个新的理论突破来解决这一问题。

20世纪后期，关于人力资源管理、知识资本运用的相关经济理论陆续产生。如：后工业社会理论、新经济增长理论、环境经济学、信息经济学、人力资源、人力资本等各种新型理论层出不穷。这些理论在不同程度上阐述了知识资本对经济发展的重要作用和知识经济在人类社会经济中的重要地位。知识资本作为一种新的资本形式受到越来越多的关注。

进入21世纪以来，世界经济发生了深刻变化，一种新的经济形态——知识经济逐渐显示出强劲的发展势头。在知识经济社会，知识成为推动经济发展的关键性资源，知识以其独特的魅力登上了人类社会经济发展的舞台，成为经济发展的主导力量。知识生产率日益成为国家、地区和企业竞争的决定性要素，而不再是以体力劳动为主的劳动生产率。当知识成为创造产品和服务获取利润的资源时，知识也就成为知识资本。

知识资本概念的产生和知识资本理论的建立，是对资本理论的又一次突破。它打破了市场经济发展过程中，货币资本一枝独秀的局面，使人们对于资本和资本理论的认识达到一个新的层面。这是资本理论的第二次突破，是资本理论史上的第二个里程碑。

市场经济发展至今已逐步走向成熟，而我们对各种形态的资本并没有开发殆尽，在经济发展过程中可能存在着更多的资本形态。从实践上来讲，现有的资本形态还不能充分满足市场经济发展的需要。随着市场经济的不断发展，人们又发现了消费资本。

这实际上是把消费者从产品链的末端以投资者的身份提升到前端，使消费者在购买产品时，既能分享企业成长的成果，同时也为企业发展注入新的资本动力,使消费和投资有机结合,从而使买卖双方在这种条件下合二为一,成为一体,完成消费转化为资本的过程。这样,消费作为一种资本,它同货币资本、知识资本一样,成为企业和地方经济发展的直接动力。

消费资本论还指出,凡有消费和消费者的地方,就有消费资本化的可能,影响范围极其广大;另一方面消费者本身就是一个庞大的群体,消费又是一个可以计算或涵盖生产总量的经济概念。因而可以这样说:消费资本论实际上是一个调度社会总资本的武器,它所产生的作用远远超出了一个企业、一个地区、一个民族、一个国家,它不仅属于中国,它更属于世界经济范畴。

人们还看到,消费者的资本资源规模越来越大。这些资源如果能够进入生产和经营领域,必将引起资本的成倍增长,社会经济水平将大大提高。截至2016年12月末我国城乡居民人民币储蓄存款余额已接近60万亿元。这就是消费资本的巨大存量和巨大魅力。消费资本论对此进行了深入系统的研究和论述。因此,消费资本的确立和消费资本理论体系的建立,堪称是21世纪资本理论的又一重大突破,是资本理论的第三次革命,是资本理论史上又一个新的里程碑。

消费资本论的提出,把市场经济资本构成由单一货币资本发展成包括货币资本、知识资本和消费资本三种资本,从而在市场经济发展史和世界经济思想发展史上第一次提出了科学的、完善的、新的资本理论体系,完成了当代新资本论的建设,给当代社会经济发展以科学的理论导向。因此,可以说消费资本论是新资本理论体系建立和完成的标志。

消费资本论作为中国原创的经济理论,是中国市场经济发展的理论总结。它同人类其他理论成果一样,将被载入世界理论的宝库。

二、新资本理论的主要内容和特征

同传统的单一货币资本理论不同,新资本理论体系是由以资本要素共性为特征、以资本要素属性分类为依据而形成的三种具体资本形态,即货币资本、知识资本和消费资本组成,结束了几个世纪以来单一的货币资本理论体系，使市场经济的资本动力结构由单一资本演变为由三种资本组成的完整的资本体系。

传统的单一资本理论只论述了一种资本的力量，只是研究一种资本力量对市场经济发展的作用，而忽视了其他资本形态的存在及其发挥的作用。因此，传统的单一资本理论是不完整的资本理论，它引领的经济发展也是不全面、不均衡、不稳定的。而两种新资本的发现和提出，丰富和完善了资本体系，将引导市场经济发展日益趋向全面、均衡和稳定。

在市场经济发展史上，也曾有经济学家对资本内容和形态提出过新的见解，但是他们未曾真正细分研究新的资本形态，并进而提出新的资本理论。直到21世纪初，消费资本理论的提出，才完成了市场经济资本构成是由三种资本组成的新资本理论体系的建设。

同时，新资本理论还深入研究并分析了三种具体资本形态的特征、功能和在市场经济发展过程中发挥的作用和机制。

（一）消费资本的作用和运行机制

第一，消费资本是人类社会经济发展的永恒动力，具有可持续性和无限性。凡是有消费的地方，就拥有把消费转化为资本的土壤。消费资本为国家、地区和企业的经济发展找到了一条生生不息、源源不断、永续不竭的资金源泉。消费转化为资本打通了消费和扩大再生产的通道，只要企业的产品质量是上乘的、款式是适销对路的，那么消费者的货款就可以每月、每周、每天不断地流入企业转化为资本。人们深入认识并提出消费资本是人类社会一个划时代的发现。资本就在我们身边，只要有消费，就可以实现消费向资本的转化。

第二，消费是一切经济活动的源头，是生产和经济发展的起始动力。在新资本理论体系中，消费资本同其他两种资本形态相比，它更具有本源性。因此，消费资本是第一资本，是资本之纲。消费资本决定了货币资本和知识资本的投向。货币资本和知识资本只有在消费资本的基础上才能有的放矢，更好地发挥作用，促进经济更好更快地发展。消费资本作为资本之纲，能够正确地引导货币资本和知识资本发挥作用，使人们的生产和经营活动,同消费端的消费需求紧密结合,使生产过程和生产目的协调统一。同时,消费资本还直接影响着货币资本和知识资本能否实现其最终价值。新资本理论体系的提出,开启了消费资本主导市场经济发展的新时代。

第三,消费是经济发展的第一引擎。以消费为第一引擎的消费驱动经济发展模式,是我国新时期经济发展实践经验的理论总结,已为我国经济发展的实践所证实。多年来,我国国民经济增长主要是依靠资本形成总额、货物和服务净出口和社会消费品零售总额,简称投资、出口、消费三驾马车来拉动。但是,随着市场经济的不断发展,改革开放的不断深入,拉动经济增长的"三驾马车"的驱动力结构出现了新变化,呈现出投资和出口对GDP的贡献率逐渐下降,消费对GDP的贡献率逐渐上升的趋势。根据国家统计局统计,2014年社会消费品零售总额对GDP的贡献率为52.8%;2016年社会消费品零售总额对GDP的贡献率为64.6%,远远领先于投资和出口。这说明多年来到目前为止,消费一直处于第一引擎的位置,对于开启和形成我国消费驱动经济发展的新常态,作出了重大贡献。

第四,消费资本可以使消费者参与企业利润和社会财富的分配,成为市场经济的真正主人。消费资本认为消费者的消费行为同时也是投资行为,能够参与市场经济发展并发挥重要作用。消费者的货款进入企业的生产和经营领域转化为资本,消费者则成为企业的消费资本股东,参与企业利润和社会财富的分配。这就使消费者(全国人民都是消费者)真正成为我国社会主义全民所有制经济的主人。

第五,消费资本将实现资源的优化配置。消费资本对产品的生产和市场的发展方向,既具有明显的导向作用,而且又是投资的积极参与者。消费资本的投向反映了消费者的真实需求。消费者根据自己的需求,选择将消费资本投向所喜欢的产品和服务。消费资本通过消费者的购买行为,支持与消费者需求相匹配的产品和服务,淘汰与消费者需求不匹配的产品和服务,从而引导资源流向最符合消费者需求的生产与经营领域,实现资源的最优配置。

第六，消费资本具有规避和化解周期性经济危机的功能。消费资本的提出，对于化解单一货币资本结构下的生产相对过剩，以及由于消费资本缺位所引发的经济危机具有重大作用。在单一货币资本支持经济发展的模式下，市场经济经常发生周期性的经济危机。在研究和分析经济危机原因时，传统经济学家只认识到经济危机的发生是由于消费不足。其实不是消费不足的问题，是由于对消费资本力量的忽视，导致消费资本缺位所造成的。经济危机往往表现为市场需求不足、生产相对过剩，其实并不是缺乏需求，而是消费者这一群体的作用被弱化，他们的作用得不到发挥，人们的需求得不到释放才造成生产相对过剩，产生了经济危机。消费资本具有激活巨额消费资本存量的巨大作用，可以释放出巨大的社会消费需求，从而有力地化解并可以从根本上消除生产相对过剩的经济危机。

(二) 知识资本的作用和运行机制

第一，知识资本极大地增强了市场经济发展的创新能力。知识资本拥有极大的自身优势，能够在经济发展中发挥重大作用，成为不容忽视的一种资本形态。知识的空前传播和知识资本的广泛应用，为新时代经济发展注入了强大的动力和无限的活力。知识资本作为知识性资本要素，包括知识成果和高新技术的投入，大大增强了市场经济的科学水平和创新能力，使人类社会生产发展进入到一个新的发展阶段。知识资本又是一种倍加的资本力量，它可以无限地复制、多次发挥作用，使知识资本总量处于不断叠加的过程，使单体知识资本的总量不断增加。

此外，知识资本在发挥货币资本作用方面非常明显，具体表现在：当货币资本不能充分满足一个国家、一个地区、一个企业经济发展需要的时候，知识资本能够起到一种点石成金的作用，它可以几倍、甚至十几倍地放大现有的货币资本规模，扩大现有货币资本的实力，大幅度提高货币资本的利润率，推动国家、地区和企业的经济加快发展。

第二，可以使产品的生产逐步由资源依存型过渡到科技依存型。在市场经济发展实践中，用知识和科技成果的投入代替资源的投入，使市场经济发展大大减少了对资源的依赖，可以大幅度节省资源，降低物耗。同时，由于越来越多的科技成果和高新技术投入，增加产品的科技含量，从而使市场经济和各类产业的发展，可以逐步实现由资源依存型过渡到科技依存型。

第三，知识资本是一种清洁的、无污染的资本。货币资本作为生产性资本要素的投入，如原材料在生产过程中，会产生废料和废气等对环境有污染的物质。而知识资本即知识性资本要素的投入，不仅自身对环境没有污染，同时还能有效地降低或消除生产性资本要素投入所带来的各种污染。因此，知识资本的投入对降低资源消耗和保护环境有着重要的意义。

第四，在知识经济时代，知识资本是企业发展的支柱资本。广大员工作为知识资本的所有者，成为企业的股东。从而可以使我国企业的员工队伍，逐步实现由雇佣型员工队伍向主人翁型员工队伍的转变，真正成为企业的主人，这是实现我国社会主义全民所有制经济的一个重要标志。

（三）三种资本融合联动的作用和运行机制

在市场经济发展中，货币资本、知识资本和消费资本三种资本之间不是彼此孤立的，也不是相互排斥的，而是一种融合联动、共同发生作用的协作机制。它们将组合形成"消费资本导向、知识资本创新、货币资本推动"三种资本融合联动的方式，融合为一体共同发挥作用，推动国家、地区和企业的经济发展，为企业创造巨额利润和社会财富。同时，由于资本所有者主体不同，将利润和社会财富按照公平分配的原则分配给各所有者主体，这种新的运行机制和分配方式，能够激励各市场经济主体和参与方的积极性，使市场经济迅速发展，并使经济发展实现真正意义上的均衡和稳定。

在三种资本中，货币资本作为基础性资本，仍然十分重要。货币资本可以迅速化解生产运行过程中的各种具体问题，以保障经济发展顺利运行。知识资本和消费资本，进入到生产和经营领域，是同货币资本融合共同发挥作用。货币资本、知识资本和消费资本的划分，是依据资本要素属性划分的不同资本形态，这三种资本之间是相关关联、相互补充，融合联动共同发挥作用的运行机制。

根据新资本论，解决国家、地区和企业经济发展所需要的资金问题，总的思路应当是：（1）继续充实货币资本。（2）高度倚重知识资本。（3）大力开拓消费资本。同时，经济发展方式也应该是多元的。由单一的货币资本发展经济的传统发展方式，转化为货币资本和知识资本相结合的发展方式，再转化为"消费资本导向，知识资本创新，货币资本推动"的三种资本融合、联动的新型发展方式，是全世界各市场经济国家经济发展所必然遵循的总的趋势，也是国家、地区和企业经济发展方式的选择方向。

（四）三种资本的量化在实际中的应用

人们投入到生产、流通和消费过程中的资本总量，应该是生产资本、知识资本和消费资本的总和，确切地说是投入生产性要素资本的货币量、投入知识性要素的货币量和投入消费性要素资本的货币量之和。这三种资本有着不同的归属主体，其中作为生产资本和知识资本所需的货币投入，可以由同一个主体来投入，也可以由不同的主体来投入。当只有货币资本投入的时候，企业股东是货币资本的出资人，并按照货币资本出资人的出资比例分配股份。当知识资本投入之后，企业的股东可以是货币资本的出资人和知识资本的所有者共同拥有，并按照两者的投资经过计量之后，按比例分配股份和利润。消费资本是掌握在消费者的手中，消费资本投向完全由消费者自己支配。但消费资本投出之后，也应该同其他两种资本一样占有一定的股份（即消费资本股东），并获得相应的投资回报。

三种资本的量化都以货币作为计量手段，计量结果作为资本值计量的标识。为此，要对三种资本形态分类进行计量。由于资本形态的不同，以及各资本形态的属性、特性和资本主体的不同，应该分别建立各自的量化方法，建立各自的量化模式和计算公式，并最终用统一的货币进行衡量。用货币来衡量三种资本的规模和价值量，并根据计量的结果进行股权分配和利润分配。

举例说明。企业的出资方投入生产性资本用货币来表示其数量为

MQ，企业投入的知识资本用货币表示其数量为 KQ，而消费者通过购买行为流入到企业的消费资本为 CQ，则这个企业总的资本规模应该是：

$$Q = MQ + KQ + CQ$$

未来企业创造的纯利润为 Pr，则企业对各种资本的利润分配方案为：

货币资本投资方的利润为：$Pr_1 = Pr \times \dfrac{MQ}{Q} = Pr \times \dfrac{MQ}{MQ + KQ + CQ}$

知识资本投资方的利润为：$Pr_2 = Pr \times \dfrac{KQ}{Q} = Pr \times \dfrac{KQ}{MQ + KQ + CQ}$

消费资本投资方的利润为：$Pr_3 = Pr \times \dfrac{CQ}{Q} = Pr \times \dfrac{CQ}{MQ + KQ + CQ}$

通过以上公式，根据三种资本各自的实际投入量，可计算出各自应该分配的利润额。

第二节　新资本理论的实际作用和理论意义

一、新资本理论的重大实际作用

新资本理论的建立，将打破传统单一货币资本主导经济发展的方式，实现三种资本融合联动推动的经济发展方式，这对于新时期市场经济发展具有重大的实际作用。

第一，会使市场经济资本总量成倍增长。

知识资本和消费资本提出后，首先使市场经济发展的资本总量倍增。以往在传统市场经济理论影响下，人们计算市场经济资本总量主要是货币资本量，而知识资本和消费资本被忽略不计。知识资本和消费资本提出后，知识资本和消费资本量化后的资本值，也将被计入市场经济资本的总量中，这将使资本总量的规模得到成倍的增长。假定资本总量为 TQ，货币资本量为 MQ，知识资本量为 KQ，消费资本量为 CQ，我们通过公式来看资本总量的变化。

当只有货币资本一种资本时，资本总量为 $TQ=MQ$；当出现了知识资本和消费资本后，资本总量为 $TQ=MQ+KQ+CQ$。

以消费资本为例。消费者的资本资源规模越来越大。这些资源如果能够进入生产和经营领域，必将引起资本的成倍增长，社会经济水平将大大提高。截至 2016 年 12 月末我国城乡居民人民币储蓄存款余额已达到 59.7751 万亿元。这就是消费资本的巨大存量和巨大魅力。

知识资本本身具有倍加的特征，因为它可以无限复制、多次使用，因此实际的知识资本总量将是单项知识资本的几倍、几十倍的规模。此外，当货币资本不能充分满足国家、地区和企业经济发展的需要时，知识资本就起到一种点石成金的作用。它可以几倍、几十倍地扩大货币资本的作用，推动国家、地区和企业的经济发展。

因此，引进知识资本和消费资本后，资本总量的计算将发生很大变化。在计算市场资本总量时，资本总量将会成倍增长。

第二，从根本上改变了市场经济的发展方式。

新资本理论体系的基本内容是，市场经济资本构成包括生产资本、知识资本和消费资本三种资本。这就从理论上和实际上彻底改变了单一货币资本支持经济发展的方式。由单一的货币资本支持经济发展的传统发展方式，转化为货币资本和知识资本相结合的发展方式，再转化为"消费资本导向，知识资本创新，货币资本推动"的三种资本融合、联动的新型发展方式，是市场经济国家经济发展的所必然遵循的总的趋势，是市场经济发展的最重要的经济规律，也是国家、地区和企业经济发展方式的选择方向。

第三，提出解决市场经济发展所需资金的总的思路。

新资本理论提出，为解决国家、地区和企业经济发展所需的资金，提出总的思路是"继续充实货币资本、高度倚重知识资本、大力开拓消费资本"。以往主要依靠单一的货币资本投入，通过各种融资方案筹集大量的货币资本来解决发展资金不足问题。新资本理论认为，不仅可以通过融资引入货币资本，也可以通过引入知识资本和消费资本，解决市场经济发展的资金需求。而且，由于新资本论打通了社会资本和地方、企业之间的资金通道，会使越来越多的消费资本源源不断地投入进来，以解决国家、地区和企业经济发展的资金需求。而知识资本又能够带来倍加的资本效应，因此知识资本和消费资本的引入会有效地解决市场经济发展所需要的资金。

二、新资本理论的重大理论意义

新资本理论不仅具有重大的实际作用，同时也具有重大的理论意义。新资本理论体系的建立，开启了新资本理论引领市场经济发展的新时代。

第一，是建立新市场经济理论的基础。

新资本理论体系的建立，不仅有力地推动了市场经济的发展，而且由于它从市场经济资本构成和经济发展方式两个方面，突破了原有的市场经济理论，而使市场经济理论本身发展到一个新的阶段。在新资本理论的基础上，完成了新市场经济理论的建设。

第二，是建立新市场经济运行体系的理论基础。

新资本理论的一个重要成果，是提出了新的市场经济运行体系。新资本理论是建立新的市场经济运行体系的理论基础。新的市场经济运行体系，以全新的资本理论体系为基础，构建了由货币资本、知识资本和消费资本三种资本推动的经济运行体系。新的经济运行体系包括：新的经济发展方式、新的商业模式、新的企业制度和新的分配制度。新经济运行体系，是以三种资本为动力，以发展速度适宜、经济效益显著、可持续发展为特征，以实现社会全体成员共同富裕、建设和谐社会为目的的经济运行体系。

提出新的经济运行体系不仅对当前我国经济发展进一步升级具有重大现实意义，而且也为世界各市场经济国家今后发展提供了科学的理论导向。

第三，是建立新的所有制形式的理论基础。

在传统观念中，人们提到"所有制"都是指"生产资料的所有制"，即人们对生产资料的占有形式，反映了人与人之间在生产资料占有方面的经济关系，是所有人行使所有权的社会规范。因此，无论是哪种形式的所有制，都是基于对生产资料的占有和分配，是基于建立在生产本位基础上的传统理论的所有制形式。

新资本理论提出后，为研究所有制提供了新的视角。新资本理论的建立是基于对市场经济全过程的研究，认为推动市场经济发展的是三种资本。三种资本分属于不同的社会成员，他们代表了不同的社会力量，以三种资本所有者的身份形成了新的经济关系。这种新的经济关系，不只是对生产资料的占有方面所形成的经济关系，而且也包括在市场经济发展全过程中各个参与主体之间的经济关系。这种新的经济关系的构建，超越了对生产资料占有的范畴，而以市场经济总过程这一更大的范畴为基础，包括对生产资料的占有、对知识和技术等知识资本的占有、对消费领域所产生的消费资本的占有等，是一种更大范围的所有制形式。这种新的所有制形式，突破了生产资料所有制的限制，从而建立将整个社会中每个人都视为市场经济主人、可以调动全社会成员参与社会经济活动的一种新的所有制形式。

综上所述，新资本理论是建立新市场经济理论和建立新经济运行体系的理论基础。在新资本理论的引领下，市场经济将由初级阶段发展到高级阶段，即向完全的市场经济发展。所以，新资本理论体系的形成，是市场经济向高级阶段发展的标志，是市场经济由不完全的市场经济向完全的市场经济发展的起点。

第六章 建立新的市场经济理论

历史实践证明，人类社会经济在长期发展的过程中，必然会经历一个漫长的市场经济发展时期。市场经济将经历一个由初级阶段向高级阶段发展的过程，由不完全的市场经济向完全的市场经济的发展过程。伴随着市场经济发展的不同时期，经济学提出了几种不同的市场经济理论。通过深入研究，人们认识到：以往传统的市场经济理论，是分别植根于市场流通领域或生产领域，是在单一的、局部的范围内提出的市场经济理论，它未能反映市场经济发展的全部内容和市场经济全面发展的要求。因此具有片面的和局部的特征，是不完全的市场经济理论。不完全的市场经济理论引领不完全的市场经济发展。

而以消费资本论为代表的市场经济理论，是植根于市场经济全过程的市场经济理论，它充分反映了市场经济的全部内容和市场经济全面发展的需要。因此，它是完全的市场经济理论，它将引领市场经济向高级阶段发展，由不完全的市场经济向完全的市场经济发展。

进入 21 世纪，市场经济完成了由卖方市场向买方市场的过渡，生产占主导地位的经济时代已经结束，消费占主导地位的经济时代已经到来。这是市场经济由初级阶段向高级阶段发展的分水岭，是不完全市场经济向完全市场经济发展的分水岭，是市场经济进入完全市场经济发展阶段的起点和标志。

人类历史在工业革命前夕和进入工业经济时代后，由于生产力迅速发展，资本原始积累的条件已经具备，人们的思想活动空前活跃。在这个时期出现了大量的关于市场经济的理论。从工业革命前夕的托马斯·孟、威廉·配第、大卫·修谟、弗朗索瓦·魁奈为代表的重商主义学派，到工业经济时代初期以亚当·斯密、大卫·李嘉图为代表的古典经济学派，到中期以庞巴维克为代表的边际主义学派、以凯恩斯为代表的宏观经济学派，以保罗·萨缪尔森为代表的新古典综合派，再到后期以科斯为代表的新制度经济学派，直到20世纪50年代加尔布雷思和哈耶克等经济学家的市场经济理论，都属于这一时期的传统的市场经济理论体系。

自20世纪80年代开始到本世纪初，知识经济的出现和消费资本论的提出，是市场经济理论不断发展的重大成果。它不仅有力地推动了各国市场经济的发展，而且由于它们从市场经济资本构成和经济发展方式两个方面突破了原有的市场经济理论体系，而使市场经济理论本身也发展到一个新的阶段。可以说，消费资本论的提出是新的市场经济理论体系形成的标志。

回顾以往的经济学理论，可以使我们更加清晰地看到市场经济发展的轨迹和市场经济理论的演进，从而为新时期经济学理论的创新发展提供依据。我们根据提出的市场经济理论产生的领域和范围的不同，将其区分为三种市场经济理论，并对各种市场经济理论的主要内容和理论成果进行简要评述。

第一节 根植于流通领域的市场经济理论

历史上最早提出的、根植于流通领域的市场经济理论，应追溯到16世纪出现的重商主义经济理论，代表人物有托马斯·孟、威廉·配第、大卫·修谟、弗朗索瓦·魁奈等。15世纪末，西欧社会正在由封建社会向资本主义社会过渡，封建制度体制开始瓦解，资本主义生产关系开始萌芽。当时西欧经济形势和社会阶级关系发生了巨大变化，追求商品生产更快发展、商业资本迅速增加、作为商业资本载体的商人阶级出现了，商业资本促进了欧洲各国国内的市场统一和世界市场的形成，并出现了根植于流通领域的市场经济理论。

重商主义市场经济理论，分为早期和晚期两个发展阶段。早期重商主义理论在本质上是商人经济学，是商人意识的体现，反映的是商业资本的利益和要求，他们认为利润和财富是在流通领域中产生的。因此他们理论的重要内容是强调贸易，特别是出口贸易。他们还认为，（1）贵金属货币是衡量财富的唯一标准。一个国家的财富取决于这个国家拥有的金银等贵金属货币的数量，一国拥有的贵金属越多，就会越富有和强大。同时，他们认为除开采金银矿以外，对外贸易是货币财富积累的重要来源。因此，为了使国家变得富有，就应该减少购买外国的货物，大量出口本国的货物，从而使更多的金银贵金属货币流入国内，实现资本的积累和财富的增长。（2）他们认为任何时点上世界上的金银总量是保持固定的，所以一国获利和贵金属货币的增加，总是基于其他国家贵金属货币的减少。因此，在对外贸易中必须保持顺差，即出口必须超过进口，使更多的货币进入国内。

早期重商主义以"货币差额论"为中心，强调在国际贸易中要"少买"。他们主张国家必须干预经济生活，通过采取行政措施，严禁金银输出，加强外贸管制，使输入本国的货币超过输出，不断增加本国金银数量。

和早期重商主义强调"货币差额论不同"，晚期重商主义以"贸易差额论"为中心，强调在国际贸易中要"多卖"，他们主张允许货币输出，但要购买外国商品的货币总额少于出售本国商品所得的货币总额，从而使更多的货币流入国内。贸易差额论在认识上比货币差额论向前推进了一步，更加有利于繁荣国际贸易。

早期重商主义者，强调政府对经济活动进行干预，认为由政府干预所引导的利己主义会带来社会效应，政府法令将对经济发展产生积极的影响，任何形式的政府干预都会达到既定的目的。因此，早期重商主义者主张通过关税、配额、补贴、税收等手段来鼓励出口、限制进口，以实现贸易顺差；通过政府干预国内经济，以及通过贸易规则刺激生产和经济发展。

重商主义者在收入分配方面，提倡抑制国内消费来增加财富，低水平的国内消费将会降低产品成本，增加国家出口的竞争能力。重商主义者提倡低工资，认为个人的贫穷将使国家受益。

重商主义的理论和政策，促进了资本的原始积累，促进了商品货币关系和资本主义工场手工业的发展，为资本主义生产方式的成立与确立创造了必要的条件。

晚期重商主义者对市场经济运行的分析，较之早期重商主义的分析，在深度上和水平上都有明显的提升。晚期重商主义者在激励经济活动时，常常运用经济人和利益动机的概念，认为政府无法改变人类以自我为中心的驱动力。还有一些晚期重商主义者，已经开始认识到他们的先驱所犯的严重的分析错误。他们认识到硬通币并不是一个国家财富的衡量标准，同时对所有国家来说没有一个国家能够长期保持贸易顺差，贸易是应该保持互惠互利的。因此，他们提出要逐步减少政府对经济活动的干预。

重商主义市场经济理论的意义在于，它是最早研究资本主义生产方式的理论，正如马克思所说，是对资本主义制度"最早的理论探索"，尤其是晚期重商主义者的观点，后来成为古典经济学的起点和萌芽，标志着持续发展的市场经济理论向前迈出了重要的一步。

重商主义理论的缺陷在于将货币和财富混为一谈，认为一国拥有的黄金和白银等贵金属货币的数量越多，意味着财富就越多。重商主义理论是根植于流通领域的市场经济理论，他们把流通领域视为利润和财富产生的源泉。这种观点是狭隘的、不科学的。因为利润和财富还在市场经济的其他领域中如生产领域中产生。所以重商主义的市场经济理论具有明显的历史局限性和时代局限性特征。

第二节　根植于生产领域的市场经济理论

从 17 世纪资本主义制度建立以来，市场经济理论发展过程中先后出现了古典经济学、新古典经济学和现代宏观经济学等市场经济理论。

一、以亚当·斯密为代表的古典经济学

亚当·斯密是古典经济学派最主要的代表人物，是古典经济学派的鼻祖。他所著的《国民财富的性质和原因的研究》（简称《国富论》）把资本主义经济学发展成一个完整的理论体系，古典经济学是资本主义制度由产生到成长时期的市场经济理论。它打破了重商主义只重视通过贸易和国际贸易获取财富的观点，将市场经济理论研究从流通领域转入生产领域。古典经济学对资本主义制度下的商品生产进行了深入分析，探索并提出了在没有政府干预的情况下，市场经济自身运行的机制和基本规律，包括社会分工、资本积累、扩大生产、经济增长和收入分配理论等，清晰地阐述了自由竞争的市场经济运行体系和市场经济理论。在此之前，没有一位经济学家对市场经济的运行，包括价格的形成、资源的配置方式和分配制度提出完整的观点，并进行系统的论述。

（一）亚当·斯密市场经济理论的主要内容

1. 自由放任原则。亚当·斯密通过对自由竞争的市场运作机制的研究，提出"看不见的手"即自由市场竞争支配社会经济活动。他提倡自由放任原则，反对政府干预经济活动。他认为，在严格的市场完全竞争假设条件下，市场这只"看不见的手"能够使资源配置效率最大化，同时又使社会福利达到最大化，即达到所谓的"帕累托最优状态"。

与早期重商主义不同，亚当·斯密认为，竞争性市场的力量如此之强大，就像一只"看不见的手"引导着私人利益为公共利益服务，政府只有遵循自由放任的政策，经济体才能实现自身顺利发展。政府的运

作方式，将不可避免地有害于而不是有益于社会利益。通过自由放任的政府政策，才能促进经济发展，增加国家财富。在自由竞争市场体制中，既定的投资支出水平，在没有政府指导的运转中，进行分配可以确保最高的经济增长率。

2. 劳动分工论。全面系统地阐述了劳动分工对提高劳动生产率和增进国民财富的巨大作用。斯密认为，国民财富一个主要决定因素是劳动生产力，而劳动生产力主要取决于劳动分工。随着劳动变得更加细分和专业化，其生产力将急剧提高。任何国家都能够通过专业化与劳动分工自动获得生产某些产品的绝对成本优势，一方面，在国际贸易中使所有国家都能够从中获益，同时另一方面，也会导致所有国家更高的财富积累和福利水平。

3. 劳动价值论。亚当·斯密坚持劳动时间决定价值，通过深入的论证和概括后，提出了价值的含义、价值尺度和价值构成等。斯密认为，"劳动是衡量一切商品交换价值的真实尺度"。他指出生产商品耗费的劳动决定商品价值，商品价值同生产中耗费的劳动成正比，商品价值量取决于商品内部凝结的劳动时间。斯密的价值论为后人在经济学方面的研究奠定了坚实的基础，而马克思正是借鉴斯密的理论成果，进一步研究并创立了新的劳动价值理论，系统阐述了价值规律、剩余价值规律。

4. 分配理论。亚当·斯密第一次将资本主义社会的阶级结构划分为：资本家阶级、工人阶级和土地所有者阶级。工人阶级通过劳动获得工资报酬；资本家阶级通过组织生产和雇佣劳动获得利润；土地所有者阶级获得地租。

5. 资本积累理论。斯密从市场经济发展、分工和交换的角度，分析了资本积累的重要性。他认为资本积累是扩大社会生产和增加社会财富的重要条件。国家财富取决于资本积累，资本是国家财富的主要决定因素，经济增长率在很大程度上取决于经济体的总产量在消费和资本积累之间进行分配。资本积累占总产量比例越大，经济增长率越大。

6. 税赋理论。亚当·斯密提出四大税赋原则，即公平、确定、便利和经济。

亚当·斯密的市场经济理论在英国的推行，对英国经济产生了极大的影响。亚当·斯密提倡的"自由放任"和排除政府干预经济事务的主张，促进了英国自由贸易政策的实施，"谷物条例"和"保护关税"的政策被相继废除。斯密提出的收入分配理论，建议降低工人工资，使企业利润在资本家手中进行积累，从而实现推动社会财富的增长。亚当·斯密的市场经济理论，极大地调动了企业家发展经济的积极性，促进了英国经济的繁荣发展。英国是亚当·斯密市场经济理论的最大受益者，使英国一跃发展为当时世界第一强国。

(二) 亚当·斯密理论的缺陷

亚当·斯密的理论是植根于生产领域提出的市场经济理论，是在单一生产领域提出的，因此存在着明显的不充分性和局部性特征。此外，亚当·斯密自由竞争的市场经济理论在实践过程中，还面临着难以克服的顽症。由于大企业的垄断和过度的市场竞争同时并存，使社会资源的配置失去了效率，社会消费的公正原则也遭到了破坏，即通常所说的"市场失灵"。

市场失灵的主要原因，是市场经济运行过程中，存在着不对称信息与不存在的信息的实际情况。

市场的信息不对称问题非常严重，既包括隐藏信息问题（Hidden information problem），也包括隐藏行为问题（Hidden action problem）。因为信息的不对称，市场失灵不可避免。

主要表现在现实的市场上形成所谓"牛尾效应"的负面影响。"牛尾效应"是市场营销活动中普遍存在的现象。即供应链上的各级供应商根据来自其相邻的下级销售商的需求信息进行供应决策时，需求信息的不真实性会沿着供应链逆流而上，产生逐级放大的现象。当到达源头的供应商（如总销售商，或者该商品的生产商）时，其获得的需求信息和实际消费市场中的顾客需求信息发生了很大的偏差。需求变异系数比分销商和零售商的需求变异系数大得多。由于这种需求放大变异效应的影响，上游供应商往往维持比其下游需求更高的库存水平，以应付销售商订货的不确定性,造成需求和生产信息的严重错配,从而人为地增大了供应链中的上游供应商的生产、供应、营销的混乱和产品、产能过剩的情况。

"市场失灵"依然是直至目前都未能克服的市场经济的顽症。

二、凯恩斯主义宏观经济学

凯恩斯主义宏观经济学是 20 世纪最重要的经济学理论创新。他同亚当·斯密的自由放任市场经济理论不同,他认为政府必须对市场经济进行干预。凯恩斯认为对商品总需求的减少是经济衰退的主要原因,生产和就业的水平决定于总需求的水平,虽然古典经济学家认为供给和需求在市场竞争的调解下会自动达到平衡,实现充分就业,但经济发展的事实证明并非如此。在市场经济中不存在生产和就业向完全就业方向发展的自动机制,因此,他认为应该加入政府宏观调控的因素来平衡供给和需求,以维持整体经济活动数据平衡。宏观经济学强调了自由竞争状态下的市场失灵,需要政府从宏观政策上加强管制和协调,即发挥"看得见的手"的作用。如果政府不干预就是听任需求不足继续存在,听任就业不足继续存在,政府必须采取财政政策,而且必须采用扩张性的经济政策,通过增加总需求促进经济增长,即扩大政府开支、实行财政赤字、刺激经济、维持繁荣。

凯恩斯之所以主张国家采取扩张性的经济政策,通过增加总需求促进经济增长,是因为他认为宏观的经济趋势会制约个人的特定行为,维持整体经济活动的数据平衡的措施可以在宏观上平衡供给与需求。所以,凯恩斯的经济理论被认为是同研究个人行为的微观经济学有明显的区别,属于宏观经济学。

凯恩斯关于国家干预的政策有两个特点:一是以稳定经济发展为目标,二是强调财政政策在稳定经济中的重要作用。

凯恩斯在稳定经济政策方面,依据不同时期的经济背景,提出不同的政策干预措施。他强调在经济萧条时,采用扩张性宏观政策。而在经济过度膨胀时期,采用紧缩的宏观政策。凯恩斯这种主张被人们称为

"逆经济风向的"和"随机使用的"灵活的宏观经济政策。他在强调财政政策在稳定经济的重要作用时，他认为必须打破财政预算年度平衡的原则。政府应实行赤字预算，来维持经济发展。凯恩斯的理论，实际上是使国家财政赤字合法化，允许政府未征税之前就开始支出。

凯恩斯理论主要受益国是美国，在第二次世界大战之后，为了恢复战后欧洲各国的经济秩序，凯恩斯提出的政府对经济的宏观调控政策，受到当时美国总统罗斯福的认可，并加以推广和实施，从而形成了罗斯福新政。罗斯福新政推出后，得到了很好的市场效果，使美国经济进入高速发展阶段，一跃超过英国成为世界第一经济强国，一直保持至今。

然而，凯恩斯的政府干预理论也存在严重缺陷。一方面，凯恩斯讲扩大需求，不是从消费者本身来讲的，而是以减少税收、增加贷款等手段来刺激需求，是外界对消费者的刺激，而不是消费者本身的动力。在这种措施之下，消费者是被动的，而不是主动的。因此这种刺激的作用是有限的；另一方面，政府干预政策也存在与"市场失灵"相对应的所谓"政府监管失灵"的顽症。因为一些企业可以通过"俘获"管制者而使其按照自己的利益行事。这就是所谓的"俘获理论"。这种理论认为，所有的管制者最终都被一些被管制者以各种方式俘获了。管制的结果，实际上是管制者利用管制机制在为某些特别的利益集团提供服务。

政府监管失灵的主要原因，一是外部性问题。所谓"外部性"是指当个人和厂商对一种行为直接影响到他人，却没有给予支付或得到补偿。其中支付实质上就是指外部成本内部化，得到补偿实质上就是指外部收益内部化。外部性有正的外部性和负的外部性之分。但支付和补偿一般需要有权力集中的一个部门来主导完成。二是市场势力问题。垄断行为会对消费者利益造成损害，因此需要政府的市场监管来减少垄断行为的出现。

政府监管可以矫正市场失灵，但现实中，并不是这样。因为政府监管本身就存在着诸多问题。

首先政府监管需要承担监管成本，并有一定的局限性，而成本最终还是会转嫁到消费者身上，造成一定的福利损失。此外，政府监管过严会影响企业的创新活力，最终不利于市场机制的运作。

监管的成本包括：人力资本的投入，国家税收的支出，管理机构的投入，管制规则制定与实施，监管中的设租与寻租①，监管制度的路径依赖。

除了要支付市场监管的成本，政府还应意识到监管的失灵，即与"市场失灵"相对应的所谓"政府失灵"。分析监管失败原因的理论主要有俘获理论和新经济自由主义理论。

"俘获理论"的基本思想是：某产业中的企业希望政府对该行业实施管制，原因在于它们可以通过俘获管制者而使其按照自己的利益行事②。该理论认为所有的管制者最终都被一些被管制者以各种方式俘获。管制的结果实际上是管制者利用管制机制在为某些特别的利益集团提供服务。

俘获理论认为，进入管制要求越严，国家收入和产业竞争性越低，腐败也越严重；管制越多的国家，其产品质量越低，环境越差。监管部门官员出于对自身利益的考虑，利用监管部门与公众之间的信息不对称，与被监管者利益团体形成利益共同体，对消费者利益的保护和维护市场的公平竞争成为空洞的口号。

新经济自由主义理论从另一个侧面对政府监管的效率提出了质疑，认为支持政府监管的三个基础假设③都不存在，因此，政府监管是没有必要的。

---

① 寻租理论最早由塔洛克（Tullock）和安妮·克鲁格（Anne. O. Kruger）提出。早期的寻租理论的基本结论是当利用贿金购买权力时，管制更有可能使生产者受益而非消费者得益。理论的随后发展则更多地考虑了消费者群体在寻租活动中的力量。但无论如何，寻租行为本身不会创造任何社会财富，只会消耗社会资源，造成社会福利的损失。

② 斯蒂格勒在其《经济管制理论》一文（Stigler, G. J.. The Theory of Economic Regulation, Bell Journal of Economics 1971. 2）中指出：管制或许正是一个产业所积极寻求的东西，它通常是该产业自己争取来的，它的设计和实施主要是为受管制产业利益服务的，管制只不过是财富在不同利益集团之间的转移而已。但他也指出管制也可能是强加于一个产业的，并且会给受管制的产业带来很多麻烦。

③ 三个基本假设是：管制者追求社会福利最大化、管制者拥有完全信息、管制者具有公信力。

第一,关于管制者会追求社会福利最大化的假设。新经济自由主义理论认为,首先在政治制度不完善的情况下,人们无法确定什么是社会利益,因为社会群体的利益往往是相互冲突的,对一个群体有利的事,可能恰恰是对另一个群体利益的损害。其次,政府和政治家并非像人们所想象的那样是社会利益的代表,他们有自己的利益和自己的效用函数,并且与社会利益有着很大的差异。监管者对保险业进行管制,其直接的目标不是要控制各种市场失灵、保护被保险人的利益、保证保险体系的健康和资源配置效率的最优;而首先是保证自身收益,包括政治收益和经济收益的最大化。

第二,关于管制者拥有完全信息的假设。新经济自由主义理论认为,实践证明,监管者所拥有的信息远远少于市场看不见的手所掌握的信息,否则中央计划经济就不用改革了。特别是在一个官僚体制下,整日坐在办公室里自以为是地发号施令的监管人员可能是最无知、对市场最具破坏力的。

第三,关于管制者具有公信力的假设。新经济自由主义理论者列举了世界各国管制者缺乏公信力的大量例证,这些例证不论是在发达国家还是在发展中国家,也不论是在市场经济国家,还是在计划经济国家都是存在的。

既然支持政府监管的三个假设条件都被新经济自由主义理论所否定,那么在新经济自由主义理论者看来,政府监管也就失去了意义。

市场失灵和政府失灵的双重矛盾是目前的市场经济模式难以解决的根本矛盾,而消费资本论则可以对这种矛盾进行有效化解。按照消费资本论的经济运行模式,消费成为资本以后,消费者既作为消费者也作为投资者,可以大大降低市场上信息不对称的问题,正外部性的收益和负的外部性成本已经在消费转化为资本的过程中内部化了。同时企业的市场势力转化为广大消费者的利益,"市场失灵"将得到极大缓解。政府将从繁重的市场经济监管中解脱出来,从监管过渡到为社会服务,腐败和官僚资本将失去最深厚的土壤。

第三节　根植于市场经济全过程的市场经济理论

　　通过对以往传统经济理论的考察可以看出，以往的经济学家在市场经济理论上存在的共同缺陷：一是同当代的研究相比，带有不可避免的历史局限性和时代局限性；二是他们研究市场经济理论的前提失衡，即他们所关注和深入研究的是市场经济的局部、或一个专属领域，而不是市场经济的全过程。因此，在此之前，所有的市场经济理论都带有与生俱来的历史和时代局限性，以及单一和局部的特征，未能反映市场经济的全部内容，都属于不完全的市场经济理论。

　　无论是早期的重商主义理论——根植于流通领域的市场经济理论，还是古典经济学理论和新古典经济学理论——根植于生产领域的市场经济理论，都是如此。古典经济学理论将市场经济理论研究领域由流通领域转入生产领域。但只重视生产的作用，而忽视消费的重大作用。市场经济有两大主题即生产和消费，生产的目的是为了消费，只有源源不断地持续消费，才能使生产活动持续下去。如果消费停止了，生产就变得毫无意义。如果消费减少了，生产就会出现过剩，影响商品的出售和再生产。因此，作为市场经济理论，仅仅考虑生产和流通环节，忽视消费环节，就必定是不全面、不完整的市场经济理论。

　　而建立在消费资本论基础上的新的市场经济理论，是根植于市场经济全过程的市场经济理论。它不仅考察生产和流通领域的经济活动，还考察消费领域的经济活动，以及消费领域的经济活动对生产和流通领域经济活动的重大影响，从而构建一个以商品经济全过程为研究对象的新的市场经济理论。新的市场经济理论不只是"商品的生产过程"，还有"商品的消费过程"，以及商品的消费如何影响商品的生产，从而使生产变得更加有序、高效和科学。

　　根植于商品经济全过程的市场经济理论的基本特征是，认为市场经济是由货币资本、知识资本和消费资本三种资本推动，三种资本所代表的市场经济主体之间能够实现利润共享，有助于调动各市场主体参与经济活动的积极性和互助性，建立起生产供给和消费需求之间信息对称的运行机制，有利于从根本上消除市场调节失灵的顽症。这种新的市场经济发展模式，是以三种资本为发展动力，以发展速度适宜、经济效益显著、可持续发展为特征，以实现全体成员共同富裕、构建和谐社会为目标的经济运行体系。

新世纪，经济学家关于市场经济理论研究的前提应当是"商品经济全过程"，而不只是"商品的生产过程"。商品经济全过程包括如下三个环节，或者说三个阶段：

（1）生产资本由于购买了生产场地、原材料和零部件，而完成了自己的责任和义务——这是商品生产的准备过程。

（2）工程师、科技人员和能工巧匠（工人们）通过设计和劳动，利用已有的生产场地，把原材料和零部件转化为人们需要的产品——这是知识资本发挥作用的过程，即商品的生产过程。

（3）产品只有在进入市场并由消费者购买之后，才能实现其价值和利润——这是商品的消费过程，这一过程是消费资本的载体——消费者完成的。

由此可以直接引申出如下几个结论：

（1）市场经济的资本构成应包括生产资本、知识资本和消费资本三个部分，而不是唯一的生产资本；

（2）企业利润，当然也包括社会财富，是由生产资本、知识资本和消费资本共同创造的；

（3）三种资本的载体即三种资本所有者，应当共同参与社会财富和企业利润的分配。

根据对这三个环节的考察，我们发现消费者也是市场经济的主体，消费者的消费行为也是市场经济活动中关键的一环。如果商品停留在生产环节或者流通环节，而没有被消费者购买和消费，商品的价值和使用价值都无法实现，企业的利润也无法实现。因此，消费环节是市场经济的重要内容。

通过对商品经济全过程的考察，充分揭示了商品经济的全部真实过程和市场经济的运行规律。消费是生产的目的，但消费也是生产的动力。商品经济的全过程，就是生产和消费良性循环的过程。而以往的经济学家在研究市场经济时，往往单向思维，只从生产端来考虑如何实现资源的优化配置和经济增长，而没有从消费端来研究消费对生产的积极作用和在整个商品循环过程中的重大作用，其结果就是整个商品经济循环链条出现问题。我们必须清晰地认识到，人类社会经济发展的最终目的是为了消费。消费是生产的动力，消费是生产的市场，消费是生产的目的。生产和消费是一个问题的两个方面。只从生产的角度分析社会经济的发展，是单方面的、局部的分析。只有从资本的高度并同时从生产和消费两个方面分析社会经济发展，才是全面的、科学的分析。

从消费和消费者的角度来看市场经济，我们会发现消费者通过消费行为购买商品，实现了商品的价值和使用价值。同时，消费者的货款到了企业家的手中，在扣除商品的成本和利润之后，其货款余额进入到下一轮商品生产过程中，转化为资本，这同样是传统市场经济理论中所说的资本积累过程。资本积累过程中也包含了消费资本，同企业的货币资本一起创造了利润。消费者作为消费资本所有者，应该同货币资本所有者一样，共同参与企业利润的分配。

消费资本的提出更新了人们的资本观念，引起了人们对消费行为和消费资本的重视。消费资本论通过对商品经济过程的分解，充分揭示了商品经济的全部真实过程，进一步深刻地、具体地揭示并科学地论证了以往经济学家予以回避的、没有揭示出来的社会财富和企业利润形成的秘密，指出企业利润是由三种资本——货币资本、知识资本和消费资本共同创造的，而不是单一的货币资本创造的。

基于新的资本理论体系，在新的市场经济理论框架下，是三种资本在推动市场经济的发展，而不是单一的资本推动经济发展。从而使市场经济的发展方式由单一的形式转化为多种发展方式，即：货币资本和知识资本相结合的发展方式，以及"消费资本导向、知识资本创新、货币资本推动"的三种资本融合、三种资本联动的经济发展方式。由单一的货币资本发展经济的传统发展方式，转化为货币资本和知识资本相结合的发展方式，再转化为三种资本联动的新型发展方式，是全世界各个市场经济国家经济发展必然遵循的总趋势，也是市场经济发展一条非常重要的经济规律。

几个世纪以来，在传统的市场经济理论影响下，我们的市场经济一直是货币资本一枝独秀。它的作用一直受到高度重视，货币资本所有者的权益也得到最充分的保证。而知识资本的作用和知识资本所有者的权益，尤其是消费资本的作用和消费资本所有者的权益，却长期处于被淡化甚至缺位的状态。传统的市场经济资本理论这种失衡，是形成不公平分配制度的深刻的理论根源。它对不公平分配制度的形成和流行起着最主要的作用。甚至在这种资本理论影响下，形成了一个支持这一不公平分配制度的企业制度，这就是1602年在荷兰成立的第一个单一货币资本的股份有限责任公司所代表的企业制度。这种企业制度只维护货币资本所有者的利益。

消费资本论建立并完善了货币资本、知识资本和消费资本三种资本共同创造企业利润和社会财富，并且应该共同参与企业利润和社会财富的分配。这一创新的理论成果，是人类社会的一次伟大发现。这一发现，从根本上动摇了流行几个世纪之久的货币资本所有者独享企业利润的不公平的分配制度，为亿万消费者和知识资本所有者共同参与企业利润分配，提供了极为重要的科学理论依据。为彻底打破社会分配不公的格局奠定了坚实的理论基础，由此将揭开人类社会生活和经济发展的新的一页。

第四节 三种市场经济理论的比较分析

通过对市场经济理论演进过程的分析，可以将其区分为三种市场经济理论，即根植于流通领域的市场经济理论、根植于生产领域的市场经济理论和根植于市场经济全过程的市场经济理论。下面我们就对三种市场经济理论在资本构成、经济发展方式、分配方式方面的不同,进行比较分析。

1. 资本构成不同。根植于流通领域的市场经济理论,研究的是在流通领域发挥作用的资本,即黄金白银等贵金属货币。他们认为通过国际贸易活动使大量的黄金等贵金属货币流入国内,实现货币资本的积累和国家财富的增加。他们所谓的资本构成非常单一,即贵金属等货币资本。

根植于生产领域的市场经济理论,注重对生产过程的研究,认为资本的积累和财富的增加是在生产过程中产生的,他们将占有的生产资料视做资本。在早期的市场经济理论中,资本的构成主要是生产性资本,资本家用手中的货币购买生产资料和劳动力,从而拥有了占有雇佣劳动剩余价值的资本。在后来的市场经济理论中,随着科学技术创新在生产活动中发挥越来越大的作用,人们将各种知识性和技术性的投入视做知识资本。从而使资本的范畴从生产性资本延伸到知识性资本。但其主导作用的还是单一货币资本。

根植于市场经济全过程的市场经济理论,真正意义上实现了对资本概念的突破和发展,将其扩大到知识资本和消费资本。新市场经济理论提出,市场经济的资本构成包括货币资本、知识资本和消费资本等三种资本。

2. 经济发展方式不同。由于根植于流通领域的市场经济理论的资本构成是单一的货币资本,因此,其经济发展方式主要是依靠单一货币资本支撑经济发展的传统方式。

根植于生产领域的市场经济理论,主要研究如何发展生产和进行社会化的大生产,来增加社会财富。无论是自由市场机制,还是国家的宏观调控,主要依靠生产性资本的投入来推动社会经济的发展。知识和技术性投入虽然也得到一定程度的重视,但并未以资本的形态被独立出来,依然是属于单一货币资本支持经济发展的方式。

根植于市场经济全过程的市场经济理论,根据新资本理论的内容,将建立起崭新的经济发展方式,即"消费资本导向、知识资本创新和货币资本推动"的三种资本融合联动的经济发展方式,来取代以往传统市场经济理论提出的依靠单一货币资本支持经济发展的传统发展方式。

3. 分配方式不同。根植于流通领域的市场经济理论主张个人的贫困将使国家受益的思想,他们主张抑制国内消费,大力推动出口贸易,从而是财富相对集中于国家,而个人的消费能力和生活水平普遍较低。

根植于生产领域的市场经济理论高度重视生产的作用,他们鼓励资本在资本家手中的集聚,不断地进行再生产和扩大再生产,而失去生产资料、依靠出卖劳动力的工人只能获得廉价的工资,生活处于贫困状态。而掌握了生产资料的货币资本所有者独享企业利润,从而导致社会分配不公、贫富悬殊、两极分化。这种不公平的分配制度流行了几个世纪之久,成为世界各国难以治愈的顽疾。

根植于市场经济全过程的市场经济理论认为,企业利润和社会财富是由三种资本共同创造的,因此三种资本所有者应共同参与分配。从而为确立新的公平分配制度奠定了坚实的理论基础。新的公平分配制度,将从根本上打破流行了几个世纪之久的不公平的分配格局,而从源头上解决了分配不公问题。

根植于市场经济全过程的市场经济理论在市场资本构成、经济发展方式、分配制度,同传统的市场经济理论相比,是非常先进的、科学的,更加符合新时期经济发展的要求。

第七章　新经济运行体系

如前所述，新经济运行体系可表述为：以三种资本为动力，以发展速度适宜、经济效益显著、可持续发展为特征，以实现社会全体成员共同富裕、建设和谐社会为目的的经济运行体系。它包括新的经济发展方式、新的商业模式、新的企业制度和新的分配制度。

新经济运行体系，不仅对当前我国经济发展进一步升级具有重大现实意义，而且为世界各国市场经济的发展提供了科学的理论导向。

第一节　两种传统经济运行体系

从市场经济发展史来看，到目前为止依次出现过两种经济运行体系，一是以亚当·斯密经济学为理论基础的"自由放任"的经济运行体系；一是以凯恩斯经济学为理论基础的经济运行体系，强调政府在经济运行中的作用。

但从本质上看，这两种经济运行体系都是建立在生产本位理论基础上的经济运行体系，前者强调自由放任发展；后者则强调政府调控，以使生产处于有序的发展状态。二者在经济发展方式、商业模式、企业制度以及分配制度上并没有本质区别。

自由放任经济运行体系的理论基础是亚当·斯密的自由竞争理论。它的主要特征：（1）强调市场"无形之手"的支配调节作用。通过这只"看不见的手"实现市场自由竞争，市场会以其内在机制维持其健康运行，逐步形成市场经济中的价格机制、供求机制和竞争机制，达到市场运行的最优化，达到国家富裕的目的。（2）减少政府对经济活动的干预。亚当·斯密的自由经济基于假设的理想状态分析，认为市场本身调节可以达到资源配置最优化。因此，应建议政府不干预社会经济活动，应赋予市场自由发展的权利。而政府的职能主要是对自由市场的监管和保护，以及在公共事务和公共设施上的管理。

从经济发展史来看，自由放任经济运行体系促进了当时经济的迅速发展和繁荣，对世界经济发展作出了巨大贡献。尤其是英国，它是最大的受惠国，自由放任经济运行体系把英国经济推向了当时世界经济发展的顶峰。

政府干预经济运行体系的理论基础是以凯恩斯著作《就业、利息和货币通论》（凯恩斯，1936）为代表阐述的经济理论，它主张国家采用干预和管控的经济政策，调节供给和需求，促进经济增长。政府需要对经济行为进行有效的干预，因为产生经济危机和"非自愿失业"的原因是有效需求不足，即消费和投资不足。解决有效需求不足，不能靠市场经济的自发调节，而必须靠国家的干预，特别是财政税收的干预。政府不加干预就等于听任有效需求不足继续存在，听任失业与危机继续存在；政府须采取财政政策刺激经济而非货币政策，增加投资，弥补私人市场之有效需求不足。政府采取相机抉择的方法，利用中央银行对经济进行调节，当经济繁荣时，收缩银根；当经济萧条时，放松银根，以达到货币供需平衡。

凯恩斯经济运行体系无疑对当时的经济具有重要的影响，成为美国"罗斯福新政"的理论依据，罗斯福新政使美国度过了经济危机。凯恩斯经济运行体系有力地推动了美国经济发展，使美国经济一跃超过英国,成为世界上最强大的国家,居世界第一位,一直保持至今。

然而,无论是亚当·斯密提出的自由放任经济运行体系,还是凯恩斯提出的政府干预的经济运行体系,在实施过程中都遇到了难以克服的市场经济顽症。

自由放任经济运行体系遇到的难以克服的顽症是"市场调节失灵"。自由放任经济运行体系是建立在严格的市场完全竞争假设条件下,其前提条件是市场信息是透明的,市场能够及时对消费者的情况作出反应。在这种情况下,市场这只"看不见的手"能够使资源配置效率最大化,同时社会福利达到最大化,即达到所谓的"帕累托最优状态"。但是,市场的信息往往是不对称的,市场的反应也是迟延的,从而造成了大量生产过剩、低效的社会资源配置,以及社会消费的公正原则也遭到破坏,即经济学中通常所说的"市场失灵"。

凯恩斯提出的政府干预的经济运行体系遇到的市场经济顽症是"政府监管失灵"。"政府监管失灵"表现在:一方面,政府相关部门在监管过程中普遍存在"寻租"的需求,造成经济的低效率运行,经济资源的浪费;另一方面,在产业经济发展过程中,产业集团为了使主管部门实行有利于它发展的管理政策,会进行商务贿赂,来俘获政府主管部门,使政策有利于大的生产集团,而不利于其他没有行贿的小产业集团,即所谓的"俘获理论",造成了政府的腐败和监管失灵。

新经济自由主义理论从另一个侧面对政府监管的效率提出了质疑,认为支持政府监管的三个基础假设都不存在,因此,政府监管是没有必要的。对管制者会追求社会福利最大化,管制者具有公信力,管制者拥有完全信息三个假设进行评判。既然支持政府监管的三个假设条件都被新经济论所否定,那么在新经济自由主义理论者看来,政府监管也就失去了意义。

市场失灵和政府失灵的双重矛盾是两种传统的市场经济运行体系难以治愈的"痼疾",也是当前市场经济尚未解决的难题。当前,中国的市场经济还没有完全摆脱自由竞争经济运行体系和政府干预经济运行体系的影响,还有着很深的痕迹和烙印,也在一定程度上存在着"双失灵"现象。因此，摆脱传统市场经济理论的束缚，探索建立新的经济学理论和新的经济运行体系，对我国经济发展具有重大的现实意义。

传统经济运行体系主要有两个特征：一是其资本构成是由单一货币资本构成；二是单一依靠货币资本支持经济发展的经济增长方式。在这种传统的经济增长方式下，国家、地方和企业主要是依靠自身的原始资本积累和银行贷款来支持经济发展。这种增长方式虽然可使经济有一定程度的发展，但是随着社会经济和科学技术的进一步发展，已经显示出它的局限性和不充分性。这种局限性和不充分性主要表现为，依靠货币资本单一要素发展经济，会经常出现资本短缺、创新乏力和消费萎缩等问题，形成经济发展的瓶颈。

两种传统经济运行体系下的经济发展模式和收入分配模式，隐藏了两种剥夺：一是人对自然的剥夺，一是人对人的剥夺。人对自然的剥夺体现在社会经济发展主要依靠自然资源的大量投入和高消耗来推动发展，以致于造成自然资源濒于枯竭。人对人的剥夺，则是知识资本所有者和消费资本所有者应分享的利润，被货币资本所有者侵吞，从而大大降低了劳动者的自我发展能力和生活水平。这就造成：一方面，人数众多的劳动者收入低下、生活贫困、购买力不足，造成大量消费品滞销；另一方面，货币资本所有者拥有巨额财富、不断进行资本积累，造成生产过剩危机。

在这两种经济运行体系下，广大的消费者不能成为生产和分配的真正主人，是因为他们作为消费资本所有者的地位得不到社会制度的承认。消费者无权索取消费资本创造的利润，这是贫富悬殊以致两极分化的根本原因。消费者不能成为消费资本的产权主体，导致社会资本积累机制难以适应社会生产力进一步发展的需要。

新经济运行体系，将确立三种资本对社会经济发展的作用，从而可以消除人对自然的剥夺以及人对人的剥夺，让人与人的关系、人与自然的关系达到真正的和谐，从而确立以人为本、协调发展，实现共同富裕为目标的先进的经济运行体系。

第二节　建立在消费资本论基础上的新经济运行体系

同两种传统的经济运行体系不同，以消费资本论为基础建立的新经济运行体系，它的各个组成部分都是以消费资本论为基础构建起来的，无论是经济发展方式、商业模式、企业制度，还是分配制度都同旧的经济运行体系有着本质的区别。因此，它是一种充满内生活力的、全新的经济运行体系。它是继自由市场经济运行体系、政府干预经济运行体系之后，出现的最科学、最先进的市场经济运行体系。

消费资本论是新市场经济理论完成的标志。我国的市场经济已经进入到新的发展阶段。我们应当用新的市场经济理论，作为规划今后市场经济运行的理论基础。

在世纪之交，在新旧历史交替时期，提出新的市场经济理论，来代替旧的传统的市场经济理论，用新的经济发展方式和新的商业模式，代替旧的经济发展方式和旧的商业模式，以新的市场经济理论作为国家、地区和企业经济发展的理论导向，这是历史的必然。

一、新的经济发展方式

什么是经济发展方式？我们现在采用的是什么经济发展方式？为什么需要转型？转型后的经济发展方式是什么？市场经济究竟有几种可供我们选择的经济发展方式？这些问题，都是大家十分关心的，但还不是很清楚，还存在着某种困惑。

存在这样一些问题或者说困惑，并不奇怪。其根本原因是旧的传统的市场经济理论已经影响了我们三个世纪之久。而至今还在继续影响着我们的思想、我们的观念，影响着我们的经济发展。我们必须突破旧的传统的市场经济理论的束缚，在总结我国市场经济发展经验的基础上，勇于探索，进行理论创新，才能找到在新的经济条件下，经济发展的正确思路和途径。

在旧的传统的市场经济理论影响下，对于经济的发展，主要是从投入产出比、粗放到集约、产业结构调整的角度来思考。其实，仅仅做到这一步是不够的。这些，只是对产业的调整和优化，是在同一发展方式下的演进，是在同一发展方式下比例和数量的增减，而不是质的变化，还不是人们所期望的经济发展方式的转型。

"经济发展方式"，是指国家、地区和企业经济发展的资本动力构成及其发挥作用的形式。经济发展方式的转型，是指经济发展的动力构成的改变及其发挥作用的形式的变化。只有转变经济发展方式，才能使国家和地区（包括企业）的经济有突破性的发展和质的飞跃，进入一个崭新的发展阶段。

由于市场经济资本构成包括三种资本，因此经济发展方式也是多元的。由单一的货币资本发展经济的传统发展方式，转化为货币资本和知识资本相结合的发展方式，再转化为"消费资本导向，知识资本创新，货币资本推动"的三种资本融合、联动的新型发展方式，是全世界各个市场经济国家经济发展所必然遵循的总的趋势，也是国家、地区和企业经济发展方式的选择方向。

二、新的商业模式

进入21世纪，世界经济形势发生了深刻的变化。国家、地区和企业发展的经济背景较之20世纪有了本质的不同。最重要的不同是，市场经济已经完成由卖方市场向买方市场的过渡。市场经济已经进入以买方为主的经济发展阶段，这标志着卖方占主导地位的时代已经结束，买方占主导地位的时代已经到来。在这一发展阶段里，作为买方的消费者，成为市场竞争的最终决定性力量。因为消费者既是市场经济的主人，又是给经济发展注入新的资本动力的源泉。谁能够赢得最多的消费者，谁就拥有最大的市场和巨额资金的注入。在以买方为主的发展阶段，消费对生产和经济发展的制约作用日益凸显。换言之，消费和消费资本成为21世纪经济发展的关键性资源和主导力量。

而中国和北美、西欧、日本各国的企业现在采用的商业模式，还是20世纪延续下来的、适合卖方为主的传统的商业模式。因此，采用传统商业模式的企业，一进入新时期就感到非常不适应，主要表现在：(1) 卖货难；(2) 资本周转不畅；(3) 企业运转不灵。而新的适合买方为主的新商业模式还没有提出来。这是中国的企业家和外国企业家对企业当前和今后究竟如何发展感到困惑和迷茫的最深刻的经济背景原因。不仅如此，传统的商业模式不仅是商业企业发展的瓶颈，也是其他经济领域发展的瓶颈。我们必须探索并提出创新商业模式，以利于我国今后的经济发展。

(一) 消费者参与企业利润分配是创新商业模式的基本特征

人们认识到，传统的商业模式已经不能够拉动企业的经济发展。因为，传统商业模式的基本特征是买卖双方货款两清，这一经济过程就已结束。而消费资本论认为这一过程虽已结束，但是一个新的经济过程又开始了。即：消费者购买了厂家、商家的产品和服务后，货款到了厂家、商家手中，进入了企业下一个生产过程和经营过程，货款即转化为资本。由消费者货款转化的资本也产生利润。在这种条件下，消费者也是企业的投资者，并成为企业的临时协议股东，参与企业的利润分配，得到企业返还一定比例的利润即消费资本利润作为收益。这就实现了消费者和企业的利益共享。这对于企业迅速扩大市场份额和解决企业自身扩大再生产所需要的资金补充，都具有十分重要的意义，这是创新商业模式的一个基本特征。

(二) 创新商业模式的组织形式特征

创新商业模式具有崭新的组织形式特征。它吸收并发挥了电子商务、物流和订单经济的重大作用，并同银行和保险业密切合作。因此，创新的商业模式实际上是有形市场（地网）、无形市场（天网）、虚拟经济（订单经济）、物流业、金融业、保险业诸多市场经济要素组合的有机综合体。是一个以生产企业、供应商、物流企业、商业企业、消费者、银行及保险公司等相互合作为基础，以消费资本论为核心，以产品和服务为纽带，以利润共享为特征，以合作共赢为目标的行业产业链的有机综合体。

（三）创新商业模式是一个崭新的合作平台，是一个深层次的紧密的利益共同体

创新商业模式在其实际运作过程中，将形成一个长期的、深层次合作的，甚至是互为股东、利润共享的、紧密型的利益共同体。企业在这一利益共同体中发挥核心作用，为各合作单位提供卓有成效的服务，给合作者带来显著的经济效益，同时也给本企业带来巨大的利润。

综上所述，建立在消费资本论基础上的新商业模式，是在世纪之交提出的一个科学的、严谨的、具有更新换代和划时代意义的商业模式。它将在新形势下使中国企业实现经济发展方式转型和升级，形成企业新的核心竞争力，使企业在激烈的市场竞争中胜出。同时企业作为市场驱动内需的载体将为我国最终需求总量的提升，进而对我国宏观经济发展和稳步回升作出重大贡献。

三、新的企业制度

在新的市场经济环境中，推动企业发展的是三种资本——货币资本、知识资本和消费资本。因此需要建立"综合资本股份有限公司"，实现企业股份多元化的投资模式。这种"综合资本股份有限公司"作为全新的企业制度，综合考虑了货币资本、知识资本和消费资本三种资本力量，从根本上改变传统的单一货币资本股份制模式。在"综合资本股份有限公司"中，三种股东——原始股东、员工股东、消费者股东分别代表了货币资本、知识资本和消费资本，将同时发挥作用，真正实现三种资本结合和三种资本联动共同推动企业的发展。

（一）三种股东形式

1. 货币资本股东。货币资本股东即为企业投入货币资本的股东，为企业的创建、发展提供了必要的货币资金，使企业的生产有了最初的资本来源和扩大再生产的资金支持，其重要地位不容忽视。

2. 知识资本股东。知识资本股东即员工股东，代表知识资本的力量，包括公司不同岗位的员工，尤其是科技人员和管理人员。科技人员

通过技术革新或者开发新产品，成为企业新的竞争优势。而管理人员通过改善企业经营方式，优化资源配置，有效组织企业的资源（包括有形资产和无形资产），使企业能够在竞争中得以胜出。所以，科技人员和管理人员成为股东，是对他们拥有知识资本的肯定，也是对知识资本发挥作用的有效激励。

3. 消费资本股东。企业应该把大客户、大买家吸收进来，按消费额度给予一定的股份，使其成为消费股东。消费股东是"综合资本股份有限公司"的重大特色，它不同于以往任何的企业制度，将消费者视为股东。这是一种全新的视角，使生产和消费真正结合起来，巨额消费资本的注入使企业发展获得不竭的资本动力。

（二）建立综合资本股份有限公司的具体做法

新企业制度是由三种资本组成的，融合三种资本力量，并保护三种资本所有者权益的"综合资本股份有限公司"。

建立综合资本股份有限公司的具体做法是，根据我国当前市场经济的发育程度和企业发展的实际情况，实施知识资本股东价值测评制和消费资本股东预留制。当前还是以货币资本为主，知识资本（高级管理人员、工程技术人员和生产业务骨干）和消费资本各分占一部分股份。新公司注册时，就把知识资本和消费资本按一定比例预留出来，然后在实际运营过程中逐步到位。

公司为企业员工设立知识资本账户，将高级管理人员、科技人员和业务骨干在工作岗位上所释放出来的知识资本量计入个人的知识资本账户。根据知识资本账户的累计额度占总资本的比例参与利润分配。

消费资本股东采取预留股份的制度。消费资本股份的多少主要由作为消费资本载体的消费额及其对公司盈利的贡献、公司的盈利水平和经营状况决定。具体而言可以分为两个部分：对与公司联系紧密，并具有重大影响的客户，公司可以通过测算其消费资本的投资额，使其成为"综合资本股份有限公司"的正式股东，即消费资本股东，参与企业税后利润的分配。对于零星的、小额购买客户，公司可以使其成为协议股东，根据其消费资本额的多少，参与公司税前利润的分配；在其消费达到一定的额度之后，再使其成为消费资本股东并参与企业最终的利润分配。

综合资本股份有限公司，给企业高级管理人员、工程技术人员、业务骨干、熟练工人和广大消费者有一个宝贵的参与企业利润分配的机会，这种多样化的股权结构不仅能加强对管理层的监督和管理，更能提高员工的工作积极性，还能激励消费者持续购买企业的产品，真正地实现了投资主体的多元化，从纵向上实现股份制改造。

(三) 综合资本股份有限公司的部门设置

新企业制度的建立，需要对企业原有的组织结构进行调整，除了企业原有的董事会、总经理、市场部等职能部门外，特别要在企业中建立的消费资本管理部和知识资本管理部，有效地将企业知识资本和消费资本的积极性和能动性调动起来，共同为企业的发展服务。

引入三种资本共同组建的综合资本股份有限公司，使知识资本和消费资本的所有者同货币资本所有者一样能够成为企业的股东，占有一定的企业股份，并共同分享企业的利润。这将从根本上改变单一货币资本支持企业发展的局面，建立三种资本共同支撑企业发展的新的企业组织形式。综合资本股份有限公司的建立，能够使企业资本规模迅速增大，并能够充分保障货币资本、知识资本和消费资本三种资本所有者的权益，因此也有利于解决新时期企业面临的资本短缺、创新乏力和消费萎缩等难题。

"综合资本股份有限公司"作为全新的企业制度，从根本上改变了传统的从1602年由荷兰开始建立并流行至今的单一货币资本股份制模式。从而，开启了新企业制度创新发展的新时代。

四、新的分配制度

几个世纪以来，社会分配不公问题一直困扰着各国政府领导人和经济学家。这一问题，也是全世界人民共同关注的问题，因为它关系到他们的切身利益。分配不公并不只是在哪一个国家才存在的现象，而是全世界各市场经济国家普遍存在的现象，并且是各国政府和经济学家"久治不愈"的问题。

为了寻找分配不公的根本原因,必须对分配制度本身进行深入的分析,必须从源头上对不公平分配制度藉以形成的理论基础进行深层次的考察。我们只能从经济的角度而不是从行政的角度去思考。各国政府举措不当,只会加大收入差距,但并不是分配不公的根本原因。其根本原因是,目前在世界各国流行的、现行的分配制度本身就是不公平的。进一步说,现行分配制度藉以形成的理论依据是失衡的,从而导致了分配格局的不公。

在现行分配制度所形成的分配格局下,货币资本所有者几乎独享企业所有利润;知识资本所有者只享有少许利润;而消费资本所有者长期以来甚至处于缺位状态,完全不参与分配,无利可获。这是社会分配不公的源头和始发原因,是社会分配不公的根本原因。

我们必须突破旧的传统的市场经济理论的束缚,在总结市场经济发展经验的基础上,尤其应在总结我国市场经济发展经验的基础上,勇于探索,进行理论创新,才能找到新的公平的分配模式,建立起新的公平分配制度和分配格局。

新的资本理论体系的建立,特别是消费资本理论的提出,对商品经济过程的分解,充分揭示了商品经济的全部真实过程,也深刻地揭示了企业利润形成的秘密,即企业的利润和社会财富是由三种资本共同创造的,因而应由三种资本所有者共同参与分配。这一发现,从根本上动摇了流行几个世纪之久的货币资本所有者独享企业利润的不公平的分配制度。这是人类社会一次伟大的发现,由此将揭开人类社会生活和经济发展的新的一页。

由三种资本共同创造企业利润,因而应由三种资本所有者共同参与利润分配的理论,将是确立新的公平分配制度的理论基础。这种新的公平分配制度,能从源头上解决分配不公的问题,真正实现了马克思主义提出的"各尽所能、按劳分配"制度。

中国的经济高速增长,是迄今为止人类经济发展史上最成功的范例。它的经济成就是对世界经济发展作出的巨大贡献,而对它理论总结以及所形成的市场经济理论，尤其是确立新的公平分配制度的理论，也必将在世界范围内得到传播和流行，从而造福世界人民。

第三节　中国模式——社会主义市场经济运行体系

中国模式——社会主义市场经济运行体系，是中国践行新市场经济理论的经验总结，是建立在消费资本论基础上的新市场经济运行体系的成功范例。

中共十九大的胜利召开和作出的各项决议，开启了中国经济发展的新局面，也开启了理论创新和实践创新的新局面，为中国的经济发展，同时也为世界经济的发展指出了前进的方向。十九大进一步提出建设具有中国特色社会主义的历史任务。中国围绕这一重大时代课题，紧密结合新的时代条件和时代要求，对社会主义建设规律和人类社会发展规律进行艰辛的理论探索，取得了重大理论创新成果，形成了习近平新时代中国特色社会主义思想。

习近平新时代中国特色社会主义思想，开辟了中国特色社会主义新境界。习近平新时代中国特色社会主义思想把中国特色社会主义和实现社会主义现代化、实现中华民族伟大复兴有机贯通起来，深刻回答了新时代坚持和发展中国特色社会主义的一系列重大问题，为中国特色社会主义注入了新的科学内涵，进一步彰显了新时代中国特色社会主义的蓬勃生机和活力。

新时代中国特色社会主义思想，明确坚持和发展中国特色社会主义，经过长时期努力，中国特色社会主义进入新时代，这是我国发展新的历史方位。中国特色社会主义包括新时代坚持和发展中国特色社会主义的总目标、总任务、发展方式、发展动力等，并且根据新的实践对经济、科技、文化、民生、社会、生态文明等各方面进行理论分析，以利于更好地坚持和发展中国特色社会主义。

中国特色社会主义，是中国社会经济发展的一面旗帜，是中国现代历史的主题。它是理论的主题也是实践的主题。我们的理论创新和经济发展实践创新，都要围绕着这一主题展开。

一、中国特色社会主义是一种新的经济形态

中国特色社会主义，它不同于传统的社会主义，也不同于西方学者提出的民主社会主义。它在经济、政治、文化和社会四个方面都具有独有的特征，其中经济特征具有基础和根本性质。

从社会经济形态的角度看，中国特色社会主义实际上是人类社会发展到今天才会出现的、有别于以往社会经济形态的一种最新的、先进的社会经济形态。

从它的经济特征和内容来看，对这一新的社会经济形态，可以作如下描述：它是以发展速度适宜、经济效益显著、可持续发展为特征，以实现社会全体成员共同富裕为目的、经济基础和谐的社会。它在马克思主义归纳的人类社会经济发展阶段的序列中，应是社会主义初级阶段之后的社会主义新阶段。因此，它既是中国将进入的社会经济发展阶段，同时，也是世界各国今后将进入的社会经济发展阶段。

从这个意义上来说，它不仅对我国，而且对世界今后的发展都具有深远的历史意义。

二、中国社会主义市场经济模式的理论基础和实际运行过程

社会主义市场经济是中国特色社会主义的经济载体和基本经济内容。历史已经证明，沿用西方传统的经济理论，不可能建设成社会主义市场经济。建设社会主义市场经济的科学理论依据是包括货币资本、知识资本和消费资本三种资本在内的新资本理论，而新资本理论是新的市场经济理论完成的标志。

中国改革开放30多年来，取得了举世瞩目的成就，经济总量、进出口总额都取得大幅度的增长，一跃成为世界第二大经济体。对于中国

经济迅速增长的原因，海内外专家、学者至今尚未能从理论上说清楚。西方经济学家普遍感到难以理解，认为这是一个"谜"，表现出百思不得其解的困惑。西方经济学家的困惑，实际上是西方经济学理论的困惑。这一问题，也检验着中国经济学家的理论水平和认识能力。

其实，问题并不复杂，关键是应在中国经济高速发展的实践过程中寻找原因，并作出科学的理论说明。

在党中央和国务院领导下，中国在经济发展的实践过程中，逐渐摆脱了传统市场经济理论的束缚，克服了单一货币资本支持经济发展的增长方式的缺陷，不断调整和优化经济增长方式，成功地走出了一条具有中国特色的市场经济发展道路。

首先，中国市场经济发展是由三种资本推动和多种经济增长方式引导，这是中国市场经济发展的基本经验，也是推动中国经济迅速发展最重要的原因。

中国在市场经济发展过程中解决发展资本动力总的思路是：积极充实货币资本、注重倚重知识资本和大力开拓消费资本。同时，采用多元化增长方式推动和引导市场经济发展。

改革开放之初，我国十分重视货币资本的作用，投资规模迅速增长。从1978年到2004年，资本形成额从1377.9亿元增加到62875.3亿元，年平均增长率约为15.8%，27年中资本形成总额达459401.3亿元，有力地支持了国民经济的高速增长。在积极启动内资的同时，政府还通过实行各种优惠政策大规模吸引外资，在招商引资上取得了巨大成果。从1984年到2005年，外商直接投资从14.2亿美元迅速增长到603.25亿美元，年平均增长率达到19.5%，实际占用外资金额名列世界前茅。

大量的资金积累和巨额的外资注入，是推动中国经济高速增长的巨大动力之一。但是，在积极充实货币资本的过程中，我们也发现单一货币资本支持经济发展的方式还存在一些问题。第一，随着科学技术的迅速发展和新时代的到来，已经显示这一传统的经济增长方式的局限性和不充分性。这种局限性和不充分性主要表现在依靠货币资本这一单一要素发展经济，经常会出现资本短缺、创新乏力和消费萎缩等问题，从而形成经济发展的瓶颈。第二，通过对国际经济发展经验的研究和对本国经济发展经验的总结，我们发现，货币资本对经济的发展并不总是正面效应，有时它会造成经济过热，有时又会造成经济发展迟缓。导致过热或迟缓的原因，并不是缺少货币资本，而是由于资本相对过剩、投资过热，造成生产相对过剩和资本利用率的普遍低下。第三，货币资本推动经济增长的速度是巨大的。但是，单纯依靠货币资本发展经济很快就遇到了瓶颈。货币资本的不断增长，带来的是资源消耗的不断加速。因此，很快就出现了有限的资源无法继续支撑经济高速增长需要的局面。由此看来，货币资本是必不可少的，但却不是支持经济发展的唯一动力。

由此，我们认识到还必须倚重知识资本的力量。中国改革开放，正值人类新经济时代到来，这是历史的巧合，也是历史的必然。从某种意义上说，正是人类新经济时代这一大背景给中国的经济发展创造了大好机遇，成就了中国经济持续高速增长的奇迹。

新经济是20世纪末出现的极为重要的经济概念和经济形态。新经济不仅体现了以网络技术为核心的产业提升与产业形态的急剧变化，也从根本上改变了社会经济的运行方式。在新经济的大背景下，人们认识到，人类的知识结晶——高新技术也是推动经济发展的直接动力。这就是后来人们清晰地认识到的第二种形式的资本即知识资本。知识资本对经济发展的作用具体表现为：当货币资本不能充分满足一个国家、一个地区、一个企业经济发展需要的时候，知识资本起到一种点石成金的作用。它可以几倍、十几倍地扩大现有货币资本的实力，推动国家、地区和企业的经济发展。

党中央和国务院结合新经济时代的宏观大背景，把科教兴国作为重要的发展战略，走出了一条货币资本和知识资本相结合的发展道路。

改革开放以来，国家陆续设立了14个沿海开放城市、53个国家级高新技术产业开发区和54个经济技术开发区，用货币资本和知识资本相结合的增长方式引导经济发展。实践证明，这些地区的经济都得到了突飞猛进的发展。作为国民经济的重要组成部分，它们也有力地带动了整个国家的经济高速增长。

就知识资本自身而言，最主要的成果是形成了两大产业，一是以IT技术互联网为代表的信息产业，信息产业在丰富和提升了传统的制造业服务业的同时，本身也已经形成了从硬件制造到软件服务的巨大产业群。二是创意产业，一个新型的产业群。以IT产业为例，改革开放以来，IT产业迅猛发展，成为我国的第一支柱产业。2005年，IT行业的产值已占GDP近10%。IT业的迅猛发展为中国的就业、税收和吸引投资带来了巨大的增长，成为中国经济高速增长的重要推动力量。到2016年，我国国内生产总值74.4万亿元，包括IT产业在内的第三产业增加值达38.4万亿元，增加值比重占到了51.6%。

但是，充实货币资本、倚重知识资本，还不能完全解决经济循环和持续增长的难题。消费不足日益成为经济持续发展的瓶颈。正是在这种形势下，中央又适时提出了扩大内需的重大战略方针，为进一步完善经济增长方式迈出了重要一步。

早在1998年，中央就提出了扩大内需的重大方针，着手大力开拓消费资本。消费资本将同货币资本、知识资本一起联动，进一步完善市场经济发展的增长方式，推动市场经济的发展。中国是一个有近14亿消费人口的大国，这是世界上独一无二的巨大消费市场。消费资本的启动，给经济持续高速增长注入新的资本动力是十分巨大的。改革开放以来，中国居民消费迅速增长。1994~2003年平均增长速度高达7.8%，即使在增速略低的2000~2003期间也在7.0%左右，远远高于其他名列前十的国家在同期的消费增长速度，显示了中国消费市场的巨大潜力，有力地拉动着中国经济的高速增长。国家统计局资料表明，2016年我国城乡居民消费依旧平稳增长。2016年城镇居民人均消费支出23079元，较上年增长5.7%；农村居民人均消费支出10130元，增长7.8%。

中国的经济发展实践充分说明：以牺牲资源和环境为代价换取经济发展的经济增长方式已经走到尽头。同时，伴随这种经济增长方式所形成的工业经济时代的传统的市场经济理论也已进入终结时期。继续沿用过去的旧的市场经济理论来诠释今天的经济，分析今后的发展，已是文不对题。新经济呼唤新的理论。

通过对中国市场经济发展实践的研究，我国最先提出了消费资本论（参见陈瑜《消费者也能成为资本家——消费资本化理论与应用》，2006年3月，广西科技出版社出版）。这一理论是新的市场经济理论形成的标志，是源自中国本土的原创的体系性理论创新，也是中国结束缺乏本土经济学理论现状的一项重要理论成果。

由单一的货币资本支持经济发展的传统的经济增长方式，转化为货币资本和知识资本相结合的经济增长方式，再转化为"消费资本导向、知识资本创新、货币资本推动"的三种资本融合、联动的经济增长方式，这是世界所有市场经济国家经济发展实践所必然遵循的趋势，也是市场经济一条非常重要的发展规律。

消费资本论作为新的市场经济理论，将从根本上改变传统的市场经济制度，从而进一步解放生产力，有效地、自动地转变我们的经济增长方式。使我们的市场经济不仅是规范的法制经济，也成为从资本构成上根本改变经济运行规则的一种崭新的经济。

我们从我国经济发展取得成功经验的实际出发，对中国市场经济发展所取得的实际经验进行总结，上升到理论的高度，提出社会主义市场经济建设的新理论和新模式，并向全世界进行阐述，而不再是重复和照搬传统的市场经济理论。中国应该拥有自己的话语权，提出适合我国市场经济发展的、本土化的、原创的市场经济理论，来指导今后我国社会主义市场经济建设，并引领世界各国市场经济进入一个崭新的发展阶段。

长期以来，中国经济高速增长，曾经使外国学者感到迷茫和困惑。海外专家、学者至今尚未能从理论上说清楚中国经济高速增长的原因。西方经济学家的困惑，实际上不是经济学家本身的困惑，而是西方经济学理论的困惑。这是因为中国改革开放过程中，所遵循的发展规律，是西方经济学家所没有意识到的，中国学者也尚在总结过程之中。

中国特色社会主义市场经济在发展过程中将逐渐形成自身建设的基

本内容和特征。

第一，中国特色社会主义市场经济是以新的资本理论和新的市场经济理论作为科学的理论基础，是以先进的、完全的市场经济理论引领经济发展。它的市场资本构成由单一的货币资本，逐步转变为由货币资本、知识资本和消费资本三种资本构成，从而形成"消费资本导向、知识资本创新、货币资本推动"三种资本融合联动的先进的经济发展方式。

第二，中国特色社会主义市场经济将建立新的企业制度，即建立包括货币资本、知识资本和消费资本三种资本的"综合资本股份有限公司"制度，将结束自1602年以来流行三个世纪之久的单一货币资本股份有限公司的企业制度，开启企业制度创新的新纪元。

第三，中国特色社会主义市场经济将建立适合以买方市场为主的创新商业模式，引领企业和经济迅速发展。

第四，中国特色社会主义市场经济将实行新的分配制度，使全体人民走上共同富裕的道路。

中国特色社会主义市场经济的科学性、优越性和先进性正在日益鲜明地显现出来。

中国特色社会主义已经进入新的发展时代，意味着近代以来久经磨难的中华民族迎来了从站起来、富起来到强起来的伟大飞跃，迎来了实现中华民族伟大复兴的光明前景；意味着科学社会主义在21世纪的中国焕发出强大生机活力，在世界上高高举起了中国特色社会主义伟大旗帜；意味着中国特色社会主义道路、理论、制度、文化不断发展，拓展了发展中国家走向现代化的途径和具体发展模式，给世界上那些既希望加快发展又希望保持自身独立性的国家和民族提供了全新选择，为解决人类社会进步和发展问题贡献了中国智慧和中国方案。

总之，中国经济高速增长，是迄今为止人类经济发展史上最成功的范例。它的经济成就是对世界经济发展作出的巨大贡献，而对它的理论总结以及所形成的新的市场经济理论，也必将载入世界经典经济学的理论宝库。

第八章　互联网经济

第一节　互联网经济概述

随着科学技术迅速发展，市场经济已经进入互联网经济时代，互联网技术深刻地影响和改变着人们的生活方式和消费模式，互联网经济将全面影响实体经济的发展。市场经济也进入虚拟经济和实体经济相互结合、互动发展的新时期。

当今，互联网经济已深入到我们的日常生活，深入到经济的各个领域。从我们熟悉的 B2B、B2C、C2C 到 C2B 都是一次次变革和创新，成为我们生活和经济发展不可或缺的部分。

引起人们对互联网经济关注的不仅是互联网技术惊人的发展速度，而且是互联网经济能够改变人们的生活方式和使财富迅速增加的巨大效应，这是引发人们对互联网经济进一步思考的原因和动力。我们必须重新审视互联网经济的力量，探讨如何借助互联网的势能更有力地推动、引领经济和社会的发展。

一、互联网经济发展背景

互联网的前身为 APPA 网,由美国于 1960 年首创,1973 年扩展成互联网。关于互联网经济的定义,一直存在很多争议,国内外学者对互联网经济各自持有不同的看法,直到 20 世纪末的 1998 年互联网经济才成为相对规范的概念。国内外学者广泛认同的看法是,互联网经济是以现代信息技术等高新技术为基础,以信息产业为主导产业,基于信息、知识、智力的一种新型经济。

在这种共识之下,引发了相关的以信息技术支撑为核心的电子信息业和服务业的迅速发展。目前,互联网在经济活动中主要应用于四个领域:第一是网络基础设施领域;第二是网络应用服务领域;第三是网络中介领域;第四是互联网商业领域。

(1) 网络基础设施领域,主要是提供硬件产品与服务支持的领域,如提供电信与光缆主干网的企业、PC、ICP、及相关硬件产品的厂商等;

(2) 网络应用服务领域,主要是为互联网提供各种软件及服务支持的企业,包括生产或提供电子商务软件、互联网咨询软件、搜索引擎、网络数据库、在线培训等软件产品或服务的企业。

(3) 网络中介领域,主要是利用互联网提供中介服务,以促进电子商务发展的企业,包括提供网上证券交易、门户站点、在线旅游等类型服务的企业。

(4) 互联网商业领域,主要是开展电子商务的企业,包括提供在线销售等各种 B2B 或 B2C 类服务的网站,以及一些需要支付费用才能够浏览的内容服务。

互联网经济的发展分为两个阶段:第一阶段主要是为制造业服务;第二阶段是为消费者的消费服务。

互联网经济作为一种崭新的经济形态,与传统经济相比,有着诸多鲜明的特征:

第一,互联网经济是全球化经济。基于互联网的经济活动降低了空间因素的制约,产品和产品服务信息瞬间可以传到全世界各个角落,大大加快了全球化的经济进程,加强了世界各国的经济相互依存性,把整个世界变成了"地球村"。

第二,互联网经济是全天候运作经济。由于信息网络24小时都在运转中,互联网经济活动就很少受到时间的制约。一天内8小时人工参与运作,其余16小时信息网络继续工作,可以全天候连续运行。

第三,互联网经济是创新性经济。互联网经济源于高新技术和互联网,但又超越高新技术和互联网。由于网络技术的发展日新月异,互联网经济就更需要强调研究开发与创新。

第四,互联网经济是减少中间环节的"直接"经济。互联网经济组织的结构趋向扁平化,运营主体的电商平台可以同远在千里之外的消费者直接联系,因"供销见面"而减少、甚至不需要中间环节,无需第三者推荐。

第五,互联网经济是速度型经济。互联网经济以接近于实时的速度收集、处理和应用大量信息。经济节奏大大加快,产品淘汰速度加快,创新的周期很短。因此,时间在竞争中显得尤为重要,一步落后就会导致步步落后。时间的竞争成为是否有竞争力的关键要素。

但是我们应该看到,目前人们对互联网经济的认识,还主要是信息技术专家们从技术方面进行的分析和得出的共识,而少有经济学家对其经济学内容的分析,以及如何应用于经济发展方面的分析。人们对互联网经济的本质还需要有更深入的认识,对它的功能还需要进一步开发,对它的应用还需要在更广泛的领域内进行拓展。因为,互联网经济不仅要体现以网络技术为核心的产业提升与产业形态的急剧变化,而且也要从根本上改变社会经济的运行方式,它在本质上是互联网技术与经济实践深度融合形成的一种新的市场经济业态和新的经济发展方式。

二、关于互联网经济的定义

我们在高度强调现代信息技术作用的同时,也要高度重视消费资本论对互联网经济发展的重大作用。鉴于此,笔者认为今天有必要对互联网经济予以重新定义。互联网经济的新定义,可以作如下表述:互联网经济是互联网技术与市场经济深度融合、以现代信息技术为支撑所形成的新的市场经济业态体系。

总而言之，互联网经济是影响一个国家国民经济运行的重要经济体系，对于提升国家经济运行速度，提高经济效益，达到预期的经济发展目标具有重大推动作用。它以势不可挡的力量影响着经济发展和人们的生活，发展前景十分广阔，必将在未来的社会经济活动中发挥至关重要的作用。但是它的发展不仅需要技术专家提供信息技术的支持，更需要经济学家的参与与合作，提出与之相匹配的新的科学理论和新的商业模式，使互联网对新的经济发展方式给予支撑，从而在经济活动中充分发挥高新技术的价值。

第二节　互联网经济的产业发展

一、互联网商业

互联网商业经历了一个由初级阶段到高级阶段的发展过程。

人们对互联网经济的认识还需要进一步深化，近年来互联网支持的还是传统的商业模式，发挥的作用很有限。以电商为例，目前的电子商务只是互联网经济的起始阶段，还停留在单层次的设计，即利用互联网进行商品交易、收款付货，互联网的功能和作用远远没有发挥出来。其实电子商务的作用远不仅于此，在对互联网本质有了深刻认识的前提下，我们可以把互联网经济的电商服务大大向前推进，进一步深度开拓它的功能，在更大范围内推广，发挥更大的作用。

今天，互联网经济的发展，无论从模式创新和经济内容上来看，都进入了一个新的发展阶段。IT 行业已由 20 世纪主要为制造业服务，在 21 世纪已进入主要为消费者的消费服务的发展阶段。互联网经济所拥有的网民、用户、消费者数量迅速增加，全球网民在 2005 年达到 10 亿，2010 年突破 20 亿，2016 年全球网民突破 35 亿。由此可见，数以亿计的网民、用户、消费者是互联网经济生存和发展的原动力，是互联网经济发展的最重要的根基。谁拥有最广大的网民、用户和消费者群体，谁就拥有最广大的市场。互联网经济今后发展的关键，就是如何进一步增强对消费者的吸引力和粘合度。唯有如此，才能巩固已拥有的30多亿消费者的市场和争夺未来的世界人口中另外的30亿消费者市场。

以往诸多的、包括中国在内的一些著名的大电商，主要是注重外延的发展，规模的扩张，各类产品无所不包，而忽视了对消费者的细分需求的研究，从而影响了电商的进一步发展。这是目前一些著名大电商的短板。但是近年来，大电商逐渐注重自身内涵建设，开始关注用户的细分需求。纵观这些大电商进行的对消费者的细分需求的分析，还只是限于商品和服务的使用价值方面，诸如消费者的偏好、推出新颖的产品或者称之为"令人惊叫的"产品以及服务体验等，停留在对产品和服务的使用价值方面的细分需求。而对商品价值的作用还远没有细分研究到位，没有认识到，根据消费资本论，消费者购买厂家和商家的商品和服务，实际上是对该厂家和商家的投资，消费者通过购买商品和服务可以成为生产和经营该商品厂家、商家的投资人和临时协议股东，可以参与利润分配，同厂家、商家共享利润，这将使消费者得到巨大的实惠和经济利益，实际上这是消费者进行消费行为时最重要的期望和需求。只有对商品和服务的使用价值和价值垂直需求细分充分到位，充分满足消费者的利益，才能最大限度地增加对数以亿计的网民的吸引力和粘合度，才能最大限度地扩展和最充分地发挥互联网经济的作用。

这种对消费者需求进行垂直细分研究，正是当代最新资本理论——消费资本论的重要内容之一，而且在其阐述过程中，还明确提出了建立在消费资本论基础上的创新商业模式。

消费资本论的核心内容，是将消费向生产领域和经营领域延伸。当消费者购买企业的产品时，生产厂家和商业企业应把消费者对本企业产品的采购视同是对本企业的投资，并按一定的时间间隔，把企业利润的一定比例返给消费者。此时消费者的购买行为，已不再是单纯的消费，他的消费行为同时变成了一种储蓄行为和参与企业生产的投资行为。于是，消费者同时又是投资者，其消费转化为资本。这实际上是把消费者从产品链的末端以投资者的身份提升到前端，使消费者在购买产品时，既能分享企业成长的成果，同时也为企业发展注入新的资本动力，使消费和投资有机结合，从而使买卖双方在这种条件下合二为一，成为一体，完成消费转化为资本的过程。这样，消费作为一种资本，它同货币资本、知识资本一样，成为企业经济发展的直接动力。

随着市场经济的不断发展，人们深刻地认识到：消费者才是市场竞争的最终决定性力量。因为消费者既是市场的主人，又是给经济发展注入新的资本动力的源泉。谁能赢得最多的消费者，谁就能拥有最大的市场和巨额的资本注入。

在对互联网经济本质有了深刻认识的前提下，使之与新的经济理论相结合，融入创新的商业模式，就可以建立一个技术先进的、多层次的现代电子商务体系。现代最先进的电子商务体系包括四个层次：第一个层次是物联网，对海量数据进行收集、汇总；第二个层次是云计算，对海量数据进行整理；第三个层次是收付平台；第四个层次是创新商业模式。

纵观电子商务模式的发展历程，我们看到，B2B、B2C、C2C 的商业模式已经成为过去，现在应该向 O2O 电商方向进军。利用先进的互联网技术、物联网技术和大数据技术，实现对产品融合、流量引入进行深度开发，实现数据系统在线上线下自由流动，创造端到端无边界衔接的新型商业消费模式，对商品和服务的使用价值和价值需求细分到位，充分满足消费者的利益，从而最大限度地增加对数以亿计的网民的吸引力和粘合度，最大限度地扩展和最充分地发挥互联网经济的作用。

二、互联网金融

互联网经济的第二个领域，是互联网金融。美国于 1971 年创立了纳斯达克系统，是对互联网金融的首次实践。1995 年美国成立了全球首家网络银行"安全第一网上银行"，标志着互联网金融进入迅速发展时期。互联网金融的发展已经经历了网上银行、第三方支付、个人贷款、企业融资等诸多阶段，并且越来越在资金融通、资金供需双方的匹配等方面深入传统金融的核心业务。

互联网金融是依托于支付、云计算、社交网络以及搜索引擎等互联网工具，从而实现资金融通、支付和信息中介等业务的一种新兴金融。它改变了传统金融体系的结构和运作模式，极大地降低了金融交易成本，提高了金融服务的效率，使金融非中介化加剧，使金融机构的信息获取和传递能力的重要性日益突出。互联网金融的特点是：（1）成本低。互联网金融模式下，资金供求双方可以通过网络平台自行完成信息甄别、匹配、定价和交易，无传统中介、无交易成本、无垄断利润。一方面，金融机构可以避免开设营业网点的资金投入和运营成本；另一方面，消费者可以在开放透明的平台上快速找到适合自己的金融产品，削弱了信息不对称程度，更省时省力。（2）效率高。互联网金融业务主要由计算机处理，操作流程完全标准化，客户不需要排队等候，业务处理速度更快，用户体验更好。（3）覆盖广。互联网金融模式下，客户能够突破时间和地域的约束，在互联网上寻找需要的金融资源，金融服务更直接，客户基础更广泛，覆盖了部分传统金融业的服务盲区，有利于提升资源配置效率，促进实体经济发展。（4）发展快。依托于大数据和电子商务的发展，互联网金融得到了快速增长。

但是互联网金融仍存在诸多不足和亟待强化完善的问题。一是管理弱。主要是风险控制能力弱。互联网金融还没有接入人民银行征信系统，也不存在信用信息共享机制，不具备类似银行的风控、合规和清收机制，容易发生各类风险问题，缺乏准入门槛和行业规范。二是信用风险大。互联网金融的相关法律还有待配套，互联网金融违约成本较低，容易诱发恶意骗贷、卷款跑路等风险问题。三是一旦遭遇黑客攻击，互联网金融的正常运作会受到影响，危及消费者的资金安全和个人信息安全。

互联网金融，将经历一个互联网技术和金融初步结合，然后逐步实现深度融合，最终形成一种成熟的新的金融业态和金融运作模式。

面对互联网金融迅猛发展，传统银行业需要在其业务内容和服务方式、渠道方面进行调整和转变。客户是商业银行开展业务的基础资源，针对日益成熟的互联网平台，传统商业银行可以发挥自身优势，创新开发新型支付、结算等服务方式，从而使其在互联网金融的冲击和推动下实现自身价值创造和实现经营方式的转变和发展，促进整个金融行业的变革。

互联网金融发展至今，已越来越在资金融通、资金供需双方匹配等方面深入到传统金融的核心业务。网络技术和移动通信技术的普及大大推动了互联网金融的迅猛发展。其中第三方支付平台交易量、虚拟货币的发行和流通量越来越大，涉及的用户越来越多，第三方支付已经成为一个庞大的产业。因此，在互联网金融中，虚拟货币已经成为一个至关重要的问题。

三、互联网虚拟电子货币

（一）货币虚拟化趋势

在商品经济发展过程中，由于商品交易的需要，逐渐产生了一般等价物。用它计量不同种类商品的价值，也就是货币。货币作为一般等价物，可以量化其他商品，具备价值尺度、流通手段、贮藏手段、支付手段和世界货币五种职能。

从货币起源和发展史来看，货币形态呈现出一种从实体货币向多元化、数字化、虚拟化演变的趋势。货币形态，由最早的实物货币，比如贝壳、铜、银、金，到后来的钱票、支票和纸币，以及现在的各种电子币，比如比特币和莱特币等。

总结货币形态演变的历史，对新时期的货币形态可作如下结论。我们根据货币的属性和在市场经济活动中承担的角色，可以看出：货币的本质是以黄金、石油、国债以及其他公认的权威性元素为担保的远期信用的一种变现方式，以利于在市场中流通，人们称其为即期承兑票据或凭证即付的兑换券，当钱花，当货币使用。

在互联网经济时代，虚拟货币指非真实的货币，它作为一种网络交易的手段，是其网络服务商为方便网络交易，降低交易成本，而开发的一种支付方式。虚拟货币是传统货币的延伸，在一定程度上，将传统货币数字化、虚拟化，但仍是传统货币的对应物。

虚拟货币可以分为两类，一类是大家熟悉的游戏币。在某一种网络游戏或虚拟社区中通用的、可用于交易虚拟物品的游戏币，典型代表有网游、论坛及虚拟社区中的"金币"。二是服务商发行的专用的虚拟货币，用于购买本网站内的服务，如腾讯公司的Q币。目前，电子商务主要是利用互联网从事货物交换、服务贸易和知识产权贸易等各类商务活动。迅速扩大的网民规模中，网络商务交易类用户规模增长最快，包括网上支付用户、旅游预订、网上炒股、网上银行和网络购物等用户。伴随着我国互联网的商务交易趋势日益增强，网络用户对网络虚拟货币的需求也在不断增加。其中第三方支付平台是虚拟货币产生的基础，为虚拟货币交易提供了结算平台和技术支持。随着进行网络购物的网民数量的不断增长，网络游戏市场的规模越来越大，收入也日益增多，虚拟货币市场的利润每年以超过20%的速度增长。

（二）关于比特币

在诸多虚拟货币之中，比特币是比较高级的一种。比特币的概念最初由中本聪在2009年提出。它是一种由开源软件产生的电子货币、数字货币，是一种网络虚拟货币，也被意译为"比特金"。

比特币可以兑换成大多数国家的货币，也可以用来购买一些虚拟物品，比如网络游戏当中的衣服、帽子、装备等，只要有人接受，也可以用来购买现实生活中的物品。与大多数货币不同，比特币不依靠特定货币机构发行，它通过特定算法的大量计算产生，使用遍布整个网络节点的分布式数据库来确认并记录所有的交易行为，并使用密码学的设计来确保货币流通各个环节的安全性。

比特币既能以文件的形式保存在个人电脑中，也可以储存于第三方进行托管。不管以何种形式保存，比特币都可以通过比特币地址发送给互联网上的任意一个人。作为虚拟货币的探索，比特币具有其独特之处：

第一，比特币具有去中心化的特点。比特币作为一种分布式的虚拟货币，其整个网络由用户构成，没有中央银行，也没有发行机构，从而不可能操纵发行数量，自由性和安全性得以保证。但比特币的去中心化有一个附加条件：比特币现在主要被大户持有，市场深度不足，当下大户的买卖行为也十分容易影响比特币价格，即使去中心化这一属性看成是比特币完全成熟时的优点，那么也要加上持有分散化这一先决条件。

第二，比特币价格波动极大。比特币从几美分到1242美元，本身的价值就很不稳定，这使其不适合作为一般等价物衡量其他货币的价值。

第三，部分人认为比特币具有抑制通货膨胀的性能，宣称由于比特币发行总量最终固定在2100万个，进而消除了由于滥发货币导致通胀的可能。然而事实并非如此，正如当前黄金的存在对各国货币的增长无法约束一样。况且比特币只能在网络等局部领域充当支付手段，全球或某些国界的通货膨胀仍可以传到使用比特币的领域。

第四，比特币交易具有匿名化的特性。比特币交易双方的真实身份不得而知，隐秘性较高，无法追溯源头。但由于大量炒家介入，导致比特币兑换现金的价格如过山车一般起伏，使得比特币更适合投机，而不是匿名交易。

第五，交易成本低。比特币可以免费汇出，每笔交易只收取约1比特分的交易费以确保交易更快执行。但比特币的低交易费用并不是无交易费用，由于比特币挖掘难度上升和币值的进一步稳定，相关交易平台对交易费用的依赖会加大，这必将使交易费用上升。

第六，交易平台脆弱。比特币网络很健壮，但比特币交易平台很脆弱。交易平台通常是一个网站，因此易遭到黑客攻击，或者遭到主管部门的关闭。比特币交易的保密性也存在漏洞，如果有人能够确定一笔交易的真实背景，便可以通过这些数据向下向上查找出所有交易。

第七，交易确认时间长。比特币钱包初次安装时，会消耗大量时间下载历史交易数据块。比特币交易时，为了确认数据准确性，会消耗一些时间与对等网络进行交互，得到全网确认后，交易才算完成。

(三) 比特币发展状况评估

比特币产生之后，在一段时间内发展比较迅速，币值也由几美分、几美元上升到目前的 1242 美元。纵观比特币的发展历程，各国表现出不一样的态度。有正面支持的，比如德国，政府认可了比特币的法律和税收地位，成为全球第一个正式认可比特币合法身份的国家。如美国得克萨斯州，法官已裁定比特币为合法货币；又如 2013 年 10 月 19 日，全球第一部比特币自动提款机于加拿大温哥华被激活。但也有查禁反对的，如美国国土安全局通告其查封电子货币交易网的比特币交易账户，又如泰国中央银行禁止了比特币的流通交易，中国人民银行也在 2013 年 12 月发布了否定比特币法律地位以及禁止其流通、交易的通告。2017 年 5 月 12 日，全球突发比特币病毒疯狂袭击公共和商业系统事件。2017 年 9 月 30 日比特币中国数字资产交易平台停止了所有交易业务。

总而言之，比特币作为虚拟货币，还有很多不成熟之处。它没有科学的理论支撑，缺乏实体经济和物资依托，难以度量本身的价值，还只是一种虚拟货币的探索。它虽然有去中心化、低交易费用等优点，但这些优点往往被过分解读。此外，比特币充当交易媒介后，由于政府缺乏相应的税收征收法律，交易主体就可以避免缴纳这部分交易的税赋，从这方面看来，只要政府还是社会经济的组织者，比特币就不会成为主流货币。

因此比特币"过山车"式的升值，就像是"郁金香泡沫"的现代版。这种虚拟的货币，很有可能就像 19 世纪荷兰盛行的郁金香花苞一样，在盛行时众人卖房卖产也要得到郁金香花苞，却在一夜之间变得一文不值，致使不少痴迷者倾家荡产。比特币随着泡沫破裂会逐渐走向没落甚至消亡，但带给人们的是一种新的理念。比特币的出现起到了抛砖引玉的效果，未来会出现更多的虚拟货币。

(四) 虚拟货币的前景分析

虚拟货币正向着世界统一货币的方向努力，但还没有达到目标，究其原因，主要是人类对虚拟货币还没有深刻的本质的认识。虚拟货币其实并不虚，但它必须与实体货币有紧密的联系。同时，虚拟货币需要从科学的角度和经济学研究的角度予以论证，证明它可以衡量商品和其他货币的价值，可以作为一般等价物。

（五）世界统一货币的四项标准

当今世界有一百多个国家和地区，使用着互不相同的货币，需要一个统一的标准来量化，即需要一种真正在世界范围内流通的货币。它可以量化所有的人类劳动及劳动成果，也可以量化世界不同国家、地区的货币。它必须具备如下四个特征：第一，它能够量化所有的劳动成果、所有的商品和所有的货币；第二，它的币值是稳定的；第三，它有足够科学的论证；第四，可以操作。

第二篇

消费资本论在社会经济发展中的应用

消费资本论作为一种原创性市场经济理论，它适用于国民经济领域的各个领域、各种行业以及不同的地区。只要最终面对的是消费者，都适用消费资本论。它对增强部门经济和地方经济的核心竞争力，解决部门、行业和企业在经济发展过程中的资本和市场问题具有重大的作用。

第九章　农业硅谷模式

一、农业硅谷试验区的建设

中共十九大提出"实施乡村振兴战略",是决胜全民建成小康社会、全民建设社会主义现代化强国的一项重大战略任务,是对中国农村、农业发展到新的阶段提出的更高的要求,为我国今后农村和农业发展振兴指明了方向。

农业硅谷试验区,是在科技是第一生产力的思想指导下,沿着科技推动生产力发展,从而引发农业生产方式创新的思路,提出的一种现代化农村经济、现代化农业产业体系、现代农业发展的组织与管理体系。它既是农业科技创新,也是农业生产体制、生产机制以及经济方式的创新。它将在实践中不断得到完善和提高,有力地推动我国农村经济和农业生产快速发展,彻底改变我国农村、农业和农民的面貌,是贯彻党中央提出的"实施乡村振兴战略"的一种好方法、好模式。

农业硅谷试验区由"一个中心(综合协调中心)和两条链(生产链、功能链)"组成,把农村经济发展的所有产业和功能囊括在内。它的特点在于,不是建立一套层层叠叠的行政管理体系,而是组合形成以专业职责划分的、完善的功能网络和生产经营运行体系。

它通过综合协调中心的组织和调控，以及功能链提供的服务，引导和推动生产链，形成一个互动的、良性的农业经济运行体系。

这是我国农业持续发展的一种新型机制。这种机制的创新，将打破目前我国农业生产所呈现的某种程度的停滞和徘徊局面。

值得强调的另一点是，在建设农业硅谷试验区的过程中，要充分发挥农民的积极性和主动性。这将是政府引导的、专家指导的、农民自己建设的试验区。农民是农业硅谷试验区的主体，是真正的主人、所有者、实践者、经营者和受益者。

这样的试验区，将十分重视科技成果在农业第一线生产实践中的应用；将十分重视市场化运作原则。农民在建设试验区的过程中，将推动农业的发展，将改变农村的面貌，同时也将使自己的面貌发生深刻的变化。

农业硅谷试验区将是农民企业家的摇篮和新一代农民的培育基地，也将是我国小康和谐社会的试验基地和社会主义新农村的雏形。

农业硅谷试验区，既是我国农业的发展模式，也是我国农村的发展模式。它将以其科学的内涵、创新的机制和简约的形式而有可能在全国范围内迅速推广。

二、农业硅谷试验区的实施内容

农业硅谷试验区对整个农业的生产活动进行科学合理的分工，建设起一个中心（综合协调中心）和两条链（生产链和功能链）的组织架构（如图9-1所示）。通过综合协调中心的组织和调控，以及功能链提供的服务，引导和推动生产链，构建一个繁荣的农业经济体系，使农业硅谷试验区的农业及相关产业获得高速发展。

综合协调中心实现对农业硅谷的全面管理和宏观调控；生产链的三个产业区（种植养殖区、加工区、仓储运销区），使得农产品实现从种植、生产到加工销售的科学化、产业化和体系化，建立起现代化农业产业体系；功能链则是为生产链提供各种服务，在引导和推动生产链的基础上，构建一个科学化的管理体系和全新的组织体制。三者之间是相辅相成、相互促进的关系。

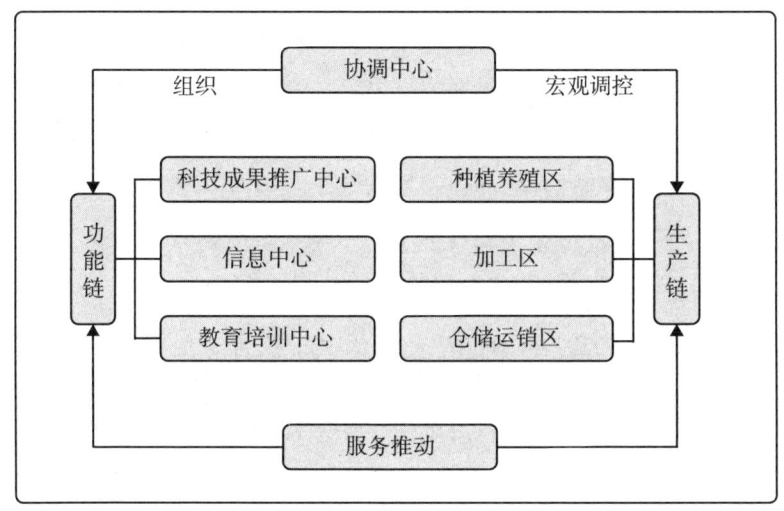

图 9-1

（一）综合协调中心的建设

它的主要任务，是负责农业硅谷试验区的全面管理和宏观调控，兼有规划设计和招商引资中心的职能，是整个试验区的运营综合协调中心。

综合协调中心的主要职责：

（1）规划试验区的整体发展；

（2）筹划和建设试验区的生产链和功能链；

（3）建立和完善生产链和功能链的规范和标准化体系；

（4）组织功能链为生产链服务；

（5）对生产链的运行进行宏观监控；

（6）负责试验区的招商和引资。

（二）生产链的规划和建设

生产链包含种植养殖区、加工区和仓储运销区三个经济产业区。这三个区在综合协调中心的指导下，实现农业各产业经济的发展。这三个区组成一条生产链，可以实现产业的规模化效应和产业组合效应，即产、加、销一体化的综合效应。

1. 种植养殖区

种植养殖区是生产链的重要组成部分，是农业硅谷试验区进行农业生产的重要基础产业区，也是加工区和仓储运销区建立的前提。种植养殖区通过引进优质品种、提高科学种养技术，为加工区和仓储运销区提供了丰富的原料。种植养殖区优质高效的运作，对于提高农业产量、增加农民收入、加快农村发展，具有重要的意义。

种植养殖区可采用"联合体"的形式，将各产业农户组织起来形成专业的联合体，促进生产链紧密结合与有效运作。种植养殖联合体是以市场为导向、有共同销售目标的农民所组成的经营生产体。在各个联合体内，实行统一的标准化种植、养殖、采购、销售、管理，实现风险共担、利润共享。这种统一的经营方式与单个农户经营相比，具有降低成本、规避风险、提高质量和产量等多方面的优势。首先，从最初采购开始，农户以团购的方式购买种子、农药、化肥，使联合体能够以低廉的价格购买到比较好的优良品种。统一播种、统一施肥、统一耕作、统一防治病虫害，可以充分发挥农户集体合作的优势。同时，参与联合体的农户在统一的生产和管理下，避免了单户经营质量参差不齐、管理水平差、技术含量低的劣势，能够利用联合体较雄厚的实力引进先进技术和管理经验，促进标准化生产，提高产品质量，增加产品的附加值。通过有机的组织管理和集约生产，联合体解决了单个农户和市场之间的矛盾，增强了单个农户的抗风险能力，获得了更大的利润空间，在此基础上实现利润共享。

联合体是在农户自愿、平等的原则下成立，始终贯彻"民办、民管、民受益"的指导思想。联合体的领导班子要以民主选举的方式，公推一位精干的召集人，召集人要对管理层的人员作出相应安排。还可以公推出负责财务、采购、监管、销售和技术工作的人员，实行自主经营、自我服务、民主管理。在初级阶段可以以村为单位，以 20~30 户为一个联合体，对于较大的村子可以搞 3~4 个联合体，根据种植、养殖区的具体情况而定。随着联合体的发展，农户数量可以增加。种植养殖联合体是一种组织上的划分，而不是地域上的划分。根据不同的产业划分可以组成同类的种植、养殖联合体，同类就是依据当地具体的自然、地理条件以及特色农产品种植和养殖情况，组成同种类型的联合体。例如：水稻种植联合体、养鱼联合体、养牛联合体等。

通过种植养殖联合体实现统一采购、统一生产、统一管理、统一出售，种植、养殖生产区的农产品送到加工区，再经仓储运销区最终送到市场，形成一个有机的生产链。它又与教育培训、科技推广和信息平台组成的功能链相结合，形成农业产业化经济。这既提高了农业生产的规范化、规模化和市场化水平，又提高了农业产品的技术含量以及农业生产的效率和效益，最终使农业的产业结构得以升级。

2. 加工区

加工区是农业硅谷试验区内围绕种植、养殖区建设的上下游产业带。如果说种植养殖区是农业硅谷试验区发展的基础，那么加工区就是试验区发展的主要服务区。

加工区一方面作为种植、养殖区的下游产业消化吸收农产品，生产加工符合市场需要的高附加值的商品，并通过仓储运销区销往市场，最终实现农产品的价值；另一方面它还作为种植、养殖区的上游产业负责生产农药、化肥、优良种子等产品，支持种植、养殖区长期稳定发展。可以说，加工区是一个地区农业增效、农民增收、农村增富的核心环节，对于建设现代化农业，加快农村经济发展，提高农民生活水平和加快农村的产业结构调整，起着至关重要的作用。

加工区主要包括农产品的加工企业和农业原料的生产企业。农产品加工企业具体可包括：在种植方面，有瓜果作物加工企业——果汁、葡萄酒、果冻等生产酿造企业，还有粮油作物加工企业——面粉、面包、油料、玉米淀粉、味精等制造企业，以及蔬菜加工企业——脱水蔬菜、腌制品等企业；在养殖方面，针对牛、羊的养殖，可以有肉制品、奶制品、毛绒织品、皮革、有机肥等加工企业。农业原料生产企业则包括：化肥、农药、肥料、农业机械、饲料、动物疫苗等行业。总之，加工区涉及行业众多，贯穿了农业经济生活的方方面面。

为了切实推动加工区的建设，可以采用龙头企业和加工联合体相结合的发展模式。龙头企业是农业硅谷试验区建设的核心主体，是联结市场和农业硅谷试验区的桥梁。通过发挥龙头企业的带动辐射作用，可以最大限度地拉伸产业链条，激活消费资本和知识资本，为农业硅谷的超常发展提供了不可缺少的条件。加工联合体，就是在同类、平等、自愿的原则上成立的从属加工行业的农户结合体，通过统一的采购、统一的生产和管理、统一的销售，实现风险共担、利润共享。

加工联合体必须是由从事相同、相近产品加工的农户组成，也只有相同、相近的产品才能够通过联合生产实现规模经济。从本质上讲，同类的划分依据的是采购和销售渠道、生产技术和管理方法的相近程度，而不是农产品本身。比如，利用牛、羊皮革生产皮鞋、皮带的农户因生产相近产品能够组成加工联合体。

3. 仓储运销区

仓储运销区也称为物流区，是从事物流活动的场所或组织。它担负着农业硅谷试验区内物资产品的储存、运输和销售任务。它由若干个由农民个体商户、农民个体运输者和各种规模的商业公司和物流公司组成的仓储联合体、运输联合体、销售联合体组成。它的主要特点是：面向社会服务，物流功能健全，完善的信息网络，辐射范围大，品种多、批量大，存储、吞吐能力强，统一经营、管理。

仓储运销联合体是在同类产业之间形成的联合体，它不是形式上的或地理位置上的联合，而是组织上、管理上的联合。比如仓储联合体为了方便加工区，加工区生产出来的蔬菜产成品和牛羊肉产品可能在地域上是分散的，但在组织上、管理上是集中统一的，并在有效的激励和约束机制作用下，调动每个农户的积极性为联合体创造更大的效益，从而使农户增收。

仓储运销区的职能：①为加工区企业提供原料或成品存储服务，或收购农产品并存储增值；②为种植养殖区各联合体或加工区企业提供运输服务；③争取市场订单，为种植养殖区各联合体或加工区企业提供对外销售服务。

(三) 功能链的规划和建设

功能链包括科技成果推广中心、信息中心和教育培训中心。这些中心可以由综合协调中心直接建设，也可以通过招标由企业进行建设。具体来说，可以把农村比较好的种植模式、生产模式和品牌优势进行推广和应用。通过教育培训中心，可以为农业硅谷试验区培养人才、引进人才，不仅实现对农业硅谷试验区的带动和推动作用，而且可以实现对其他地区的辐射和示范作用。

1. 科技成果推广中心

科技成果推广中心主要负责在农业硅谷试验区推广和应用各种科技成果，把最新的农业技术、科技成果，同农业发展和农民的实际需求紧密联系。农业硅谷试验区的首要目的就是使我国农业逐步由资源依存型转化为科技依存型。构建面向区域农业、特色农村的科技成果推广中心，会使科技成果在基层农村直接得以应用，使广大农民享受到科学技术所带来的好处，指导当地及周边产业的发展。科技成果推广中心，通过普及科技知识，成为农业科技信息的集散地；通过传递市场信息，可以把村镇的特色农业产品推向市场。科技成果推广中心建立的初期，业务将以与科技成果推广相关的服务为主。最终，中心将发展到拥有自己独立的研究机构，成为高新科技的供应者和农业硅谷试验区经济发展的发动机。

2. 信息中心

信息中心是在农业硅谷试验区内组建的、基于 Internet 的信息平台。它可以大大提高农业硅谷试验区经济运行的活力和效率，实现"互联网+农业"的发展新思路，促进现代农业的快速发展。信息中心的建设包括：信息交流平台、农产品电商平台和金融产品交易及风险控制平台等三个互联网平台。

信息交流平台将打造成为农村经济综合信息网，在各个乡镇办事处、种植养殖联合体的农户、加工企业、仓储物流、龙头企业之间建立起兴农网站和信息终端。综合协调中心可以将最新的技术信息、农产品市场需求与销售信息、人才信息、农业发展政策等各类信息，通过信息交流平台快速进行发布，使农业硅谷试验区的各个参与方都能及时了解到最新的农业信息和最新的政策信息等。

农产品电商平台将是农业硅谷试验区产品的重要销售渠道，根据国家制定的"互联网+"发展战略，在农村大力推动电商的发展思路，农业硅谷试验区将搭建一个可以将农产品销售全国的大电商平台。该平台以全新的互联网技术和移动互联网技术为载体，联合各类农业产品加工企业、供应商、物流公司、消费者、银行及保险公司等，构建起以合作共赢为目标的现代农业和农村经济产业链的有机综合体，并在其实际运作过程中，将形成一个长期的、深层次合作的、甚至是互为股东、利润共享的、紧密联系的利益共同体。

金融产品交易及风险控制平台，一方面可以为农业硅谷试验区的各参与方，提供期货、期权等金融产品的交易服务。这些服务，可以使农业硅谷试验区内外的经济实体，在经济建设中进行风险和利润的转移，更有效率地进行投资和融资的活动等；另一方面，该平台还将为农业硅谷试验区中的各个产业区，提供风险管理服务。这种服务，可以有效地降低农业硅谷试验区经济运行的风险，化解经济建设的后顾之忧，促进农业硅谷试验区经济的健康和持续发展。

3. 教育培训中心

教育培训中心，担负着不断地提高农民的文化素质和科技知识水平，培训一批有文化、懂科技的新型农民，造就一批具有现代企业管理经验的农民企业家的任务。教育培训中心将会开设针对农民的技能培训课程，针对企业管理人员的企业管理课程，以及灵活的函授教育。这三种形式互相关联又各有侧重，形成一个完整的教育培训体系，此体系将在农民科技致富以及企业发展壮大的过程中发挥重要的作用。

为了发挥教育培训中心的作用，大力培养科技型农民，农业硅谷还可以实施"农民持证上岗"的制度。根据农业硅谷试验区农民的分工不同，针对不同类型的农民实施不同类型的培训，培训合格即颁发特定职业证书。农民可以持有不同技能的证书，如蔬菜种植、粮食种植、养殖、加工等等。针对创业农民的培训，拟创建三级农民资格证书制度，即初级农民专业技术证书、中级农民专业技术证书和高级农民专业技术证书。

在农业硅谷试验区内实行农民持证上岗，实现农民主体转型，使农民掌握现代农业技术，为现代农业发展提供人才，逐步建立起一支农民科技队伍，这不仅能够全面提升农民的技能和素质，还推动了农业硅谷试验区的建设由资源依存型转为科技依存型。

农业硅谷试验区的运作以新的理论作指导，消费资本论贯穿其始终。在农业硅谷试验区内，一方面继续充实货币资本，发挥货币资本的推动作用；另一方面利用知识资本，发挥其创新作用，在功能链上实现科技向成果的就地转化，利用科学技术进行农产品深加工，延长农业产业链；同时更要利用消费资本，发挥其导向作用，这不仅使农民自身解决农村发展所需要的资金，减少资金从农村向城市的逆流，同时巨大的消费资本存量将激活农村市场，一改农村以往消费需求不足的问题。

三、农业硅谷试验区的重大作用

农业硅谷试验区是消费资本理论在农业领域中的应用，是一种全新的农业发展模式。农业硅谷试验区通过激活消费资本和知识资本存量，从而实现与货币资本联合，三种资本共同推动我国农业的发展。这一崭新的模式具有巨大的辐射和示范作用，对我国现代农业发展和新农村建设具有重大的推动作用。

农业硅谷试验区的建设，坚持以发展农村经济为中心，通过先进的组织管理体制，功能链的科技成果转化中心和生产链的种植养殖区相辅相成，加快科技成果的转化，提高农业生产的科技含量，实现其由资源依存型向科技依存型的转变，从根本上改变了现代农业和农村发展的生产方式，进一步解放和发展农村生产力，促进了农业生产的繁荣发展。这将为扎实稳步推进社会主义新农村建设奠定坚实的物质基础。

农业硅谷试验区的建设，提高了农业整体的科技水平和农业整体的市场化水平，逐步将我国的农业由资源依存型转化为科技依存型。农业硅谷试验区通过科技转化中心和信息中心，同国家农业科研院校建立紧密的合作关系，及时将国内外最新农业科研成果和技术应用到实践中，提高科技成果转化率，增加了农业发展过程中的知识资本投入量和科技含量。

　　农业硅谷试验区的建设，将培养出一批现代的农民企业家，培育出一代新型农民。农业硅谷的教育培训中心，通过对从事于农业生产的农民进行培训，并发放各种资格证书，农民需持证上岗。这不仅使新型农民掌握了专业的技能，还提高了农民的科学文化知识水平。大批的有文化、懂科技、有市场意识、经验丰富的新型农民会使农民的面貌发生深刻的变化，同时也使农业发展和农村面貌发生深刻的变化。农业硅谷试验区将是农民企业家的摇篮和新一代农民的培育基地，也将是我国小康和谐社会的试验基地和雏形。

第十章　创新商业模式

进入21世纪，世界经济形势发生了深刻变化。国家、地区和企业发展的经济背景同20世纪相比有了本质的不同。最重要的不同是，市场经济已经完成了由卖方市场向买方市场的过渡，进入以买方为主的市场经济发展阶段。可是，我国许多的企业家现在采用的商业模式，还是20世纪延续下来的、适合卖方市场经济发展阶段的传统商业模式，因此进入21世纪、进入买方市场经济发展阶段，就很不适应。第一个不适应是卖货难；第二个不适应是由于卖货难，积压产品多，资金流转不畅；第三个不适应是企业运转不灵。而新的、适合买方市场经济发展阶段的创新商业模式，还没有提出来，这是我国的企业家对企业当前和今后究竟如何发展感到困惑和迷茫的最重要的经济背景原因。正因为如此，传统的商业模式不仅是商业企业发展的瓶颈，也是国民经济其他领域发展的瓶颈。我们必须探索并提出创新商业模式，以利于我国今后的经济发展。

一、创新商业模式的主要特征

（一）创新商业模式的核心特征是消费者和商家共同分享利润

传统的商业模式只有一个内容、一个过程，即：商品的交易内容和与之相应的商品的销售过程，商家与消费者之间货款两清，这个过程即认为已经完结。而"以消费资本论"为基础的创新商业模式包含两个内容、两个过程：一是商品的交易内容和与之相应的商品的销售过程；二是商家与消费者共同分享利润的内容和与之相应的利润分配过程。新商业模式，把消费者对商家的产品和服务的采购过程视同是对自己的投资，因为消费者所付货款的大部分都进入到商家的下一个经营过程，并转化为资本，也产生利润。明智的企业家把由消费者货款转成资本所产生利润的一部分返给消费者，这对消费者继续采购本企业产品和服务的积极性是一个极大的调动。这种新商业模式对于迅速扩大市场份额，和解决企业自身扩大经营范围所需要的资金补充，将起到重大作用，拥有独特的魅力。

（二）创新商业模式具有崭新的组织形式特征

基于消费资本论的创新商业模式，吸收并发挥了电子商务、物流和订单经济的重大作用，并同银行和保险业密切合作。因此，创新商业模式实际上是有形市场（地网）、无形市场（天网）、虚拟经济（订单经济）、物流业、金融业、保险业诸多市场经济要素组合的有机综合体。它是一个以生产企业、供应商、物流企业、商业企业、消费者、银行及保险公司等相互合作为基础，以消费资本论为核心，以产品和服务为纽带，以利润共享为特征，以合作共赢为目标的行业产业链的有机综合体。

其具体操作程序为：首先，商家和厂家通过地网（实体商家）和天网（电商平台）把消费者分散的、零星的、无计划的消费需求，经过整理变成有计划的规模的分类需求，并且加以分类做成订单，提供给供应商，供应商按照分类需求供货，通过物流送到消费者手中。这可以使整个交易过程变得高效、便捷，同时又提供了一个巨大的利润空间。其次，在商品交易过程完成之后，商家根据消费资本论，把消费者的购买行为视为一种储蓄行为、一种投资行为，按照一定的时间间隔把企业利润的一部分返给消费者。至此，商家完成了产品流（产品销售）和价值流（利润分配）的全部过程，也即完成了建立在消费资本论基础上的创新商业模式的全过程。

（三）创新商业模式是一个崭新的合作平台，是一个深层次合作的紧密的利益共同体

创新商业模式在其实际运作过程中，将形成一个长期的、深层次合作的，甚至是互为股东、利润共享的、紧密型的利益共同体。企业在这一利益共同体中发挥核心作用，为各合作单位提供卓有成效的服务，给合作企业带来显著的经济效益，同时也给本企业带来巨大的利润。

这种新的商业模式是世纪之交更新换代、具有划时代意义的商业模式。一方面消费者在购买商品的过程中有回报预期，从而深受广大消费者的欢迎；另一方面又由于把大批规模订单交给供应商，使供应商扩大了市场，从而深受广大供应商的欢迎。还不仅如此，由于产品是由供应商直接供给消费者，没有通过中间商和销售代理等中间环节，从而使商家可以从中获得很大的利润空间。它一改以往旧商业模式的诸多弊端，更加方便、快捷，效率更高地为消费者服务。它从根本上改变了完全无视消费者利益的旧的商业模式，而开启了消费者参与企业利润分配的新纪元。

二、创新商业模式的实施内容

创新商业模式的实施，首先要对消费者、消费资本和消费资本收益进行全面的管理，通过建立科学的消费资本计算模型和制定合理的消费资本收益分配模型，把消费者在消费过程中由消费者货款转成资本，投入到生产和经营领域中，并将消费资本收益按照约定的分配期限分配给消费者。

创新商业模式的具体实施内容：

（一）为每个消费者建立"消费资本账户"

消费者只需注册成为会员，便可获得一个独立的消费资本账户。消费资本账户将详细记录消费者在进行每一笔消费订单交易，以及可以获得的消费资本和收益情况。消费资本显示的是消费者的货款转化为消费资本的实际金额。消费者每一笔消费获得的消费资本都将在消费资本账户中进行累计，并依此参与平台收益分配。

（二）消费资本临时协议股东身份的确认

可通过合同的形式，确认消费者与企业之间临时协议股东的关系。

所谓临时协议股东，是消费者通过消费行为同企业之间建立的临时股东关系，但并非长期的股东关系。当消费者获取相应的收益分配权之后，若不再继续消费，消费者的临时协议股东的身份，将随着收益分配权的实施而自动结束。

（三）确定货款转化为消费资本的比率

根据消费资本论的内容，消费者购买了商家的商品或服务，消费者的货款会转化为消费资本，但并非所有的货款都转化为消费资本，而是消费者货款中扣除商品或服务的成本和商家利润之后的部分，才是消费资本。因此，要根据企业实际经营的商品利润收益情况，设定消费者的货款转化为消费资本的比率。

（四）消费资本的计算

消费者每完成一笔消费，都要根据消费资本的计算公式来计算这笔消费所产生的消费资本金额，并自动转入消费者的消费资本账户中，作为消费资本进行累计。假定消费者的每笔消费额度为 P，则消费者通过这笔消费可以获得的消费资本为 Pc。其计算公式是：

$$P_c = P \times r_c$$

其中，r_c 表示货款转化为消费资本的比率。

（五）消费资本收益的计算

消费资本收益的来源，是消费资本进入到企业的生产与经营领域所产生的利润所得。消费资本收益同企业的经营情况密切相关。在企业盈利的情况下，消费资本可以获得相应收益。若企业处于亏损状态，则消费资本也就无法获得当期的收益。对于消费者而言，消费者在实际消费过程中已经拿走了物有所值的商品或服务，已经满足了自身的消费需求。额外的消费资本投资收益，将视企业所经营的实际盈利情况，来参与企业的收益分配。

企业在制定消费资本收益时，要向消费者明示：消费资本收益的来源、时间、预期收益率和投资风险等。企业要根据实际情况建立科学的利润分配模型，保障承诺给消费者的收益，是经过科学测算的，是可以实现的，而非虚假承诺。

（六）消费资本收益的领取

消费者获得消费资本收益之后，可以继续在企业进行消费使用，同时也可以根据自己的需要，从企业提取消费资本收益。

（七）消费资本临时协议股东关系的解除

如果消费者将消费资本账户中的资金全部取走，则消费者同企业之间建立的消费资本股东协议关系解除，消费者消费资本临时协议股东的身份就失效。

这里还要着重强调的是，建立在消费资本论基础上的创新商业模式，不仅有鲜明的科学特征和充分的理论依据，同时还具有鲜明的法学特征和充分的法律依据。创新商业模式是在法制市场条件下，经过一系列的市场规则和运作规则得以实现。企业作为创新商业模式的运营主体，吸收消费者参与创新商业模式的诸种经济行为都是在市场条件下的法律行为。消费者获得的消费资本收益权，视做一种投资行为，也将受到法律的保护。创新商业模式的实施过程，是通过一系列的法律法规指导，加以维持而实现的，是一个有序化、制度化和法律化的过程。

三、创新商业模式的运营平台

创新商业模式的实施，将以全新的O2O电商平台作为运营平台。创新商业模式的实施，是以实际的生产过程和经营过程作为依托，使消费者的货款到生产厂家和商家手中，能够参与到实际的生产过程和经营过程中并产生利润，才能够保障消费者获得消费资本收益。因此，创新商业模式的运营平台，要同数量巨大的生产厂家和商家进行合作，建立包括诸多领域的规模化的产业供应链，以及建立品种齐全的、数以千计的规模化的产品供应链，才能够实现整个经营过程由虚向实的转化，使消费者的货款源源不断地进入到生产和经营领域，并创造利润。

创新商业模式运营平台的建设内容，具体如下：

（一）天网——全新的电商平台

1. 电商平台是创新商业模式运营的重要载体和工具。它在产品、交易、服务、销售、交付、结算等方面为所有商家和消费者提供统一的管理和服务支持。它可以免去商家和消费者的许多后顾之忧。统一的结算体系使消费资本的作用，连同消费资本利润分配在整个系统内都得以完成，消费资本及其收益分配会自动转入到消费者的消费资本账户。

从电商平台所承载的功能来看，它首先是一个具有庞大规模的、产品齐全的集合供应商。平台可以与众多的商家、厂家和供应商取得联系，并将其产品在电商平台上发布，通过平台庞大的销售网络系统进行销售活动。商家、厂家和供应商的产品在电商平台上，被大量的浏览、购买，丰富了商家的客户群，节省了广告投入。对消费者而言，电商平台取代原本分散的、凌乱的众多中小型供应商，为消费者提供了一个具有庞大规模的集合供应商，满足和方便了消费者日常生活的多样化需求。

2. 电商平台也是一个包含上万种产品的商品库系统。在商品库系统中，存储着成千上万种商品目录。在每种商品目录下，详细记录着商品的名称、价格、产地、标号、性能以及产品的相关介绍。在分类商品库中，可以根据商品的产地或者功能进行分类展列。客户可以通过互联网浏览这些商品，利用网站强大的搜索功能寻找需要的产品，并根据所需随意查阅和选择产品，在网上消费购物，极其方便和快捷。

3. 电商平台也是消费者和消费资本管理中心。电商平台将为其天网和地网的消费者都建立消费资本账户。消费者的每一笔消费，无论是在电商平台上的消费，还是在商家的实体店铺进行消费，其消费记录都将进入消费者的消费资本账户中，参与企业利润的分配。电商平台的消费资本管理系统，将详细记录消费者的消费信息和消费资本收益信息。按照消费资本论原理，商家把消费者的购买行为视做一种储蓄行为、一种投资行为，按照一定的时间间隔把企业利润的一部分通过结算中心进行结算，分配给消费者。

4. 电商平台也是信息交流和数据收集中心。电商平台除了收集消费者的消费信息外，还将负责收集围绕业务开展的其他多种信息，如物流信息、产品供应信息、产品质量和售后服务信息等。这些信息都将在电商平台中进行汇总整理，以便生产企业能够进行及时的调整和控制。电商平台同时还兼有信息发布的功能。电商平台、供应商和加盟商，可以在电商平台上快速和简便地向消费者和其他合作伙伴发布相关信息。

5. 电商平台是系统管理中心。在具备完善的信息交流和沟通机制基础上，平台对数以万计的商家、厂家和消费者的管理变得更加容易。通过电子化的指令系统，能够迅速地将公司的相关要求和指令传达给商家、厂家和消费者，提高企业操作运营和相关市场活动的统一性和效率，使平台的执行力得到极大的提高。

（二）地网——全新经营理念的地面商铺

传统的地面商铺，只具有交易平台、产品展示场所等方面的作用。然而，在创新商业运营模式下，通过天网与地面商铺相结合的方式，赋予了地面商铺全新的经营理念和功能定位。在创新商业运营模式中，地面商铺主要有以下几个特点：

1. 地面商铺是直接面对消费者的销售平台，是整个运营系统与消费者对接的桥梁和纽带。消费者不但可以通过网上购买自己所需要的产品，也可以通过就近的地面商铺，直观地感受和体验产品的性能、特点，然后进行选购。

2. 地面商铺是电商平台的物流仓储中心。地面商铺还承担着企业小型物流中心的功能和作用。这是因为，在地面商铺不断实现全方位服务化的进程中，物流服务将会起着十分重要的作用。小区居民可以在网上进行购物，并由附近的地面商铺快速地将消费者需要的产品送达消费者手中。这将会使网上交易的数量和范围再上一个台阶，使许多原本不适合在网上交易的产品能够实现网上交易，从而使参与企业的销售额大幅度增长。

3. 地面商铺也是电商平台信息传递的终端。地面商铺直接面对消费者，能够将厂家、商家的各种信息直接传递给消费者。同样，地面商铺的经营者在与消费者面对面的沟通中，能够获得消费者对企业产品、服务等各方面的真实信息反馈。在信息经济时代，信息作为一种重要的资源，能够为企业创造巨大的价值。地面商铺作为企业遍布全国的信息接收和传播的触点，能够有效地整合市场信息，为企业根据市场的变化及时进行调整，提供切实的科学依据。通过企业和消费者的信息互动，不断改进企业的产品质量和提升经营管理水平，能够有效地调动消费者的积极性。

(三) 地网和天网合一

网上商城克服了地面商铺运营费用高、产品展示空间有限等方面的不足，为消费者购物提供便捷的购物方式和全新的购物体验。但如缺少了地面店铺的配合，也会表现出许多缺陷。网上商城应当积极地吸取地面商铺的优势，如地面商铺符合消费者长期以来的消费习惯，给消费者以信任感，便于售后服务和能够实际感受商品特征等优势，从而给消费者带来更为满意的购物体验。

在创新商业模式中，地面商铺将展示最具代表性或销售量最大的产品，而网上商城则展示企业的所有产品。消费者可以通过网上购买，也可以到就近的地面商铺选购。产品的退货、售后服务等，均可通过就近的地面商铺完成。由于将地网和天网结合，因此将会获得大量的市场数据。企业可以通过科学的统计分析，使地面商铺的单位销售额实现最大化，从而使单个地面商铺获得规模经济优势。

(四) 联合共赢的商家、供应商和物流企业

在创新商业模式中，合作共赢的理念体现在创新模式运营平台的各个方面，其中也包括了商家、供应商和物流企业。电商平台联合商家、供应商和物流企业的基础是企业生产经营效率的不断提高。这种效率的提高是商家、供应商、物流企业和消费者之间信息交流系统的高效对接之上。

创新商业模式企业的运营平台还可将商家和厂家产品在市场上的销售信息，进行记录和统计，并尽快反馈给商家和厂家。商家有了最新的市场需求信息，便可将订单迅速发送到生产线，并通知供应商和物流企业供货，使整个商业活动的全过程能够集中在一套基础系统中完成。通过电商平台与商家、供应商和物流企业的深度对接，通过企业间的深层次共赢合作，能够使这些企业更加紧密地围绕平台的周围。

四、创新商业模式的运营优势

(一) 现代订单经济和增值服务理念

创新商业模式的运营，使现代订单经济和增值服务理念能够迅速转

化为现实。订单经济是指电商平台通过对消费信息的收集、整理和汇总，将消费者零星的、分散的、无计划的消费，转变为有计划的规模需求，为生产企业提供稳定的大规模订单。增值服务是指将其他商家的会员资格、销售折扣，以及一些便民服务等，与创新商业模式下的消费资本挂钩，使新模式企业能够联合一切积极有利的因素为消费者服务，使消费者的利益得到最大幅度的增加。

(二) 信息流、价值流和物流，三流合一

在地面商铺和网店协同运营的情况下，创新商业运营模式企业将信息流、价值流和物流三者有机地结合在一起。

参与创新商业模式的企业通过电商平台的结算中心，得以完成收取货款，以及对消费者应得利润的分配，实现并完成企业的价值流。而每一个地面商铺就像伸向四面八方的触手一样，通过网络等渠道，和天网一起形成并实现企业的信息流。而地面商铺同时也兼具小型物流中心的作用，货物从仓库配送到地面商铺，再由地面商铺转交给消费者，同物流机构一起完成企业的物流。通过天网和地网的结合，已经将信息流、价值流和物流有机地结合在一起。

(三) 宣传、配送、服务三统一

创新商业模式改变了以往小型社区超市分散经营，难以获得规模优势，在与供应商的价格谈判中处于劣势的局面。通过地网和天网合一，可以对加盟的地面商铺开展统一的宣传、统一的物流配送和统一的售后服务。从而使原来分散经营的小超市获得了大型企业规模经济优势，以及相应的信息优势、成本优势等。

而在地面商铺获得上述优势的同时，加盟商家还可以将更多的精力投入到如何为消费者服务，以及如何进行特色化经营方面，使加盟企业既获得了大型企业的规模经济优势，又具备了小型企业服务灵活、多样的特色。可以说，正是整体的规模化造就了个体的特色化，使加盟商家在具有效率的同时，又具有鲜明的个性。

第十一章　消费养老保险模式

人口老龄化是全球人口结构发展变化的共同趋势。我国已经开始步入人口老龄化社会，引起党中央和国务院对我国养老保险事业改革与创新发展的高度重视。

一个世纪以来，各国在养老保险制度的实践过程中，形成了一定的模式，其主要特征是国家拨款、企业和个人强制缴款作为社会养老保障制度的资金来源，并形成了现收现付、完全积累和部分积累三种财务模式。这三种财务模式无一不是以单一货币资本作为支撑。仅仅依靠单一货币资本支持保险业发展，是传统保险业的主要弊端。

在这种财务模式下，养老保险制度存在的主要问题是融资困难、资金短缺，难以实现养老保障制度的预期目标，许多国家普遍存在覆盖率不高、养老保障水平偏低，甚至还经常发生给付困难的状况。尤其是近年来，在世界性金融危机的影响下各国经济不景气，加之不断降低的人口出生率、不断提高的预期寿命以及不断提前的退休年龄，老龄社会正在以不可阻挡之势加速到来，使许多实行现收现付保险制度的国家面临严峻的融资危机，甚至难以为继，这是一个多世纪以来许多国家养老保险制度难以解决和未能解决的一个痼疾。

从我国的保险业的发展来看，由于我国的保险业起步晚、基础较差，总体规模还很小，在国民经济中比重很低。截止到 2016 年底，保险深度（保费收入占 GDP 的比重）仅为 4.16%，保险密度（人均保费收入）仅为 2258 元，低于世界养老保障的平均水平。而据瑞再 Sigma 报告数据显示，全球保险深度为 6.2%。

由此可见，我国保险业（包括养老保险）仍存在诸多亟待解决的问题，保险业发展水平与国民经济、社会发展和人民生活需求仍不相适应。保险业的作用发挥得还很不够，消费者的巨大需求远远未得到满足。

以往，一些保险专家在研究如何解决养老保险的根本矛盾和问题时，长期习惯于就行业本身分析问题，习惯于从行业范围内谈解决问题的办法。这种思维导致人们长期局限在一些操作和技术层面上，难以触及根本性的问题，养老保险也就难以实现总体的突破。

养老保险制度是市场经济发展到一定阶段的产物，是市场经济的一个重要组成部分。市场经济已经完成了由卖方市场向买方市场的过渡，我们现在已经进入以买方为主的市场经济发展阶段。在这一阶段，消费和消费资本成为推动国家、地区、企业和行业（包括保险业）发展的关键性资源和主导力量。

我们必须把保险业的发展置身于市场经济大背景下，将保险业还原于整个市场经济，才能对保险业的现状作出深刻的分析，才能找出今后发展的根本途径。因此，我们的研究将以市场经济作为研究的起点和策划的依据，把养老保险制度置于市场经济发展的新阶段，即以买方为主的市场经济发展阶段进行考察。

为此，我们引入"消费资本论"作为新时期养老保障制度改革和创新的理论导向，"消费资本论"将用货币资本、知识资本、消费资本三种资本来推动养老保险制度的发展，从而有效地解决了以往在单一货币资本支持下的养老保险模式存在的融资危机、资金短缺、给付困难等诸多问题。建立在消费资本论基础上的"消费养老保险"保险模式，给养老保险模式注入了可持续发展的内生动力，从而使养老保险制度发展出现了转机,并走出困境。

"消费养老保险"创新模式,其最重要的意义在于,它开辟了增加养老金的新渠道,找到了养老金资金的源头。

"消费资本论"引导下的"消费养老保险"创新模式,化解了传统养老保险模式的融资瓶颈、摆脱了困境、是原有养老模式走向创新的突破口。"消费养老保险"创新模式是对传统养老保险制度的重大创新,打破了过去单纯依靠单一货币资本作为支撑的局面,拓宽了资金来源渠道,提高了养老保障水平,开启了养老保险制度的新局面。

一、消费养老保险模式的基本内容

(一) 消费养老保险模式的定义

"消费养老保险"模式是由政府主导的、专家指导的、企业市场化运作的,根据消费资本论原理,消费者通过消费可获得消费资本利润,转化为保险金的新型养老保险机制。消费养老保险模式最重要的创新意义在于,它开辟了养老金的新渠道,找到了养老金的新源头。

这是因为,"消费养老保险"模式,引入了建立在消费资本论基础上的创新商业模式。传统的商业模式的基本特征是买卖双方货款两清,认为这一经济过程即已结束。但消费资本论认为,这一过程虽已结束,但一个新的经济过程开始了,即:消费者购买厂家和商家的服务后,其货款转到了厂家和商家的手中,进入了企业的下一个生产过程和经营过程,此货款即转化为资本。从这个意义上说,消费者也是投资者,由消费者货款转化的资本也产生利润,因此消费者理应参与企业利润分配,得到企业返还一定比例的利润作为收益,消费者即可将这部分收益转化为自己积攒的养老金。

在这种养老保险机制下,消费者、被保险人将由传统保险制度下被动的被参与者、被执行者,转化为新型养老保险制度的积极主动的参与者、主人翁和新型养老保险制度的主力军。新型养老保险制度开辟了养老资金的新渠道,找到了一条生生不息、源源不断、永续长存、与市场完全对接、充满内生活力的养老保险模式,是全国城乡居民共同参与的全民养老、终生养老的保险体制和机制。

(二) 消费养老保险模式的主要内容

"消费养老保险模式"以新的商业模式作为载体，主要包括两个方面的内容：一方面根据消费资本论将消费者的消费行为视同是对企业的投资，使消费者能够以消费资本股东的身份参与到企业利润的分配，获得一定比例的利润收益；另一方面，通过与保险公司合作，创新性将消费者获得的消费资本利润转化为个人养老金，存储在保险公司的个人养老账户下，以备未来养老之需。

"消费养老保险"则是将消费资本论的理念应用到社会养老保障中去，从消费资本所产生的利润中，提取个人养老所需的资本金，将消费资本作为养老保障制度的重要的资金来源，从而打破了过去单纯依靠单一货币资本作为支撑的局面，扩宽了资金来源渠道，增强了养老保险资金的保障。

(三) 消费养老保险模式的运作系统

"消费养老保险"模式的运作平台由各参与单位和业务运作系统组成。在民政机构支持和监督下，由参与消费养老保险的各单位组成紧密型的联合体，作为消费养老保险模式的管理和运营平台。根据消费养老模式的内容，建立各项业务运作系统。

"消费养老保险"在实践应用时，不能拘泥于一种产品或者一家企业，而是将诸多企业联合起来，在不改变人们现有消费习惯的基础上，进行改革和创新。"消费养老保险"也离不开政府的支持和监管。我们要在现有的法律法规框架内，在国家政策所倡导的创新范围内，进行改革，推动我国养老保险事业快速发展。

(四) 消费养老保险模式的运营平台

"消费养老保险"模式的顺利实施得益于先进的互联网技术，通过搭建功能齐备、操作简便的互联网平台，使消费者线上线下原本分散的、无序的消费行为，被跟踪、记录和统计，使消费者在各个购物平台和消费场所之间的零星消费被集中和统一管理，这使得消费者参与各商家利润分配成为可能，并将其消费资本利润分期分批储存到保险公司，累计在消费者在保险公司的个人账户下作为养老金。微信平台的开通，更使得消费者只需要扫一扫便可成为消费会员，与传统办卡相比节省了大量的时间和成本，更符合智能化时代人们的消费理念，易于被广大消费者接受和喜爱。

二、消费养老保险模式的运营管理

（一）养老资金来源和具体实施办法

消费养老项目是在不增加国家、企业、个人负担的基础上，市民无须额外缴纳保费，而通过在消费养老模式运营平台进行日常消费轻松积攒养老金。养老金的来源是平台和商家，根据消费资本论的原理，将消费者的消费行为视作投资行为，让消费者以消费资本所有者的身份参与到运营平台和商家的利润分配环节，从而获得的利润收益。

消费养老模式的运营平台组建商家联盟和线上购物商城，作为消费养老项目的实施平台。消费养老平台的消费会员在平台上进行购物消费，便可获得平台的利润分红。消费养老平台同商家进行合作，直接为商家代售商品，利用互联网手段，减少了传统商品销售的中间环节，节省了大量的销售流通成本。消费养老平台将中间环节节省的费用的一大部分，作为平台的利润分红分配给消费者。

消费养老平台将建立平台的盈利模型，包括同商家的商品结算模型，估算出每种商品的盈利水平，进而计算出整个平台的整体盈利水平。同时，还要计算出平台的运营成本，据此估算出可以返给消费者的利润分红。消费养老平台给消费者的利润分红是建立在科学计算的模型基础之上，既保证了平台本身的盈利，也为消费者提供了一笔可观的、合理的养老金。

养老金是消费者在购买商品的过程中，运营主体商城将商家按照折扣价格出让给平台利润的一部分。为了便于计算，运营主体将按照消费者购买商品的实际金额来进行计算，假定消费者的实际消费金额为 $P3$，消费者获得养老金的比率为 Ri，则对应于消费者的每一笔消费可获得的养老金 PE 金额为：$PE = P3 \times Ri$。

这就是消费者在运营主体商城上进行消费,可获得的养老金的计算公式。

(二) 消费养老金管理与给付实施办法

"消费养老保险模式"中消费养老金的管理与给付将由商业保险公司来完成,商业保险公司将在中国保监会的严格监管下,履行其对消费养老金的保值、增值和给付管理等责任与义务。

消费养老平台可以同保险公司进行合作,消费养老平台是作为团体险,统一为每一位消费会员缴纳养老保险金,消费者自己无须缴纳任何费用,也无须亲自办理手续,而是由消费养老平台统一为消费者办理养老保险投保手续,并缴纳养老保险金。消费者接到通知后便可到运营主体平台或保险公司网站上查询自己养老保险积累情况。

消费养老平台为消费会员建立消费养老账户,平台分配给消费者个人的消费养老金收益将累计在消费者个人的消费养老账户。当消费者个人养老金账户中的养老保险金满足投保标准时,消费养老平台按照保险金的倍数向保险公司为消费者投保。保险公司则按照约定为消费者承保,并生成有效保单。

保险公司按照产品说明,为消费者的养老金提供保值和增值服务,并按照复利进行计算,其团体年金将实现对被保险人的年度分红。当消费者到了法定年龄,可持身份证明到保险公司的代理点办理养老金领取手续,并可一次性或者按年(或月)分期领取养老金。被保险若发生意外险所承保的事项,可持身份证和有关证明到保险公司的代理点办理相关理赔事宜。保险公司要根据保险合同约定的内容,兑现对被保险人的理赔承诺和养老金领取事宜。

三、消费养老保险模式的创新作用与意义

"消费养老保险模式"的提出具有重大的现实意义和作用。"消费养老保险模式"通过创新的发展思路和发展理念,发动全社会积极参与养老保险,在不增加财政负担和消费者支出的前提下,从市场经济的良性循环中提取养老金,从而有效化解老龄化社会面临的巨大压力。

(一) 减轻政府财政负担和养老资金压力

"消费养老保险模式"中养老金的来源，是从市场经济的角度出发，是企业和消费者之间的利益共享的结果。一方面，由于居民的消费行为是源源不断的，因此消费养老所需的养老金也可以源源不断地产生。凡有消费和消费者的地方，就有消费资本利润的产生，影响范围极其广大；另一方面，消费者本身就是一个庞大的群体，消费又是一个可以计算或涵盖生产总量的经济概念。因此，消费养老作为一个调度社会总资本的武器，它所产生的作用是不可估量的。"消费养老保险"极大地拓宽了养老资金来源渠道，有望解决养老保险制度中融资难、有效给付不足的问题，将极大地减轻政府在养老方面的财政负担和压力。

(二) 成为广大民众养老的坚实支柱

"消费养老保险模式"是一种居民自愿积累养老金的方式。传统的养老保险制度均属于强制性交款，要按照有关规定在一定的时间和期限进行缴纳，才能获得一份养老保障。而"消费养老保险"不需要居民额外缴纳费用，因而也不会增加居民的负担，尤其是对于中低收入群体，养老保险往往成为他们不愿缴纳又不得不缴纳的费用。消费养老只需按照消费者的意愿，进行自由消费，没有时间和费用的限制，均可积攒一定额度的养老金。"消费养老保险"覆盖范围也非常广泛，不受居民身份、职业和地域的限制，任何人只要通过消费都可以获得相应的养老保障。因此，"消费养老保险模式"将由于自主灵活、操作便捷，深得消费者的欢迎，且与居民的消费能力挂钩，逐渐成为广大民众养老的坚实支柱。

(三) 补充和完善了我国养老保障体系

"消费养老保险模式"作为养老保险的第四支柱，能够补充和完善我国养老保障体系，构建多元化、多层次的养老保障体系。我国"三支柱"的养老保障体系中的第一支柱是统账结合的基本养老保险，即由政府主导并强制执行，采用现收现付的筹资模式；第二支柱是企业年金，是一种以企业为责任主体的市场化管理的养老金计划，由企业缴费或者员工缴费；第三支柱是个人储蓄性养老计划，个人为责任主体参与缴费，一般由商业保险公司办理，个人自愿投保。人口老龄化加速发展为养老保障带来巨大挑战，为积极应对日益严峻的人口老龄化形势，建立多元化、多层次的养老保险体系是必然之路。"消费养老保险模式"是充分利用市场的力量，成为我国养老保障体系有益的补充举措。

第十二章 创新消费金融模式

一、消费金融行业发展现状

消费金融业的发展在扩大内需、刺激消费、提高消费者效用方面将发挥重要作用。2009年中国银监会发布《消费金融公司试点管理办法》,消费金融政策出台以来,获得消费者和社会各界的拥护和支持。从2010年起我国开始试点工作,截至2012年底,北京、天津、上海和成都的四家试点消费金融公司的业务,获得了迅速发展,资产总额已达40.16亿元,贷款余额为37.09亿元,客户总数达19万人之多,业务规模稳步扩大,已经初步显示出,对促进个人消费的增长,从而推动制造商和零售商产销量增长,带动相关产业的需求,改变GDP对出口和投资的依赖程度等方面的重要作用。

2013年11月14日中国银监会修订发布了新的《消费金融公司试点管理办法》,进一步鼓励和推动消费金融业的发展。据统计,2015年中国消费金融规模达到18.96万亿,同比增长23.32%,预计到2020年消费金融规模有望达到40万亿。不同于传统银行信贷,消费金融公司信贷具有如下特点:

1. 单笔授信额度较小。消费金融公司的服务对象主要为中低收入的年轻人，面向个人或家庭提供无须抵押的信用贷款。主要的目标客户为 20 岁以上，且有固定工作和稳定收入来源的年轻群体。这部分人群具有消费需求旺盛的特点，且有很高的成长性。但无抵押的贷款风险较大，分散风险最好的方法就是单笔授信额度较小。中国银监会规定，我国消费贷款的信用额度最高为 20 万元。

2. 贷款审批速度快。消费金融公司的目标人群以及单笔授信额度较小的特点就决定了其贷款审批的速度较快、效率更高。个人一般将消费贷款用于生活必需品、耐用品、3C 产品、婚庆、旅游等产品和服务的购买。贷款审批速度快，服务效率高，才能保证消费者的良好的服务体验。

3. 无须抵押担保。消费信贷单笔授信额度小，且消费金融公司往往对申请人的信用进行摸底调查，消费金融公司会根据消费者不同的信用给予不同的消费额度，从源头上把控风险。因此，与银行信贷不同，消费信贷大多无须抵押品和担保品。此外，基于大数据的征信体系正在建立，消费金融公司可以依据大数据征信分析来分析潜在客户的信用，降低消费信贷风险。

4. 服务方式灵活。相对于传统信贷线下递交申请材料、审核、放款等流程，消费金融将服务嵌入消费场景内，形成了渠道优势。线上线下皆可开展业务。更有产业公司直接控股消费金融公司，促进自身产业的发展。

5. 贷款期限短。消费贷款面向众多消费场景，往往具有频次高、额度小的特点，多为短期贷款，期限一般在一年以内。资金在消费金融公司通过往复循环，来不断满足消费者的贷款需求。

消费金融公司作为消费金融主要的承担者，在促进个人消费方面发挥着越来越重要的作用。它专门针对消费者信贷领域，弥补了商业银行等金融机构在信贷市场上的不完善。中国经济正处于转型期，消费结构亟待升级，城镇化速度加快，消费需求越来越旺盛，中国消费金融事业将会迎来黄金发展时期。

二、传统消费金融的局限性

目前，现行的消费金融公司是在传统消费金融理论的指导下开展业务。但传统消费金融理论存在严重的缺陷和不足。

在对传统金融理论的分析过程中，我们发现消费金融为消费者跨期资源配置提供工具，实现消费者在当期和未来资金的合理配置。但是，消费者现期所借贷的资金仍然需要偿付，未来偿付本息时，会降低其收入，减少对未来商品和服务的购买。从长期看，消费金融仅是为刺激当期消费提供了便利，但并没有改变消费者总的消费能力。消费金融只是起到了刺激当期消费的作用，但同时也透支了未来的购买力，降低了未来的消费量。这是由于消费金融并没有提高社会总的消费能力，而仅仅是实现消费跨期配置。

同时，在传统消费金融理论指导下，消费金融存在一定的风险。当贷款人没有获得预期的收入，难以支付本金和利息时，将会发生违约风险，消费金融公司的财政状况就会恶化。在严重的情况下，可能导致系统性的金融风险，诱发经济危机。例如2007年美国的次贷危机便是由于过度的消费信贷所引致的。早在2003年，美国的家庭债务比例已经达到了115%。这意味着，美国平均的家庭负债的余额，已经高于美国平均的家庭可支配收入。如此大的债务，必然会带来极大的风险，引发次贷危机。

此外，按照传统消费金融理论的生命周期理论，人在一生中配置自己的财富和消费，其一生的消费总量是一定的，现期消费必然会导致未来消费的减少。在这种情况下，消费金融就是刺激当期消费，就是"寅吃卯粮"，透支未来的购买力。

三、消费资本为消费金融注入新的动力

消费资本论改变了利益单向分配的格局，不同的利益主体达成共赢，包括消费者、生产者在内的整个社会都将获得利益。消费资本论认为消费者也是投资者，生产者将利润的一部分作为消费资本的投资收益

回馈给消费者,从而改变了此前消费者与生产者的对立。在消费资本论指导下的消费金融公司的创新经营模式,则将购买消费金融公司金融产品的消费者视同投资者,消费金融公司将按照一定的返还率,将金融产品的部分收益返还给消费者,以鼓励消费者的消费行为。消费资本为消费金融创新注入新的动力,从而促进消费金融更好地、更健康地发展。

(一) 消费资本论扩大消费而非刺激当期消费

消费金融为消费者跨期资源配置提供了工具,可以实现消费者在当期和未来资金的合理配置。但值得注意的是,消费者现期所借贷的资金仍然需要偿付,未来偿付本息时,会降低其收入,减少对未来商品和服务的购买。从长期看,消费金融仅是为刺激当期消费提供了便利。

不同于传统的消费金融,消费资本论指导下的创新消费金融模式,则是着眼于消费者价值增加的角度来扩大消费总需求。基于消费资本论,消费者购买商品与服务已经不再单单是一种购买行为,而是消费和投资有机结合。消费行为与投资行为合二为一后,消费者的价值可以在消费活动中得到增加。消费者意识到消费本身也是投资,可以获得消费资本回报后,就不会再压抑消费,被刻意压低的消费需求得到释放,从而扩大消费。

(二) 消费资本论提高了消费者的购买能力而非透支未来

消费金融再进行跨期消费时,势必会透支未来的消费能力。这是由于消费金融并没有提高社会总的消费能力,而仅仅实现消费跨期配置所导致的。与之对比,消费资本论则可以促进社会生产率的提高,从而实现经济增长,进而增强了未来的消费能力。经济增长后,社会财富总量提高。消费者可以用于消费的资金也将更加充沛,从而更敢于消费。总的来说,消费资本论可以促进社会生产、提高社会总财富,进而提高当期的消费能力、增强未来消费购买的能力。

由于消费者的消费行为,本身就是投资。因此,消费金融公司以此为起点,发挥消费金融公司的引导作用,对取得消费贷款的消费者的消费行为进行必要的引导。把他们的消费贷款直接引向到约定的商家、超市、餐饮和供应商,使这笔消费贷款,直接进入厂家和商家手中,进入厂家和商家的生产过程和经营过程，转化为资本，使消费者成为厂家和商家的投资者，参与企业的利润分配，实现消费者"边消费边赚钱"的目的。

消费金融公司的这种引导功能的创新，既能够解决消费者进行个人消费的资金难题，也解决了实体企业发展的资金难题，同时使消费者的消费行为同实体企业生产行为直接对接和互动，营造一种生产和消费互赢的新的商业生态体系，充分发挥消费金融公司作为非银行金融机构，通过合理引导个人信贷消费，推动经济发展的重要作用。

四、创新消费金融模式的重大意义

消费金融公司，作为一种全新的金融机构，是促进我国经济从投资主导型向消费主导型转变的需要。消费金融公司在发展过程中，应向更高级的形式发展。这一方面是日益增长的市场需求的需要；另一方面，也是本身业务需要进一步完善和规避风险的需要。消费金融公司作为一个运作平台，可以把消费直接向生产领域和经营领域里延伸，将消费变成投资，这将使消费金融公司，从其内涵来讲，还将发挥"消费者边消费边赚钱"的功能。

在我国股票市场尚不能有效保障实体经济的融资需求，在民间借贷尚未放开之际，采用消费金融的创新做法，合理引导居民消费向生产领域和经营领域投资，使生产领域和经营领域的商家和生产企业获得资金投入和发展动力，从而成为推动实体企业进行结构优化、产品升级和稳步发展的有力保障。

我国金融业的发展应该根据我国市场发展的实际情况，进行合理的创新，适应我国金融市场实际需要的创新，才会使我国的金融业繁荣发展。而不必继续沿用西方国家采用的金融产品和制度，无论是金融理念创新或金融产品创新，能够有效满足我国市场经济发展实际需要的，才是最好的。

第十三章 科技孵化器创新模式

一、科技孵化器发展现状

自1987年我国第一家科技企业孵化器——武汉东湖新技术创业中心诞生以来,科技孵化器在我国一直蓬勃发展,成为促进科技成果转化、培育科技型中小企业的重要载体。截至2016年底,全国有创业孵化载体7533家,包括孵化器3255家、众创空间4298家;累计孵化科技型中小企业22.3万家,累计孵化毕业企业8.9万家。其中,上市和挂牌企业1871家,占创业板上市企业的1/6,占新三板挂牌企业的1/10;涌现出一批知名上市科技企业,推动了高新技术产业快速发展,为新经济发展注入新动力。在区域布局上,京津冀、长三角、珠三角、川渝等成为孵化器重要集聚区,实现对欠发达地区全覆盖,省级地区80%以上建立了孵化器协会体系。在发展类型上,众创空间、孵化器、加速器形成了服务种子期、初创期、成长期等围绕创业企业发展的全孵化链条,创业孵化作为科技服务业的重要组成部分显现勃勃生机。

然而,尽管发展迅速,但与先进国家相比,我国孵化器产业仍存在投资主体单一、提供增值服务能力不强、激励机制不完善等问题。我国的科技产业孵化器在不同地区之间、不同省份之间以及不同城市之间的数量差异较大。我国的大部分科技企业孵化器过于集中在东部地区及少数中心城市，没有形成面向全国的辐射效应，极大地制约了我国孵化器事业整体上的协调发展。此外，同需要待孵的众多初创科技企业的总量相比，我国孵化器的规模不够，孵化器的作用发挥得还很不够。在传统的孵化器发展模式下，我国孵化器常受困于资本短缺、创新乏力和市场开拓困难等问题，孵化器发展水平和规模同国民经济迅速发展的需求不相适应，难以满足国民经济发展对我国孵化器行业的巨大需求，这成为我国孵化器发展过程中的突出矛盾。

二、科技孵化器创新模式的提出

在对以往的孵化器发展理论、孵化器结构、孵化器运行机制全面研究和创新的基础上，以消费资本论作为理论指导，我们提出了新时期科技孵化器的创新发展模式。孵化器创新模式同迄今为止所有孵化器的发展理念、孵化器结构、孵化器运行机制完全不同。孵化器将充分发挥货币资本、知识资本与消费资本三种资本的作用，打破了以往孵化器依靠单一货币资本发展的方式，拓宽了资金的渠道，克服了孵化器在发展过程中经常出现的资金短缺的瓶颈；同时由于高度倚重知识资本，从而增强了孵化器的创新活力；又由于大力开拓消费资本，从而有效地开拓市场，实现孵化器的产业化。这些都是注入孵化器发展的新的理念、新的发展思路和新的发展举措。

（一）知识资本是支撑科技孵化器成长的三大资本之一

根据知识资本理论，科技孵化器和孵化器的在孵企业的研发人员、高级管理人员作为知识资本的载体和所有者，将成为在孵企业的知识资本股东。这是科技孵化器创新商业模式实施激励机制的理论基础和主要依据。这种长期激励机制，将使孵化器队伍建设起着长期稳定和支撑的作用，对于资本总量的增长和业务发展起着决定性作用。

科技孵化器中层以上的管理人员，特别是高级管理人员和科技工作者（包括利用自己的智慧和才干作出贡献的普通员工），他们所拥有的知识资本应是孵化器总资本的一个重要组成部分。因此，孵化器利润总额中应有他们的份额，这样才能充分体现对知识资本作用的重视和对知识资本所有者权益的保障，也才能最大限度地调动他们开展业务的积极性，并使孵化器的员工队伍逐步由雇佣型队伍转化为主人翁型队伍。

建立知识资本交易中心，为科技孵化器提供知识资本流通平台。孵化器在发展过程中将会不断地、大量地产生科技成果，形成并积累大量的知识成果。为了充分发挥知识成果的作用，孵化器应将知识成果进行量化并促成在市场的流通和交易。通过知识资本量化可以实现对知识成果的计量，实现知识成果的流通，增强了孵化器的创新活力。

知识资本理论在孵化器发展中的推广和应用改变了以往孵化器行业的思维定式，对我国孵化器行业的飞速发展有着积极的促进作用；这种理论在孵化器行业中的推广应用可使孵化器行业多年积淀的，诸如货币资本短缺问题和孵化器发展不能满足市场发展需要的矛盾迎刃而解。

(二) 消费资本在孵化器发展中的作用

孵化器行业和消费资本论有着天然的密切联系，从某种程度上讲，孵化器行业同消费资本化，在客观上有一种内在的、本质上的联系。孵化器的消费资本化主要表现在：（1）在孵企业兼具消费者和投资人双重身份，客观上存在着消费转化为资本的要求；（2）孵化器和在孵企业的合作过程是一种共享利益的过程；（3）孵化器设计的某些服务已经体现出孵化器与在孵企业的利益结合与共享的鲜明特征；（4）孵化器的部分服务已是消费资本化内涵的原始雏形；（5）孵化器与在孵企业的利益相结合的实践，几乎涵盖孵化的各个环节。

科技孵化器把入孵企业支付的场地租金和购买各种服务的费用支出，看作是对自身的投资，并按入孵企业的消费额度、按一定比例把孵化器一部分利润返给入孵企业。在这种情况下，入孵企业作为孵化器的消费者和投资者，成为孵化器的协议股东。孵化器和在孵企业之间的关系由对立转为合作。在孵企业的购买服务的行为，已经不再是单纯地为了获取服务从而满足自身的生产和发展，其消费行为同时变成了一种储蓄行为和参与孵化器生产的投资行为。孵化器通过对在孵企业生产的产品的中试与销售，也是对在孵企业的一种投资。这就可以消除孵化器和在孵企业双方的对立，化解两者之间的矛盾，从而使双方获益，达到孵化器和在孵企业共赢的目的。

在孵化器消费资本化模式下，把在孵企业设计为"协议股东"，即由在孵企业和孵化器以协议的方式确定双方关系。同样，孵化器对在孵企业的市场开拓付出的费用，将转化为对在孵企业的投资，成为在孵企业的消费股东。在这种情况下，双方互为股东，按照各自的投入额度参与对方的利润分配，孵化器和在孵企业成为一个利润共享、互为股东的、紧密型的利益共同体。这种利益共同体的关系使两者的合作更加紧密、更有成效。

三、科技孵化器创新模式的特征

（一）科技孵化器实现双赢目标

科技孵化器以孵化培育创业企业作为经营手段，实现资源的合理配置，有较强的自我积累、自我发展能力。孵化器拥有最大的自主经营权和强大的科技研发创新队伍，具备很强的经营能力和创新能力；孵化器通过大力开拓消费资本，拥有很强的市场开拓能力。孵化器既达到社会目标——培育数量众多的科技企业，又实现经营目标——孵化器盈利最大化。

（二）科技孵化器践行共享经济

科技孵化器网络组织不仅包括孵化器自身的网络组织，也包括大量的支持创业企业成长的咨询机构和相关企业。该网络组织实际上就是把所有与企业孵化有关的主体联合起来，实现服务、信息、知识、资金、空间等资源的共享。其次，通过构建孵化器网络，实现资源、信息与人才的共享。

（三）科技孵化器构建多样化的创业生态系统

孵化器通过向在孵企业提供企业管理、技术信息、市场信息、法律援助、知识产权服务等咨询性服务；提供推广先进技术、改善经营管理以及帮助企业寻找生产基地等生产技术性服务；通过现代信息交流手段，通过互联网在线为企业提供信息咨询平台和人员远程教育、项目远程管理、产品商务交易等信息服务，在物理孵化器的基础上，进一步拓展创业孵育的功能，推动早期创新创业活动，营造了我国大众创新创业的良好生态环境。通过引入大量不同类型的创业企业，从而扩大企业集群外延，构建多样化的创业生态系统。

（四）科技孵化器的国际化竞争力

随着经济全球化的进程逐步加快，世界各国的各种经济实体已处在经济全球化的格局之中。当前，企业之间和地区之间的竞争，已经呈现出明显的全球化趋势，创业企业需要在全世界范围内寻找自己的技术研发空间和市场空间。科技孵化器将通过新的发展思路和举措，集聚大量知识资本和消费资本，构建起具有国际竞争力的新模式。

（五）科技孵化器的多元化投资模式

孵化器投资主体由政府和企业投资模式，逐步扩大为多元投资主体，包括政府、大学、科研机构、大企业、民间机构和国外投资机构，共同参与投资。这些投资主体可以单独进行投资，也可以联合进行投资。政府在孵化器产业化的进程中扮演领路人的角色，通过制定相关政策与法规，引导和鼓励各种类型的民间资本投资于孵化器，加速孵化器发展。

（六）科技孵化器强有力的品牌建设

孵化器要在努力提高内部服务能力的同时，还要有意识地向外部打造孵化器自身的品牌。具有鲜明品牌形象的企业孵化器可以得到媒体的更多关注，可以扩大自己在各种投资机构中的知名度，使得在孵企业获得更多的融资发展机会；可以获得更多的市场渠道；可以获得更多的高级管理人员、研发人员和技术人员的加盟；同时，具有鲜明品牌形象的企业孵化器还可以吸引更多的优秀创业企业加盟，提高总体的知识资本和消费资本存量，从而更快、更好地推动孵化器发展。

四、科技孵化器创新模式的意义

首先，用三种形态即货币资本、知识资本和消费资本来创新孵化器的发展模式,将改变以往孵化器行业发展的思维定式。在孵化器发展过程中,从完全依靠货币资本转变为同时依靠货币资本、知识资本和消费资本,从而增强孵化器资本实力、提升创新能力和开拓市场的能力,对我国孵化器行业的飞速发展有着积极的促进作用。知识资本和消费资本在孵化器中的推广和应用,可使孵化器多年积淀的,诸如货币资本短缺问题和孵化器发展不能满足市场发展需要的矛盾迎刃而解。

其次,众多的孵化器目前在发展模式上处于一种同质化、无差别的状态,彼此之间竞争异常激烈却难以胜出,投入了大量的各种资源却难以获取相应的收益。就是因为在传统的孵化器发展模式下,孵化器的独特个性、发展理念和自身优势没有得到充分体现,所以在激烈的市场竞争中难以胜出。因此,只有坚决打破发展理念上的桎梏,抛弃旧的、传统的孵化器发展模式,采用和推广孵化器的创新模式,才能形成新时期孵化器的核心竞争力,成为孵化器行业中的佼佼者,才能在激烈的竞争中脱颖而出。

同时,以三种资本为发展动力的科技孵化器创新模式,通过帮助孵化器拓宽融资渠道,增强在孵企业创新活力和大力开拓市场,将会极大地提高孵化器的孵化能力和规模,扩大成功孵化企业数量、提升在孵企业的孵化速度、加快科技成果创新和加速科技向现实生产力的转化,从而可以迅速解决孵化器发展水平和规模同国民经济迅速发展的需求不相适应的突出矛盾。

第十四章　文化硅谷模式

一、文化硅谷产生的社会经济时代背景

文化硅谷的产生具有鲜明的时代特征，它是社会经济文化发展到一定阶段的必然产物，有着深刻的社会经济时代背景。

文化是一个国家、一个民族的灵魂。文化自信是一个国家、一个民族发展中更基本、更深沉、更持久的力量。习近平总书记所作的党的十九大报告站在时代和全局的高度，深刻阐述了文化和文化建设的地位作用，深刻阐明了在新时代以什么样的立场和态度对待文化、用什么样的思路和举措发展文化、朝着什么样的方向和目标推进文化建设等重大问题，为推动社会主义文化繁荣兴盛、建设社会主义文化强国提供了根本遵循。我们要认真学习贯彻党的十九大精神，坚定文化自信，在实践创造中进行文化创造，在历史进步中实现文化进步，为进行伟大斗争、建设伟大工程、推进伟大事业、实现伟大梦想提供坚强思想保证和强大精神力量。

从国际背景看，当前，世界经济正处于一个大发展、大变革、大调整的新的历史时期。在世界性金融危机影响的形势下，世界各个国家、

地区和企业面临一个共同的任务，就是寻找新的经济发展方式和新的经济增长极。文化硅谷和文化创意产业，正是代表了一种新的经济运行体系和新的经济发展方式，同时也是我国和世界未来经济发展的新的经济增长极。随着知识经济时代的到来，以知识资本为基本动力的产业呼之欲出。知识经济时代催生了文化事业的全面繁荣和文化创意产业的迅速发展。文化硅谷正是应运而生的、文化创意产业的最先进的高级形态。

从国内背景看，党中央在国内外经济发展的新形势下，站在时代高起点上提出的"关于深化文化体制改革、推动社会主义文化大发展大繁荣若干重大问题的决定"，是关系到中华民族伟大复兴和我国经济社会发展全局的重大决策。文化产业是在市场经济条件下，繁荣发展社会主义文化的重要载体，也是推动经济结构调整、转变经济发展方式的重要着力点。文化创意产业承担着推动社会主义先进文化发展、传承中华民族优秀文化、满足人民群众精神文化需求和提升国家文化软实力的重任，是推动社会主义文化大发展、大繁荣和经济发展的重要引擎。

二、文化硅谷建设的现实意义

在我国，继各种传统产业和信息产业之后，文化创意产业时代已经到来。文化创意产业在我国正在迅速地发育和发展，并开始形成一种强势的发展潮流。

文化创意产业，是真正的"无烟产业"，是经济发展方式转型的不可或缺的产业形态。文化创意产业的发展，将改变人们的消费内容、消费观念和消费方式。文化创意产品的消费将甚于衣食住行的消费，而且具有反复消费和不断趋新的特征。文化创意产业是把高新技术和文化创意结合在一起，具有创意过程数字化、传播网络化、产品市场化、服务社会化的特点。各类文化创意产业与现代传播技术的紧密结合，使消费资本与知识资本互动，形成新的点石成金的经济效益和显著的社会效果。文化硅谷建设将文化创意产业作为战略性新兴产业，将和其他的战略性新兴产业一样，是新时期国民经济发展的需要，是国民经济发展的支柱产业。

三、文化硅谷的定位

（一）文化硅谷是人类社会经济发展过程中动力转型的重大历史性标志

在新时期，人们经过研究逐步认识到，可以通过知识的投入代替资源的投入，来支撑人类社会经济持续发展。知识资本成为推动社会经济发展的资本动力之一。

就知识资本本身而言，最主要的成果是形成了两大产业，一是以IT技术互联网为代表的信息产业，信息产业在丰富和提升了传统的制造业服务业的同时，本身也已经形成了从硬件制造到软件服务的巨大产业群。二是文化创意产业，一个新兴的产业群。文化创意产业是真正的"无烟产业"，文化创意产业的发展大大减轻了经济发展对资源的依赖，成为经济发展方式转型的不可或缺的产业形态。它将有力地推动我国经济发展方式转型，同时又是我国经济发展的新的经济增长极。

文化硅谷不再单纯地依靠货币资本和资源的投入，而是转化为依靠人类的知识和技能等知识资本获得发展动力。它是知识经济时代出现的一种高级形态的知识密集型的产业。文化硅谷通过教育和培训中心，培养大批文化创意类人才，为社会经济的高速发展提供充足的知识资本，为社会创新提供不竭动力。

文化硅谷的建设，以文化和科技作为其发展的基本动力支撑，开辟了知识资本支撑人类社会经济持续增长的新局面。因此，文化硅谷的建设，是人类社会经济发展动力转型的一个重大的历史性标志，具有深远的历史意义。

（二）文化硅谷是人类社会知识产品生产过程规模化的历史性开端

随着社会经济的发展，人类深刻地认识到，与物质生产过程并行的，还存在着知识生产过程。它的产品，有力地推动着国家、地区和企业的经济发展，成为一种崭新的资本力量，形成一个新的资本形态，即知识资本。与传统的货币资本不同，知识资本是一种清洁的、无污染的资本，它可以无限的复制，对货币资本发挥着点石成金的倍加效应，它将创造出比货币资本更高的利润率。但几个世纪以来，知识和知识产品一直处于被人们所忽视状态，没有得到充分的开发和利用，也没有进行规模化的生产。

文化硅谷在人类社会知识产品的生产过程中将发挥巨大的作用。文化硅谷将文化和科学技术相融合，打造出高知识形态的文化创意产品。文化硅谷通过建立和健全知识产权和专利的交易机制，使得文化创意产品的知识成果能够在市场上进行流通和交易，使其发挥出更大的社会效益和经济效益。文化硅谷作为文化创意企业的集聚区，还带来了人才的集聚、资源的集聚、技术的集聚，这将为高知识形态的文化创意产品的创造和生产提供非常有利的环境和条件。

各个国家和地区通过打造出几个、几十个文化硅谷，生产出大量的知识产品和知识成果，并迅速转化为生产力，将有力地推动世界经济的发展。文化硅谷的建立，正式开启了人类社会经济知识产品生产过程，而且规模巨大，是人类社会知识产品生产过程规模化的历史性开端。

(三) 文化硅谷引领中国经济发展方式转型和升级

改革开放以来，中国经济迅猛发展日新月异，总量不断提升，成为世界第二经济大国。这是党和国家带领全国各族人民共同努力，锐意改革进取，实践科学发展观，对经济体制和经济发展方式进行积极探索和创新所取得的巨大成就。但是，进入21世纪，世界经济发生了深刻的变化，市场经济的进一步发展和世界经济形势的变化，依靠投资大量人力、物力的粗放型发展模式已经不适合当今中国经济的发展要求。尽管中国经济仍然有很大的发展空间，但是可以预见在不久的将来，资源问题、资金问题、金融问题等一系列问题会更加突出。中国经济发展方式必须转型，才能适应现代经济发展的需要。

文化硅谷积极贯彻党中央关于转变经济发展方式的战略部署，努力开创一条全新的发展模式。文化创意产业不仅是我国经济发展方式转型的重要内容和不可缺少的产业形态，而且也是我国经济发展方式转型强大的动力支撑。文化硅谷代表着一种新的经济发展方式，它的成功转型经验将带动和促进国民经济各个行业的经济发展方式的转型和升级。并且,对世界经济的发展方式的转型也有重要的示范意义。因此,文化硅谷是引领中国和世界经济发展方式转型和升级的引擎。

四、文化硅谷的内涵

文化硅谷是文化、科技深度融合的、综合性的、创新型文化创意产业集聚区,它拥有独特的内涵和外延。

文化是一个非常广泛的概念。广义地讲,它包括人类在社会历史发展过程中,所创造的物质财富和精神财富的总和。由于其涵盖面非常广泛,所以又被称为大文化。狭义地讲,它是指人类创造的精神财富,包括宗教、信仰、风俗习惯、道德情操、学术思想、文学艺术、科学技术、各种制度等。狭义的文化是指人类历史活动中关于精神创造活动及其结果的部分,又称小文化。文化硅谷是大文化和小文化的重要组成部分,但并不是全部内容,同时它又区别于国家具有意识形态性的文化事业。所以,文化硅谷是文化的重要组成部分,是区别于具有国家意识形态的文化事业的文化产业。文化创意产业涵盖了九个相关行业,主要包含:文化艺术、新闻出版;广播、电视、电影;软件、网络及计算机服务;广告会展、艺术品交易;设计服务;旅游、休闲娱乐;其他辅助服务(文化用品、设备、产品的生产和销售)等九大行业。

根据国家统计局制定的文化及相关产业分类。文化产业基本上可分为三类,一是生产和销售以相对独立的固态形式呈现的文化产品的行业,如制作和销售图书、报刊、影视和音像制品行业。二是以劳务形式出现的文化服务行业,如戏剧舞蹈的演出,体育、娱乐、策划、旅游。三是像其他商品和行业提供文化附加值的行业,如装潢、装饰、形象设计、文化旅游等。

文化硅谷则是诸多文化创意产业的集聚区,是文化创意企业的集合体。文化硅谷从定性来说它是一个企业,它的发展举措是一种企业行为,带有市场化运作的特征。

五、文化硅谷的发展模式

文化硅谷是文化、科技和经济相融合所形成的一种新的经济运行体系。文化硅谷的重大意义是在于它所代表的是以发展速度适宜、经济效益显著、可持续发展为特征,以实现各参与主体共赢、实现社会共同富裕、构建和谐社会为目的的一种新的经济运行体系。新的经济运行体系包括新的发展模式、新的企业制度、新的商业模式和新的分配制度。

文化硅谷的发展模式的基本特征,是其资本构成由三种资本,即货币资本、知识资本和消费资本组成。换言之,是三种资本推动文化硅谷的建设,而不是唯一的一种资本。它将有效地化解以往依靠单一货币资本发展,所经常出现的资本短缺、创新乏力和消费萎缩等问题。

由于资本构成是由三种资本组成,因此文化硅谷解决自身发展所需要的资金总的思路是:(1)继续充实货币资本;(2)高度倚重知识资本;(3)大力开拓消费资本。

由于资本构成是三种资本,因此文化硅谷所采用的经济发展方式也是多元的。由单一的货币资本支持经济发展的传统发展方式,转化为货币资本和知识资本相结合的发展方式,再转化为"消费资本导向、知识资本创新、货币资本推动"的三种资本融合、联动的新型发展方式。这是全世界所有市场经济国家经济发展所必然遵循的总的趋势,是一条重要的经济发展规律,也是文化硅谷经济发展方式选择的方向。

(一)新企业制度

文化硅谷在实施过程中,还将建立起新的企业制度。货币资本所有者、公司员工、消费者为企业的发展,分别提供了生产资本、知识资本和消费资本三种资本动力。因此,应建立包括货币资本、知识资本和消费资本三种资本组成的"综合资本股份有限公司"。

文化硅谷通过组建由货币资本、知识资本和消费资本三种资本股东共同组成的"综合资本股份有限责任公司",充分发挥三种资本的作用和充分调动三种资本所有者的积极性,使三者的作用都能得到最大限度的发挥,三种资本共同推动企业发展,并使三种资本所有者的权益得到充分保障。

这种新型的企业制度,将结束 1602 年建立的单一货币资本股份有限公司以来四个世纪的历史,开辟企业发展历史的新纪元。

(二) 新分配制度

文化硅谷的建设,将突破旧的传统的市场经济理论的束缚,在总结市场经济发展经验的基础上,尤其在总结我国市场经济发展经验的基础上,勇于探索,进行创新,建立新的公平的分配制度和分配格局。

文化硅谷倡导建立货币资本、知识资本和消费资本共同参与企业利润的分配。这种新的分配制度,将使企业家文化创意产品的生产者、管理者、消费者都获得应有的回报。文化硅谷建立由三种资本所有者共同参与企业利润分配的制度,将结束几个世纪以来不公平分配制度的历史,开创公平分配制度的新纪元。并对全社会实施新的公平分配制度,具有重要的示范意义。

(三) 新商业模式

传统商业模式的基本特征,是消费者和商家买卖双方货款两清,便认为销售过程已经完结。新商业模式则认为,消费者的货款到了商家和厂家手里,大部分都进入了下一个经营过程和生产过程转化为资本,由消费者货款转化成资本也产生利润。明智的企业家把由消费者货款转化成资本产生的利润的一部分返给消费者,因此,买卖双方之间还有一个利润分配过程。商家与消费者利润共享,是新商业模式的基本特征。

新商业模式对消费者继续购买产品和服务的积极性是种巨大的激励,对消费者的消费能力也是重要的补充。因此,文化硅谷实行新商业模式,对于文化硅谷迅速扩大市场份额和补充自身扩大经营规模所需要的资金都具有十分重要的意义。

新商业模式在其实际运作过程中,将形成一个长期的、深层次合作的,甚至是互为股东、利润共享的、紧密型的利益共同体。企业在这一利益共同体中发挥核心作用,为各合作单位提供卓有成效的服务,给合作者带来显著的经济效益,同时也给本企业带来巨大的利润。

六、文化硅谷的意义和作用

（一）文化硅谷建设将推动文化创意产业在全国发展

文化硅谷将为文化创意产业的发展提供人才资源、技术资源、产品资源等一系列资源，推动文化创意产业在全国的大力发展。文化硅谷作为孵化基地，为文化创意企业提供高成功率的国际一流的文化创意项目和科技项目；文化硅谷作为文化创意产业教育和培训中心，它将为全国文化创意行业输入无数优秀的文化创意人才，将优秀的文化成果继承和传播出去；文化硅谷作为文化贸易平台，它将成为全国各地文化创意产品展示、推广、交流和交易中心；文化硅谷将为文化创意产业的发展提供重要的智力支撑。

（二）文化硅谷对增强中国的软实力和提升国民综合素质将发挥重要作用

我们必须从战略高度上深刻认识在新时期文化的重要地位和作用。文化是民族凝聚力和创造力的重要源泉，是综合国力竞争的重要因素，是经济社会发展的重要支撑。文化硅谷正是高度重视文化的重要地位和作用，通过文化创意产品，满足了广大群众日益增长的精神文化需求，其消费群体覆盖了青少年和老年人，其消费区域覆盖了城市和农村，其多样化的市场定位，满足了不同阶层的消费群体，使他们能够感受到我国优秀的传统历史文化和先进的现代文化，弘扬了中华民族的传统文化，进而提升了国民综合素质，增强了我国的软实力。

其次，在西方文化对中国传统文化形成强烈冲击的形势下，文化硅谷的建设和文化创意产业的迅速发展，打造了承载中国优秀文化传统的文化产品，对西方文化的腐蚀形成一定的抵触。同时，也保护了中国传统文化和各个地方的地域文化的延续和发展，避免了这些优秀的文化传统和习俗在社会发展过程中的消失。

（三）引领和推动文化创意产业经济发展方式迅速转型

文化硅谷以适应新时期发展需要的新的经济学理论为指导，以个人的知识和技能即知识资本为企业发展的动力支撑，推动企业资本动力构成的升级，由传统经济发展方式注重货币和资源投入的方式转变为注重知识和技能等知识资本投入的经济发展模式。文化硅谷实现的新企业制度、新分配制度和新商业模式是新时期我国经济发展方式转型的重要选择。这种新的发展模式代表了一种新的经济运行体系，它改变了过去依靠单一货币资本、依靠资源的消耗来支撑经济发展的传统模式和建立在这种模式之上的经济运行体系，率先实现了经济发展方式转型和升级。同时，文化硅谷的成功经验，在其他行业也值得推广，为其他行业实现经济发展方式的转型和升级提供可借鉴的思路和模式。

（四）文化硅谷将以其发展模式的先进性、科学性、重大作用和光辉的业绩而被写入人类社会经济发展的史册

中国改革开放30多年来，我国的经济发展取得了举世瞩目的成就，对世界经济的发展作出了巨大贡献。我国国际地位和影响力显著提高。西方很多有识之士认为中国是世界经济发展的引擎和火车头。多年来，我们经常讲中国要走向世界，现在的情况是世界各国正在走向中国，中国的经验正在受到世界各国的重视。过去，我们还经常说中国要和国际社会接轨。对于中国来说，北美、西欧、日本和其他国家是中国的国际社会；同样，对于北美、西欧、日本和其他国家来说，中国也是他们的国际社会。今天的中国是国际社会非常重要的组成部分。我们对世界性事务的话语权和影响力正在迅速增强。我们要改变长期以来在国际游戏规则面前，特别是在国际金融游戏规则面前，所处的被参与和被执行的地位。我们应该对西方国家在20世纪制定的许多涉及世界性事务的体制和规则，包括国际金融关系规则，提出修订意见，甚至制定并提出新的更加科学和公正的规则，这样，我们就会从根本上改变我们在国际游戏规则面前所处的地位。我们就会由被参与者和被执行者转为规则的修订者和制定者，成为国际事务规则的主人。

文化硅谷的成功建设，它将以其模式的先进性、科学性、重大作用和光辉业绩，而被载入人类社会经济发展的史册。

第十五章 投资促进创新模式

我国的投资促进工作由于长期受到西方传统经济理论的影响和束缚，从而对投资促进的内涵理解不清晰、不全面。所以很多原本应该列入投资促进工作的大量内容尚未得到展开和实施，直接影响了投资促进工作的成效。

产生这些问题的关键在于指导投资促进工作的理论基础滞后，严重阻碍了社会经济的发展。传统的市场经济理论认为，推动经济发展的只有一种资本，即货币资本。但市场经济发展的实践证明，事实并非如此，发展中的市场经济的资本构成应包括货币资本、知识资本和消费资本，而不是单一的货币资本。

因此，我们传统的投资促进模式也面临创新，不仅要引进货币资本，而且还要引进知识资本和消费资本，利用三种资本推动经济发展。

一、我国投资促进存在的问题

（一）缺乏科学的理论指导

我国投资促进存在很多问题，这些问题大多是由于缺乏科学的理论指导造成的。由于受传统经济理论的影响，认为推动经济发展的资本只有单一货币资本，没有认识到知识资本和消费资本的重要性。因此，我国的投资促进工作长期注重货币资本投资促进，而对于引进知识资本和消费资本缺乏重视。比如，长期存在的引进外资"重数量轻质量"的问题还比较突出，某些地方政府和部门不计成本盲目招商引资，片面追求引进外资的数量。这就是由于在传统理论的影响下，只重视货币资本，而忽略知识资本的缘故。我们处在一个信息爆炸和技术巨变的时代。我们的差距不仅仅是资金的差距，更重要的是知识、技术、观念上的差距。同时随着时代发展，消费资本的提出，我们还应该更加重视消费资本的投资促进。不但引进货币资本、知识资本，而且大量吸收消费资本。

因此，我们要更新观念，转变思路，应用新的理论指导我们的投资促进工作。

(二) 观念滞后，缺乏创新举措

1. 投资促进观念落后。一些地区将投资促进完全等同于招商引资，认为搞投资促进就是搞招商、引资，忽略了形象塑造、全方位服务、投资反馈等内容。没有认识到这几个环节实际上是一个有机的整体，它们相互联系，相互推动，不可或缺。

2. 各地方投资促进手段单一、方式雷同，缺乏创新举措。招商活动效果不理想，吸引外资水平也不高；普遍存在着重数量轻质量、数字浮夸和压指标现象，信息安全观念不强；重视具体鼓励政策而忽视制度建设，重视项目招商而轻视投资环境，重视形式轰轰烈烈而忽视内容实实在在的情况；自主创新的投资促进活动和品牌产品不多，在国内外的知名度较低；政府投资促进行为不讲效益，不计成本，搞粗放式投资促进；各地投资促进机构各自为阵，恶性竞争，全国工作缺乏统一协调。此外，伴随着我国企业对外投资规模的不断扩大，投资促进部门在对外投资促进中所发挥的作用还很有限。

二、以消费资本论为指导，实现投资促进模式创新

以消费资本论为指导，我国的投资促进工作就要实现由单一货币资

本促进模式转变为货币资本、知识资本和消费资本三种资本投资促进并举的新模式。也就是说,企业投融资要考虑三种资本的投融资。同样,投资促进也应该考虑三种资本的投资促进。具体而言,主要做好以下工作:

(一)通过有效的货币资本投资促进工作,积极充实货币资本

提出三种资本的思路,并非要否定货币资本的作用,相反,要进一步充实货币资本,使货币资本发挥更大的作用。货币资本能够有效地组织劳动力、技术乃至土地和信息等必要的资源和生产要素,能够迅速化解经济发展过程中由于资本短缺所造成的各种问题,从而推动经济高速发展。据银监会提供的资料:截至2016年底,14个国家和地区的银行在华设立了37家外商独资银行(下设分行314家)、1家合资银行(下设分行1家)和1家外商独资财务公司;26个国家和地区的68家外国银行在华设立了121家分行。另有44个国家和地区的145家银行在华设立了166家代表处。外资银行在我国27个省份的70个城市设立营业机构,形成有一定覆盖面和市场深度的总行、分行、支行服务网络,营业网点达1031家。在华外资银行资产总额为2.93万亿元,同比增长9.19%;负债总额2.56万亿元,同比增长9.73%。各项贷款余额1.11万亿元,同比下降2.04%;各项存款余额1.66万亿元,同比增长15.46%。实现净利润127.97亿元。

与此同时,截至2016年底,共有22家中资银行在海外63个国家和地区设立1353家分支机构,其中一级分支机构229家。非银行金融机构"走出去"破题,1家金融租赁公司获批在境外设立专业子公司。[①]可见,外资进入中国银行,中国银行深入开展投资活动都将为中国经济的快速发展发挥重要作用。

但是,必须注意到,通过投资促进工作吸引来的资本货币仍然是暂时性、阶段性的供应,远不能解决地方和企业经济长期发展所需要的资金。如果运作不好,容易出现生产链和资金链断裂的现象,从而影响和

---

① 该数据来源于银监会 2017-07-25《中国银行业监督管理委员会 2016 年报》。

阻碍地方和企业的经济发展。举例来说，在传统的经济发展方式下，国家、地方和企业主要是依靠自身的原始资本积累、银行贷款和资本市场融资来支持经济发展。大量的资金积累和巨额的外汇注入，虽然可使经济有一定的发展，但是，在积极充实货币资本的过程中，单一货币资本支持经济发展的方式存在一些问题：第一，随着科学技术的迅速发展和新时代的到来，已经显示这一传统的经济发展方式的局限性和不充分性。这种局限性和不充分性主要表现在依靠货币资本这一单一要素发展经济，经常会出现资本短缺、创新乏力和消费萎缩等问题，从而形成经济发展的瓶颈。在单一货币资本支持经济发展的模式下，货币资本独享了企业的利润。因此，通过招商引资引来货币资本的同时，使大量的企业利润沿着货币资本的通道，流向了货币资本的投资者，使当地经济发展带来的收益很大一部分都未能留在本地区来支持经济发展，而是流到了货币资本所有者，甚至是境外投资者的手中。第二，通过对国际经济发展经验的研究和对本国经济发展经验的总结，发现货币资本对经济的发展并不总是正面效应，有时它会造成经济过热，有时又会造成经济发展迟缓。导致过热或迟缓的原因，并不是缺少货币资本，而是由于资本相对过剩、投资过热，造成生产相对过剩和资本利用率的普遍低下。第三，货币资本推动经济发展的速度是巨大的。但是，单纯依靠货币资本发展经济很快就遇到了瓶颈。货币资本的不断增长，带来的是资源消耗的不断加速，因此很快就会出现有限的资源无法继续支撑经济高速增长的需要的局面。由此看来，货币资本是必不可少的，但却不是支持经济发展的唯一动力。

（二）通过有效的知识资本投资促进工作，高度倚重知识资本

在招商引资的同时，要加强招商引智的工作，高度倚重知识资本的力量。高新技术和专业人才作为一种知识资本，对国家的经济发展具有十分重要的意义。知识资本是可以裂变的，它对货币资本作用的发挥起到一种倍加的作用。当货币资本不能充分满足一个国家、一个地区、一个企业经济发展的需要时，知识资本就起到一种点石成金的作用。它可以几倍、几十倍地扩大货币资本的作用，推动国家、地区和企业的经济

发展。传统的经济发展往往用货币资本来购买厂房、原材料和零部件，再将原材料转化成产品，是一种以牺牲资源和环境为代价换取经济发展的经济发展方式。这种经济发展也已经走到了尽头。新时代应该把产品的生产从资源依存型逐渐过渡到科技依存型，高度倚重和发挥知识资本的作用，加大科技含量，降低物耗，从而加速地方和企业的经济发展。

（三）通过有效的消费资本投资促进工作，大力开拓消费资本

消费资本不仅决定货币资本能否实现其最终价值，而且是给经济发展注入新的资本动力的源泉。消费资本的开拓，对经济发展具有十分重要的作用。它为国家、地方和企业的经济发展找到了一条生生不息、源源不断、永续不竭的资金源泉和资金流。消费转化为资本，打通了消费和扩大再生产的通道，它可以每月每周每天向地方和企业注入新鲜资本。一方面，资本就在我们身边，凡有消费和消费者的地方，就存在着消费转化为资本的土壤和条件，就有消费资本化的可能，影响范围积极广大，这是急待开发的一个巨大的资本存量，取之不尽，用之不竭。以企业为例来说，只要企业产品质量优良、款式新颖，就会有市场，产品销售出去后的资金就可以回笼到下一阶段企业扩大再生产过程，这是一个良性循环。倘若把消费转化为资本，并进一步形成投资，那么对地区和国家的经济发展将具有不可估量的意义。另一方面，消费者本身就是一个庞大的消费群体，消费者是市场竞争的、最终的决定力量，他们既是市场的主人，又是给企业注入新的资本动力的源泉。我国是拥有近14亿消费人口的大国，有巨大的消费市场和潜力。在地方和企业资金短缺的同时，银行城乡居民的存款却一直居高不下，据统计，2013年突破44万亿，2014年突破48万亿，2016年接近60万亿，这是世界上独一无二的巨大的消费市场，是潜在的、巨大的消费资本。如果其中一部分通过投资促进工作转移并投资应用到地方和企业经济建设中来，无疑会起到巨大的推动作用。我国的投资促进有着巨大的发展空间和广阔的发展前景。

因此，今后的投资促进工作，在新的市场经济理论——消费资本论的指导下，尊重市场经济规律，实现市场化运作，进而迈入一个多元

化、多渠道发展的新阶段。具体来说，就是通过继续积极引进货币资本、高度重视引进知识资本、指导企业大力开拓消费资本，推动我国投资促进工作呈现一个崭新的局面，从而为促进我国经济发展方式转型，实现各领域、各行业的快速发展发挥重要作用。

第十六章　商业银行体制创新模式

随着我国金融业的全面开放，我国商业银行面临更为激烈的国际竞争环境，提高竞争力是发展的关键。此外，随着互联网技术和全球金融电子化高速发展，货币形态和支付手段也发生了巨大变化，出现了各种虚拟货币和数字货币，电子化支付也越来越受到人们的青睐，这对我国商业银行的发展带来很大的冲击。面对新的发展形势，我国商业银行业必须不断深化改革、不断创新，来提高自身的核心竞争力，以适应新的市场经济发展需要。

为推动我国商业银行进一步深化改革，我们以消费资本论为基础对中国商业银行经营模式进行创新，提出"储蓄即投资，储户即股东"的创新经营模式。

我国商业银行经过三十多年的发展，取得了很大的成就，已形成以国有商业银行为主、其他商业银行为辅的多层次机构体系，为我国资本市场发展提供了良好的基础。但我国商业银行业正处于任重而道远的调整和改革之中，在经营过程中仍存在诸多问题，如盈利能力弱、不良贷款比率高、资本充足率较低、行业竞争激烈等问题。但最根本的问题还是传统经营模式存在固有的弊端，已不能满足新时期发展的需要。

一、新经营模式实施的依据

我们以历史数据为依据，进行说明。统计数据显示，我国银行资产中自有资金一般只占 10%左右，约 90%的资金来源于储户的存款。如表 16-1：

表 16-1　　　　　　　金融机构总资本金构成一览表

项　目	2006 年	2005 年	2004 年	2003 年	2002 年
资金来源总计	100.00%	100.00%	100.00%	100.00%	100.00%
各项存款	91.86%	95.08%	91.83%	92.34%	92.88%
企业存款	31.00%	31.83%	32.33%	32.17%	32.65%
财政存款	2.99%	2.65%	2.38%	2.28%	1.89%
机关团体存款	4.12%	3.99%	3.11%	2.99%	2.82%
储蓄存款	44.25%	46.70%	45.65%	45.99%	47.23%
活期储蓄	16.04%	16.15%	15.81%	15.59%	15.28%
定期储蓄	28.21%	30.55%	29.83%	30.40%	31.95%
农业存款	2.03%	2.05%	2.11%	2.17%	2.05%
信托存款	0.76%	1.15%	0.80%	1.09%	1.31%
其他存款	6.71%	6.71%	5.45%	5.65%	4.96%
金融债券	1.78%	1.88%	1.51%	0.99%	0.05%
流通中现金	7.41%	7.96%	8.20%	8.76%	9.39%
对国际金融机构负债	0.25%	0.21%	0.21%	0.21%	0.23%
其他	-1.30%	-5.12%	-1.76%	-2.31%	-2.55%

数据来源：《中国金融年鉴（2003）》、《中国金融年鉴（2004）》、《中国金融年鉴（2005）》、《中国金融年鉴（2006）》、《中国金融年鉴（2007）》，中国金融出版社出版。

从表 16-1 我们可以看出，从 2002 年到 2006 年，银行总资本中各项存款都占到 90%以上，储蓄存款占到 45%左右。我们再看一下银行的收入情况。从表 16-2 我们可以看出，以列入的六家商业银行为例。在 2005 年末，利息收入占总收入的比例最高的是交通银行为 92.55%，最低的招商银行也占 79.31%。因此可以说，我国商业银行的利润基本上是以储户的存款为运营资本创造的；银行与储户的这种关系，类似于股东与职业经理人或者是投资人与资产管理公司的关系。根据消费资本论，银行应把储户的存款，看作是对本银行的投资，并形成银行运营的资本，给银行带来巨额利润。按照市场经济规律，储户有权与银行共同分享这部分利润。这是推行"储蓄即投资，储户即股东"的新经营模式的理论基础和客观依据。

表 16-2　　　　　2005 年末六家银行收入情况　　　（单位：亿元）

	建行	交行	招行	浦发	民生	华夏
各项收入合计	1878.76	536.77	285.62	231.93	238.02	138.16
利息收入	1736.01	496.80	226.52	205.90	207.17	116.47
占总收入比例	92.40%	92.55%	79.31%	88.78%	87.05%	84.30%
其中：贷款利息收入	1271.05	363.05	208.14	181.85	174.92	98.01
占总收入比例	73.22%	67.64%	72.87%	78.41%	73.50%	70.94%
手续费收入	92.61	25.44	18.56	5.21	4.94	2.97
占总收入比例	4.93%	4.74%	6.50%	2.25%	2.08%	2.15%
投资收入	29.28	8.24	33.87	17.06	23.67	16.93
占总收入比例	1.56%	1.54%	11.86%	7.36%	9.94%	12.25%
其他收入	20.86	6.29	6.67	3.76	2.24	1.79
占总收入比例	1.11%	1.17%	2.34%	1.62%	0.94%	1.30%

数据来源：《中国金融年鉴（2006）》，中国金融出版社，2007 年 6 月第一版。

二、实行"储蓄即投资，储户即股东"的创新模式

实行"储蓄即投资，储户即股东"的金融体制深化改革，可分阶段逐步实施。第一阶段可以将存款中的一部分作为储蓄投资额，实行储蓄投资模式。具体的做法是，当储户把存款存到银行的时候，银行把储户的存款账户分成两部分，即：传统的储蓄账户和储蓄投资账户。也就是说，储户在储蓄时，一部分存款按常规方法存入，作为一般储蓄存款。而另一部分则作为储蓄投资存款，储蓄账户的功能同传统的储蓄功

能是没有区别的，供储户进行存款和取款，银行利息的结算也是按常规利息结算。但另一部分储蓄投资存款根据消费资本论，应参与银行年终利润分配。根据消费资本论，银行应该把居民储蓄的一定比例作为对银行的投资，这部分储蓄投资参与银行年终利润分红。比如说，一个储户在银行储蓄了 10 万元人民币，那么银行可以拟定一个投资系数，比如 10%，作为投资额。这样，储户就有两个获利点：银行利息和 1 万元的投资分红。

下面，我们概述一下商业银行实施"储蓄即投资，储户即股东"经营模式的基本内容。

（一）设立储蓄投资账户

首先为储户设立个人储蓄投资账户。根据储户储蓄额的大小，可以将个人储蓄投资账户分为三类：初级储蓄投资账户、中级储蓄投资账户和高级储蓄投资账户。越高级的账户，就会享受越高的回报和更好的回报方式。

（二）储蓄转化为资本和投资额的确定

我们考虑到商业银行吸收储户的存款是商业银行利润的主要来源。因此按照消费资本论，商业银行应将储户存款的一定比例视为对本银行的投资并按一定的时间间隔将利润的一部分返给储户，使储户分享银行的投资成果。具体的做法是：自储户的存款达到银行制定的标准后即为其建立个人储蓄投资账户，专门用于管理客户的投资额。用公式表示即：

$$CI = C \times r'$$

CI 代表储蓄投资额，C 代表储蓄额，r' 代表储蓄投资系数。r' 将根据储户投资账户的类型不同，可设定不同的系数。通常情况下，储户的投资账户级别越高，投资系数 r' 的数值越大。

（三）投资分红额的确定

为了实施"储蓄即投资，储户即股东"经营模式，为储户建立储蓄投资账户，使储户的一部分储蓄存款转为"储蓄投资额"，并能够享受银行的年度分红。这不仅能够使消费者获得固定的存款利息之外，还将以储户投资者的身份获得投资收益回报,使储户能够同银行一起分享经营成果。

在确定完储蓄投资系数和储蓄投资额后,在对储户进行分红之前,银行还要制定出给储户的分红占银行可分配利润的比例,用 α 来表示。其中,α 的制定要符合相应政策法规的规定。假定在本年度银行的实际盈利中的可分配利润为 P_T,则可以给储户分红的总金额 P_C 为:

$$P_C = P_T \times \alpha$$

基于银行也存在一定的经营风险,因此,银行每个年度给到储户的分红,要根据当年的实际情况来计算和确定。银行在尚未获得实际收益之前,不能预先承诺给储户的分红比率或金额。

(四)新增存款处理

在储户新增存款时,如果达到了上一级账户的标准,则可以升级为更高的个人储蓄投资账户,可以享受到更为实惠的分红方案。

(五)消费资本账户终止

当储户将存款取走,储户的"协议股东"身份将自动终止,储户的储蓄投资账户随即撤销。

储蓄资本化模式中,储户就是银行的"股东"。当然要说明的是,这里的"股东"不同于传统意义上的"股东",这里的"股东"是协议性"股东"。当储户在银行储蓄的时候,会与银行签订一份协议,这份协议就规定了储蓄额中投资额的比例,以及分红的多少、流程等等。但是当储户取出银行储蓄的时候,他的"股东"身份自动失效,银行将中止对其的分红。也就是说储户成为"股东"的前提是他在银行有储蓄,并且储蓄必须达到一定的规模才有资格成为"股东"。这是与传统"股东"最大的区别。

至于分红的比例,银行可以根据自身的经营业绩、利息以及资本市场的平均收益率来确定。比例确定的根本原则在于:使过剩流动资金在资本市场和银行之间达到一个最优的分配比例。所谓最优就是要实现银行利润的最大化,同时使得资本市场上的流动性良好,引导资本市场健康、稳定地发展。

投资比例（即投资系数）与分红比例的确定是储蓄资本化模式最重要的部分，必须确定一个最优的比例，只有在银行对投资比例与分红比例确定一个统一的标准之后，才能实现流动资本优化分配，引导资本市场和银行健康发展。

三、实施新经营模式的意义

我国商业银行通过实行"储蓄即投资，储户即股东"的经营模式，充分利用消费资本的作用，一是可以推动我国银行业协调、持续、快速发展；二是可以为其他行业起到示范作用。

实行这种模式，可以抑制目前资本市场的狂热，实现了消费者的根本利益，是一种以人为本的模式。

由于新模式与传统模式相比，储户将钱款存入银行，不仅可以获得利息，而且作为银行的"协议股东"，还可以分享银行的利润，存款的积极性就会大大提高。通过这个模式，银行可以吸引更多的存款，改善资本市场一旦火热就导致银行存款减少的状况。银行应以积极的态度，应用消费资本论，运用储蓄资本化模式，通过调节储蓄投资比率，优化分流流动性过剩，积极促进我国资本市场的健康稳定发展。

对于普通消费者或者居民，其中绝大多数的人投资股市与基金都属于盲目的，非理性的。能够获益当然好，但一旦亏损，对老百姓的损失是巨大的。所以，按照储蓄资本化模式，居民把存款转移到银行之后，能够获得较大额的利息加回报，这就比风险投资更具吸引力。

对于政府，这个模式既可以抑制资本市场的狂热，防止股市泡沫的出现，又可以正确引导过剩流动性资金的投向，在银行与资本市场上实现流动资金的最优分配。将公众的非理性投资向银行的理性投资转移。在抑制资本市场狂热的同时，又能促进我国资本市场健康、稳定地发展。

第十七章　在我国旅游业中的应用

一、我国旅游业发展的新机遇

旅游业在我国起步较晚，但发展速度快，作为我国第三产业中最具活力和潜力的新兴产业，在很多地方已成为拉动经济发展的支柱产业、优势产业和先导产业。但在新时期，我国旅游业的发展也面临着进一步深化改革、创新发展理念、加快发展方式转型的新需求，只有用创新的发展理念来引导旅游业的发展，才能使旅游业从根本上实现发展方式的转变，增强旅游市场消费活力，促进旅游业更好更快地发展。

新时期，旅游业的发展面临着转型和升级的新挑战。如何在新时期得到更好更快的发展，是我国旅游业当前亟待解决的问题。我国旅游业发展至今，已经由传统的观光旅游，发展到工业旅游、农业旅游、休闲度假旅游、养老地产旅游、文化旅游等多样化的旅游形式与业态。随着国民旅游消费观念的转变，我国旅游消费市场、消费结构、产业结构都发生了显著变化，旅游市场越来越细分，消费者的需求越来越多样化。因此，继续用传统的旅游业发展思路，已经不能适应当前市场经济和旅游消费的需要。我国旅游业面临着转型和升级，寻找新的发展方式和模式,进一步驱动旅游业迅速发展。

将消费资本论应用到旅游业,将打造出旅游业发展的新模式,将为旅游业的发展注入创新的发展思路和举措,使旅游业的发展由传统单一货币资本支撑发展的情况,转变为货币资本、知识资本和消费资本三种资本融合联动的发展阶段。通过引入知识资本,能够提升旅游业的内涵建设,提高旅游产品和服务的核心竞争力,打造出具有吸引力的旅游知名品牌。通过引入消费资本,打造适应消费者需求的创新商业模式,注重发挥消费资本对旅游产业发展的重大作用,积极推进旅游产业的转型和升级。

二、旅游业新发展模式的主要内容

(一) 实施新的资本驱动发展战略

旅游业的发展也面临着资本动力的转型。旅游业的发展也同其他产业的发展一样,应遵循"消费资本导向、知识资本创新、货币资本推动"的发展模式,用货币资本、知识资本和消费资本三种融合联动,推动旅游产业的快速、健康和可持续发展。三种资本融合联动推动旅游业的发展,将从资本动力改革与转型的角度,引导我国旅游业的转型和升级。

旅游业通过"消费资本导向",建立消费自主驱动的新型发展模式。从旅游消费市场和消费需求的精确分析着手,以满足旅游者多样化的消费需求为目的,科学规划旅游产业的开发。通过实施创新商业模式,使旅游产业的发展同游客之间建立紧密的利益合作关系,游客不仅能够享受到旅游公司和景区提供的产品服务,同时游客还能够分享旅游公司和景区的盈利,成为旅游公司和景区的消费协议股东。这种双向共赢关系,可以激活消费资本存量,为旅游业的发展带来巨大的消费资本投入,实现旅游产业资本的良性循环。同时,还可以化解旅游业长期存在的游客被欺诈、骗购、被宰等不规范的发展现象。

旅游业通过"知识资本创新",建立旅游产品创新与开发的科学机制。新时期,我国经济进入以创新驱动经济发展的新阶段。我国旅游业也面临着同样的转变，旅游产品无论形式和内容都需要不断创新和丰富。旅游业通过建立具有激励机制的人才引进机制，启动以人及其成果为载体的知识资本存量，通过智力劳动创造出更加新颖和丰富的旅游产品，提高整个旅游产业的附加值和科技含量，加强旅游产业的内涵建设和核心价值。将知识资本引入旅游业，可以使我国旅游业由劳动密集型产业向知识密集型产业转变，提高旅游业的文化内涵。

旅游业通过"货币资本推动"，建立多元化的融资渠道，源源不断地为旅游产业的发展提供充足的货币资本。旅游景区硬件设施的建设需要投入大量的资金。通过招商引资和创新贷款模式，为景区的发展谋取充足的资金。在适当时机，鼓励景区公司或旅游公司的上市，这不仅有利于景区和旅游产业的规范运作和管理，还能够面向更大的资本市场进行融资，为旅游景区或旅游公司的发展提供充足的货币资本。

（二）大力发挥消费资本导向作用

当前，消费成为拉动经济发展的第一引擎。国家出台多项政策，鼓励和推动消费扩大与升级，打造中国经济升级版。旅游产业也急需扩大市场、激活消费资本存量，用消费来拉动旅游业的建设和发展。引入消费资本理论，实施旅游产业的创新商业模式，能够大力刺激旅游消费，推进我国旅游经济的发展，改变供给拉动需求的模式，实施以需求自主驱动的新型模式，充分发挥消费资本对旅游产业发展的导向作用。

消费资本理论在旅游业中的应用，是将旅游者的旅游消费行为视同为对旅游公司或景区的投资，旅游公司或景区可以按一定的时间间隔，比如按照季度来结算，把利润的一定比例与旅游者共享，降低旅游者再次到景区游玩的成本，这在某种意义上也是增加了旅游者的消费收入。此时，旅游消费者的消费行为变成了一种储蓄行为和参与景区经营运作的投资行为，使旅游消费者产生一定的回报预期，可以调动他们的消费积极性。在旅游者眼中旅行消费行为不仅能够得到精神上的休闲、感官上的满足以及身体上的放松，还可以从资本收益的层面得到实惠，使旅行消费行为变成了"旅游消费+投资活动"。旅游者获得了投资者的权益，不仅提升了满意度，而且也实实在在地提高了旅游者再次消费的能力。同时，对于旅游开发和管理部门或者相关的旅游产业机构而言，大量的消费资本可以帮助他们解决旅游项目开发中资金短缺的问题，有助于它们开发新的旅游产品，进而提升对旅游消费者的服务质量。

而且还可以利用消费资本论对旅游产业链进行优化。图 17-1 的旅游产业链中，在每一个消费环节应用消费资本论，可以使产业链上的每个个体都能成为消费资本的所有者。产业链中的企业或者部门就具有双重的收益预期，可以激发它的消费积极性，同时消费资本的融入有助于提高服务质量，改善服务意识，不断提升自己的业务水平，对于消费行为的主体和客体均可达到双赢的格局。

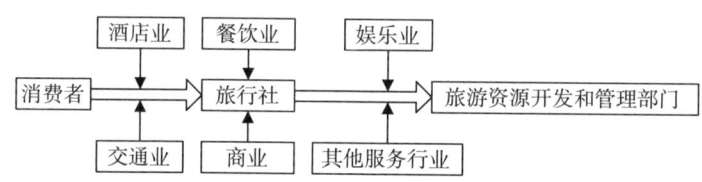

图 17-1 旅游产业链

消费自我驱动的模式使产业链中个体之间的联系变得更为紧密，相互之间的协作关系变得更为重要，从而促进它们建立协同与整合的经营理念。协同，就是树立产业链意识，把自我中心的经营思想转化为自我与产业链两个经营核心。整合，就是行业管理部门、地区、企业三方努力，推动这个行业逐步建立互相配合的机制。在这种理念的指导下，可以有效地优化旅游产业链的整体结构，使产业链中的个体紧密地联系在一起，成为一个和谐的有机整体，在提升旅游业的整体竞争力和扩大产业规模上具有重要的意义。

（三）高度倚重知识资本进行产品创新和内涵建设

旅游消费具有求新求异和逐步升级的市场特征。现代旅游产品具有现代性、自然性、文化性、民族性的内涵属性。其中现代性是指旅游产品运用现代科学知识和生产方式来满足当代人生活理念的属性；自然性是指以自然景观为核心要素的产品属性，主要功能在于满足那些对都市生活产生厌倦的人们渴望贴近自然的需要（如住宿、就餐、休闲或商务旅行时能够处于一个充满阳光、空气清新、景色优美的自然环境中，从而得到额外的享受）；文化性是指旅游产品具有展示人类活动历史轨迹和愉悦精神的属性，其核心在于满足人们接受教育、寻求启示的需要；民族性是指体现某个特定民族文化特色的属性，即世界上不同民族的文化差异较大所制造的神秘性，对于其他民族的人们而言，具有较强的吸引力，具有这一属性的旅游产品可以满足人们相互了解、探新求异的需要。

当前旅游产品和市场的开发，仍处于供给水平不高的初级阶段：旅游产品以观光型为主，普遍追求大流量的旅游接待；旅游产品粗糙的多、精品的少，资源型的多、文化提升型的少；产品供给只能满足初级化、大众化市场，个性化、舒适性明显不足，成为影响旅游产业提升的重要制约因素。

针对上述问题，我们引入知识资本这一概念。运用知识资本对旅游产品进行开发和设计，提升旅游产品的现代性、自然性、文化性和民族性。首先，必须明确划分旅游市场。高端产品要与高端需求、精品服务、小流量接待相对应，大众产品要与一般需求、基本服务、大流量接待相对应。还可以建立多层次多侧面的旅游管理网络，提升旅游管理的水平，以及构建旅游电商平台，把票务、车辆接送、酒店预订和旅行团预订等整合在一起，为游客提供便捷高效的服务。

其次，突出旅游产品的文化和特色，不仅要体现在旅游景区的开发建设上，也要体现在旅游各产业要素上，还要反映在旅游线路设计和宣传促销上。要加强旅游业与一、二产业及第三产业其他门类的结合，大力发展工业旅游、农业旅游、科教旅游、商务旅游、会展旅游、都市旅游、休闲旅游和文化旅游。而且要注意旅游资源的合理利用和开发，必须彻底扭转"资源导向"的传统惯性，积极适应旅游消费规律变化。还可以开发虚拟的旅游产品，利用现代电子技术构建虚拟景观，给消费者身临其境的真实体验。

再次，旅游业尤其是文化旅游业，是为了满足旅游者对精神和知识更高层面的需要。因此，无论是在产品开发和从业人员的专业素质方面，都有着更高的要求和水准。旅游业需要通过提升旅游从业者的专业素质，提升旅游业的整体业务水平。把知识资本作为一种长效的激励机制，中层以上的管理人员，特别是高级管理人员和科技工作者，以及利用自己的智慧和才干作出突出贡献的业务骨干，是知识资本的载体和知识资本的所有者。同时根据他们为景区贡献的知识资本多少，制定合理的薪酬分配方案。这种创新分配机制，能够激发旅游从业者的工作积极性，也可以吸引大量优秀人才进入旅游行业，为旅游产业的发展作出重要贡献。

（四）多元化融资渠道继续巩固货币资本推动作用

旅游产业在积极引进知识资本和消费资本，充分发挥知识资本和消费资本对货币资本的补充作用的同时，还要继续充实货币资本，实现三种资本融合联动的发展模式。

旅游产业要充实货币资本，除加强自身盈利能力之外，还要建立多元化的融资渠道。在招商引资方面，可以开拓新的思路，加强同民间资本的合作，实现股权多元化结构。鼓励国有企业同非公有制企业之间的联合持股和融合，实现各种所有制资本能够取长补短、相互促进、共同发展。特别是强调"国有资本投资项目允许非国有资本参股"，这将有效地调动民间资本的积极性，为资本市场的开放注入了新的活力。未来民间资本将发展成为我国金融资本市场上一股重要的力量。

旅游产业在解决自身发展资金问题时，还可以积极寻求上市，面向更大的货币资本市场。我国旅游公司上市在国内早有先例，且上市后筹集到大规模资金投入景区的建设中，其业务和资产迅速扩张，创造了良好的业绩。黄山旅游发展股份有限公司上市以后，总资产从2.3亿元上升到17亿元多；峨眉山旅游股份有限公司上市以后，经济效益曾以年均28%左右的速度高速增长。这充分说明，上市公司与大规模、高品位的旅游资源相结合，能够迅速推动景区的建设和发展。

目前我国已经有几十家旅游上市公司，分为景区类、酒店类和综合类。其中景点类上市公司有峨眉山、黄山、张家界旅游、西安旅游、桂林旅游、丽江旅游、西藏旅游等多家旅游公司。景点类旅游公司因具备资源垄断、政府投入和政策支持等因素，相对于酒店类和综合类上市旅游公司，在旅游股票板块的表现较为稳健。随着我国经济的深化改革，市场在资源配置中发挥决定性的作用，未来旅游业的市场化程度会越来越高，旅游公司上市也将成为一种趋势。

三、我国旅游业新发展模式的重要意义

（一）扩大内需拉动消费

旅游业具有"一业兴百业旺"的特点。旅游业包含行、游、住、食、购、娱六大要素，旅游消费不仅与交通、住宿、餐饮、商业、景区景点等行业直接相关，还与工业、农业以及信息、金融、保险、医疗、咨询、环保等产业关联，其直接和间接影响的细分行业多达100余个，因此其拉动经济的作用十分明显。相对于住房、汽车等消费水平，旅游消费涵盖的价格区间从几元钱的旅游纪念品至上万元乃至数万元的旅游行程费用。因此，它对国民经济增长具有重要的拉动作用。

推动国内旅游向广度和深度发展，要进一步积极引导旅游消费。使用消费资本论指导旅游新产品的规划和开发，探索新的经营模式和营销模式，消费资本论的实施有利于刺激消费，将单纯的消费行为转化投资行为，起到扩大内需的重要作用。两者相辅相成，互相促进推动。

由于消费资本论重视消费者权益，因而深受广大消费者的欢迎，从而可以在客源市场开拓方面有实质性的突破，迅速扩大市场份额。旅游企业与旅游者利益日益密切，使消费与生产进入了一个良性的循环，有助于我国旅游业的发展和投资效率的提高。

在消费资本论的作用下，我国消费资本的力量将得到最充分的释放，对旅游业带来的推动力量是难以估量的。

（二）构建多元化投资形式

开发和维护旅游资源，以及建设和旅游相关的基础设施都需要大量的资金投入。但以往这些投资的来源一般是国家和地方财政拨款。这些资金非常有限，投资数量不足以支持景点的开发和建设。我们可以利用

消费资本化充分调动消费资本的活力来弥补资本的不足。

借助消费资本大力发展旅游业，带来客流、人才流、资金流、商品流、信息流的快速增长，有力地带动餐饮业、酒店业、商业的发展，并促进交通运输和通讯设施的改善。

通过消费资本的积累，旅游景点有了足量的资金用于建设和改造，有效解决了投资中资金短缺的问题，可以取得更好的经济效益。企业效益的增长又反过来提高了消费者的收入和回报预期，激发了消费者更大的消费主动性。同时，大力发挥知识资本的作用可以使有限的货币资本发挥更大的效用，而且可以使资源利用更充分，还可以提升旅游产品的现代性、自然性、文化性、民族性内涵。

新旅游发展模式对于解决旅游企业在经济发展过程中面临的资金和市场问题，具有十分重要的作用。由于它充分完善了多元化的投资模式——国家、企业和消费者投资相结合的模式，从而有效地缓解了国家投资的压力。

(三) 优化旅游产业链

旅游业是一个产业关联度比较大的产业，有利于带动相关产业的发展和经济结构的升级。旅游业是现代服务业的重要内容，服务业是国民经济的重要组成部分，其发展水平是衡量经济现代化和综合国力的基本指标之一，其发展状况预示了经济结构和产业结构演变的方向。

利用消费资本论，将旅游产业周期关联的产业紧密联系成有机整体，使他们之间机械的传递关系转换成为相互之间紧密的协作关系。每个个体具有双重收益期望，变被动为主动，使他们具有自主完善的意识，同时使相互之间的协作更为流畅更加紧密，改善以往旅游产业链混乱的局面，使市场秩序更加规范化。

第十八章　在保险业中的应用

改革开放 30 多年来，我国保险业取得了长足发展，成为国民经济中发展最快的行业之一。2011～2016 年，总资产从 5.98 万亿元增长到 15.12 万亿元，年均增速为 20.37%，仅 2016 年 1～12 月保险业累计保费收入达到 30959.1 亿元，同比增长 27.5%。据有关数据统计：2016 年我国保险业的保费深度为 4.16%，保险密度为 2258.00 元/人/每年（约合 339.94 美元），我国保险综合竞争力全面提升。然而尽管发展迅速，我国保险市场的保险深度、保险密度还大大低于美国、日本、德国等发达国家。2015 年中国人身险和财产险保险深度分别为 2.4%、1.2%，低于海外成熟保险市场 3 倍；两类险种的保险密度分别为 1185 元、581 元，分别低于海外成熟保险市场 10 倍、25 倍。我国保险市场尚未完全打开，保险意识有待开发，向上向宽发展空间巨大。面对与国际市场的差距，除了保险企业本身加紧发展打开空间外，监管部门也对保险行业的未来发展设定目标。2014 年 8 月，国务院出台"新国十条"提出了要将商业保险的地位升级为社会保障体系和金融体系的重要支柱，同时提出在 2020 年保险深度达到 5%，保险密度达到 3500/人的目标。我国保险业的发展仍然任重而道远。

当前我国保险业正处于新的发展历史时期，保险业面临诸多机遇，但多年积淀的各种矛盾和问题困扰着其自身的发展，人们在研究如何解决保险业的根本矛盾和问题时，长期以来已习惯于就行业本身而分析问题，习惯于从行业范畴谈解决问题的办法，这种思维导致局限于一些操作或技术层面，难以触及根本性的问题，使保险业难以实现全局上的突破。保险业要实现新的跨越式发展，迫切需要用新的理论加以指导。研究保险业应具大金融视角，应从宏观经济的角度考虑和把握保险业的发展问题。具体来说就是把中国保险业的发展置身于市场经济大背景下，将保险业还原于整个市场经济。

同其他行业一样，保险业长期以来一直十分重视货币资本的作用，如强调公司资本实力、最低偿付能力，强调资产负债水平等等，而忽略了消费者和消费资本的作用和地位。保险业要实现做大做强的目标，根本问题是如何调动消费者积极性的问题，即如何调动或激发目前国内城乡居民储蓄之巨大潜力，使其中相当部分转化为保险购买力，这就引申出消费资本论在保险业中的应用研究问题。

一、消费资本论在保险业中的运用基础和实践模式

消费资本论是当代市场经济的一个重要理论，而保险业是市场经济的重要组成部分，保险业中生产者（提供保险产品的保险商）与消费者（购买保险产品的企业和个人）的关系问题既是保险业发展的永恒话题，又是一个核心问题，这奠定了该理论在保险业中得以运用的先天基础。我们通常说，"消费者真正需要的产品无处可买，而保险公司提供给消费者的产品却卖不出去"，所揭示的正是目前保险领域内生产者与消费者的尴尬关系处境。可以说，消费资本论在保险业中有着广泛的运用基础。

（一）消费资本论在保险业中运用的法学基础

1. 消费者即投保人在保险关系中具特殊法律地位，具有双重角色

通常投保人（或被保险人）、保险人、投资人（保险公司股东）、保险监管人等被并称为保险关系人，但这种表述方式往往忽略了消费者即投保人在保险关系中的特殊地位。首先，保险产品是一种无形商品，

投保人享有对标的物的主权，他在支付保险对价后所得到的是保险人对未来约定偿还或支付的一种承诺，保险人能否践诺，存在一定的不确定性并需要建立在最大诚信基础上。因此，投保人是特殊消费者，生产者现在和未来的经营情况与其自身现有或未来利益有很大关系。与其他关系人相比，保险消费者需要受到第一保护，由此才衍生出保险业须严格监管的问题。图 18-1 对比说明了投保人在保险关系中所处的地位：

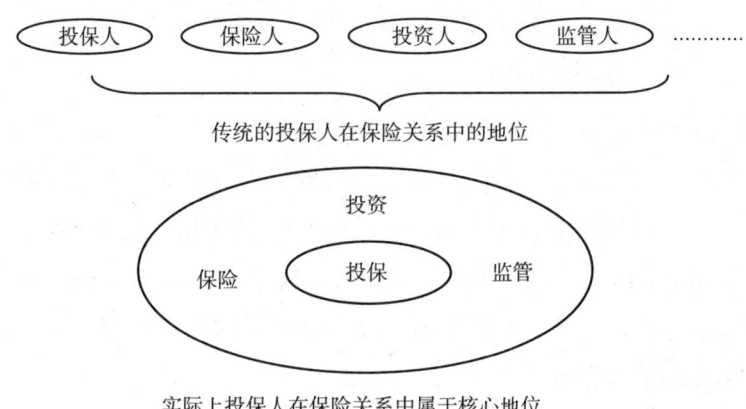

图 18-1

其次，保险公司经营本身是一种负债经营，保险公司因应承担义务形成了对投保人或保单持有人的负债。因此，投保人兼具消费者和债权者双重角色，存在着消费转化为资本的过程。

2. 保险关系中的保险利益是一种共享利益

保险业的经营涉及多个方面，并在其共同作用下创造出使投资者、经理人、员工、客户（消费者）等各得其所的利益。运用企业经营剩余的衍生原理，即这种剩余是一种可供上述各方分享的利益。基于此，可以肯定地说，保险利益就是这么一种"共享利益"。在这其中，投保人（客户）成为企业最重要的外部资源，它与企业的成功经营存在相互的利益关系。它在支付服务价格（保费）、不断为保险公司带来收益的同时，也会因保险公司的成功发展而不断受益。可以说，其所以要在法律上对保险公司的经营形成约束，一方面为了得到符合要求的良好服务，另一方面为了分享到保险服务所释放出的利益。比如对于满足投保人某些寿险需求方面，保险人可以根据自身投资收益水平确定更高回报率的收益分红保险等等。

(二) 消费资本论在保险业中运用的数理基础

1. 保险费的构成机理决定了消费者可以分享经营者部分成果

亚当·斯密（1776）在《国富论》第一卷第十章中写道，保险费"必须足以补偿通常的损失、支付管理费，并提供一份同额资本在任何通常的贸易中所能获得相等的利润"。如果用数学公式表达，这段话的意思即：$P=E+A+R$。其中，第一项 E 是在一定保险合同条件下的预期赔款，为方便起见，写 $E=E\{x\}$；第二项 A 是保险公司的管理费。第三项 R 是"风险费"，这是给作为风险承担者的保险人的酬劳。

其中，R 作为一种酬劳或利润预期，首先来源于 P（投保人交纳的保费），也即投保人购买保险产品时，相当于对保险企业进行了投资，此时消费者的购买行为，已不再是单纯的消费，相当于把消费者从产品链的末端以投资者的身份提升到前端，因此它的消费行为同时变成了一种投资行为。假定 E、A 保持不变，如果保险人在确定保费价格 P 时调低被保险人的保费价格 P，即意味着降低利润预期 R，或从 R 中直接让渡部分予消费者，即相当于把企业收益的一部分返给消费者，使消费者在购买保险产品时，既获得了保障，也能分享到企业成长的成果。

2. 保险主体效率的函数反映出利益关联方之间的互为利益

保险利益是一种建立在效率基础上的利益聚合链，任何链条效率提升，都会在给其他利益关联方带来利益的同时，也为自己带来利益。比如说，一个实力雄厚、管理先进的保险公司在给投保人带来效率利益的同时，也获得客户持续增加、资产持续增多的利益；如果其需要风险再转移，其需要付出的风险再转移的成本也会是相对较低的。

从这种意义上讲，保险利益应为保险活动各行为主体效率的函数。如果以 L_i 代表保险利益，那么：

$$L_i = f(A_e, U_e, R_e, G_e, \cdots, S_n)$$

其中，Ae、Ue、Re、Ge、…、Sn 分别代表投保人、保险人、再保人、政府及其他方面的效率，同时各方效率可相互影响。

（三）消费资本论在保险业中运用的实践雏形

消费资本论作为一种系统化的科学理论，虽然目前在实践中尚未得到广泛应用和推广，但在实践中却具备了一些基础雏形。

1. 不少产寿险公司设计的保险产品，已经体现了生产者与消费者的利益结合与共享的鲜明特征。如寿险公司中针对消费者或投保人的分红保单，产险公司针对消费者开发的非寿险投资类产品等，均使生产者与消费者在一定条件下实现利益结合，赢得更多的投保人或消费者，即意味着占有更大的保险市场同时意味着获得巨额的资本注入。

2. 许多保险公司每年都开展针对消费者的促销行动，例如在某一特定时段内优惠某一类客户群或赠送某一险别；又如，几乎每家保险公司对不出险或效益佳的客户都会在续保时给予特别折让或优待。类似举措均可看作是消费资本论在实践中的应用雏形：当消费者购买保险产品时，保险公司把消费者对本企业产品的采购视同对本企业的投资，并按一定的时间间隔，把企业收益按某种方式或一定比例返给消费者。这样投保人在不断为保险公司带来收益的同时，也会因保险公司的成功发展而不断受益。

3. 生产者与消费者的利益结合实践几乎涵盖保险业的各个环节。不仅投保人和保险人之间，保险人和再保险人、投保人与保险经纪（Insurance Broker）、保险人与保险代理（Insurance Agent）之间这样利益共享的联系在实践中都觅得见影子。例如，保险人和再保险人之间所使用的一些再保险工具就包含了这样的利益关系：保险人在连续几年向再保险人付出再保险费后，如果在这一方式下的再保险赔款低于一定的比例，那么，再保险人就必须把再保险盈余的一部分返还给保险人。又如，保险人和代理人之间，代表保险人利益的保险代理在联络过客户，并将相关业务成功转介给保险人后，保险人应按一定比例向其支付代理手续费（Commission）；在一定时期以后，当一代理人代理的全部业务对保险人产生剩余后，保险人可以按约定向其支付盈余手续费（Profit Commission）；当代理人代理的保险业务超过一定的规模，保险人还要向其支付激励手续费（Incentive Commission）。再如，在投保人与保险经纪之间，保险经纪为投保人设计了风险保障方案，并在与不同的保险人分别洽商后，会最终为投保人选定最有利的保险条件，投保人会为此向保险经纪付出经纪佣金（Brokerage）；如果保险经纪为投保人提供了其他方面的服务，投保人还应向保险经纪付出其他相关费用。

客观地讲，消费资本论已经具备了多方面的实践应用基础，但人们从认识上还未给予足够的重视，在实践中尚缺乏系统化应用，还处于自发、零散阶段，最终从自发上升到自觉，从零散实践上升到系统推广阶段尚有一个漫长的过程。

（四）相互保险制度对于消费资本论的应用具有借鉴意义

消费资本论的深刻内涵是将消费者的购买行为视为投资行为，并在一定时间内按一定方式给予消费者以回报，这一理论思想用之保险实践则与相互保险制度有很多相似之处。相互保险公司是一种特殊的保险组织形式，它由所有参加保险的人自己设立，因此相互保险公司没有股东，保单持有人的地位与股份公司的股东地位相类似。投保人既是公司所有人，又是普通消费者；既是投保人或被保险人，同时又是保险人。如果消费资本论能充分借鉴相互保险制度的经营属性并在保险业中应用，即相当于将每一位保险消费者从产品链的末端以投资者的身份提升到前端，此时消费和投资、买与卖成为一体，本身就完成了消费转化为资本的过程，这无疑为企业发展注入了新的动力。

二、消费资本论在保险实践运用中的重大意义

消费资本论是对传统经济思想或理论的革命和升华，该理论在保险实践中的应用和推广，必将对保险业发展产生重要而深远的影响。

（一）消费资本论改变了过往传统的思维定式，对我国保险业飞跃发展具有积极的促进作用

我国保险业在长期发展过程中已经形成这样一种思维定式，即每当谈到快速发展，就认为离不开增加保险经营主体、扩充人才队伍、增加新的产品供给以及提高人均效能，这固然正确，但实际上只是着眼于从

生产者角度考虑问题，只强调发挥生产者的主动性和能动性。这必然忽略对消费者或消费资本的重视，压抑了消费者的积极性，导致保险业只能依赖传统的模式增长，无法实现质的飞跃。

消费资本论则是一种新颖的创新思维方式，它着眼于从生产者和消费者双向看问题，并形成消费者的消费行为同时也是一种投资行为的全新思想与视角，可以说这是发展观的重大革命。如果消费者在购买保险产品时既获得了保障，也能不断分享企业成长的成果和收益，必将极大调动消费者的积极性和内在潜能，实现保险市场的跨越式发展。

（二）消费资本论在保险业中应用推广，可以使保险业多年积淀的问题和矛盾迎刃而解

恶性竞争是当前我国保险业发展过程中最为突出的问题之一，其中一个重要原因在于，消费者除了获得保险保障以外往往无法分享到保险企业的经营成果，企业只要不倒闭关门，消费者的利益基本得到保障即可，加之保险产品是一种事后验证的商品，消费者在购买保险前无法考核保险产品的质量，真实效用在使用后通过赔偿或给付这一过程才知道。因此消费者关心的只有保险价格，特别是当低廉价格易受市场追捧后，更使得保险竞争变得愈演愈烈。如果消费资本论得以推广，即意味着消费者将不再是单纯的消费者，消费资本化过程可以使消费者从企业长期获益，并分享企业的发展成果。届时，消费者出于关心自身利益和更高收益，那些品牌优秀、管理先进、成长性好、回报率高的保险企业将成为客户的首选，价格将不再成为消费者最为关键的因素。

消费资本化使保险企业在获得消费资本动力的同时，也受到更多的来自市场或消费者的压力。保险人经营情况会被消费者重点关注，评级或评价机制成为一种必须，同时企业对消费者的诚信度及透明度得到空前加强，包括财务信息、产品定价、风险因素、偿付能力及赔偿制度等信息均需披露，这显然对市场产生了积极的正面效应，既有助于保险业优胜劣汰机制的建立，还从根本上缓解了长期以来屡禁不止的诸如非理性竞争等深层矛盾。从长远看，消费资本化将促成保险业整体发展环境从量到质的改变，最终为保险业的可持续发展奠定坚实的基础。

第十九章　在国企改革中的应用

一、我国国企改革历程回顾

我国的国企改革已走过了三十多个年头，并且一直是经济体制改革中头等重要的大事，它不仅是经济学家们研究的样本和平台，更成为全社会关注讨论的热点。国企改革的成败关系到亿万百姓的切身利益，关系到中华民族能否复兴、能否崛起于世界民族之林。回顾三十多年的改革历程，我们可以将这段历史过程大致分为以下七个阶段。

第一阶段放权让利阶段，即1979年至1983年，企业改革的重心是扩大自主权和实行各种形式的经济责任制。"减政放权、放权让利"，特别是扩大企业管理权限，允许并增大企业留利。

第二阶段利改税阶段，即1983年至1987年，改革的主要内容是调整并规范企业和政府间的利益分配关系，同时开始对国有企业投资资金由过去的国家拨款改为企业向银行贷款的方式，改变国有企业固定资产投融资的机制。

第三阶段承包责任制阶段，即1987年至1992年，改革的主要内容是全国实施各种形式的企业承包制，经两轮承包期至1992年末，我国大中型国有企业大都采取了承包制,与此同时在中央与地方财税体制上采取"包税制"。

第四阶段制度创新阶段,即 1992 年至 2000 年,以邓小平同志南方谈话和中共十四大为标志,国企改革进入了"制度创新"的新阶段,创造性地提出,国企改革的方向是建立"产权清晰、权责明确、政企分开、管理科学"的现代企业制度。

第五阶段企业改组阶段,即 2000 至 2003 年,中共中央、国务院对国企改革又提出了新的目标;用三年左右的时间,通过改革、改组、改造和加强管理,使大多数国有大中型企业摆脱困境。

第六阶段现代产权制度改革,即 2003 至 2013 年,国企改革进入了以股份制为主要形式的现代产权制度改革的新阶段,成立了国有资产管理委员会作为各级政府管理国有企业的专设机构,负责国有企业的管理,加强了国有资产管理,大力推行国企重组。

第七阶段混合所有制改革,2013 年至今,开启了以实现国有企业功能导向的混合所有制改革。国有企业改革进入了新的历史阶段、新的发展时期,提出要形成更加符合我国基本经济制度和社会主义市场经济发展要求的国有资产管理体制、现代企业制度、市场化经营机制,使国有资本布局结构更趋合理,国有经济活力、控制力、影响力、抗风险能力明显增强的目标。

二、国企面临的问题及对现行解决措施的评析

国企改革经历了从政策性调整到制度创新的转变,取得了一定的成就。但是在改革的各个阶段都遇到了难以解决的问题。无论是政府,还是经济学界都在寻找解决问题的突破口,但收效甚微。时至今日,国有企业面临的形势仍然很严峻,国有企业经营效率低下,企业负债过度以及国有资产流失问题严重。主要问题可以归纳为以下几点:

(一) 所有者缺位导致"内部人控制"问题

我国在实行国有企业公司制度改革的过程中,内部人控制企业已是相当普遍的现象,由此导致的"内部人控制"问题已经到了非常严重

的地步。"内部人控制"问题不仅仅是信息不对称等原因造成的,更重要的是由国有产权委托人不明确,即所谓的"所有者缺位"造成的。所谓所有者缺位是指国有资本由谁负责不确定,国有企业破产没有人承担责任。所有者缺位是国有企业市场化改革的难题,因为国有企业虽然存在着劳动所有者,但是,劳动所有者没有以生产主体的身份出现,也没有作为生产主体来管理或经营国有企业或公有制企业,而是由代理人来代替他行使职权。例如,当管理者存在有明显的化公为私、损公肥私行为时,劳动所有者却不能有效制止;当国有企业或公有制企业发生亏损或效益滑坡时,劳动所有者不能及时更换管理人员,修订企业制度,使企业向好的方面转化等等。

我国经济学家们偏重通过管理层收购即 MBO 和管理层股权激励来解决这一问题。

1. 管理层收购(MBO)

MBO(Management Buyout),即管理层收购。主要是指公司的经理层利用借贷所融资本或股权交易收购本公司的一种行为。通过收购使企业的经营者变成了企业的所有者。由于 MBO 在激励内部人员积极性、降低代理成本、改善企业经营状况等方面起到了积极作用,因而成为 20 世纪七八十年代流行于欧美国家的一种企业收购方式。我国 MBO 的起源可以追溯到 20 世纪 80 年代后期,当时很多人认为 MBO 可以有效地降低企业代理成本,使所有者和经营者的身份合一,能够有效地激励管理者,并从根本上提高管理者的积极性。同时 MBO 为管理层提供充分的决策权,同时还能促进自我约束。但是在实践过程中,MBO 方式的缺点也显而易见,主要有:

(1)导致国有资产大量流失。由于国有企业所有者长期缺位,缺乏统一的定价体系,为灰色操作与权力寻租提供了空间;从而导致 MBO 往往以低于真实水平的价格出售企业的资产来换取现金用于偿债和重新整合企业,这在很大程度上会造成国有资产被低估,国有资产贬值甚至流失。

(2)加剧社会分配不公和两极分化。国有企业实行 MBO,实际上是以廉价的形式将较大的企业卖给某些个人或者团体。在某些地方，政府以较低的价格将国有企业的"产权"转卖给极少数个人或者私营企业，以期能提高效率，解决国企各种问题，结果却是培养了少数的大资本家，而且能够得到这些企业的人都是一些与有权势者有深厚关系的人。这种做法对我国经济和社会带来恶劣影响，最大的害处就是纯粹人为地制造大富翁，加剧社会财富分配的不平等和两级分化。

（3）管理层收购中，经营管理者所持股份具有类似于私有财产一样的世袭继承性。这一性质注定了MBO在企业发展中不可能具有长期性和延续性。如我国一著名国企：企业1999年董事长在任时作了管理层收购的产权改革，其中，董事长个人持有15%，其他管理层持有10%，国家持有75%，到了2001年时，董事长因故离世，那么，这15%的股份的继承权是归给国家、企业还是下一任CEO？实则都不是，而是归给他的家庭，他的家人具有合法的继承权。这个典型案例中董事长在公司任职不长时间就使他个人及其家庭长此以往地拥有该企业15%股份的巨大财富是否公平合理先不说；更大的问题在于，接任者是否还应持有与前任董事长同样为15%的股份呢？这样，长此以往引发一系列问题都是MBO所不可能解决的。

所以，MBO的激励所产生的作用在客观上是有限的，而不是无限的，但它对我国国有企业改革造成的危害则是多方面的。如若我们一味地信奉MBO，难逃脱国企改革失败的命运，而且最终损害的是全体人民的利益，因此我们必须摒弃MBO这种改革模式。

2. 管理层股权激励

管理层股权激励机制是通过给予企业经营管理者一定比例的公司股份，使他们能够以股东的身份参与企业决策、分享利润、承担风险，从而勤勉尽责地为公司的长期发展服务。这是目前解决激励与约束问题的一种手段，就是如何充分发挥经营者的积极性，调动其最大潜能，并对其经营活动保证有效地约束。这个问题是股份制企业中存在的深层问题，很难解决。尽管在这方面都做出过各种努力，有的侧重于激励方面，有的侧重于约束方面，但问题并没有得到彻底解决。更为重要的是以往的管理层股权激励机制由于没有进行量化，缺乏科学的标准，由此会引发诸如企业和经营者的短期行为等一系列问题。

(二) 经济发展方式落后

我们考察国有企业资本的构成发现：国家为国有企业的建立、发展投入了大量资金，我们可以将之看作为生产资本；而在公司的运营过程中，各个岗位的员工尤其是专家和管理人员为公司技术的开发、知识的积累作出了不同程度的贡献，即为公司积累了大量的知识资本；而消费者尤其是大客户、大买家作为公司最终产品的购买者，作为消费资本，使得国有企业的产品价值得以实现。所以，从国有企业资本构成的角度来看，国家——全体人民的代表、公司员工、公司的消费者为国有企业的发展分别提供了生产资本、知识资本和消费资本三种资本动力，共同创造国有企业的财富。

而目前推动国有企业发展的增长模式已经落后。具体表现在：国有企业在发展过程中，只看到货币资本的作用，没有认识到、也就不可能充分利用知识资本和消费资本的作用。当其发展遇到困难时，首先想到的是充实货币资本，主要通过引进战略合作伙伴或通过海外上市来实现这一目标，而不知道通过挖掘内部潜力来解决这一问题，即通过高度倚重知识资本、大力开拓消费资本来推动自身发展。国有企业在发展过程中只重视"输血"而不重视"造血"，这样不仅不能从根本上解决国有企业存在的问题，反而为国有企业的发展又带来了新的问题。

1. 导致国有资产被贱卖，外资从中赚取巨额利润

据一项市场统计，仅 2006 年，境外投资者在工、建、中、交等国有银行身上就净赚 7500 亿元。由地方政府主导的股份制商业银行也未能逃脱低价"宿命"：2003 年底进入深发展的新桥以 12.18 亿元就掌控了一家总资产 3800 多亿元的银行董事会，当时连深发展员工都说，"如果政府允许，我们员工自己都可以拿出钱来"。后来，新桥在不到三年时间内在深发展上的账面利润已经超过 100 亿元。兴业银行引入恒生银行、IFC 等三家境外战略投资者的入股价为 2.7 元，而以兴业当时的股价计算，仅恒生银行的账面收益就高达 350 亿元。2004 年平安香港上

市前，通过定向增发进入的汇丰获得超过 1000 亿元的账面利润。

2. 丧失民族品牌，导致无形资产流失

我国国有企业在引进战略合作伙伴时，不重视民族品牌，不重视品牌资产积累，丧失了自己的品牌。如广州肥皂厂的"洁花"、广州洁银牙膏厂的"洁银"等，这些昔日的名牌现已逐渐被消费者淡忘，取而代之的是洋牌子"飘柔"、"高露洁"等；在我国有名的八大老牌饮料厂中，沈阳的"八王寺"、天津的"山海关"，皆被可口可乐、百事可乐等品牌取代。对于价值较大知名的中方品牌，外企一般通过巨额资金买断其使用权，据此控制中方品牌，再将其打入冷宫，消灭对手于无形。在 20 世纪 90 年代初，熊猫洗衣粉在中国市场一度叱咤风云，1994 年与美国宝洁牵手，熊猫所在的北京日化二厂以品牌、厂房参股 35%，宝洁以 65% 的股份控股合资公司。合资以后，作为控股方，宝洁着眼于高档洗衣粉市场，力推旗下的高档洗衣粉品牌汰渍和碧浪。而对熊猫的生产年年递减，如今，市场上到处可见汰渍和碧浪洗衣粉，却难觅熊猫洗衣粉的身影。

3. 对外资盲目崇拜，导致落入外资的圈套

我国国有企业在引进外资战略合作伙伴时，对自身的利益预期则仍存在相当大的模糊空间，对外资盲目崇拜；而且与外资企业相比，我国国有企业都是后来者、学习者，始终处于竞争弱势。这也就意味着，我国国有企业在并购中很容易落入少数外资的"规则陷阱"，保护自身利益的能力比较差。典型的例子是西北轴承与德国 FAG 公司并购案；西轴集团地处宁夏银川市，是大型国有骨干企业，产品中仅铁路轴承一项合资前就占全国市场的 25%。2001 年，西轴集团与 FAG 达成合作协议，德方以现金和技术投入，中方以原铁路轴承公司的设备、土地、厂房以及公司热处理分厂的精良设备和厂房投入，组建合资企业。中方占股份 49%，德方占股份 51%。合资后的前两年，FAG 并没有对合资公司进行技术改造和有效管理，还架空了中方管理人员；第一年，合资公司亏损 980 万元；第二年，又亏损 1300 万元。连续两年亏损后，中方已没有能力继续增加投资。这时，德方立即出资买下中方剩下的 49% 股份，合

资公司变成了德方独资公司。此后，产品（其实就是原西轴集团的产品）迅速通过了美国和英国认证，进入了国际市场，生产检验技术得到提升，公司开始盈利。

此案例中，中方具有德方急需的无形资产，但却缺少走出困境的资金。因此，在谈判中我方必须尽量高估无形资产价值、力争控制企业决策权，才能达到既能走出困境，又能保持原有的企业结构和生产体系的目的。而由于我方对外资的盲目崇拜，导致落入外资陷阱。

4. 危及国家经济领域安全

发达国家在审查外资收购时所顾虑的远不止经济收益，他们都从更广义的角度，将企业看作国家竞争力、国家安全与人民福利的重要组成部分。中海油竞购尤尼科公司、联想收购IBM个人电脑业务，于所在国引起轩然大波。一系列事实表明，无论高举自由市场旗号的美国、提倡经济民族主义的法国还是其他发达国家，在审查外资收购时所顾虑的远不止经济收益，他们都从更广义的角度，将企业看作国家竞争力、国家安全与人民福利的重要组成部分。在许多时候，"自由市场竞争"只是优势一方借以获取更大经济利益的理论武器。

而外资战略伙伴在进入我国企业后，一些外资企业有意识地将中国企业控制在产业链低端，阻断中国企业的成长通道，瓦解中国企业的创新活力，"抹掉"中国的自主品牌及品牌背后的长期财富积累，减少中国企业通过产业升级分享更多利益的机会，使中国企业成为"外资车间"，丧失了独立生存与竞争的能力，不可避免地危害到了中国的经济安全。尤其是我国的银行业更应注意，因为金融是一个国家的经济命脉，如果外资掌控了我国金融业，那就更会危害国家经济安全。

(三) 营销模式陈旧

我国国有企业所采用的营销模式是在营销实践中所采取的具体手段。它们没有摆脱旧的传统市场经济理论的束缚，主要有以下四大缺陷：

1. 就营销本身谈营销，未能把营销过程置于市场经济大背景下来考察，忽视了营销的根本问题是市场经济条件和消费者根本利益问题，应从宏观经济的角度考虑和把握营销的发展问题。

2. 在旧的传统的市场经济理论影响下，对于营销的发展，主要是从企业和企业产品、市场的一般需求和消费者的少许利益来思考，其实，仅仅做到这一步是不够的。

3. 未能从企业自身经济发展模式转型的基础上看待营销。实际上经济发展方式的转型是营销模式转型的关键，以往营销模式和观念未能从经济发展方式高度看待营销，也就未能真正理解企业和消费者的关系。

4. 传统营销模式导致"牛尾效应"的负面影响。由于传统营销模式中间环节过多，信息传递失真，导致出现"牛尾效应"的负面影响；即当供应链上的各级供应商根据来自其相邻的下游经销商的需求信息进行决策时，需求信息的不真实性沿着供应链逆流而上，产生逐级放大的现象。由于这种需求放大变异的影响人为地增大了上游企业的生产、供应、库存管理和市场营销风险，甚至会导致生产、管理、营销的混乱。

尤其要指出的是，国有企业长期以来受政府保护，由政府买单，所以其不存在真正意义上的营销。如今，国有企业纷纷改制，实现市场化运作，政府逐渐退出国有企业具体运作过程而更注重监管，所以国有企业必须实行营销模式创新，迅速占领市场份额，这样才能在激烈的市场竞争中获胜。

(四) 管理不科学

还有一个困扰国有企业的问题就是管理不科学、管理水平低下，主要体现在以下几个方面：

1. 薪酬制度不合理。主要体现在薪酬结构缺陷、激励不灵活以及竞争力不足三个方面。没有设置与个人绩效挂钩的可变薪酬或者比例过低。这样在员工的收入与实际劳动量关联度不高的情况下，员工会选择获得闲暇来增大自身效用，并最终引发企业低效率。

2. 国有企业绩效考核体系不健全。主要体现在绩效考核指标缺乏量化标准，考核项目的主观性太强，这不仅影响了考核的客观性，还助长了与领导拉关系的不良习气。同时很多国有企业没有针对不同岗位或者不同类型的员工设计相应的绩效考核指标，而事实上企业内部有普通工人、技术工人和管理人员等完全从事不同工作类型的人员，这显然无法用同一指标对全员进行有效的具体考核。

3. 国有企业高管流动性过大。市场竞争，实质上是企业之间的人才竞争。近年来国有企业人才流失尤为严重，已成为越来越不可忽视的问题。国务院国资委曾公布：据对53家中央骨干国有企业经营管理人才流动情况的调查统计，1998年以来，有71766人因各种原因离开企业，占同期接收高等院校毕业生的31%，占现有经营管理人才的10.8%。据中国社会调查事务所调查显示，被调查的企业五年时间里共引入各类科技人才7831人，而流出的各类科技人才达5521人，流出引入比为71%；其中，北京、上海、广州三市由于外企、合资企业及有实力的集体、私营企业较多，国有企业人才流失现象更为严重，流出引入比达到89%；整个调查，流出引入比超过100%的企业占18.7%，超过50%不足100%的企业占42.5%。可见，从整体上看国有企业人才流失现象普遍而且严重。而从个案分析中我们更能看出人才流失的坚决性。东方通信股份有限公司流出人员占到总人数的10%；山海关船厂两年内已有20多人辞职，其中包括5名营销骨干，市场严重受损。2016年，中国银行业有179位董事、监事以及高管离职，其中46位银行高管出现变动。从具体数据来看，2016年一共有15家上市银行出现了行长、副行长离职，仅有建设银行、北京银行、宁波银行尚未出现行长或者副行长变动。

最关键的还在于走的都是企业的骨干人才，包括中高级管理人才，来的都是新手，造成企业人才断档脱节，企业创新能力降低，发展速度低于其他非国有企业。

三、以消费资本论为基础的国企改革新举措

（一）国企改革的理论依据

国有企业之所以没有解决这些既往的问题，主要在于国有企业从思想根源上没有突破旧的理论束缚，还是以陈旧的、不符合时代要求的旧

理论来指导改革实践；同时，国有企业缺乏创新精神，不能锐意进取。

我们提出建立在消费资本论基础上的新的市场经济理论，这对我国国企改革具有重大指导意义。消费资本论的核心内容，是将消费向生产领域和经营领域延伸。当消费者购买企业的产品时，生产厂家和商业企业应把消费者对本企业产品的采购视同是对本企业的投资，并按一定的时间间隔，把企业利润的一定比例返给消费者。此时消费者的购买行为，已不再是单纯的消费，他的消费行为同时变成了一种储蓄行为和参与企业生产的投资行为。于是消费者同时又是投资者，其消费转化为资本。

这实际上是把消费者从产品链的末端以投资者的身份提升到前端，使消费者在购买产品时，既能分享企业成长的成果，同时也为企业发展注入新的动力，使消费和投资有机结合，从而使买卖双方在这种条件下合二为一，完成消费转化为资本的过程。这样，消费作为一种资本，它同货币资本、知识资本一样，成为企业和地方经济发展的直接动力。

我们可以看到，以消费资本论为基础的新的市场经济理论，与传统的市场经济理论相比，具有两个最基本的特征：一是完整的市场经济资本构成是由货币资本、知识资本和消费资本三种资本构成；二是经济发展方式是由多种资本要素共同作用推动社会经济的发展。从而使市场经济的增长方式由单一的形式转化为多种增长方式，即货币资本和知识资本相结合的增长方式，以及"消费资本导向、知识资本创新、货币资本推动"的三种资本融合、三种资本联动的经济发展方式。

本理论认为由单一的货币资本发展经济的传统增长方式，转化为货币资本和知识资本相结合的增长方式，再转化为三种资本联动的新型增长方式，是全世界各个市场经济国家经济发展的必然趋势，也是市场经济一条非常重要的经济发展规律。

在新的市场经济理论的引导下，我们就能够从一个更加宏观的角度来看待国企改革。从而在吸取传统国企改革作法的基础上，克服其理论缺陷和内在弊端，结合中国改革开放的经济实践有效实现本土化过程，更好地为中国以后的经济建设服务。

(二) 实施改革的具体措施

1. 实现国有企业经济发展方式转型

传统的市场经济理论条件下，对于国有企业的探讨主要是从所有制结构、多元化股权结构、所有者缺位等思路来思考。其实，仅做到这一步是不够的，这种对所有制结构和股权结构的调整是在同一增长方式下的横向调整，它带来的是经济数量增长的延伸。而我们为国有企业改革所提出的经济发展方式的调整，是指推动经济发展动力构成的改变及其发挥作用形式的变化，是纵向调整。

我们考察国有企业资本的构成发现：国家为国有企业的建立、发展投入了大量资金，我们可以将之看作为生产资本；而在公司的运营过程中，各个岗位的员工尤其是专家和管理人员为公司技术的开发、知识的积累作出了不同程度的贡献，即为公司积累了大量的知识资本；而消费者尤其是大客户、大买家作为公司最终产品的购买者，作为消费资本使得国有企业的产品价值得以实现。所以，从国有企业资本构成的角度来看，国家——全体人民的代表、公司员工、公司的消费者为国有企业的发展分别提供了生产资本、知识资本和消费资本三种资本动力，成为创造国有企业财富的各个组成部分。

所以，我们认为：国企改革应当综合考虑生产资本、知识资本和消费资本三种资本力量，建立"综合资本股份有限公司"。在"综合资本股份有限责任公司"中，三种股东——原始股东、员工股东、消费者股东分别代表了生产资本、知识资本和货币资本，将同时发挥作用，真正实现三种资本结合、三种资本联动共同推动企业的发展。三种股东形式分别如下：（1）生产资本股东。生产资本股东即原始股东为国有企业的创建、发展提供了必要的货币资金，使得企业的生产有了最初的资本来源，其重要地位不容忽视。目前我国国有企业生产资本所有者的角色应当由国务院国有资产管理委员会来担当，由这个职能部门代替国家行使生产资本所有者职权。（2）知识资本股东。知识资本股东即员工股东代表了知识资本的力量：公司不同岗位的员工都为公司知识的积累作出了自己的贡献，尤其是专家技术人员和管理人员。技术人员和专家通过改善经营方式提高了劳动生产率或者开发了新产品，成为企业竞争优势的重要来源；而管理人员优化了企业的资源配置，为企业的长远发展指明了方向，并通过有效组织企业的资源（包括有形资产和无形资产）使得企业能够在竞争中得以胜出。所以，专家和管理人员作为股东是对他们发挥出来的知识资本的肯定，也是对知识资本发挥作用的有效激励。（3）消费资本股东。国有企业应该把大客户、大买家吸收进来，按消费额度给与一定的股份，使其成为消费股东。消费股东是"综合资本股份有限公司"的重大特色，它不同于以往任何的企业制度；将消费者视为股东，真正将消费者从产品链的末端提到前端，使得消费者在消费过程的同时还能从企业的长期发展中获利。这是一种全新的视角，使生产和消费真正结合了起来，巨额消费资本的注入使得企业发展获得了不竭的动力。

建立综合资本股份有限责任公司的具体做法是，根据我国现在市场经济的发育程度和我国企业发展的实际情况实施知识资本股东和消费资本股东预留制。当前还是以货币资本为主，知识资本（高级管理人员、工程技术人员和生产业务骨干）和消费资本分占一部分股份。新公司注册时，就把知识资本和消费资本按一定比例预留出来，然后在实际运营过程中逐步到位，这就给企业高级管理人员、工程技术人员、业务骨干、熟练工人和广大消费者有一个宝贵的参与企业利润分配的机会，这种多样化的股权结构不仅能加强对管理层的监督和管理，更能提高员工的工作积极性，还能激励消费者持续购买企业的产品，并真正的实现了投资主体的多元化，从纵向上实现股份制改造。

通过建立综合资本股份公司，使三种资本所有者的权益都得到保障，使三种资本的作用都能得到最大限度的发挥，这样推动国有企业经济发展的方式由单一货币资本推动转化为"消费资本导向、知识资本创新、货币资本推动"的三种资本融合、三种资本联动的经济发展方式；这样不仅能够解决国有企业资本短缺的问题，而且能够解决国有企业创新乏力和消费萎缩等问题。

2. 实行建立在消费资本论基础上的创新营销模式

我们倡导国有企业实行以消费资本为导向的创新营销模式。它与迄今为止所有营销模式有着根本的区别，它克服了以往营销模式的缺陷，对指导未来经济实践的发展具有重大的现实意义。这种创新的营销模式的核心是：把消费者对本企业产品的采购视同是对本企业的投资，并按一定的时间间隔，把企业利润的一定比例返给消费者。使消费者参与企业投资、分享企业发展成果，从而达到吸引消费者，实现消费资本化的目的。在这个过程中，消费者的购买行为，已经不再是单纯地为了获取商品满足偏好，他的消费行为同时变成了一种储蓄行为和参与企业生产的投资行为，这就可以在一定程度上消除买卖双方的对立，化解消费者和生产者之间的根本矛盾，从而使双方获益，达到消费者、生产者、经营者和全社会共赢的目的。这种创新的营销模式，真正将营销放在市场经济大背景下来考察，把握住了消费者的根本利益，使消费者能够积极、主动地消费，真正实现从生产到消费再到生产的完整循环。它的优势具体表现在以下几个方面：

（1）消费资本导向模式将强化销售渠道克服"市场失灵现象"。实施消费资本化导向营销模式之后，国有企业直接和消费者对接，增加消费者对企业的认同度，其销售渠道将得到大大的强化，减少很多不必要的中间环节。这些做法可以在很大程度上减少"牛尾效应"的负效应，克服"市场失灵现象"。

（2）消费资本导向模式将使消费者态度发生根本性转变，客户关系更容易维护。在消费资本化导向营销模式中，由于消费成为了资本，消费者成为了企业的主人，消费者将以主人翁的态度，积极地参与企业的运营，这不仅有利于维护稳定的客户关系，同时有利于开拓新客户。在新营销模式下，企业和消费者将获得一个十分稳定的合作关系，消费者倾向于同企业长期合作，而且把所有相关业务全部交给企业，无论是消费者还是企业，都能从这种合作中得到最大的利益。

（3）消费资本导向模式将大幅度降低业务风险和业务成本。在消费资本化导向营销模式下，在充分调动消费资本的积极性的基础上，随着消费者对产品的了解程度的加强，企业将会更容易推出自己的产品，同时企业不再过多的利用中间环节,减少了销售成本和繁杂的渠道维护费用,而且可以大大降低企业为进行宣传而支付的宣传费用。

(4) 消费资本导向营销模式将有利于改善企业形象。在消费资本化导向营销模式下,由于消费者成为了企业的主人翁,与企业形成了利益共同体,消费者同生产者的对立得到了根本的化解,此时,企业形象的塑造将不再由企业自身单独完成,而是由企业和消费者共同完成。这将使企业树立形象的难度大大降低,最终有利于打造国有企业民族品牌。

3. 实行建立在知识资本基础上的长效激励机制

关于国有企业中存在的激励和约束问题,大多数经济学家、管理学家只是从管理的角度来探讨这一问题,虽然也涌现出大量的激励理论,但不足以解决根源问题。

而在以消费资本论为基础的新的经济运行体系下,知识资本是支撑企业成长的三大资本之一。我们应当从资本的高度来探讨知识资本在员工激励中发挥的重要作用,建立以知识资本为基础的长效激励机制,作为激励员工的动力和源泉。中层以上的管理人员,特别是高级管理人员和科技工作者,以及利用自己的智慧和才干作出突出贡献的业务骨干,是知识资本的载体和知识资本的所有者。他们所拥有的知识资本是企业总资本的一个重要组成部分。将高级管理人员、科技人员和业务骨干所承载的知识资本记入个人的知识资本账户,使之成为企业的知识资本股东,根据知识资本账户的余额占总资本的比例来分配利润,分享企业长期发展的成果。

以前员工只能作为基层的劳动者,而在知识资本长效激励机制之下,他们可以分享企业长期发展的成果,逐渐成为企业的主人。在这种激励机制下,员工产生一定的回报预期,在很大程度上,激发员工的工作热情,彻底改变了被动的工作态度,使员工活跃起来,具有了积极性和主动性。

而且以往国有企业存在的人才流动现象也将由于知识资本长效激励机制的作用而得以解决。由于企业的高管、科技工作者成为企业的股东，参与企业利润分配，将使他们自觉提升业务水平，以企业为家，不断追求工作的完美和高效，提升了企业整体的绩效水平，促进了组织结构的优化，提高了企业的凝聚力。

同时知识资本长效激励机制，可以加强员工对企业的忠诚度。随着企业的发展，员工知识资本账户余额不断增加，他所承载的知识资本在企业总资本中的比例也在不断扩大，主人翁意识加强，他对企业的忠诚度也在不断提升。

与管理层股权激励、MBO等国有企业改革措施相比，知识资本长效激励机制显然在解决国有企业根本性问题方面更具有科学性，因为它不但有效解决了委托——代理问题，而且量化界定了知识资本。特别是目前我们已经开始对知识资本量化进行研究，这对于今后经济学理论的发展具有不可估量的重大作用。它将解决世界一大难题，从根本意义上解决以往的激励与约束问题。

(三) 运用消费资本论解决国企问题的重大意义

消费资本论是我国新的市场经济理论的创新，它将对我国国有企业改革、甚至是世界范围内企业改革发挥巨大的示范作用。它的广泛运用将为国有企业改革发挥以下几大作用。

1. 协调各方利益、构建和谐社会

国有企业在我国国民经济发展中处于主导地位，它除了具有一般意义企业盈利的目的之外，还承担着更多的社会责任。国有企业综合利用三种资本建立股份有限公司并实行新的企业制度，不仅能够充分发挥货币资本、知识资本、消费资本的作用，而且保护三种资本的所有者的权益，从而从根本上解决社会利润分配不公的问题。这样在解决企业自身发展的同时还兼顾解决就业、分配不公等诸多社会问题。这一切都利于营造良好的社会秩序和经济秩序，为构建社会主义和谐社会打下良好的基础。

2. 改变企业"引资"观念

以往国有企业在对外招商引资过程中只注重注入货币资本，这对于扩大企业规模是有一定意义的。但同时也存在弊端，一方面过度引入外资会使国有企业的主权削弱；另一方面仅注入货币资本带有输血的性质，它不是内生要素，不是从内生角度来解决发展问题，这种仅靠单一货币资本强化对外招商引资局限性。如果我们不仅仅考虑货币资本，同时考虑知识资本和消费资本，将知识股份和消费股份都纳入招商引资范围，不仅"引资"还"引智"，这将产生裂变效应，三种资本将以百倍、甚至千倍的效应推动国有企业发展进程，这对于国有企业发展有着更为重要的作用。

3. 增强国有企业自身发展的竞争力

三种资本融合推动国有企业改革对于国企自身将产生以下五个方面的影响：

（1）消费资本化可以为国有企业带来规模经济效应，这主要体现在范围经济和地域经济两个方面，用消费资本论综合三种资本发展经济，不仅重视货币资本，而且吸纳知识资本和消费资本可以数倍地扩大企业规模。这种理论和实践上的创新，不仅从范围上而且从地域上造成影响，使国有企业迅速占领并且扩大市场份额，在同外资企业、民营企业竞争中处于优势地位。

（2）消费资本化可以带来消费聚拢效应，当国有企业通过消费资本化将消费者作为本企业一位投资人和成员时，消费者也从另一端做着同样的思考，对企业的经营和发展保持长期的关注。若以此为基础，企业再通过优质的产品、细致周到的服务将更多的消费者吸引过来，在消费者心目中奠定信誉良好的企业形象，并逐步加强互动联系，用诚意和周到的服务来培养消费者忠诚度，国有企业的发展将得到消费聚拢效应的大力推动。

（3）人员稳定效应。国有企业通过实行建立在知识资本基础上的长效激励机制，对工作满一定年限或达到一定要求员工可以以知识股东的身份参与企业税后利润的分配，这很大程度上可以有效地发挥员工积极性，使国有企业员工流失问题大大减少；同时对员工的各项考核指标量化，从企业内部形成一种客观的评价标准，这样会更大地激发员工的工作热情，从而提高国有企业长期以来工作效率不高的问题。

(4)资本沉淀效应。企业的发展离不开资本，或者说在短期内，资本是企业发展最重要的决定因素。而消费资本化的一个重要功能就是为企业创造出一个十分庞大的资本存量。以往国有企业解决资金的问题很大程度上依靠政府拨款，或者凭借自身特殊身份从银行获得贷款，而运用消费资本论之后，可供国有企业运用的将是三种资本。如果我们能看到这部分资本存量效应，尤其是消费资本的巨大存量效应，那么随着消费规模的扩大，这个沉淀下来的资本存量将以几何基数递增，企业的发展因此而得到了另一个渠道的资金支持。

(5)市场压力效应。消费资本化使国有企业在获得货币资本、知识资本等市场动力的同时，也受到更多的具有建设性的市场压力。在这种市场压力下，国有企业最终会在提高产品质量和降低生产成本方面，在人力资源、薪酬改革方面，甚至在产权改革、现代企业制度建设方面发生根本性的变革。

四、总结

综上所述，本篇对国有企业采取消费资本论的具体改革措施作了具体阐述，我们旨在为我国的国企改革找到一条切实可行的道路。旧的市场经济理论已经伴随旧的经济运行体系进入终结时期，新时期我们必须用新的市场经济理论来指导我们的实践，如果我们继续沿用旧的经济理论来诠释今天经济、指导今天的发展，那将会延误今后的发展，甚至会使经济发展走回头路。在我国国企改革历经近三十年的今天，我们势必要勇于创新，用适合我国国情的、中国原创的经济理论来指导我国的国企改革。

国企改革最根本的问题在于西方市场经济适用理论与我国具体国情的碰撞，这更加要求我们用自己原创的理论来践行包括国有企业在内的经济体制改革。只有这样，我国改革的道路才会越来越顺畅。

第二十章　在民企改革中的应用

我国民营企业在当前发展过程中普遍存在问题是同质化和无差别状态。这种同质化和无差别状态主要表现在"你做什么，我也做什么；你怎么做，我也怎么做"，而企业自身的个性和独有的优势没有得到体现，被淹没在市场经济的汪洋大海之中，在激烈的市场竞争中难以胜出。这种同质化、无差别状态的深层次原因是观念上的同质化、无差别，缺乏创新、缺乏创新思路、缺乏创新举措。我国民营企业家必须从根本上改变这一状况。

我国民营企业家必须清楚看到，民营企业原有优势正在淡化、正在失去。比如，以前总是说民营企业机制灵活。但是，随着全国经济体制改革的深化、其他类别企业的机制也已很灵活，机制灵活不再是民营企业的独有优势。再如，以前总是说民营企业产品成本低。但是，随着其他企业不断地进行技术革新，加大产品的科技含量，其产品成本也大大降低，这也不再是民营企业独有优势。

民营企业原有的弊端日益凸显。从我国民营企业成长的历程看，改革开放之初的民营企业大多是在计划经济与市场经济的制度缝隙中发展起来的。由于受当时创业环境和制度因素的影响，企业成功与企业主个人魅力、创业精神有很大关系。此外，大多数民营企业依靠个人出资或志同道合的同仁自愿组合而成，由此决定了当时企业的管理模式是以个人为中心、以亲情为主导。创业者的个人魅力与感召力成为企业凝聚力的主要来源。由此可见，当时民营企业管理模式的特点是：决策非程序化、管理非制度化、执行非理性化。然而，由于转轨期企业的成长更多来自外部机会，企业内部管理的滞后对企业成长的影响尚不明显，从而掩盖了民营企业的固有缺陷。

随着知识经济时代的到来和世界经济一体化的发展，我国企业面临着国际竞争和建立现代企业制度的双重挑战。此时，企业的发展壮大更加依赖科学技术和掌握科技知识的人才和管理人才。于是，民营企业原有的管理弊端日益暴露并阻碍企业的进一步发展。根据对民营企业人力资源管理现状的分析，得出有关民营企业的管理问题有：一是企业规模扩大与管理能力不足的矛盾突显；二是产权不明导致"内部人"控制现象严重；三是决策随意性与企业理性决策的矛盾等等。这些矛盾又集中体现在企业内部人力资源管理上，尤其是企业的激励机制上。

尽管大多数民营企业已经初步建立起一套内部激励机制，但激励效果并不理想，其负面作用极大地影响了团队和个人的工作积极性和创造性，这已经上升为现代企业管理的首要问题。主要反映在以下几个方面：（1）很多企业在确定薪酬水平之前，没有进行科学的论证和分析，没有确定岗位的真正价值，从而导致在评价员工对企业贡献时，没有科学公平的依据，很多不公平的现象也由此产生。（2）在管理者收入结构中，没有建立长期激励与短期激励相结合的激励机制。这也在一定程度上挫伤了管理者的积极性，引发了很多管理者的短期行为，损害了公司的长远利益。（3）薪酬体系与绩效管理体系脱钩，员工的努力得不到应有的回报。（4）绩效指标体系设计不科学，不符合企业实际。（5）大多数企业在绩效考核实施过程中，评价也缺乏公平与科学，"平均主义""大锅饭""好好先生"的现象比比皆是。（6）部分企业的绩效考核结果并没有得到有效实施，导致绩效管理缺乏严肃性，绩效考核劳而无功。

针对民营企业目前存在的问题，我们依据消费资本论提出塑造民营企业核心竞争力主要包括以下三点：新经济发展方式、新商业模式和新企业制度。

（一）建立新经济发展方式

在传统的经济发展方式下，企业家主要是依靠自身的原始资本积累和银行贷款来支持企业的经济发展，从而获得利益。这种增长方式虽然可使企业获得一定程度的发展，但是随着社会经济和科学技术的进步，已经显现出其局限性和不充分性，这种局限性和不充分性主要表现在经常会出现资本短缺、创新乏力和消费萎缩等问题。因此，民营企业要想获得发展，必须转变其经济发展方式，摒弃旧的经济发展方式，运用新的经济发展方式推动其自身发展。民营企业必须由单一的货币资本发展经济的传统增长方式，转化为货币资本和知识资本相结合的增长方式，再转化为"消费资本导向、知识资本创新、货币资本推动"的三种资本融合、三种资本联动的新型增长方式。新经济发展方式不仅是全世界各市场经济国家经济发展实践所必然遵循的趋势，也是民营企业塑造核心竞争力的非常重要的内容。

知识资本首先可以提升企业的创新能力，使企业能够保持技术上的优势。其次，对知识资本的重视，可以为企业凝聚优秀人才，为企业创造出更高的利润。消费资本可以帮助企业解决发展过程中的资金问题，给企业带来忠实的消费者群体，保障产品的快速销售，加快产品的周转。

这就从根本上解决了民营企业经济发展动力升级的问题，为民营企业增加资金投入，扩大企业规模提供了强有力的发展条件。使民营企业具备了核心的竞争力，而且还保证了民营企业内部资本的平衡和协调，充分并保证民营企业的平稳发展。

（二）创新商业模式

进入新世纪，市场经济已经完成由卖方市场向买方市场的过渡。它标志着市场经济由卖方（厂家、商家）占主导地位的时代已经结束。以买方（消费者）占主导地位、买方（消费者）同卖方（厂家、商家）

平等合作的时代已经开始。适应卖方市场时期的传统商业模式已经陈旧，新时期需要提出创新的商业模式推动市场经济发展。

因此民营企业要想获得发展，要想迅速扩大自己的市场份额，必须实施创新商业模式。

新的商业模式与旧的商业模式不同。在新的商业模式下，商品交易过程完成之后，生产厂家和商业企业应把消费者对本企业产品的采购视同是对本企业的投资，并按一定的时间间隔，把企业利润的一定比例返还给消费者。

这一举措是企业商业模式的重大创新变革。由于消费者对企业产品的采购不仅能满足自身的消费需求，而且他的消费行为同时变成了一种投资行为，可以参与企业的利润分享。因此，对于消费者的购买积极性是一个巨大的激励，对于商家、厂家迅速扩大市场份额，以及补充企业自身扩大经营和扩大再生产所需要的资金都具有重大意义。

(三) 建立新的企业制度

民营企业新的企业制度包括股权制度和激励机制两方面内容。

1. 新股权制度

在新的市场经济环境中，推动企业发展的是三种资本——货币资本、知识资本和消费资本。因此需要建立"综合资本股份有限公司"，实现企业股份多元化的投资模式。这种"综合资本股份有限公司"作为全新的企业制度，综合考虑了货币资本、知识资本和消费资本三种资本力量，从根本上改造了传统的股份制模式。在"综合资本股份有限责任公司"中，三种股东——原始股东、员工股东、消费者股东分别代表了货币资本、知识资本和消费资本，将同时发挥作用，真正实现三种资本结合和三种资本联动共同推动企业的发展。

2. 建立知识资本量化管理长效激励机制

尽管大多数民营企业家都非常重视人力资源，但现实条件下民营企业却面临着严重的人才危机和信任危机。民营企业要保持市场竞争力，就必须拥有一支精通企业经营的团结合作的企业管理团队、科研开发团队和熟悉市场并能开拓市场的营销团队。为此，必须实施建立在知识资本量化管理基础上的长效激励机制。

知识资本量化管理长效激励机制的主要内容是：确认企业中层以上的管理人员，特别是高级管理人员和科技工作者，以及利用自己的智慧和才干作出突出贡献的业务骨干，他们是知识资本的载体和知识资本的所有者。他们所拥有的知识资本是企业总资本的一个重要组成部分。将高级管理人员、科技人员和业务骨干所承载的知识资本记入个人的知识资本账户，使之成为企业的知识资本股东，根据知识资本账户的余额占总资本的比例来分配利润，分享企业长期发展的成果。

在这种激励机制下，员工抱有一定的回报预期，会在很大程度上激发员工的工作热情，调动员工工作的积极性和主动性。此外，知识资本量化管理长效激励机制会激励员工自觉地提升业务水平，不断追求业绩和工作的高效，从而提升了企业整体的绩效水平，促进了组织结构的优化，增强了企业凝聚力。

同时，知识资本量化管理长效激励机制，还可以加强员工对企业的忠诚度。随着企业的发展，员工知识资本账户余额不断增加，他所承载的知识资本在企业总资本中的比例也在不断扩大，主人翁意识加强，忠诚度不断提升，从而避免了人才流失。

总之，从新经济发展方式、新商业模式和新企业制度三个方面建立的企业核心竞争力，将会使民营企业真正具备更大的竞争优势。

第二十一章 智慧城市建设

自 2008 年提出建设智慧城市以来，目前我国有 95%的副省级以上城市、76%的地级以上城市，总计约 230 多个城市提出或在建智慧城市。建设智慧城市，成为贯彻党中央、国务院关于创新驱动发展、推动新型城镇化、全面建成小康社会的重要举措，成为国家、地区和城市发展的重要方向和内容。

究竟什么是智慧城市？如何建成智慧城市？建成智慧城市的标准是什么？智慧城市的智慧化程度如何进行衡量？智慧城市如何管理？这些问题都是社会各界都非常关心的问题，也是在着手建设智慧城市或者在智慧城市的建设过程中，应该认识清楚的问题。下面就智慧城市建设的主要内容和智慧城市智慧化程度的量化问题，进行分析和研究。

一、智慧城市建设的主要内容

智慧城市是为了适应当前社会经济发展的需要而建设的。但从智慧城市建设的实际情况看，我国智慧城市的建设虽然取得了一定成果，但是也存在着某种误区。误区之一：偏重城市的硬件建设和环境建设，忽视城市的软实力和内涵建设。误区之二：在智慧城市建设过程中，至今还没有制定出建成智慧城市的统一的、科学的标准。

智慧城市的建设，当然要依靠雄厚的货币资本，用以建设相关基础设施、机房和购买硬件等。但仅仅依靠货币资本的支撑是不够的。智慧城市建设还需要城市的管理者、城市的科技界、教育界等各界人士以及全体市民智力的支撑，即知识资本的支撑。因为，建设智慧城市要求全体城市居民要有一定的知识文化水平，要求城市具有一定的科技水平，以使城市本身具有一定的研发能力，有引进、调试、安装硬件的技术力量，还要有教育培训机构对干部和广大市民的培训，才能使政府主管部门、全体市民能够掌握、使用和发挥硬件的功能，也才能实现城市的管理、生产、生活的信息化、网络化、数字化与智能化。也就是说，建设智慧城市除要有必要的硬件和硬件设施外，建设智慧城市还必须要营造一个充分知识化的社会环境。

很多城市在建设智慧城市，首先想到的是购买大批硬件，搞硬件设施的投入和建设。所以，很多城市在提出建设智慧城市的建议以来，很多硬件的供应商就纷至沓来，建议购买多少套这样那样的设备。这实际上是一个误区。IBM公司在2008年提出来的智慧地球，随后又提出智慧城市，它的目的十分清晰，就是想在世界各个国家，在全球各地区销售它的硬件。目前，我们国家建设智慧城市的思路深受这个观念的影响，建设内容被局限在对硬件设施的建设。以为硬件齐了，智慧城市条件就具备了。这是一个很大的误区，只从技术层面认识智慧城市，是远远不够的。

实际上，智慧城市建设是一个系统工程，是城市居民知识资本大量积聚与知识资本的载体硬件建设相统一的结合体。因此，只有硬件，没有软件，是建不成智慧化城市的。只有硬件建设和软件建设并重，城市的软件建设与硬件建设相匹配才能实现城市的智慧化，甚至软件建设与内涵建设还在一定程度上制约着硬件建设和智慧城市的建设。可以说，城市的软件建设是硬件建设的前提条件。只有硬件建设与软件建设并重，才能建成智慧化城市。

二、智慧城市智慧化程度的量化标准

智慧是人类知识劳动的结晶，是人类知识和技能的表现形式。当知识成果，比如发明专利、知识产权、科技成果能给企业带来利润的时候，知识也就成为资本，即知识资本，而知识资本是可以量化的。我们认为，应当根据城市的知识资本总量来制定智慧城市的标准，并作为衡量城市智慧化程度的基本指标。

智慧城市的建设过程，实际上就是城市知识资本总量不断积累的过程。只有拥有的知识资本总量达到一定规模，才能成为智慧化城市。也就是说，知识资本总量的规模是智慧化城市是否建成的标准。比如医疗智能化、教育智能化和交通智能化，这些还不是智能化通用的标准，通用的标准是一个城市拥有多少软件和硬件相匹配的知识资本总量，而且只有从知识资本总量的角度去看，才能进行量化。量化这个城市知识资本的总量规模，从总量规模的比较中确定标准，即建成智慧城市的标准。建成智慧城市之后，还要从拥有知识资本总量的规模来看，这个智慧城市是初级的、中级的，还是高级的智慧城市。

知识资本量化既可以量化人的智力等无形的知识资本，如专家、学者、管理者和社会各界人士的知识资本，也能量化有形的知识资本，如发明专利、知识产权、科技成果；还可以量化已经固化或物化的知识资本，比如各种硬件、仪器、仪表、技术设备和各种技术设施等等；还可以量化以组织形式表现的集合知识资本，如企业、学校、文化机构、管理部门、社团组织等的知识资本。知识资本量化是衡量一个国家、地区知识资本总量最重要的依据和最精确的指标。而且也是测量和激活国家地区和城市知识资本存量使之发挥作用的最关键的前提和最重要的条件。

在研究知识资本量化过程中，需要解决的首要问题就是知识资本内涵的界定问题。它究竟由哪些部分组成？既不能遗漏，也不能把非知识资本计入在内。我们必须根据人们对知识资本定义的认识发展过程，最后给出完整、科学的内涵界定。

知识资本是以知识形态表现的资本。包括在产品和服务的创造过程中，所有知识性、技术性的投入。知识资本分为广义的知识资本和狭义的知识资本。广义的知识资本，是指以人及其知识成果为载体所凝聚的知识资本总量。它包括人力、管理、技术、经验及其成果等要素。狭义的知识资本，是指以人或其知识成果为载体的知识总量在工作岗位上一定期间内释放出来的现值，包括员工积累的知识和技能的应用，以及正在创造的知识及其成果等。

对知识资本的准确定义是非常重要的，因为在智慧城市建设过程中，准确把握这方面的专业内容和量化技术，才能将城市智慧化建设置于一个科学的基础，科学量化的支撑之下，才有了具体的评价标准和实质性内容。否则，凭主观说这个城市的居民是勤劳和智慧的，这是一个主观因素，没有可比性；可比的只有这个城市的知识资本量。

我们在计量智慧城市知识资本时，一方面是表现出来的知识资本，一方面是知识资本存量，即待开发的那部分知识资本存量。

知识资本的计量单位和计量标准是知识资本量化的基础内容。一个标准计量单位的中文名称是知量，英文名称是 KC（Knowledge Capatial 的缩写），这是在世界知识资本量化研究史上首次提出的知识资本标准计量单位，从而使知识资本有了自己专用的度量衡计量单位，从此知识资本和知识产品也同物质产品一样，可以计量出自己的"重量"和"长度"。这是至关重要的，我们需要计算出智慧城市有多少知识含量，即有多少个 KC，表示智慧城市的知识资本总量和智慧化程度。

最后，智慧城市知识资本的量化还必须有一套科学的、完整的、具有可操作性指标体系和要素系统，这是建设智慧城市的首要环节。只有把所有的城市的方方面面，把这个城市的知识资本的要素系统和指标体系的知识资本的各个节点，进行系统的科学的排列组合之后，再进行具体的量化，才是比较科学的、完善的智慧城市知识资本量化的办法。

智慧城市建设是社会经济发展的客观需要，也是当前我国社会发展和经济建设的重要内容，对我国社会经济发展具有重要的作用。国家和城市在进行智慧城市的建设过程中，应该将智慧城市的内涵建设和硬件建设并重，应该将智慧城市建设上升到知识资本规模化生产和应用的高度，应该为智慧城市建立科学的量化标准和体系，应该用新的思路和观念来指导智慧城市的建设，从而使我国的智慧城市建设名副其实，并踏上科学发展之路。

第三篇

消费资本论实践应用的规则与案例

消费资本论已经进入广泛推广和应用阶段，尤其是建立在消费资本论基础上的创新商业模式，对企业的发展产生了重要影响。许多企业应用消费资本论和建立在消费资本论基础上的创新商业模式引领本企业的发展，并取得了积极的成果。为了更好地推动消费资本论在实践中的应用，我们在本篇中，将详细阐述消费资本论应用必须遵循的原则，并结合具体案例进行说明，使人们对消费资本理论的应用能够更加科学、准确和规范。

第二十二章 消费资本论的实际应用总则

第一节 基本原则

消费资本论的实践过程,就是要通过市场经济运行各项规则和相关的制度规定,以保障实现消费者的消费行为向投资行为的转变。为此,企业在消费资本理论实施过程中要遵从以下原则。

(一) 诚实守信原则

企业在实施消费资本论和创新商业模式时,要始终坚持诚信原则。对于消费者,讲究的是要合理引导消费者的消费行为,不能够故意诱导或者误导消费者盲目进行非理性消费。非理性消费不仅损害消费者的利益,长期来看也将损害企业自身的利益。其次,企业要对自己的产品和行为负责,能够保障产品质量和企业信息的公开透明,不做任何虚假广告和宣传,接受政府主管部门和消费者的监督。企业对消费者利益分配的承诺要能够兑现,不能做虚假承诺,不能做违背诚信原则的事情。

(二) 质量为先原则

企业的发展必须首先保证产品和服务的质量。企业的根本职责就是为社会和消费者提供优质的产品和服务。对产品和服务质量的不懈追求和不断提升，是企业永不停止的追求目标。消费资本论的作用，也是要通过消费者的消费选择权，将消费资本投向能够提供优质产品和服务的企业，从而为社会创造出更多好的产品和更多的利润。企业如果忽略了对产品和服务的质量保障，用假冒伪劣产品以次充好，欺骗消费者，将严重违背了消费资本论的宗旨。

（三）利益共享原则

制定企业各项发展战略的时候要兼顾企业股东、管理人员、企业员工、消费者及其他参与者各方的利益，同时还要兼顾长期利益和短期利益，科学制定出利益分配的模型。利益分配模型的制定，是要依据各个参与方按照为企业生产或经营活动作出的贡献，合理地制定出分配的份额和周期。因此，企业在实施消费资本论之前，就要根据其生产和经营活动的特点，进行模拟计算制定出合理模型。在实施过程中，还要不断根据实际情况进行调整和完善，从而有效保障各参与方的利益。

（四）科学创新原则

创新是企业发展的原动力，同时也只有充分尊重经济学和市场发展基本规律，并在我国现行法律法规约束范围内的创新，才是科学的创新。同时，创新是对传统商业模式的根本性改造，是用创新的发展理念作为指导，对传统产业的改造和升级。这里的创新是真正意义上的创新，是对传统商业模式根本性的创新，而不是将传统商业模式改头换面即为创新，还是沿用过去旧的模式、走老路子。

（五）可持续发展的原则

企业在实施消费资本论时，要能够集聚企业的竞争优势，增强企业的实力，使企业具备可持续发展的能力。消费者的利益分配源于企业的盈利，如果企业过度追求短期利益，而不具备可持续发展能力，消费者的利益也将不能够得到保障。消费资本论倡导企业出让一部分的利益给消费者，让消费者以消费资本股东的身份也参与企业利润的分配。其前提是企业要先保证自身的盈利能力，在此基础上同消费者共享企业利润的收益分配权。企业若一味地出让利益给消费者，而危及到自身发展或扩大经营都是不可取的行为，这违反了消费资本论实施的基本原则。

（六）依法经营原则

市场经济是法治经济。消费资本论的实施，必须遵守国家法律、法规和政策。企业应该在我国现行法律法规和各项政策规定的范围内，进行合理的创新。尤其是对于国家明令禁止的商业行为，企业要严禁涉及和坚决杜绝。消费资本理论本身的创新，是在遵循国家各项法律法规的情况下，在经济学领域进行的合法合规创新。消费资本论在企业的实施，也应该是在遵守国家法律法规约束和指导下进行，不能有任何与法律条款相抵触的实施内容。消费资本的实施，企业必须严以自律和严格依法经营。

第二节　实践操作的基本条件

消费资本论的实践是一个系统工程。建立在消费资本论基础上的创新商业模式的实施过程，都是通过一系列的法律法规指导，加以维持而实现的，是一个有序化、制度化和法律化的过程。因此，企业在应用消费资本论时，必须建立三个支撑系统，即科学支撑系统、法律支撑系统和互联网技术支撑系统。

创新商业模式的实施，需要建立三大支撑系统。一是科学支撑系统，创新商业模式以符合市场经济发展的基本规律和科学性为重要指导思想，建立起科学的支撑系统，依靠科学增加附加值、大幅度提高经济效益。二是法律支撑系统，保证创新商业模式是在我国现行法律法规允许的范围内进行合理创新，保障方案运行是合法的、安全的、可持续的。三是互联网技术支撑系统，使公司平台同消费者直接进行交易，而无需中间环节。

一、必须建立科学支撑系统

消费资本论的核心内容是把消费向生产和经营领域的延伸，消费者的货款要进入生产和经营领域成为资本，成为企业发展的动力，才能产生利润。因此，企业要以实际的生产过程和经营过程作为依托。在实施过程中，必须组织和建立多种产业类别的、规模化的产业供应链；必须组织和建立一个多品种的、数以百计千计的、规模化的产品供应链，以使企业具备将消费者的货款进入生产领域和经营领域的条件，转化为资本产生利润，使企业具有给消费者分红的实际能力。这是企业实施消费资本论的必备重要条件之一。

其次，按照消费资本论的要求，消费者投入企业中的消费资本产生的利润，必须采用一系列科学的计算方法，包括应用数学模型和物理模型进行计算。企业利润的形成，受多种因素的影响，对其中的必然因素和偶然因素可以采用蒙特·卡罗数学模型进行对比分析和利用反馈理论来进行统计和计算。统计时要把诸多的参数、概率等制约因素（在数学中叫边界条件）考虑进去。从计量经济学的角度来量化消费资本，使其更加严谨、更加客观，达到公正和准确。通过数学模型或物理模型测算，得出消费者投资所产生的利润和在企业全部经营总利润中的比重，然后按协议有关规定的间隔期限，将利润返还给消费者。对消费者利润分配必须是在合理的分配区间，随意地夸大消费者利益分配权限或作出虚假承诺，是违背经济学规律的，也是违背消费资本理论的基本内容的。

消费资本参与企业利润分配，是企业根据消费者购买商品的金额，进行科学计算，分配给消费者的利润是企业总利润的一部分。企业可根据消费者的消费金额，计算出消费者应该参与企业利润分配的金额，将企业利润的一部分分配给消费者，即消费者参与企业利润所得分红，其额度不能超过企业的总利润。具体利润分配比例的计算，要根据企业的实际运营和盈利情况而定。

二、必须建立法律支撑系统

建立在消费资本论基础上的创新商业模式，不仅有鲜明的科学特征和充分的理论依据，同时还具有鲜明的法学特征和充分的法律依据。创新商业模式是在法制市场条件下，经过一系列的市场规则和运作规则得以实现。企业作为创新商业模式的运营主体，吸收和组织消费者参与创新商业模式的诸种经济行为都是在市场条件下的法律行为。

市场经济实质上是法制经济，它意味着一切经济活动的法制化。消费资本论在实践中的应用，无不需要各种法律强制力来保证其顺利运行。否则，市场将混乱无序，市场经济也难以有效运转。

第一，消费资本论的核心内容，是将消费向生产领域和经营领域延伸，消费者在消费的同时，即变成投资者，这个转化过程是在一个完整法制市场条件下，经过一系列的市场规则和运作规则得以实现的。消费资本多种实现形式，包括消费者投资、消费者参股、消费者期权和消费选择权等，通过这些方式将消费向生产和经营领域延伸，以上诸种经济行为都是在市场条件下的法律行为。

第二，消费资本论指导下的市场运作，必须要遵循民事法律、契约的有关规定。契约要受到各种限制，比如任何契约都不能违反法律，不能显失公平，不能损害他人和社会利益，不能破坏经济秩序和公共秩序，否则将被视为无效，甚至受到法律的制裁。

第三，消费资本论在应用中，必须坚持诚实和信用原则。在订约时，诚实守信；在订约后，重信用，自觉履约。消费资本论是以诚实信用的原则作为法律支撑的，诚实信用原则是消费资本论及其应用的生命线。

第四，法学属性还包括政府制定的各项有关政策规定和条例。消费资本论在应用过程中，将严格遵循政府制定的各项政策规定、条例和实施办法等。

第五，对于尚未明确法律界定的问题，企业要随时向当地主管部门请示和备案，并取得当地主管部门的指导，并严格按照国家有关部门的指导意见进行实施。

消费资本论和创新商业模式的实施，将以我国法律、法规和各项政策规定为基础，遵守国家和地方相关法律法规的有关规定，进行规范操作，充分保护消费者的合法权益，充分维护良好的社会经济秩序。

三、必须建立互联网支撑系统

在实施消费资本论的过程中,我们还必须认识到,我们是处于互联网经济时代,是互联网技术全面影响经济发展的时期。同传统的经济形态相比,它具有鲜明的特征。第一,它是全球化经济。产品和产品服务信息瞬间可以传到全世界各个角落,当然,瞬间也可以传到全国各个角落。第二,它是全天候经济。8 小时人工参与工作,其余 16 小时机器继续为我们工作。第三,它是可以减少,甚至可以取消中间环节的直接经济。电商平台可以同 500 公里以外,甚至 1500 公里以外的消费者直接完成交易,而无需第三者推荐。第四,它是速度性经济,业务一开始就即时记录、计算、整理和处理,精确而高效,是实施创新商业模式最好的推广和运行手段。由于它是取消中间环节的、同消费者直接实现合作的直接经济,因此,可以从根本上消除传统营销手段的土壤,隔断传统营销模式同创新商业模式的联系。

第三节　实施方案的基本要点

实施消费资本论的企业主要对成本收益的经济比较分析和设置消费者个人投资账户,对消费者的消费资本和收益进行管理。下面以一般的企业为例,做综合性的说明。

一、设置个人消费资本账户

企业对每一位消费者设置个人消费资本账户,对其消费信息进行统计和管理。消费资本账户应输入消费者的详细信息,如个人档案(包括姓名、性别、住址、手机号、Email、生日、身份证号),并收集和记录消费者进行日常消费的时间、消费地点、消费额度以及实时的消费投资余额、利润分配信息等。消费者个人消费资本账户的信息内容必须详实、准确,且具有唯一性(以消费者个人身份证编号为唯一性的依据)。

二、消费资本投资额的确定

企业将消费者的消费额扣除产品的生产成本和销售成本后的金额，把这些金额按一定比例作为消费者在本企业的投资，并记入企业为消费者开设的个人投资账户，公式如下：

$$IV = CM - SC - PC$$

式中　IV——消费者投资额；

　　　CM——消费者的消费额；

　　　SC——销售成本；

　　　PC——生产成本。

企业从消费者购买产品的第二年开始，每年以投资额的一定的比率（设为 δ）加上其投资回报（设投资回报率即利息率为 i），逐年返还给消费者。这里分别采用五年和十年两种方案，将消费者全部的投资额（IV，即本金）和投资回报（即利息）分期返还给消费者。企业可以与消费者约定投资额的最低回报率，建议可采用中国保险监督管理委员会规定的寿险最高预定利率 2.5% 作为消费投资的最低回报率，以保持与保险产品相比的竞争优势，而实际回报则视企业当期的盈利状况和发展前景以及当期的市场战略等因素而定。每期向消费者投资账户注入的投资回报额和投资额本金的计算公式如下。

五年期返利公式：

$$X_5 = \frac{IV}{a_{\overline{5}|i}}, \quad a_{\overline{5}|i} = \frac{1-v^5}{i}$$

式中　v——贴现因子，$v = \frac{1}{1+i}$。

十年期返利公式：

$$X_{10} = \frac{IV}{a_{\overline{10}|i}}, \quad a_{\overline{10}|i} = \frac{1-v^{10}}{i}$$

式中　v——贴现因子，$v = \frac{1}{1+i}$。

举例说明：假设消费者第一次消费额为 10000 元，扣除生产成本和销售成本后为 3000 元，这 3000 元即为企业记入该消费者个人投资账户的投资额。再假设企业与消费者约定的年投资回报率为 2.5%，则从第二年年初开始，直到第六年年初，企业每年应向消费者支付的金额如下。

五年期返利金额：

$$X_5 = \frac{IV}{a_{\overline{5}|i}} = \frac{3000}{a_{\overline{5}|i}},$$

$$a_{\overline{5}|i} = \frac{1-v^5}{i} = \frac{1-\frac{1}{(1+2.5\%)^5}}{2.5\%} = 4.66$$

$X_5 = \frac{3000}{4.66} = 643.78$（元/年），即五年可得回报额 3218.90 元。

十年期返利金额：

$$X_{10} = \frac{IV}{a_{\overline{10}|i}} = \frac{3000}{a_{\overline{10}|i}},$$

$$a_{\overline{10}|i} = \frac{1-v^{10}}{i} = \frac{1-\frac{1}{(1+2.5\%)^{10}}}{2.5\%} = 8.755$$

$X_{10} = \frac{3000}{8.755} = 342.66$（元/年），即十年可得回报额 3424.70 元。

以下将消费资本化与目前较为流行的"打折让利""买一送一"进行比较。调查虽然显示消费者在做购买决定时，商家的打折促销或附送产品会加速购买决定的过程。但由于目前中国市场上的"打折让利"活动存在诸多欺诈，消费者对这样的活动早已半信半疑或者产生厌倦感，而曾经受过骗的消费者对这样的方式更是十分反感。因此销售方式的创新已是当务之急。从销售的角度来看，消费资本化的实践正是一种新型的促销方式。对消费者来说，消费资本的回报额远比"打折让利""买一送一"有更大的吸引力。

比如，同样的 10000 产品，按市场上常见的 7 折销售，企业将在没有任何衍生效应的情况下损失 3000 元，若"买一送一"，则损失 5000 元，即使是付出这样的代价也未必能够打动对"买一送一"满腹狐疑的消费者。

实施消费资本化，企业和消费者可以达到双赢。我们仍采用前面的例子，对于企业来说，同样3000元的付出（打7折），消费者得到的投资回报却高于3000元（比如五年期回报总额是5×643.78=3218.90元，十年期的回报总额是3424.70元）。更重要的是，企业以消费资本化的形式得到的3000元的资本投入，加上时间沉淀和消费资本化的五大效应，企业实际上可以从中获得更高的投资收益，我们假设给消费者的投资回报率仅为2.5%，对一个电子企业来说，这是非常低的。假设企业的实际投资回报率为10%，则企业可以从3000元的投资中获得的总收益是：$3000[(1+10\%)^n-1]=184$元（五年期）或347元（十年期），这样企业和消费者都得到相应的利益。

如果企业是一个产品较丰富的厂家，则可以通过消费资本化将消费者培养成大件商品的购买者。企业也可以综合运用其他的促销手段，比如通过消费者资料管理系统，定期从中找出符合条件的顾客，给予消费者旅游、赠送纪念品和新产品免费使用等优惠作为购买产品和参加信息收集活动的奖励，以此来进一步加深消费者对企业品牌的忠诚程度。

三、配套措施

消费资本化的实施过程还需要以下配套措施。

（1）建立消费者资料库：

① 顾客身份信息、产品信息、产品编号、顾客服务卡编号。② 投诉及回复情况、投诉内容及时间、回复人员编码。③ 服务日期及内容、服务满意度评定、顾客服务人员编码。④ 顾客购买的产品编号、类型、价格金额、购买地点、销售人员的编码和安装运送服务人员编码等。⑤ 为消费者建立个人投资账户，账户号码与顾客服务卡号码相同，由企业专门机构进行管理。

（2）建立消费者登录查询系统：

消费者可以登录查询有关产品购买信息、查阅账户余额、进行投诉或参加有关信息问卷调查活动。企业则可以通过调研获取宝贵的资料并节省市场调研费用。

第二十三章 案例和数学模型

消费资本论与企业经济的发展紧密相连。为使读者能够更加深入地了解消费资本论的这种推动作用，下面我们以消费资本化应用于企业——国民经济的细胞为例作具体说明。

一、案例和模型之一：酒业

某酒业公司消费资本化可行性分析报告如下。

（一）摘要和说明

本报告是对某酒业公司（以下简称 F 公司）实行消费资本化的可行性分析和研究。首先，对 F 公司的最近几年的运营和财务情况进行综合分析；其次，将 F 公司的现行经营战略和实行消费资本化分别作为企业可选择的两种经营战略，并根据 F 公司现在的运营和财务状况、行业竞争情况和市场消费者的消费倾向，预测企业在两种经营战略中的销售收入、生产成本、运营成本和现金流量；最后，建立财务模型，对在两种经营战略下企业未来的运营及财务状况进行综合分析和比较。在分析报告中，用战略 A 表示 F 公司的现行经营战略，战略 B 表示消费资本化经营战略。报告中所用到的 F 公司财务数据来自 F 公司的 2002~2004

年度的年报；行业信息和市场数据分别来自其他白酒生产厂家的财务报表、2004年度中国白酒行业分析报告和全国酿酒行业信息。对企业在两种战略中的销售收入、生产成本、运营成本和现金流量的预测，报告中均有详细的假设条件和计算方法，并均采用比较保守、谨慎的假设和计算。

消费资本论的核心内容是将消费向生产领域延伸。当消费者购买企业的产品时，企业应把消费者对本企业产品的采购视同对本企业的投资，并按一定的时间间隔，按一定比例把企业利润的一部分返给消费者。此时，消费者的购买行为已不再是单纯的消费，他的消费行为同时变成了一种储蓄行为和参与企业生产的投资行为。于是消费者同时又是投资者，消费转化为资本。

确定消费者的消费额中合理的消费比例作为投资额，并记入消费者在企业的投资账户，是实际应用消费资本化的关键问题。如果分配给消费者的投资额过多，企业的收益会受到影响；反之，如果分配给消费者的投资额过少，消费者的积极性则很难被调动起来。因此必须确定一个企业和消费者双赢的分配方案。应用财务预测模型，企业可以推算出比较合适的消费比例作为消费者的投资额。财务模型分别预测企业在两种经营战略中（现行经营战略A和消费资本化经营战略B）的综合财务状况和盈利状况。通过预测，对企业在两种战略下的预计盈利状况进行综合比较，企业可以计算出消费资本化的净现值，也就是实行战略B的企业净利润（扣除消费者投资利息回报和投资额偿付）大于战略A的企业净利润的差额。企业可以根据对净现值的要求，调整分配消费者的投资比例。最佳的分配比例应该同时使企业和消费者利益最大化。财务模型需要对很多复杂影响因素进行预测和假设，其中包括对销售和生产成本、管理和销售费用、固定资产折旧企业现金流的预测。这些因素的预测的准确度将直接影响财务模型的可靠性。

（二）市场分析

F公司的主要经营业务为F系列白酒的生产和销售。2004年，公司实现营业收入8.37亿元，净利润0.89亿元。国内的白酒市场分高端和中低端两类市场，中低端市场的竞争程度远远高于高端市场。而本地生产的中低档白酒通常在本地区占有绝对市场优势。F公司的产品只有很少部分为高档白酒，大部分产品为中档白酒，其本地市场优势非常明显，而省外市场却面对非常激烈的竞争。

根据白酒市场消费者的消费倾向研究结果，在中低档市场的竞争中，产品价格、消费者口味偏好、品牌和厂家促销活动，都是决定消费者是否购买的重要因素。消费者在购买价格在10~20元的产品时，价格因素为绝对主导因素；而单位价格在20~50元的产品，其价格、品牌和口味对消费者的购买行为都会产生比较重要的影响，但价格因素仍然比其他因素重要。在高度竞争的市场环境中，由于面对相似的消费者偏好、相近的销售价格和生产成本，生产厂家通常会生产非常相似的产品。例如，如果30%的消费者经常购买零售价格为25元的白酒，那么，不同的厂家可能会使用相似的原料和相似的工艺，生产出非常相似的白酒产品。在这种情况下，由于市场上价格为25元的白酒基本是同质的，消费者会对产品价格非常敏感。如果一个厂家的产品价格有了微小的上调，消费者就有可能舍弃其消费习惯，弃此厂家而购买其他厂家的产品。反之，如果另一厂家降低其产品价格，消费者可能会转而购买这一厂家的产品。

（三）具体经营状况预测

1. 销售预测

战略 A

F公司近三年的财务数据显示，其销售收入在2002~2003年增长21.46%；2003~2004年增长33.79%。F公司销售收入增长的主要原因是：①对产品结构的调整，增加了高端酒的产量；②加大了对省外市场的开发力度。然而F公司要想进一步发展，继续依靠这种增长方式是行不通的。因为经过一个时期的调整，其改变空间已经缩小。同时在目前的白酒市场格局下，F公司很难全部生产高档酒来销售。而省外市场的开发，仅仅依靠广告投入的增加，很难在激烈的竞争环境中实现销售额的可持续增长。因此我们可以预测，假如 F 公司继续以战略 A 来推动企业发展，其发展形势并不乐观。

战略 B

如果实施战略 B，F 公司的销售增长将出现良好势头。F 公司的产品，作为中国传统名酒，在全国范围内有很强的知名度。同时，F 公司是我国清香型白酒的典型代表，具有入口绵、落口甜、饮后余香、回味悠长等特色，能够满足广大的消费者的偏好。作为中档白酒，F 公司处于非常激烈的市场竞争环境之中，也就是面对市场产品的相似度很高，消费者对价格和企业的知名度很敏感。在 F 公司 2004 年的年报中，其省内销售为 5.72 亿元，占总销售的 68%；省外销售为 2.64 亿元，仅占总销售的 32%。可见 F 公司在省内市场具有绝对的竞争优势，在省外市场具有很大的开发空间。如果 F 公司能够同时降低价格和扩大知名度，其省内外的销售都会以很大的幅度快速增长。一方面，实行消费资本化，F 公司同时可以实现降低价格和扩大知名度两个目标。实施战略 B，F 公司可以按协议约定返回一定比例的销售收入给消费者作为投资，每年支付消费者利息。对消费者来说，企业返回投资额给消费者不仅仅等同于产品降价，还包含投资行为，消费者的反应可能要大于单纯的产品价格下降；另一方面，消费资本化作为全新的概念受到强大的媒体关注，实行消费资本化的 F 公司集团也会受到媒体广泛的关注。F 公司不需要额外的广告投入就可以扩大其市场知名度，打造其品牌效应。

在预测 F 公司的销售增长率时，必须考虑到多种因素对预测的影响，其中包括消费者对价格的敏感度、广告宣传对销售的影响、现有竞争者的价格策略、市场整体需求、消费者偏好转变、新竞争者进入市场的可能性等。必须将这些因素的影响组合在预测模型中，应用经济学的供求曲线方程、偏导微分方程和多元线性回归分析，对各项因素分别在独立情况下，对销售增长产生的影响进行数据分析。然后将各项因素的影响都作为蒙特·卡罗模型的输入数据，通过模拟运行后就可以计算出比较准确的销售增长率。

消费资本化的价格效应和广告效应会在几年内比较明显。企业的销售收入也会在几年内快速增长,然后进入缓慢增长期,保持其行业销售的平均增长速度。根据白酒行业的特点,合理的快速增长期的期限大约是3~5年,而中底端产品由于面临激烈的竞争,三年的高速增长期是比较适合的。F公司的销售收入会在三年里以42%的速度增长,然后降低到5%的行业平均增长速度,并长期以此百分比增长,如表23-1所示。

表 23-1

年份 幅度	2005	2006	2007	2008	2009	2010
年销售增长幅度	42%	42%	42%	5%	5%	5%

2. 生产成本

战略 A

F公司的生产成本在近几年里逐年下降,从2002年占销售收入的36%到2004年占销售收入的29%。尽管粮食、煤、电等能源采购价格在这段时间内持续上涨,造成白酒生产成本增加,F公司仍然维持了生产成本下降的趋势,三年共降低了8%。但是,由于粮食、煤、电等价格仍然有上涨趋势,F公司生产成本的降低空间不是很大,生产成本会长期保持在销售收入的28%左右。

战略 B

由于销量和产量的增加,F公司的生产成本会在几年内以较低的速度继续降低。但是,由于白酒生产的固定生产成本部分比重较小,可变生产成本的比重较大,F公司生产成本的降低空间不是很大。假设白酒的销售价格能够根据粮食、煤、电的价格调整,其生产成本占销售收入的比重会保持长期的稳定。对F公司生产成本比较合理的预测如表23-2所示。

表 23-2

年份 百分比	2005	2006	2007	2008	2009	2010
生产成本/销售收入	27%	25%	24%	24%	24%	24%

3. 营业、管理和财务成本

战略 A

与生产成本类似，F公司的营业、管理和财务成本在过去三年中也在逐渐降低，从2002年的占销售收入的29.64%到2004年的23.43%，相对白酒行业20%的平均营业、管理和财务成本，F公司在降低成本上还有一定的空间，但是需要依靠进一步的成本管理控制。F公司的营业、管理和财务成本会逐步降低到20%。

战略 B

随着销售量和产量的增加，F公司的营业、管理和财务成本会进一步下降。在销售高速增长的三年里，营业、管理和财务成本会以2.5%的速度降低，然后长期保持在占销售收入的16%的水平。

4. 固定资产

战略 A

尽管销售收入和产量在过去三年里增加了55%，但F公司的固定资产只有很小的增幅，固定资产没有大幅度的增加。这说明F公司在过去三年里有足够的空闲生产能力来满足销售的增长，在近期不需要大规模的固定资产投入。

战略 B

现有的生产能力无法满足未来三年的销售高速增长的需要。根据白酒生产行业的固定成本低的特点，F公司的固定资产投入在三年内将以每年

20%的速度增长,按照15年折旧期,其增加折旧费用如表23-3所示。

表 23-3　　　　　　　　　　　　　　　　　　　　　　　　单位:万元

年份 费用	2005	2006	2007	2008	2009	2010
增加折旧费用	718.10	1436.20	2154.40	2154.40	2154.40	2154.40

5. 投资回报率和投资偿还期限

F公司应确定消费者投资额和投资回报率。用F公司的税后短期债权融资的回报率作为消费者的投资回报率。当然首先应确定消费者消费额中的合理部分作为投资额,同时应明确对消费者归还投资本金的期限,一般应该以中期3~5年为宜。如果返还期太短,F公司可能会出现现金周转问题;如果返还期太长,消费者可能会疑虑企业归还其投资本金的能力。在应用财务模型预测计算时,消费者回报率可定为5%,投资偿还期限可定为三年。

6. 其他

F公司的其他业务利润按照销售收入的增长速度计算;企业的投资收益,营业外收入和营业外支出按5%的增长速度计算,少数股东损益按照12%的利润总额来计算(2002~2004年平均值)。主营业务税金及附加为销售收入的15%,企业所得税为33%。因为缺少更为详细的财务数据,某些项目可能估计不够精确。但因为这些项目都不是主要项目,而且两个战略模式都使用同样的假设数据,对财务模型预测结果产生的偏差可以忽略。

(四) 财务模型预测结果

根据财务模型的预测结果,F公司从2005~2009年实施战略B后,它的净收益要大于战略A。战略B的销售收入和净利润远远高于战略A,从2010年以后,战略B每年高于战略A净利润的2%。F公司需要的平均资产回报率约为7%,但实施战略B的风险要高于战略A,需要适当的调高资产回报率来对应较高的风险。如果资产回报率为10%,战略B高于战略A的净现值为6.25亿元。根据净现值的计算，F公司应该选择战略B作为其未来的经营战略。

（五）现金流量

F公司在过去三年的期末现金比较稳定，基本保持一个稳定增长的趋势。因为战略A的现金流量基本上会保持稳定增长的趋势，只需要对战略B的增量现金流量变化进行分析。

由于销售量和产量的增加，F公司的经营活动产生的现金流会增加。同时，对固定资产的增加投资产生的现金流出，应收货款和存货的增加所产生的现金流出，以及消费者投资利息和本金偿付也会增加现金的流出。在不融进新资金的情况下，F公司的每一年增加的现金流入量，都必须大于或等于增加的现金流出量。

在测算F公司的现金流量时，在财务模型中使用净利润加非现金项目方法。因为销售增长对一些小的现金项目影响很小。可以略去这些小项目不计，只对净利润、折旧费用、应收货款、存货、应付货款、固定资产的投入、消费者投资利息和本金偿付进行计算和分析。

在测算经营活动所产生的现金流时，使用未扣消费者投资利息和本金偿付的净利润和调整后的折旧费用，按2004年的比例计算应收货款、存货和应付货款。在测算投资活动产生的现金流时，按照2004年的固定资产的净值每年20%的增加幅度，调整2005~2007年的固定资产的投入。在测算融资活动产生的现金流时，对消费者投资利息和本金的偿付，分别按照15%的分配率，5%的投资回报率以及三年的投资回报期来计算。从预测的现金流来看，由于销售增长而增加的现金流入量，在任何年度都大于增加的现金流出量，F公司有足够的现金流维持其正常的资金和生产运转。从趋势来看，现金流量在2005~2010年有比较大的波动。但在2010年后，则保持长期稳定增长的趋势。

（六）消费者个人投资账户

消费者个人投资账户用于计算消费者的个人投资回报额和投资偿付额。在计算时，以5%作为消费者投资回报率，以三年为投资偿还期。该消费者的个人投资账户反应如表23-4所示。

表 23-4　　　　　　　　　　　　　　　　　　　　　　　　单位：元

年份	2005	2006	2007	2008	2009	2010
消费额	1000	1000	1000			
投资额	150	150	150			
累计投资额	150	300	450	300	150	0
利息	7.5	22.5	45	15	15	15
投资偿付				150	150	150
总收入	0	0	0	165	165	165

该消费者共获得投资回报和投资偿付 495 元，占其消费总额的 16.5%。消费者会将这 16.5% 理解为产品的折扣，但实际上企业返回给消费者的却小于 15%。因为企业偿付给消费者的投资额是在三年以后，货币的时间价值并没有完全返还给消费者，支付给消费者的投资回报要小于企业的资产回报，这样就形成了消费资本化的资本沉淀效应。

（七）结论

根据对两种战略模式的综合分析，F 公司应该采用实行消费资本化的经营战略 B。根据财务预测模型的分析，战略 B 的各项财务数据都要优于战略 A。根据现金流量的分析，由于两种经营战略都能够产生足够的现金流维持 F 公司正常的资金和生产运转，现金流量不作为选择战略的决定因素。根据现净值分析，战略 B 的净现值要大于战略 A 净现值 6.25 亿元。

为了避免偏差，报告中的假设都采用了比较保守的估计，数据的微小误差对财务模型的预测结果产生的影响可以忽略不计。为了模式的简化和实用，财务数据分析和净现值分析仅仅包括战略 B 中销售增长因素，而没有包括战略 B 对 F 公司的其他附加效益。这些附加效益包括消费资本论中的消费聚拢效应、社会资本效应和建设性市场压力效应等。这些附加效益会进一步加大战略 B 的优势。

综上所述，F 公司应选择实施消费资本化的经营战略。

二、案例和模型之二：汽车业

某汽车集团公司实施消费资本化可行性分析报告如下。

（一）摘要和说明

本报告是对某汽车公司（以下简称 X 公司）实行消费资本化的可行性分析和研究。首先，对 X 公司最近几年的运营和财务情况进行综合分析；其次，将 X 公司的现行经营战略和实行消费资本化的经营战略作为可选择的两种经营战略，并根据厂家现行经营和财务状况、行业竞争情况和市场消费者的消费倾向，预测企业在两种经营战略下的销售收入、生产成本、运营成本和现金流；最后，建立财务预测模型，分别阐述两种经营战略对企业未来的运营及财务状况的影响，并对两种战略进行综合分析和比较。在分析报告中，用战略 A 表示 X 公司的现行经营战略，战略 B 表示消费资本化经营战略。报告中所用的财务数据来自 X 公司 2002~2004 年度的年报，行业信息和市场数据来自汽车工业协会 2004 年度中国汽车行业分析报告。对企业在两种战略下的销售收入、生产成本、运营成本和现金流量等的预测，报告中都有详细假设条件和计算方法，并都采用比较保守的假设和计算。

（二）市场分析

X 公司主要经营微型客货车、商务车和轿车的研发以及制造和销售。该汽车厂家的主要产品包括系列微型客车、系列轿车和汽车零部件。2004 年 X 公司共生产各类汽车约 47.54 万辆，同比增长为 23.95%；销售汽车约 45.43 万辆，同比增长 17.84%，全国市场占有率为 8.96%。

2004 年国内汽车生产和销售继续保持增长势头，但增长速度较往年已经明显回落。2002 年和 2003 年度国内汽车销售的年增长率分别为 57% 和 65%，而 2004 的年增长率则为 15.50%。增长速度降低的主要因素包括汽车信贷紧缩、城市道路交通环境限制、油价上涨和轿车价格频繁下降所引发的消费者持币待购。总体来看，中国汽车工业结束了井喷式的快速增长时期，开始进入平稳的发展时期。

据中国汽车工业协会统计：2004年中国汽车生产量和销售量都突破了500万辆。其中，轿车产销量为220万~230万辆。2004年以来，在国家宏观调控政策的积极作用下，汽车工业经济运行保持平稳较快发展，虽然比2003年同期增幅有所回落，但经济运行的质量和效益继续提高。

在汽车行业井喷式增长时期，生产厂家通常通过降价来吸引消费者和扩大市场占有率，导致汽车价格竞争非常激烈。但频繁的降价使汽车生产商的利润大幅度下滑。2004年的行业净利润率已经降到7.12%，生产商已经没有太大的空间继续进行价格竞争。从2005年起，随着生产厂商之间的竞争逐步理性化，汽车市场有望开始步入正常竞争稳步发展阶段。从2005年起，随着生产厂商之间的竞争逐步理性化，汽车市场开始步入正常竞争稳步发展阶段。2005年中国汽车行业有望继续保持产销量增长。但增长率会继续回落；主要生产商间的价格竞争将继续，但降价幅度将十分有限。随着石油及钢材价格不断上涨，汽车消费环境的制约，中国汽车产业的发展在短期内可能受到制约。未来几年内，汽车市场将由表层竞争向深层竞争转变，降价不再是生产商的主要竞争手段。而新产品研发、质量控制和成本控制将成为生产商的主要竞争手段。

2005年上半年，中国十大汽车厂商分别为一汽、上气、东风、长安、北汽、广本、哈飞、奇瑞、江淮、吉利。这些厂家的产量占全国汽车产量的83.18%，销量占全部国产汽车销量的82.97%。

微型车一般是特指微型商务车，包括小面包车和单排、双排小货车，排量在1.3升以下的小型轿车和微型商务车。据中国汽车工业协会2004年的统计数据，1.0升及其以下的微型车已占总乘用车31%的市场份额。本报告引用的汽车厂家作为国内最大的微型车生产商，其市场份额约为36.92%。此外，其他微型车的主要生产厂商包括天津一汽、奇瑞、一汽佳宝、通用五菱、哈飞和吉利等，他们也占有相当的市场份额。

从2005年起，微型车市场的发展将受到两方面因素的影响：积极的因素，包括GDP持续稳定的增长和国际原油价格的浮动，有利于微型车发展的相关政策、法规陆续出台；消极的因素，包括国家相继停止个人购车贷款和经销商销车贷款，轿车降价以及地方限制微型车政策对微型汽车形成限制性压力。总体来讲，在未来几年里消费者对微型车的需求将以较低的速度持续增长，微型车市场将保持长期稳定的发展势头。

(三) 具体经营状况预测

1. 销售预测

战略 A

作为国内最大的微型车厂家，其销售收入直接受微型汽车市场变化的影响。在产品结构上，2004 年，X 公司的微型车销售收入约占其总销售收入的 60%。尽管 X 公司仍在国内微型车市场保持着一定的优势，但由于各大汽车厂商纷纷进军微型车市场，加剧了微型车市场的竞争。此外，国产小型轿车和微型车在性能、外形和价格上正在逐渐贴近，小型轿车开始抢夺微型车消费者，进一步加剧了微型车市场的竞争。

X 公司在过去三年的销售收入情况如图 23-1 所示。

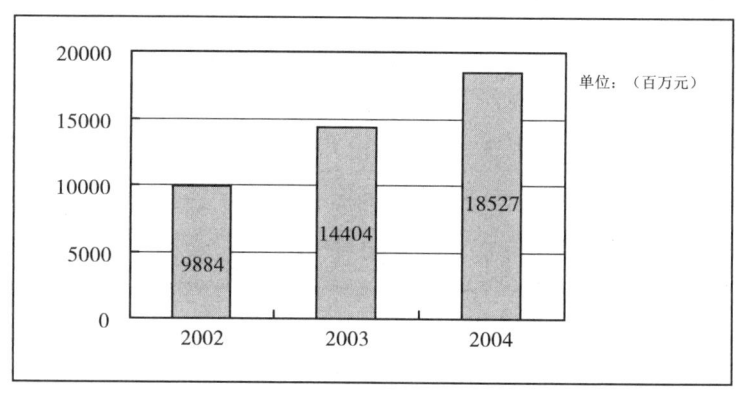

图 23-1

受汽车行业整体发展趋势的影响，2002~2003 年度，X 公司的销售收入增长率高达 46%，但在 2004 年度回落至 28%。由于中国汽车工业的快速增长时期已经结束，进入稳定低速的发展阶段，X 公司的销售收入增长率在未来几年内将继续回落，将降至行业的平均长期增长率。但 X 公司具体的增幅和长期增长率，还会受到行业整体发展情况，市场竞争情况和经营战略的影响。

由于中国汽车工业刚刚起步，只能借鉴发达国家汽车工业发展的经验来预测中国汽车工业。但中国的潜在消费群体要远大于任何发达国家，而且，从私人汽车的拥有率看要还远远低于发达国家。因此中国汽车市场还是具有很大的潜力。尽管中国汽车工业的高速发展期已经结束，但仍会保持一段中速的发展时期，然后进入稳定低速的发展时期。根据汽车行业的发展现况和市场情况，这段中速的发展时期会持续5~8年。在这段发展时期内，行业的发展速度将逐渐回落，会降至长期的平均发展速度。根据发达国家汽车工业的发展规律，长期的平均增长速度约为3%~5%。

在未来几年中，X公司的销售收入增长将会遵循整个汽车行业发展的趋势，进入中速发展时期。销售会持续增长，但增长率逐步回落。对X公司合理的销售增长预测如图23-2所示。

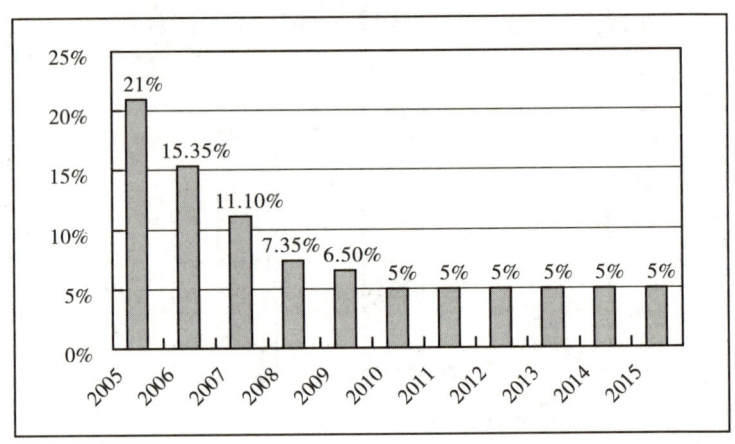

图 23-2

战略 B

汽车价格的下降，是促进需求增长的有效方法。价格的下降将使收入水平更低的人开始具备购车能力，同时使本已具备购车能力的人群中有更大比例的人群完成购买行为。因此价格下降必将带来销量的增长。根据2002年和2003年的数据，由于价格下降而带来的需求增长，分别达到19万辆和30万辆，占当年需求增量的44.0%和37.5%。2004年度的降价幅度虽然很大，但由于频繁降价加剧了消费者的等待和观望倾向，实际的需求增长并不大。随着汽车市场价格体系的重建，行业竞争逐渐走向规范化和理性化，2005年以后将不再会出现恶性的价格竞争行为，价格下降将恢复对汽车需求增长的拉动作用。

消费资本化经营战略将彻底改变X公司的销售增长模式。同时，部分销售收入作为消费者的投资额会对消费者产生直接的积极影响，消费者会对返回投资额理解为产品降价和投资获利行为，对消费者的影响力要大于单纯的产品价格下降。

X公司九款微型车最低价格为3.28万元，最高为5.9万元，平均价格为4.37万元；其他厂商如夏利、哈飞、奇瑞、吉利、昌河和通用的产品价格，全部在3万~6万元之间，平均价格为4.3万~4.5万元。不同的品牌，但性能相近的产品，在价格上几乎相同，这说明微型汽车市场的价格竞争异常激烈。

微型汽车的消费者不同于商务轿车和中档轿车消费者，他们对产品价格更为敏感。面对大厂商生产的性能、质量、售后服务都相似的产品，消费者倾向于选择价格最低的产品。这种消费者倾向决定了微型车市场激烈的价格竞争。但因为过于频繁的降价，微型车生产厂商的利润已经很低。例如X公司2004年度的净利润仅为7%，各大厂商继续降价的空间已经非常有限。

由于销售增长速度下滑，各大厂商在2005年度为了争夺有限的市场，进一步的价格竞争不可避免。为了避免卷入恶性的价格竞争，该公司不宜在2005年度实施战略B，而应该等到2006年各大厂商已无继续降价的空间时，再实施消费资本化经营战略。

在分析经营战略B对销售收入的影响时，由于各大厂商的产品在质量、性能和售后服务上都很相近，价格成为决定消费者购买行为的最重要因素，因此消费者对产品价格敏感度非常高。应用需求曲线方程，可以计算出该汽车在价格上的变化对销量所产生的影响。该公司的销售增长计算公式可以表示为：

销售变化%=消费者价格敏感度×（企业销售价格变化%-竞争者价

格变化%)

准确的估算消费者对价格的敏感度,需要对过去三年内该公司和其他微型汽车厂商的详细产品降价和销售数据进行一元线性回归分析或多元统计分析。由于缺乏必要的数据,本报告在预测 X 公司的销售增长时,只能采用比较保守的估计值。

根据微型汽车市场过去两年的降价和销售情况,消费者对价格的敏感度约为 3.3。如果该公司按照 10% 的投资分配率,消费者将理解为至少 10% 的降价,而其他厂商在 2006 年后的降价空间几乎为零,其价格变化可以忽略不计。X 公司的销售增长计算公式为:销售增长 = 3.3×10% = 33%。由于计算公式中的消费者对价格的敏感度为估计值,必须考虑其上下波动的可能性。根据现有汽车行业的市场情况,2006 年 X 公司合理的波动幅度约为 20%,则可能的销售增长率分别为 28.8%、33% 和 40%。

消费资本化在企业中的应用所产生的优势,会在几年内非常明显。企业的销售收入也会在几年内快速增长,然后进入缓慢增长期,回落到其行业的平均销售增长速度。根据中国汽车行业的发展特点,合理的快速增长期的期限大约是 4~6 年,而 X 公司本身具有行业优势,五年的高速增长期是比较适合的。该汽车销售收入增长的三种情况如图 23-3 所示。

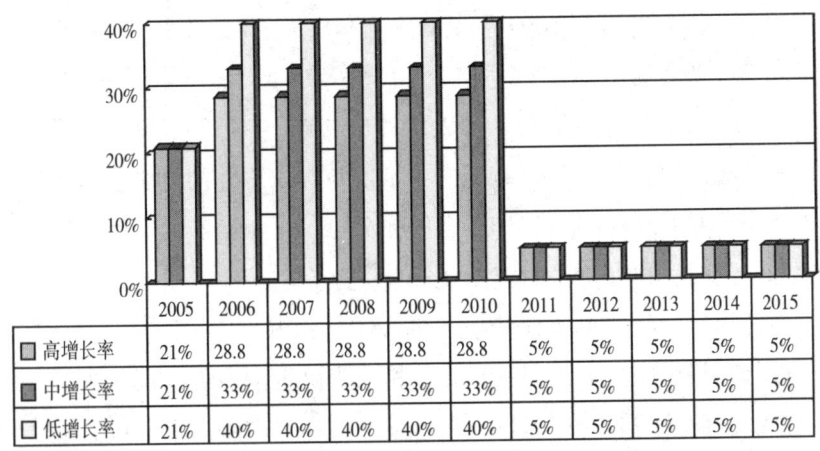

图 23-3

2. 生产成本

战略 A

由于受钢铁价格上涨和车价降低因素的影响,尽管销量持续增长,但 X 公司的生产成本从 2002~2004 年基本持续上升趋势,如图 23-4 所示。

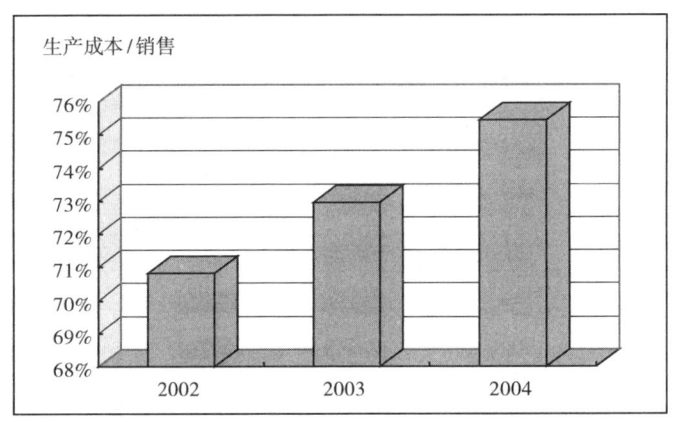

图 23-4

2005 年之后,中国汽车市场将进入稳步发展阶段。厂商之间的价格竞争将减弱,汽车降价的频率和幅度也将更加理性化。各大厂商为了进一步降低成本和增加竞争能力,行业内可能会出现大批重组和兼并行为。例如,X 公司在 2004 年与另一汽车集团合资成立了合资公司。综合销售增长、市场竞争、行业结构变化等因素,2005 年以后,X 公司的生产成本将略有下降。但下降幅度将逐步减小,长期的生产成本,将保持在销售收入的 74%,具体的生产成本情况如图 23-5 所示。

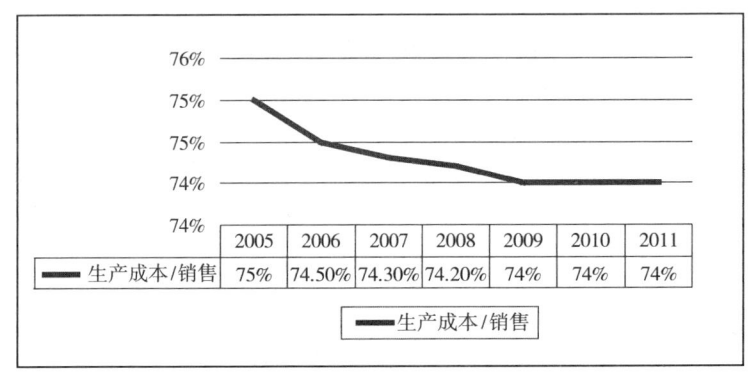

图 23-5

战略 B

X 公司的销售收入增长从 2006 年开始将在五年内快速增长,生产成本将随着生产规模的扩大而逐步降低。在三种不同增长速度的模式下,其生产规模在六年里(2005~2011 年)分别扩大了 3.5 倍、4.1 倍、和 6 倍。根据汽车行业固定生产成本高的特点,X 公司的生产成本在高增长期将有大幅度的降低。但在长时期内将保持稳定。该汽车厂家在未来几年的生产成本如图 23-6 所示。

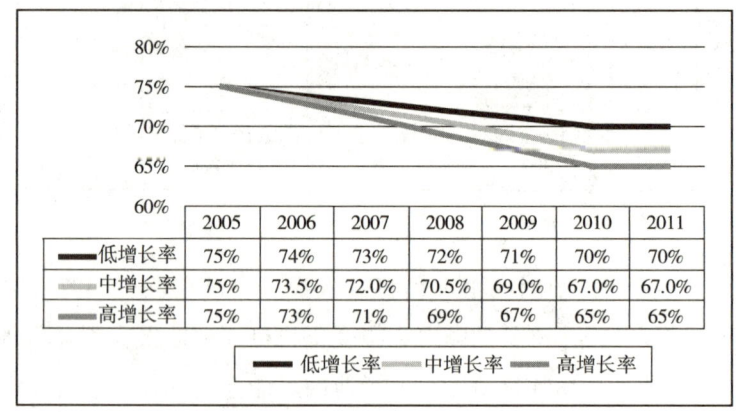

图 23-6

3. 营业、管理和财务成本

战略 A

X 公司过去三年中的营业、管理和财务成本基本上保持稳定,约占销售收入的 14%。比行业平均成本要高出 2%~3%,具有较大的成本降低空间,如表 23-5 所示。

表 23-5

费用率 年份	(营业+管理+财务成本)/销售	变化	变化率
2002	14.01%		
2003	12.30%	-1.71%	-12.18%
2004	14.02%	1.72%	13.99%

X 公司在 2004 年度已经开始注重减低其营业、管理和财务成本，可望从 2005 年起，通过管理创新、全面质量管理、全面预算管理等方式降低营业、管理和财务成本。该汽车厂家在未来几年里的营业、管理和财务成本如图 23-7 所示。

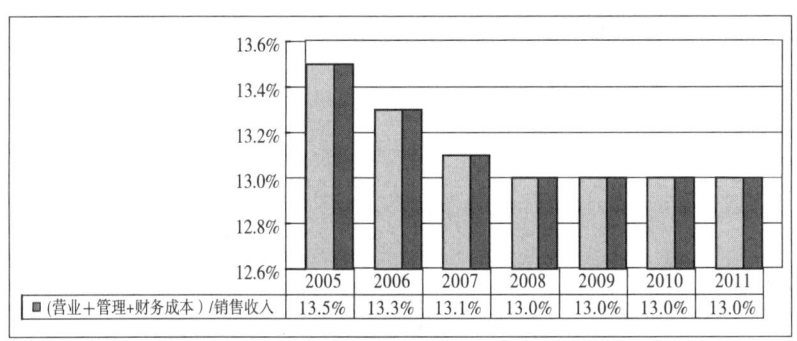

图 23-7

战略 B

X 公司通过管理创新能力，全面质量管理，全面预算管理等方式，降低了营业、管理和财务成本，销售增长产生的规模效应将进一步降低各项成本。X 公司在高增长率模式、中增长率模式和低增长率模式下，营业、管理和财务成本占销售收入的情况如图 23-8 所示。

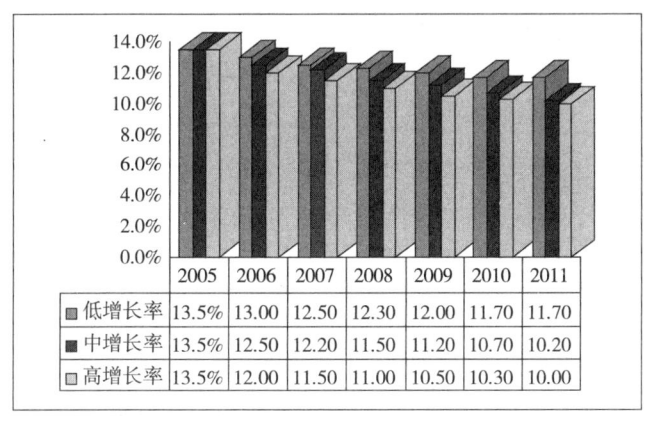

图 23-8

4. 固定资产

战略 A

X 公司的固定资产在过去三年里保持了很强的增长趋势。其中 2003 年度增长了 32%，2004 年度增长了 41%。固定资产快速增长的主要原因是，近年来 X 公司不断投资控股公司和子公司来增加生产能力和市场销售渠道，如图 23-9 所示。

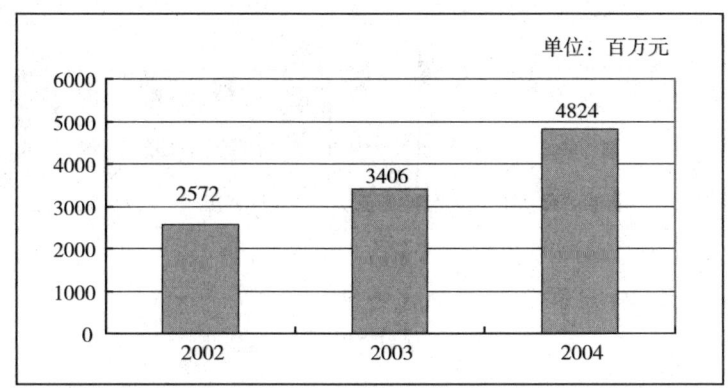

图 23-9

由于 X 公司的销售在未来几年内仍会保持中等速度增长，现有的生产能力无法满足其市场需求。在未来几年里，×公司需要继续扩大其生产能力，增加其固定资产投入。

增加固定资产的投入将增加折旧费用。2004 年×公司的折旧费用增长 56%。随着更多固定资产的投入，其折旧费用在未来几年内将保持增长的趋势如表 23-6 所示。

表 23-6　　　　　　　　　　　　　　　　　　　　　　单位：百万元

年份 折旧	年折旧费用	变化	变化率
2003	199	0	0
2004	310	111	56.02%

根据 X 公司在过去几年内的销售增长和固定资产增长数据，2004 年度该公司每辆汽车的边际固定资产约为 15000 元。但随着生产规模的

逐渐扩大,其边际固定资产将迅速下降。应用该汽车的销售预测,计算出×公司的固定资产投入和折旧费用,如表23-7所示。

表 23-7

年 份	2005	2006	2007	2008	2009	2010
固定资产增长（元）	892839760	120421763	12145739	859736	38430	961
累计固定资产增长（元）	892839760	963659313	922268424	871891025	823491065	777742522
折旧费用增长（元）	49602209	53536629	51237135	48438390	45749504	43207918

* 折旧费用是按照该公司的厂房和设备平均折旧年限为18年。

战略 B

如果×公司应用战略 B,固定资产将以更快的速度和更大的幅度增长。但因为生产规模将扩大3.5~6倍,×公司的边际固定资产将远低于2004年度的标准,对其固定资产和折旧费用增长的预测如表23-8所示。

表 23-8

	年 份	2005	2006	2007	2008	2009	2010
低增长率	固定资产增长	893563293	167275048	28905128	4578572	659314	94941
	累计固定资产增长	893563293	1011195936	983923512	933839667	882619000	833679552
	折旧费用增长	49642405	56177552	54662417	51879982	49034389	46315531
中增长率	固定资产增长	893563293	191669326	37950527	6888021	1136523	187526
	累计固定资产增长	893563293	1035590214	1016007951	966451085	913895881	863311414
	折旧费用增长	49642405	57532790	56444886	53691727	50771993	47961745
高增长率	固定资产增长	893563293	250912573	65036539	15452682	3337779	720960
	累计固定资产增长	893563293	1094833460	1099045918	1053440493	998523800	943516216
	折旧费用增长	49642405	60824081	61058107	58524472	55458544	52417568

* 折旧费用是按照该公司的厂房和设备平均折旧年限为18年。

5. 投资回报率和投资偿还期限

在进行财务模型预测时，以5%为消费者回报率和以三年为投资偿还期。

6. 其他

X公司的其他业务利润、营业外收入和营业外支出，按照5%的年增长速度计算，少数股东损益按照8%的利润总额来计算（2002~2004年平均值）。虽然2004年度的投资收益项目为负数，但投资长期为负收益的可能性很小。所以在财务模拟计算时略去该项。2004年的补贴收入项目为不经常发生项目，在计算时略去该项目。主营业务税金及附加项目为销售收入的3.5%，企业所得税为33%。由于缺少更为详细的财务数据，某些项目可能估计不够精确。但因为这些项目都不是主要项目，而且两个战略模式都使用同样的假设数据，对财务模型预测结果产生的偏差可以忽略。

（四）财务模型预测结果

根据财务模型的预测结果，战略B中的高速增长模式的净收益要大于战略A；中速增长模式的净收益与战略A基本持平，低速增长模式的净收益要小于战略A。在模式中，应用X公司的加权平均资本成本来计算战略B高于战略A的净现值。首先，通过资本资产定价模型计算出X公司的股权资本成本；其次，通过X公司的长期债权成本和企业税率计算出税后债权成本；最后，按照股权和债权的比例计算出该公司的加权平均资本成本。根据中国资本市场和X公司的财务数据，X公司的加权平均资本成本约为12%。

1. 高增长率模式

在高增长率模式下，2006~2012年，战略B的销售收入和净利润远远高于战略A。而从2012年以后，战略B每年高于战略A净利润60%。按照12%的加权平均资本成本，2004年战略B高于战略A的净现值为224.68亿元。

2. 中增长率模式

在中增长率模式下，2006~2012年，战略B的销售收入和净利润要高于战略 A。而从 2012 年以后，虽然战略 B 的销售收入仍然大于战略 A，但每年的净利润却低于战略 A 约 35%。按照 12% 的加权平均资本成本，战略 B 与战略 A 的净现值基本持平。2006~2012 年期间的净现值，基本抵消了 2012 年以后的负净现值。X 公司在 2012 年以后销售增长，但净利润降低，其主要原因是偿付高速增长期累积的消费者投资额。如果适当延缓投资偿付期，例如从现在的三年偿付期延长到五年，中增长率模式的净现值也将大于战略 A。

3. 低增长率模式

在低增长率模式下，2006~2008 年，战略 B 的销售收入和净利润要高于战略 A。但从 2008 年以后，每年的净利润要远低于战略 A。按照 12% 的加权平均资本成本，战略 B 低于战略 A 的净现值为 200.36 亿元。

（五）现金流量

X 公司的期末现金在过去三年里保持了一个快速增长的趋势。2003 年比 2002 年增长了 11%，而 2004 年比 2003 年增长了 40%，如图 23-10 所示。

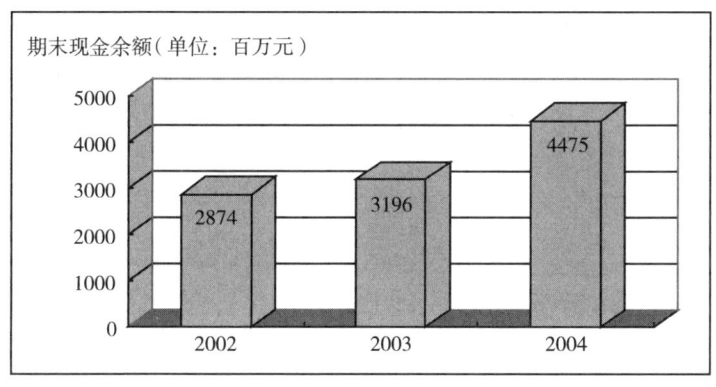

图 23-10

X 公司过去三年的应收货款、存货和应付货款占销售收入的比例发生变化，其中应收货款逐年降低，说明 X 公司的应收货款管理有所改善；存货在三年内的变化较大，但总体有所改善；应付项目逐年增长，说明该公司可用现金增多，如图 23-11 所示。

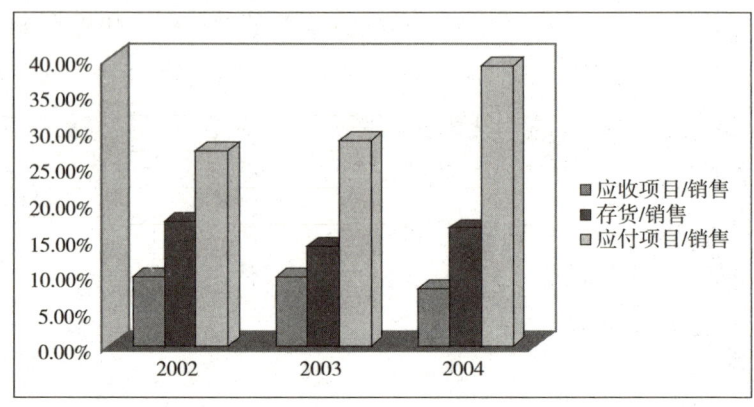

图 23-11

由于销售和产量的增加，X 公司经营活动产生的现金流入会增加。同时，固定资产增加投资产生的现金流出，应收货款和存货的增加所产生的现金流出，以及消费者投资利息和本金的偿付，也会增加现金的流出。在不融入新资金的情况下，该公司每一年所增加的现金流入量，都必须大于或等于增加的现金流出量。否则，企业将无法维持正常的资金和生产运转。

在预算 X 公司的现金流量时，在财务模型中使用净利润。因为销售增长对一些小的现金项目影响很小，在预算现金流量时，略去这些小项目，只对净利润、折旧费用和应收货款、存货、应付货款的变化、固定资产的投入和消费者投资利息和本金偿付进行分析。因为战略 A 的现金流量基本上会保持稳定增长的趋势，只需要对战略 B 的现金流量变化进行分析。而战略 B 中只有高增长率模式和中增长率模式为可行性模式，所以只需要对这两种模式进行分析。

1. 高增长率模式

在预算经营活动产生的现金流时，使用未扣消费者投资利息和本金偿付的净利润，和调整后的折旧费用。按 2004 年的比例计算应收货款和存货，因为 2004 年度应付货款过高，计算时使用三年平均值 30%；在预算投资活动产生的现金流量时，按照固定资产增加表计算；在预算融资活动产生的现金流量时，消费者投资利息和本金偿付按照10%分配率，5%投资回报率，三年投资回报期来计算。从模式的预测现金流量来看，因销售增长而增加的现金流入量，在任何年度都大于增加的现金流出量。X公司有足够的现金流来维持其正常的资金和生产运转。从趋势来看，现金流量在2005~2012年呈曲线形波动，在2013年后保持长期稳定增长的趋势。

2. 中增长率模式

在预算中增长率模式的现金流时，使用其相应的数据。从模式的预测现金流量来看，因销售增长而增加的现金流入量，在任何年度都大于增加的现金流出量。X公司同样有足够的现金维持其正常的资金和生产运转。从趋势来看，现金流量也是在2005~2012年呈曲线形波动，在2013年后保持长期稳定增长的趋势。

（六）结论

根据对两种战略模式的综合分析，X公司是否应该采用战略B，取决于其预测销售增长的速度。在高增长率模式下，战略B的各项财务数据都要优于战略A；在中增长率模式和低增长率模式下，战略B和战略A的各项财务数据各有优劣；而根据现金流量的分析，两种经营战略和三种增长模式，都能够有足够的现金，维持X公司集团正常的资金和生产运转，现金流量不作为选择战略的决定因素。根据现净值分析，在高增长率模式下，战略B的净现值大于战略A；在中增长率模式下，战略B的净现值约等于战略A；在低增长率模式下，战略B的净现值小于战略A。

为了避免偏差，报告中的假设都采用了比较保守的估计。其中销售增长幅度的预测，需要进一步对行业、市场和消费者进行分析和研究。其他数据的微小误差，对财务模型的预测结果产生的影响可以忽略不计。在计算消费者投资回报和投资额偿付时，使用了税后利润；如果X公司将消费者投资额归属为企业债务，其投资回报和投资额偿付可以用税前利润进行支付，可减少其企业所得税的支出。

为了使模式简化和实用，财务数据分析和净现值分析仅仅包括战略B中销售增长因素，而没有包括战略B对X公司产生的其他附加效益。

这些附加效益，包括消费资本化所产生的消费聚拢效应、社会资本效应和市场压力效应等。这些附加效益会进一步加大战略 B 的优势。随着中国汽车工业进一步成熟，X 公司想在汽车市场的竞争中取得优势，不是仅仅依靠成本管理、降低价格和营销策略就能实现的，而是需要建立一套全方位的企业整体经营战略。消费资本化经营战略不仅仅是提高企业运营的单一环节的运营效率，而是通过对企业整体运营的策划和管理来提高企业的核心竞争力。

综上所述，本报告初步推荐 X 公司实施消费资本化的经营战略，但需要对 X 公司的销售增长的预测要做进一步精确的计算。

三、案例和模型之三：电器业

电器行业消费资本化可行性分析报告如下。

（一）摘要和说明

本报告是对电器行业实施消费资本化的可行性分析和研究。本报告将以 Y 公司为例进行分析和研究。首先，报告将对影响空调市场的各种因素进行简要的分析和预测；其次，报告将分析 Y 公司近年来的经营状况；最后，报告将对 Y 公司未来的经营状况做出预测，并比较使用现行经营战略 A 模式和消费资本化经营战略 B 模式将带来怎样的不同经营成果。

（二）市场分析

本报告将从多个角度分析我国的空调市场。首先，分析空调市场的宏观背景，大致勾勒出空调市场总体的发展趋势；其次，分析空调市场消费者的行为，了解消费者对市场上不同空调品牌的偏好。通过这些分析，我们可以较为准确地预测出实施消费资本化以后对该电器公司所产生的影响。

1. 宏观背景分析

空调作为耐用消费品，其产业的发展与外部宏观环境的变化密切相关。对于电器行业来说，虽然产品的出口已经成为收入的重要组成部分，约占收入比重将近 25%。但是，在国外技术壁垒和反倾销等约束条件下，至少在近几年过度依靠出口是不现实的。所以，本报告将把研究的目标锁定在国内空调市场上。从宏观经济运行、居民收入情况和房地产市场发展三个角度，综合估计我国空调市场的发展前景。

（1）宏观经济运行

从20世纪80年代改革开放以来，我国国民经济一直保持着较高的增长速度。从20世纪90年代初到1997年，我国经济出现了一定程度的过热，存在较为明显的通货膨胀。1998年，政府通过宏观调控，成功实现了经济的"软着陆"，扭转了经济过热的势头。在2000~2002年，国民经济出现了通货紧缩的趋势，GDP的增长率降低到了7%~8%。2002年之后，随着我国投资和出口规模的不断扩大，国民经济再次出现了高速增长的势头，如图23-12所示。

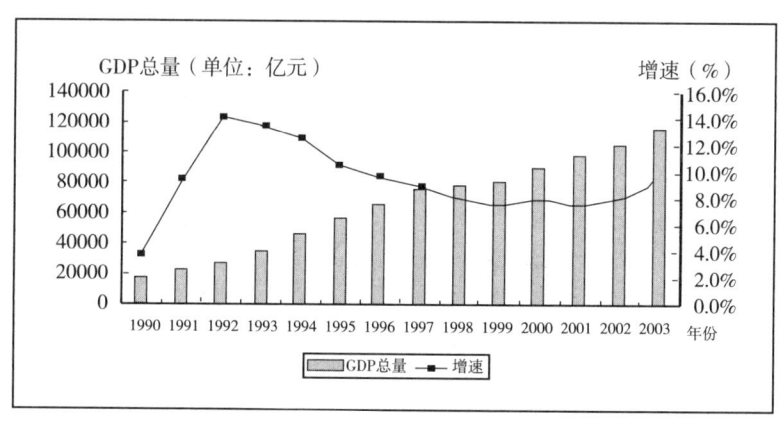

图23-12 1990~2003年国内生产总值及其增速一览

数据来源：《中国统计年鉴》。

在长达二十多年的高速增长中，虽然我国经济遭遇了亚洲金融危机、"非典"等一系列大规模的不利因素，但是我国经济增长的步伐始终没有受到大的影响。这说明，我国经济有较强的抵御风险的能力。

国民经济高速、健康、稳定的发展为空调产业提供了良好的外部宏观环境。一方面为空调产业发展创造了良好的产业投资环境；另一方面也为消费市场的发展提供了稳定的基础。

从GDP增长与国内空调销量的增长，我们可以看到，空调销量的增长与国民经济增长的趋势基本一致。但是空调市场对市场环境变动的敏感度远远高于 GDP。在宏观环境较好的时候，空调市场的增长率远远高于我国 GDP 的增长率。而在市场环境较差、经济出现通货紧缩的趋势时，空调销量的增长率也会迅速回落，甚至低于 GDP 的增长率。如图 23-13 所示。

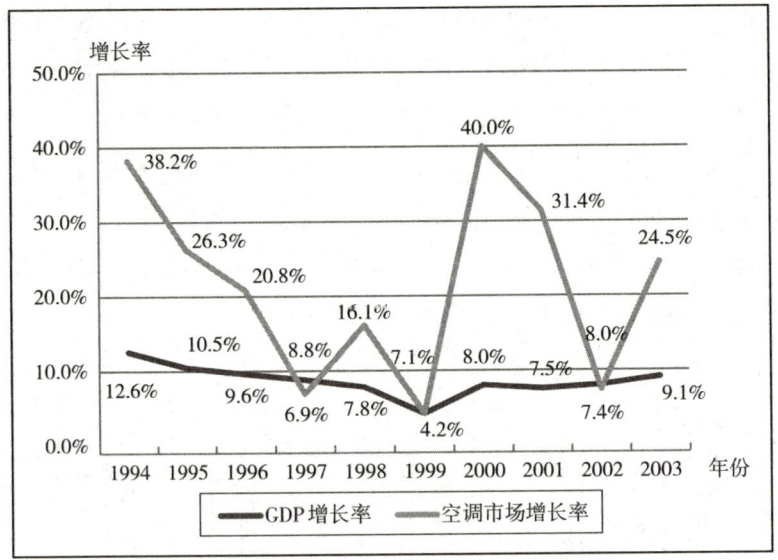

图 23-13　GDP 的增长与国内空调市场增长的关系

数据来源：《中国统计年鉴》。

我国经济在进入第十一个五年规划时期，虽然我国经济正面临能源短缺、消费紧缩等问题，但是随着这些问题被成功解决，我国的宏观经济依然保持高速增长的趋势。

（2）居民收入水平及消费能力

我国空调市场的发展，同我国居民的收入水平和消费能力是密切相关的。空调分为家用空调和商用空调两类。其中家用空调的市场空间，完全取决于居民的收入水平和消费能力。而商用空调的目标客户，主要是各种服务行业和写字楼。服务行业的经营状况，直接取决于居民消费。而写字楼的经营，也跟各个企业的经营状况有关，归根结底商用空调的销售也会间接受居民收入水平和消费能力的影响。城乡居民可支配收入增长率同空调市场增长率之间，确实存在明显的正相关关系。如图23-14所示。

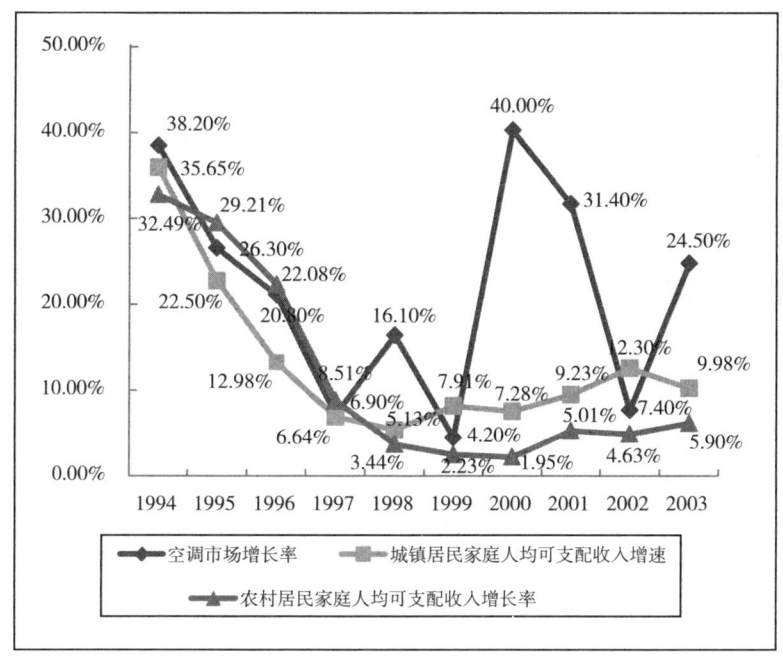

图 23-14 城乡居民可支配收入增速与空调市场增长率的关系

我国的居民收入状况对于空调市场的发展来说是一个极好的机会，一方面，我国城乡居民可支配收入水平不断提高，1991~2003 年，农村居民家庭人均收入增长 3.7 倍，城市居民人均纯收入增长 3.3 倍，如表23-9 所示。

表 23-9　　我国居民人均可支配收入情况（1991-2003）

年份	农村居民家庭人均纯收入（元）		城镇居民家庭人均可支配收入（元）	
	绝对数（元）	比上年增长（%）	绝对数（元）	比上年增长（%）
1991	709	3.25	1701	12.61
1992	784	10.64	2,027	19.17
1993	922	17.55	2577	27.18
1994	1221	32.49	3496	35.65
1995	1578	29.21	4283	22.50
1996	1926	22.08	4839	12.98
1997	2090	8.51	5160	6.64
1998	2162	3.44	5425	5.13
1999	2210	2.23	5854	7.91
2000	2253	1.95	6280	7.28
2001	2366	5.01	6860	9.23
2002	2476	4.63	7703	12.30
2003	2622	5.90	8472	9.98

注：① 本表中的增长率已经扣除了价格上涨因素。

② 数据来源：《中国统计年鉴》。

另一方面，从衡量居民生活水平的重要指标——恩格尔系数（食物支出占人均可支配收入的比重）中，我们也可以看到，我国居民生活水平提高很快。在食物支出以外的消费，占总消费的比重逐年上升，居民在包括空调在内的耐用消费品上的开支越来越大，如表 23-10 所示。

表 23-10　　1999-2002 年我国城乡居民恩格尔系数变化（单位:%）

年　份	城市居民	农村居民
1999	0.419	0.526
2000	0.392	0.491
2001	0.379	0.477
2002	0.377	0.462

注：资料来源《中国统计年鉴》

随着我国经济的不断发展，我国居民收入水平必然会继续提高，消费者购买空调产品的能力，也将会得到一个比较稳定的提高。

（3）房地产市场的影响

空调类产品同其他家电产品最大的区别是，空调类产品是直接用于已造房屋。因此房地产市场的发展，对空调市场会产生直接的影响。我国商品房销售面积的增加，同空调产业的增长速度之间的正相关关系相当明显，如图23-15所示。

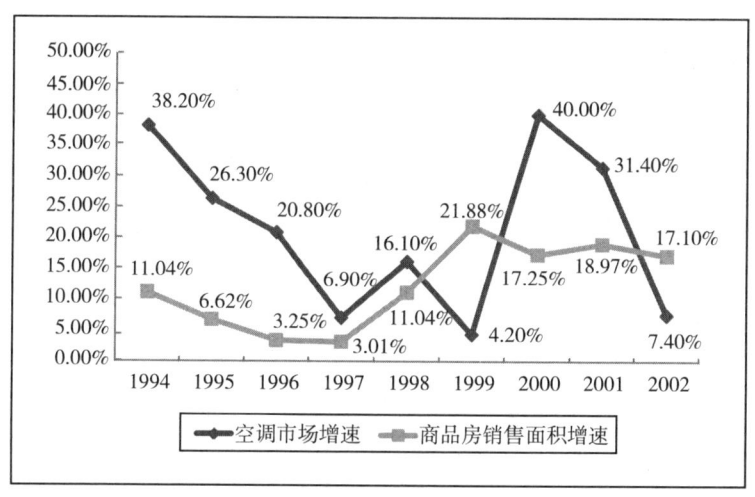

图 23-15 1994~2002年商品房销售面积增速与空调市场增速对比

我们可以看到，1997年之前，空调产业的增长速度大大高于商品房的增长速度。这是因为消费者对空调的潜在需求得到了释放。而在1997年之后，情况有了变化，如果上一年房地产市场的增长速度比较快，下一年空调销量往往能够出现比较明显的增长。这是比较容易理解的，因为人们购买商品房（包括期房）之后，往往要过一段时间才购买空调。

2005年以来，随着我国宏观调控，我国的房地产业的增长速度虽有所减慢，但是，我国对房地产的需求依然很大。并且随着我国房地产市场的不断成熟和完善，预计在未来的几年中，我国房地产业仍将保持较高的增长速度。

（4）结论

通过以上分析，本报告认为，在未来的几年中，我国空调销量仍然将保持一个较高的增长速度。但是，由于空调是一种耐用消费品，空调销量的增长率高于我国 GDP 和人口增长率的局面不会长期维持。预计在一个较长的阶段中，空调销量的增长率将逐渐回落。

2. 消费者行为分析

实施战略 A 和战略 B 带来的不同结果，关键在于消费者。通过对空调市场消费者行为的分析，本报告将分析空调市场消费者行为的特点。以此为基础，对两种战略的不同，进行较为准确的分析和预测。

本报告使用的数据，部分来源于赛迪顾问股份有限公司于 2004 年上半年对全国空调消费市场进行的市场调查，其中有效样本 2100 个，数据可信度为 95%。

从这些数据中我们可以看到，空调行业的消费者最关心四个因素，它们分别是质量、价格、服务和功能。从消费者获取信息的途径上来看，消费者最信任的信息来源是熟人推荐和自己的经验。空调市场十分适合推广消费资本化，而消费资本化的推广，能够为空调行业带来巨大的效益。

（1）质量、价格和服务主导消费者的购买行为

调查显示，中国城市消费者在购买空调时考虑最多的三个因素分别为质量、价格和服务。考虑这三个因素的消费者比例分别为 68%、47% 和 33.6%。质量已经超过价格跃居为消费者首要考虑的因素。这反映出消费者在经过多年的市场洗礼后，已经改变了以往只关注价格的消费倾向。

侧重考虑服务和功能这两个因素的消费者比例分别为 33.6% 和 26.2%。由于空调的安装、维修和空调的使用密切相关，消费者对空调服务的关注程度明显高于消费者对其他家电服务的关注。消费者对品牌的关注也较明显，选择该因素的消费者占到受调查总体的 23.6%，而在对消费者是否具有品牌偏好的调查中，有 58.1% 的消费者做出了肯定回

答。总而言之，空调企业要想获得市场竞争的优势，质量是前提，价格是关键，服务是保证，品牌具有重要指引作用。见图 23-16 所示。

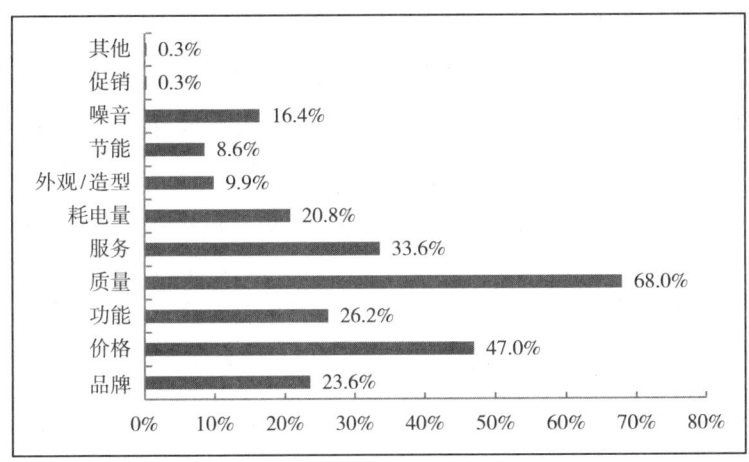

图 23-16　消费者购买空调的影响因素分布

一方面，企业在实施消费资本化之后，在不损害企业原始股东利益的基础上，产品的实际购买价格将会有一定的下降。对于空调产业，价格因素对消费者的影响是很大的，通过价格的刺激将有力的增加消费者的购买量。

另一方面，企业实施消费资本化，将会有效地调动消费资本的积极性，同时会加强消费者与企业的有效沟通。通过对这些信息的利用，企业在不增加生产成本的基础上，可以生产符合消费者需要的产品，提供满足消费者需求的服务。产品的质量、功能和服务的提高，将会增强消费者的购买欲望。

（2）空调市场存在较为严重的信息不对称

消费者可通过很多手段来获得空调产品的信息，如熟人介绍、自己亲身体验、广告宣传等。经过调查，空调产业的消费者更倾向于相信熟人介绍和自己的体验，而不是厂商和经销商的宣传。这说明空调产业存在较为严重的信息不对称。

消费者有几种主要渠道获取产品信息,主要是熟人推荐、过去的使用经验、亲自去商场和通过电视了解。其次是报纸杂志。而户外广告、产品说明或宣传、促销员和互联网推荐等对空调消费者的吸引力不大。

空调消费者注重体验、重视熟人和自己的使用经验,其原因有二:一是,近年来空调概念层出不穷,各种概念、指标满天飞,使得空调消费者产生了感官疲劳,转而倚重熟人和自己的使用经验;二是国家有关空调能效的新标准、健康空调标准、变频空调标准未能及时出台,消费者选择空调产品缺乏科学的参照,也使得消费者必须依靠亲身体验或熟人介绍。电视因其影响最广、内容最规范而对消费者信息的获取有较大影响。

上面这些现象,归根结底是消费者无法通过有效的途径从企业了解信息,消费者和企业之间存在严重的信息不对称。这种信息不对称,严重损害了消费者的利益,提高了企业向消费者进行宣传的成本,降低了消费者对企业的信任程度,对空调行业的发展是极为不利的。在消费资本化模式下,消费者和企业之间可以建立一种低成本、高效率的沟通渠道。这可以在很大程度上缓解消费者和企业之间的信息不对称,化解因为信息不对称造成的一系列损失,可以大幅度降低企业的营销成本,提高消费者购买的积极性。如图 23-17 所示。

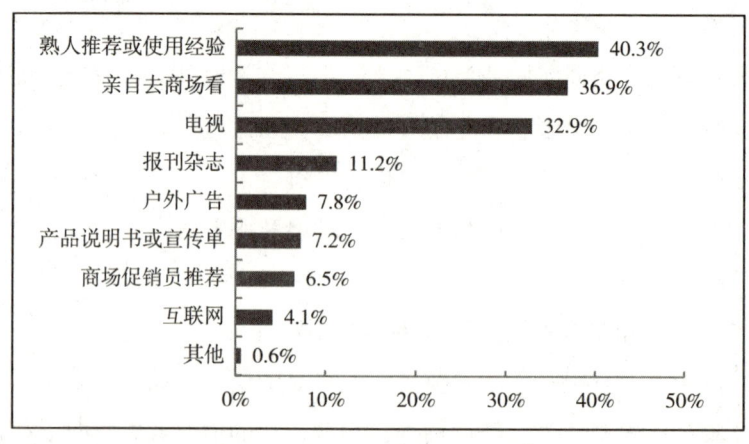

图 23-17 消费者获取信息方式的分布特征

（3）结论

在我国空调市场，消费者的消费理念十分适合消费资本化的实施。实施消费资本化，将会给企业带来很明显的收益。

3. Y 公司分析

在实施消费资本化之后，消费者在进行消费决策时，不仅会考虑企业当前提供的产品和服务情况，更会综合考虑企业未来发展的前景。发展前景越好的企业，越容易得到消费资本的青睐。

Y 公司拥有目前中国生产规模最大、技术实力最强的空调生产基地。空调年产能 1000 万台，也是世界单产规模最大的专业空调企业。经过多年的发展，公司坚持走专业化的发展道路，以领先的技术、过硬的产品和完善周到的服务赢得市场。同时也奠定了 Y 公司在国内空调市场的领先地位。根据国家轻工局和中央电视调查中心的统计数据，从 1996 年起 Y 公司空调连续产销量和市场占有率均居行业第一。

（1）Y 公司在行业中的竞争优势

Y 公司能够取得如此骄人的成绩，连续好多年稳坐空调业第一把交椅，最重要的就是它的专业化经营。近年来，Y 公司推出和实施的高新技术就有六项：其一，智能化人体感应技术；其二，一氧化碳自动感应报警技术；其三，智能换新风技术；其四，数字直流变频技术；其五，多折式蒸发器技术；其六，数字化湿度控制技术。面对空调市场混乱无序的竞争，一贯坚持专一化经营的 Y 公司成为国内目前规格最齐全、品种最多的空调生产厂家，形成了业内领先的主导优势，充分地显示了十多年来，该企业的专业化技术积累、雄厚的技术开发实力和经济效益再增值的潜在能力。

（2）不断扩大的经济规模

Y 公司不仅以技术领先及科学的管理使竞争对手望而却步，还以实行总成本领先策略，扩大生产形成规模经济。2004 年，Y 公司在重庆投资兴建的空调生产基地二期工程竣工投产，年产能 200 万台，成为中国西部地区规模最大的专业空调生产基地。从而使 Y 公司的总年产能也由此突破 1000 万台，成为全球规模领先的专业空调生产基地。

(3) 具有核心资源的控制能力

作为专业化空调生产企业，Y 公司拥有空调心脏——压缩机的研发生产能力，拥有压缩机厂，从而获得产业竞争的优势。2001 年以来，Y 公司还大刀阔斧改革了原材料采购程序和运作环节，通过供应部、外管部、筛选分厂、技术部等环节的层层监控，坚决要求做到"货比三家、质量取胜"。加强原材料采购环节的监控，堵塞漏洞，杜绝人情关、亲情关，公开、公正地在网上招标等举措，把一批不适应企业要求的原材料供应商拒之门外，保证了 Y 公司在原材料的采购环节中始终能做到质优价平。

(4) 适合中国国情的经销策略

Y 公司的成功的重要的原因，就是独具特色的"股份制区域经销模式"。即 Y 公司和各地的经销商联合出资成立新的销售公司，专营 Y 公司空调专营。模式的主要特点，就是把区域经销商捆在同一条的船上，最大限度的利用当地的渠道资源，提高 Y 公司空调的销售。可以说，各地区的经销商掌握着 Y 公司经济命脉。

按照 Y 公司的区域经销模式，国美等大型卖场要销售 Y 公司产品，就必须从当地的经销商进货，同时，还必须遵守各级经销价格体系。显然这并不符合国美的经营理念，有可能引发冲突，带来一定的风险。

虽然这种销售模式存在一定的风险，但是从长远来看，这个销售模式仍具有很大的优越性。首先，这个模式十分适合进行消费资本化的操作。由于各地的销售商实力较弱，Y 公司可以对销售自己的新产品进行有效的管理和控制，从而降低中间销售环节对企业营销的影响，为消费者提供更加优质的服务。其次，空调市场的消费者，对质量和服务的关注已经超过了对价格的关注。这是空调市场的发展趋势，这种情况下，单纯强调价格的低廉，而在一定程度上忽视了质量和服务的模式，对消费者的吸引力将越来越有限。当消费成为了资本之后，消费者对当前产品价格的要求将进一步下降。Y 公司的产品，虽然价格较高，但是能够为消费者提供优质的售后服务，其模式在未来一定会更受消费者的欢迎。

(5) 产品不断更新换代

空调行业的替代品基本上是新技术、新功能的产品，如空气过虑、杀菌、静音等功能的空调，以及柜式空调和中央空调被挂式空调的替代。Y 公司以技术领先的优势，坚持"以技术创新抢占制高点"的开发战略，坚持"生产一代、研制一代、构思一代"，不断完成产品的更新换代，产品质量一直在行业中领先。至今已开发出 10 大类、50 个系列、500 多个品种规格的空调，品种规格和产品系列均居全国首位。

可以预见，即使 Y 公司仅按照现行战略 A 经营，Y 公司的未来也是十分光明的；引入消费资本化新的经营机制后，Y 公司在空调市场上的优势将得到进一步的发挥，会获得更高的发展。

(三) 经营状况预测

在对市场状况、消费者偏好和 Y 公司本身进行分析的基础上，本报告可以对 Y 公司未来的经营状况做出比较科学和准确的预测。

由于消费资本论是一种面向未来的理论，实施的时间越长，其效果也会越明显。为了充分地体现出这一效应，本报告将进行时间较长的预测和分析，从 2005 年起，一直预测到 2020 年。在实际经济运行中，企业会不停的进行各种技术、经营战略和经营手段的改进，从而不断创造新的经济增长点。但是，为了更好地体现战略 A 和战略 B 的差异，本报告将不考虑这些因素。

本报告预测目的在于准确地分析实施战略 A 和实施战略 B 将产生的差异并提供这种差异的准确信息。企业就因此能够正确地进行战略决策，判断是否应当在本企业推广和实施消费资本化。

为了向决策者提供更充足的信息，在对战略 B 进行分析的时候，本报告将分析三种不同的情况——高增长、中增长和低增长。其中，中增长是企业实施消费资本化取得的期望效应。由于市场的反应是有一定的随机性的，在实际经营中，企业同样有可能取得较好的成绩（高增长），或者较差的结果（低增长）。企业取得的业绩介于高增长和低增长之间的概率是最大的。

1. 方案确定

在本报告中,企业对消费进行资本化的具体方案,是将企业利润的10%作为消费者在企业的投资,给予消费者5%的投资收益率。企业在每年年底,向消费者支付这一年的利息,在第三年底,将应该支付的利息和消费者投资的本金一次性支付给消费者。该方案消费者实际支付的资金的净现值将小于产品的累计销售金额。

在财务处理上,本方案采用的手段是,消费者的投资本金将在当年立即扣除,视为消费者对企业的投资,三年之后再返还给消费者;而支付给消费者的回报在支付当年进行扣除之后,立刻向消费者进行返还。

除了财务方面的变化之外,在实施消费资本化的时候,企业还需要进行一系列的操作。本报告只将分析这些操作能够带来的效果,对于具体的操作方式将不再赘述。

2. 消费者预期的反应

消费资本化的实施,将对空调市场的消费者造成一系列的影响,改变消费者的消费方式,最终对企业的经营状况产生重大的影响。

首先,对于消费者来说,方案的实施将带来实际购买价格的下降。由于我国空调行业的平均利润率已经很低,在现行模式下,企业很难进一步降低产品价格。而消费资本化手段,恰恰能使产品实际价格进一步下降,这将在行业引起反响。率先实施的企业,可以获得"注意力经济学效应"或者说"眼球经济学效应",消费资本化的实施可以提高企业的市场影响力和市场份额,并为企业带来额外的利益。

其次,消费者同企业之间的信息不对称将得到化解。当前我国的空调市场,由于部分企业短期性的炒作等行为,扰乱了信息传递的秩序,出现了严重的信息不对称。消费者正确的接受企业信息的能力很差,这将严重影响消费者的购买欲望。使用传统经营模式的企业,为了保持消费者的消费欲望,只能够加大宣传力度,提高企业成本,降低企业利润空间。消费资本化,可以在企业和消费者之间,搭建一座沟通的桥梁,消费者同企业之间的信息不对称将得到化解。一方面,这将恢复消费者的购买欲望;另一方面,在不降低宣传效果的基础上,企业可以节约宣传成本。

最后，企业将很容易获得相关的需求信息。在现行经营模式下，消费者并不愿意将自己的信息提供给企业。企业需要花费高额的成本，通过市场调查等手段来了解消费者的需求。更严重的是，通过传统方式收集消费者信息的可靠性很差，企业难以准确的了解消费者的需求，也就无法真正生产出最适合消费者需求的产品。在消费资本化模式之下，消费者将主动参与企业的建设，企业将更好的了解，自己的消费者需要什么样的产品。一方面，企业节约了市场调查费用；另一方面，企业生产的产品将更能满足消费者的需要，消费者将愿意为这些产品支付更高的价格。

综合上面的几种效应，本报告预测，在实施了消费资本化战略 B 之后，企业产品的销量和价格都将得到提升，销售收入将获得提高；同时，企业的各种成本和费用将会降低。

3. 销售预测

战略 A

根据对空调市场的分析，本报告认为，空调销量较高的增长速度会保持一段时间。但是，如果没有新的突破，空调行业的增长速度不会长期保持高于 GDP 增长的水平。本报告认为，在近两年，空调销量的增长仍然将维持一个较高的水平，之后缓慢回落，逐渐接近我国 GDP 的增长速度。

在空调市场上，Y 公司的竞争地位是比较有利的。2003~2004 年均取得了超过市场平均水平的增长速度，Y 公司未来的发展前景也是十分可观的。可以预计，在未来的几年中，Y 公司在市场上的优势将得到进一步发挥，可以保持高于市场平均水平的增长率。但是，在长期的发展中，如果没有引入新的经营战略，创造新的竞争优势，Y 公司旧有的优势会逐渐削弱，增长率最终会降低到市场平均水平。

Y 公司如果使用战略 A，本报告对其未来销售的预测如图 23-18 所示。

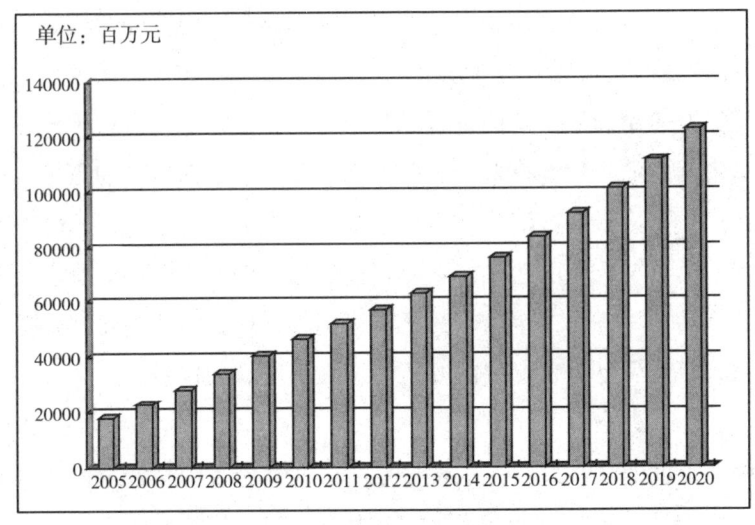

图 23-18

本报告采用较为保守的测算，预计 2005 年，Y 公司司销售收入的增长率为 30%。2005 年以后，增长率逐年递减。到 2012 年约降到 10%，接近最近几年我国 GDP 平均的增长速度。2012～2020 年，增长率将一直保持 10% 的水平。

战略 B

本报告对战略 B 的预测，是在战略 A 的基础上进行的。上述已经做过详细地分析，实施了消费资本化之后，企业销售收入将获得增长。由于消费成为资本，也将为企业带来新的动力，企业最终销售收入的增长速度将高于战略 A。本报告对战略 B 的销售收入在高增长、中增长、低增长三种情况下，销售收入增长的情况预测如图 23-19 所示。

4. 生产成本

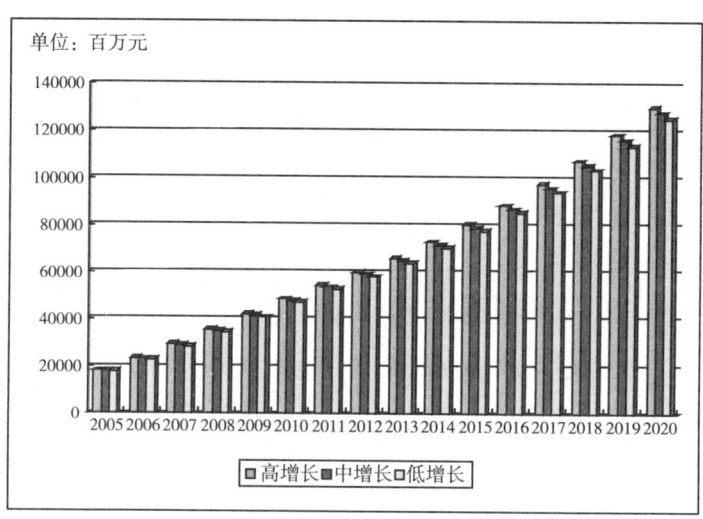

图 23-19

战略 A

Y 公司过去三年的生产成本比较稳定,主营业务成本与主营业务收入之比保持在 80% 上下,平均值为 82.96%。本报告认为,在没有重大事件发生的前提下,Y 公司的生产成本,将一直保持在这个水平上。

战略 A 的生产成本的预测值如图 23-20 所示。

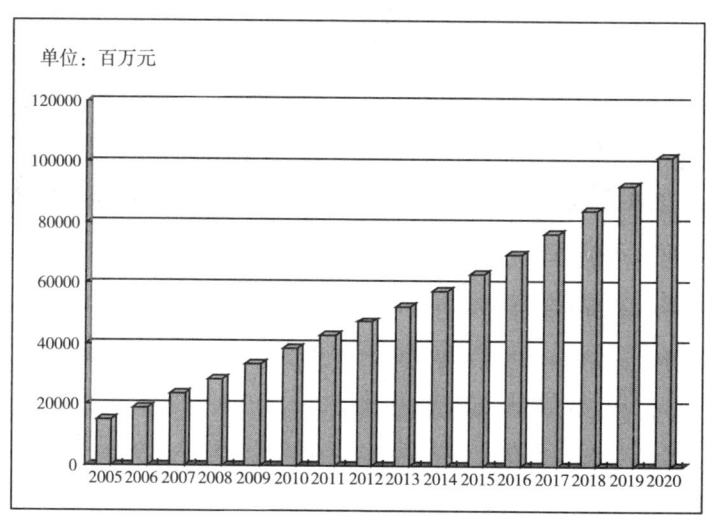

图 23-20

战略 B

在实施消费资本化之后,一方面,在不提高消费者实际支付的净现值的基础上,企业可以通过消费资本化的财务就具体操作适当提高产品的价格;另一方面,由于消费资本的积极性得到了充分的发挥,在不增加生产成本的情况下,企业生产的产品将更加符合消费者的需要,能够为企业带来更多的效益。在这种情况下,虽然企业的生产成本并不会有直接的降低,但是生产成本与销售收入之比将下降。本报告预测,这种下降并不是立刻发生的。消费者信息的积累是一个较长的过程,生产成本与销售收入之比,将在未来的数年内,降低到一个新的水平,并保持在这个水平上。

在战略 B 下,X 公司的生产成本/销售收入的预测如图 23-21 所示。

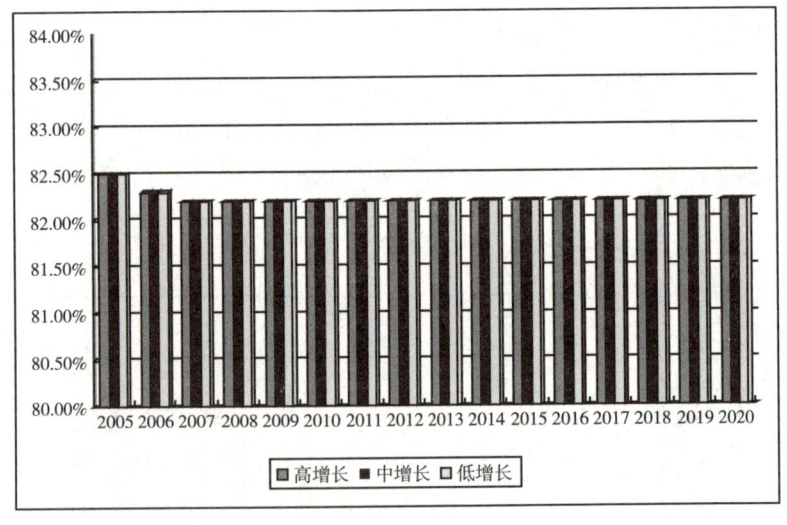

图 23-21

最终的生产成本如图 23-22 所示。

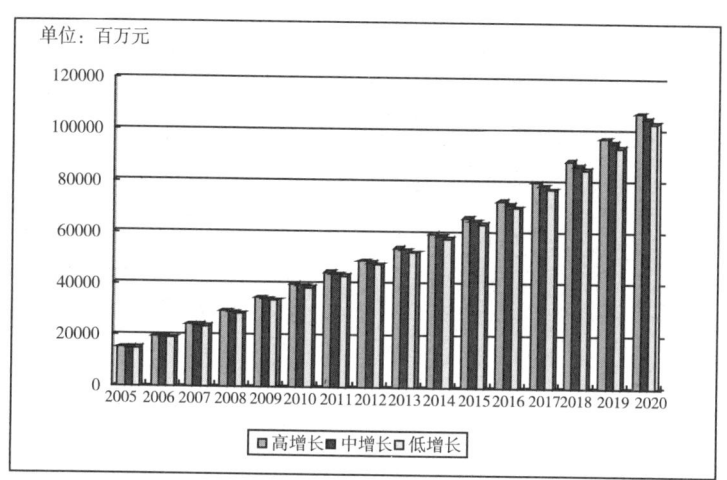

图 23-22

5. 营业、管理和财务成本

本报告预测，营业、管理和财务成本的情况，与生产成本十分类似。

在战略 A 中，企业的经营方针没有变化，将维持原有的营业、管理和财务成本的水平，也就是说，企业营业、管理和财务成本占销售收入的比重将维持不变。本报告采用的是 2002~2004 年间营业、管理和财务成本占销售收入比重的平均数：14.67%。

战略 A 的营业、管理和财务成本的预测值如图 23-23 所示。

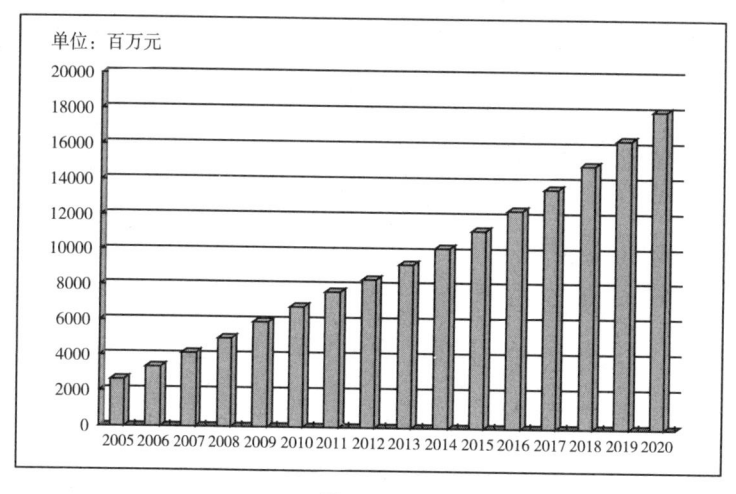

图 23-23

战略 B

在战略 B 中,随着消费资本化的实施,企业的经营状况将得到改善,营业、管理和财务成本将逐渐降低。在战略 B 实施后几年降低到一个较好的水平,并保持在这个水平之上。

战略 B 中,(营业成本+管理成本+财务成本)/销售收入的预测值如图 23-24 所示。

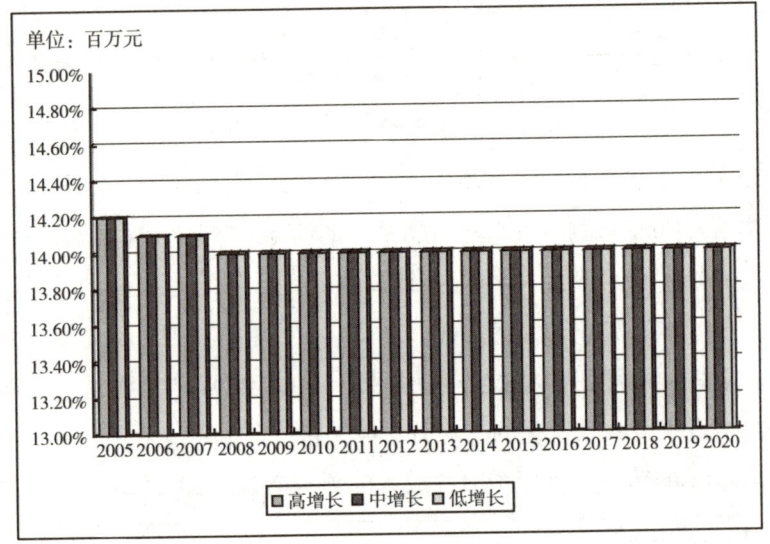

图 23-24

最终的营业、管理和财务成本的预测如图 23-25 所示。

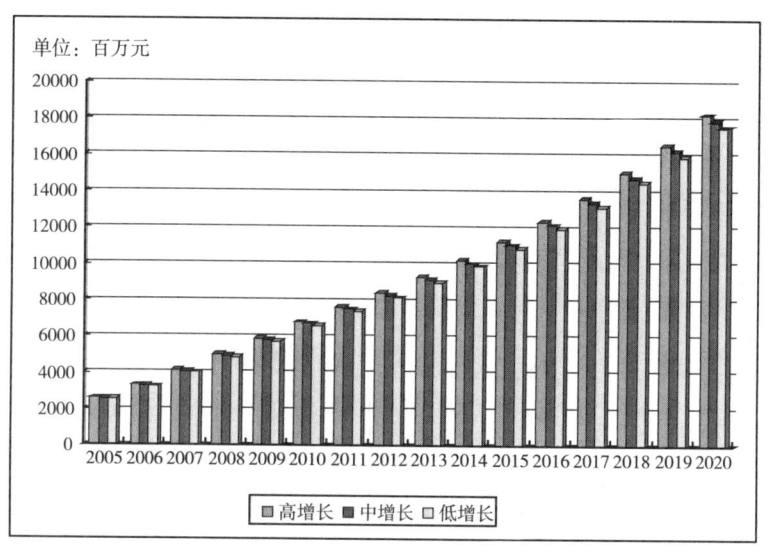

图 23-25

6. 固定资产

战略 A

在过去三年内，Y 公司大规模扩大生产规模，固定资产大幅度增长。2003 年固定资产增长率达到了 47.90%，2004 年更是高达 72.81%。通过对 Y 公司近年来的边际固定资产（增加 1 元销售收入时增加的固定资产）的测算也可以看出，2004 年的边际固定资产明显高于 2003 年的水平。本报告预测，Y 公司在进一步拓展业务时，边际固定资产将逐渐降低，最终降回 2003 年的水平，如表 23-11 所示。

表 23-11

项　　目	2002 年	2003 年	2004 年
固定资产余额（单位：百万元）	767	1135	1962
边际固定资产		0.12	0.22
增长率		47.90%	72.81%

战略 A 的固定资产预测值如图 23-26 所示。

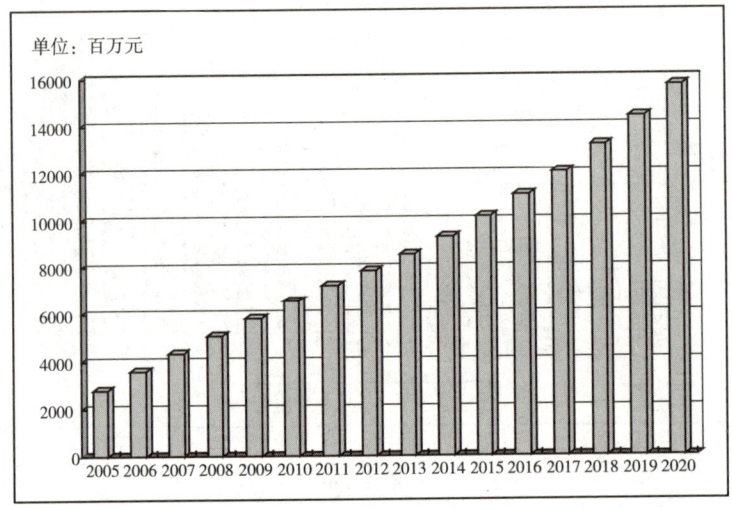

图 23-26

以此为基础，本报告预测 Y 公司折旧费用的增加如图 23-27 所示。

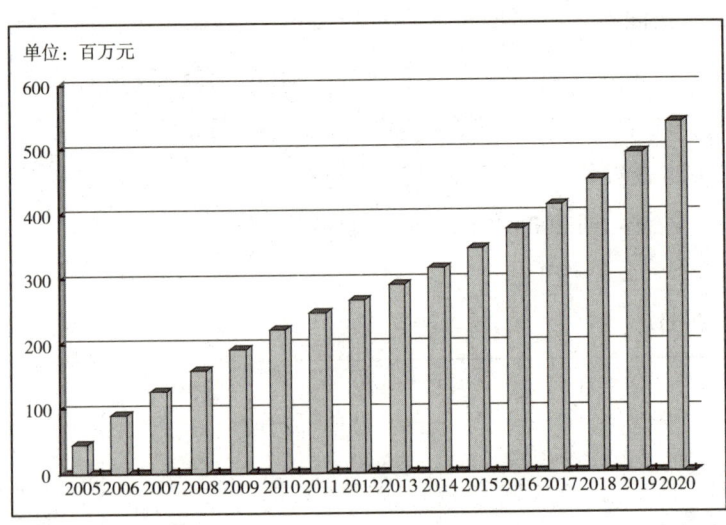

图 23-27

战略 B

与战略 A 不同的是,随着消费资本化的实施,Y 公司的边际固定资产增长率将获得下降,相应的折旧成本的增加量也相对较低。

战略 B 的固定资产增长预测如图 23-28 所示。

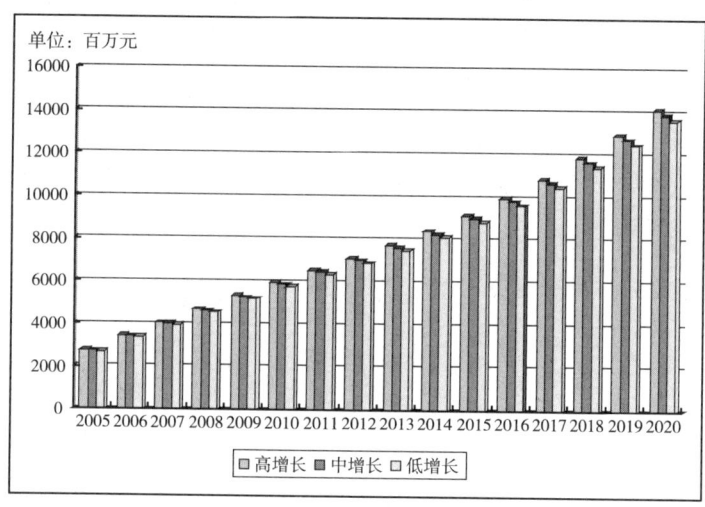

图 23-28

由此得到战略 B 折旧费用增加值预测如图 23-29 所示。

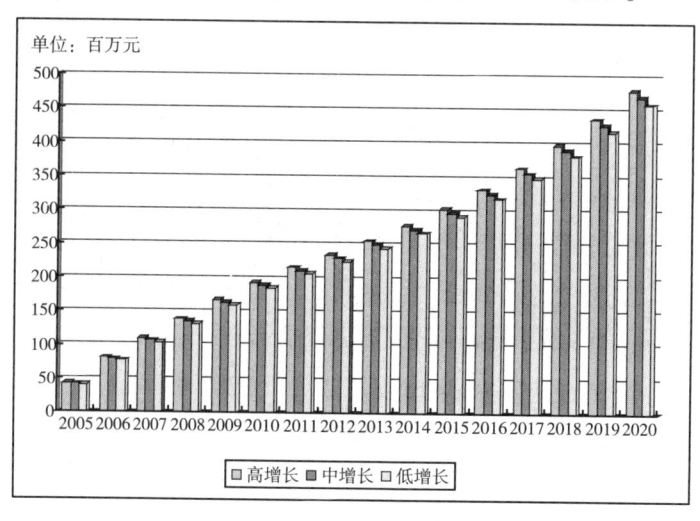

图 23-29

7. 其他

在其他项目上，对于战略 A 和战略 B，其发展趋势相同。

Y 公司的补贴收入、营业外收入等项目，因为不是 Y 公司的主营业务，本报告将不对这些项目进行详细的分析。在两种战略中，这些项目均以 2002~2004 年的平均水平为基数，每年增长 5%。

在计算 Y 公司支付的各种税金时，本报告分析的是该税金占总收入的比重。预测采用 2002~2004 年间税金占总收入比重的平均值，作为预测该项目的依据。

由于这些项目并不是财务状况的主要内容，因此所产生的误差是很小的。同时，由于在这些不重要的项目上，战略 A 和战略 B 没有区别，这能更好的说明实施消费资本化将为企业带来的效益。

（四）财务模型预测结果

通过财务模型的预测，最终得到两种战略共四种情况净利润的增长情况如图 23-30 所示。

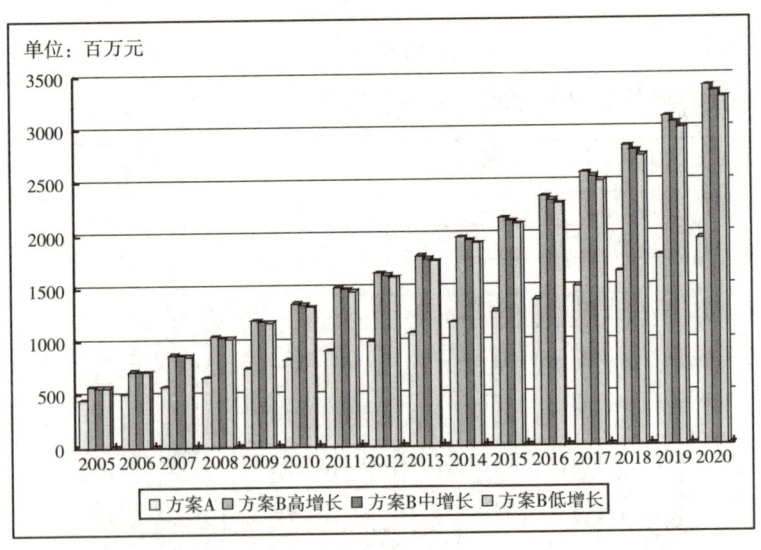

图 23-30

从图 23-30 中可以明显看出，无论出现哪种增长情况，在实施了消费资本化战略之后，未来的发展情况都将远远优于现行经营战略。

如果以15%（接近Y公司股票历年收益水平）的折现率将未来的利润换算成为2004年的净现值，两种战略的优劣将更加一目了然，如图23-31所示。

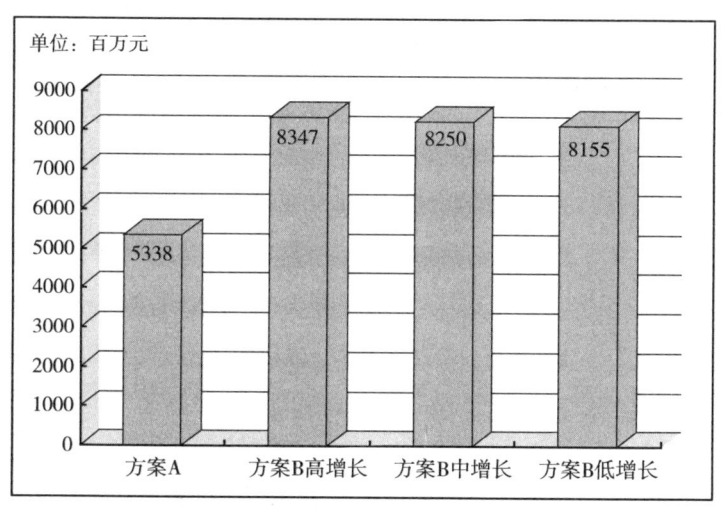

图 23-31

从图23-31可以看到，实施战略B，Y公司的企业价值将获得显著的提高。

（五）分析结论

根据对我国宏观经济、空调行业以及Y公司的分析，本报告推荐企业实施战略B。与战略A相比，战略B的实施将为Y公司带来更高的企业价值。

第二十四章
消费资本论与蒙特·卡罗物理模型

一、蒙特·卡罗物理模型产生的历史背景

蒙特·卡罗方法,或称计算机随机模拟方法,是一种基于"随机数"的计算方法。这一方法源于美国在第一次世界大战研制原子弹的"曼哈顿计划"。该计划的主持人之一、数学家冯·诺伊曼用驰名世界的赌城——摩纳哥来命名这种方法,为它蒙上了一层神秘色彩。

蒙特·卡罗方法的基本思想很早以前就被人们所发现和利用。早在17世纪,人们就知道用事件发生的"频率"来决定事件的"概率"。19世纪,人们用投针试验的方法来决定圆周率 π。20世纪40年代,随着电子计算机的出现,特别是近年来高速电子计算机的出现,使得用数学方法在计算机上大量、快速地模拟这样的试验成为可能。

考虑平面上的一个边长为1的正方形及其内部的一个形状不规则的"图形",如何求出这个"图形"的面积呢?蒙特·卡罗方法是这样一种"随机化"的方法:向该正方形"随机"的投掷N个点落于"图形"内,则该"图形"的面积近似为 M/N。

可用民意测验来做一个不严格的比喻。民意测验的人不是征询每一个登记选民的意见，而是通过对选民进行小规模的抽样调查来确定可能的优胜者。其基本思想是一样的。

科技计算中的问题比这要复杂得多。比如金融衍生产品（期权、期货、掉期等）的定价及交易风险估算，问题的维数（即变量的个数）可能高达数百甚至数千。对这类问题，难度随维数的增加呈指数增长，这就是所谓的"维数的灾难"，传统的数值方法难以对付（即使使用速度最快的计算机）。蒙特·卡罗方法能很好地用来对付维数的灾难，因为该方法的计算复杂性不再依赖于维数。为提高方法的效率，科学家们提出了许多所谓的"方差缩减"技巧。

另一类形式与蒙特·卡罗方法相似，但理论基础不同的方法——"拟蒙特·卡罗方法"——近年来也获得迅速发展。我国数学家华罗庚、王元提出的"华—王"方法即是其中的一例。这种方法的基本思想是"用确定性的超均匀分布序列代替蒙特·卡罗方法中的随机数序列。"

二、蒙特·卡罗物理模型在消费资本论中的应用

为了更好地定量描述消费资本论，我们借助于蒙特·卡罗模拟方法。蒙特·卡罗模拟是研究物理、数学及其他学科的一种统计计算方法，是以随机抽样技巧作为工具的一门近代数值分析的学科。该方法始于20世纪40年代，在研制原子弹过程中，成功地描述了中子在裂变物质中的输运，解决了用一般数学方法难以求解的问题。半个多世纪以来，这种方法在原子核物理和粒子物理等许多方面都得到了广泛的应用。

粒子物理是研究物质的最基本组元及其相互作用规律的一门学科。为了研究数百种粒子在不同物质中的行为（产生和衰变）和相互作用规律，数十年来发展了一套很成熟的蒙特·卡罗模拟工具，满足了粒子物理研究的需要。20世纪90年代，一批科技界的精英将这个工具稍加改进，便成功应用于金融界，例如对股市和期货的预测等收到了很好的

效果。

我们已注意到经济活动中存在大量的随机统计过程，完全可以借助于粒子物理中成熟的蒙特·卡罗模拟方法，加以改进发展后用在消费资本论上。

消费资本论是一个创新理论，突破了旧有框架提出全新的概念，将消费与资本看似矛盾的东西辩证统一起来。将过去以为消费是生产环节终端的观念加以革新，把消费与再生产联结在一起，成为一个周而复始的良性循环。可以预言，其必将形成社会经济发展的巨轮，滚滚向前。该理论将前所未有地调动消费者的积极性，使他们成为经济活动中的主角，在消费中可以得到作为资本部分的回报，从而刺激了他们的消费积极性，吸引他们购买更多的产品。而对企业来说则得到更多的资本，扩大再生产能力，进入良性循环之中，从而使企业获得更大的效益。这样就提高了整个社会的经济活力，推动了经济的发展。

我们构造了描述上述关系的函数，相应不同的经济活动形式，如生产、保险、银行等，金融系统对应的函数形式不同。通过足够统计量的社会调查，可以得到不同社会阶层（工人、农民、学生、教师、国企职员、公司员工和经理等），不同年龄段（小孩、青年、中年、老人），不同性别（男人、女人）的不同分布函数。

构造的方程是多元的、复杂的，如用解析方法几乎不可能求解，而利用蒙特·卡罗模拟方法，就可以近似的求解。

消费资本如何回报？回报率多少才能使企业和消费者都满意，做到双赢？在竞争中采取什么样的策略才可立于不败之地？这些问题都可以从模拟中得到定量的答案。

在蒙特·卡罗模拟中，所构造的函数都有时间的参量，因此需要不断的更新参数，输入从社会调查中得到的最新结果，对模型不断地更新、改善，得到更精确的计算结果。

蒙特·卡罗模拟方法用在描述消费资本论是一个新的尝试，我们将在不断的实践过程中，完善和发展这种方法，反过来也使消费资本论更具体化、定量化，从而具有更大的生命力。

三、蒙特·卡罗物理模型在消费资本论中的参数建立

在蒙特·卡罗物理经济模型中，经济主体有两个：企业和成为消费者。企业追求企业效益的最大化，而消费者追求消费者效用的最大化。

消费者效用，包含产品价格、质量、品牌、企业向消费者支付的返还等因素。消费者的决策量，是购买的产品数量。得到产品，消费者的效用提高；支付产品价格，消费者的效用降低。产品带来的边际效用是递减的，也就是说，在确定的质量、品牌等因素下，消费者购买的数量越多，新购买的产品的效用就越少。而价格是一定的，因为支付的金额提高而降低的效用是一个常量。这样，随着消费者购买数量的增多，总会有一个单位，边际效用的增加等于边际效用的减少，消费者得到最高效用。如果用货币对消费者效用进行衡量，可以得到如下计算公式：

消费者效用：

$$U = u(q, A_1, \cdots, A_i) - p \times q$$

式中 p 是产品价格；q 是消费者消费的数量；$u(q, A_1, \cdots, A_n)$ 是在各种条件下产品为消费者带来的总效用，而且 $\frac{\partial u}{\partial q}$ 是一个减函数；$A_1, \cdots, A_i$ 是影响消费者效用的其他一系列因素，包括质量、品牌、企业向消费者支付的返还等。

消费者决策目标：

$MaxU(q)$。

消费者决策：

$$\frac{\partial U}{\partial q} = \frac{\partial u}{\partial q} - p = 0 \Rightarrow \frac{\partial u}{\partial q} = p。$$

也就是说，在特定的输入条件——价格、品牌、质量返还等因素下，消费者将决定一个特定的消费数量，即

$$q = D(p, B, Q, R, \cdots)$$

式中 p 是企业价格；B 是企业品牌；Q 是产品质量；R 是企业支付给消费者的回报。

在得知消费者的效用之后，企业将可以进行企业决策。企业决策的目标，是企业效益的最大化，也就是说，企业收入减企业成本的最大化。对于企业来说，企业收入决定于价格和消费者的购买数量，企业成本受生产数量、企业品牌、生产质量、企业返还等因素的影响。

企业收入：

$$I = p \times q = p \times D(p, B, Q, R, \cdots)$$

企业成本：

$$C(q, B, Q, R, \cdots)$$

企业效益：

$$r = I - C = p \times D(p, B, Q, R, \cdots) - C(q, B, Q, R, \cdots)$$

企业目标，效益最大化：

$$Maxr = Max[p \times D(p, B, Q, R, \cdots) - C(q, B, Q, R, \cdots)]$$

企业最终决策：

$$\frac{\partial r}{\partial p} = D(p, B, Q, R, \cdots) - p \times \frac{\partial D}{\partial p} = 0$$

$$\frac{\partial r}{\partial B} = p \times \frac{\partial D}{\partial B} - \frac{\partial C}{\partial B} = 0$$

$$\frac{\partial r}{\partial Q} = p \times \frac{\partial D}{\partial Q} - \frac{\partial C}{\partial Q} = 0$$

$$\frac{\partial r}{\partial R} = p \times \frac{\partial D}{\partial R} - \frac{\partial C}{\partial R} = 0$$

……

通过这个模型，在一定的市场情况下，企业可以对包括消费资本化在内的所有生产策略进行正确的决策，从而达到最大化的效益。

模型中，企业成本的公式可以有企业自己统计得出。但是，消费者对消费资本化、对价格、质量等因素的反应，将通过蒙特·卡罗物理经济模型，根据实践数据计算得出。

附 录

- 部分专家评论
- 部分媒体报道
- 演讲选编
- 序言荟萃
- 两篇宣言

附录一：部分专家评论

《消费资本论》：马克思《资本论》的续篇

● 王瑞璞

【内容提要】《消费资本论》可以说是马克思《资本论》的续篇，是商品经济基础理论的重要创新。在经济学说史的发展中，《消费资本论》占有重要地位，与重商主义、重农主义和劳动价值论具有同等的历史地位。因为这些理论都具有时代特征。

商品经济的发展即对商品经济发展规律的探索、研究、概括是一个历史的过程。《消费资本论》是第三次工业革命和第四次工业革命开端时期商品经济发展的理论概括。消费资本论和重商主义、重农主义、劳动价值理论、马克思主义的剩余价值理论，都属于商品经济发展的基础理论，是商品经济在不同的历史阶段具有总括性、代表性的理论。

人类社会发展在原始社会末期，已经出现了物物交换、互通有无，但还不具有商品交换的性质。随着社会生产力的发展，可用于交换的产品的数量和品类的增多，出现了货币交换。货币就是通货，用货币可以交换任何商品。货币是有价值量的规定，货币是一般等价物。早期的物物交换就演变成为商品交换，此系人类社会经济发展的巨大的历史进步。

最早的货币是用精美的贝壳做的，我国的汉字具有表意性。凡是与商品交换相关的字，如買賣、貴賤、賠賺、賃貸等都具有一个贝字。既说明了我们先人造字者的聪明，也说明中华民族最早出现商品经济和商品交换。中华民族是文化启蒙最早的民族。

在漫长的封建社会的发展时期，在总体是自然经济的时代，我国的商品经济和商品交换也有较快的发展，特别是唐宋时期，其发展远高于世界其他国家，尤其是对外贸易的发展，"丝绸之路"的发展和延伸，更是其他国家望尘莫及的。商品经济和商品交换发展的基本理念就是"农本主义""民以食为天"。用于对外贸易的商品，如茶叶、丝绸等，都是农产品的手工业加工品。

在近代史的发展中，中国商品经济的发展逐步落后于欧洲国家。中国政治经济发展全面落后，始于清朝。先进与落后是比较而言的。15世纪到17世纪葡萄牙、西班牙、荷兰相继崛起。这个时期被称为"重商主义"时代。"重商主义"既是商品经济理论，又是国家发展战略。财富是从哪里来的？是在商品流通中产生的。一万元买的商品，卖一万五千元，财富就增加了五千元。此时，突出的是流通资本。用国家的力量推动商品经济发展，推动商品流通。特别是在海外贸易，同时并存平等交易、不平等交易、掠夺、占领殖民地等，可以说那个时代是"商人+海盗"的时代。葡萄牙在非洲侵占了大量的殖民地，甚至占领了中国的澳门，1997年我国将澳门收回。近年在肯尼亚发现了永乐铜钱，证明中国发展之路到非洲比葡萄牙早200年。中国却没有在非洲占有一块殖民地。这反映了中华民族和平善良，同时也反映其保守的一面。当其时，而不谋其事。往往错过发展机遇。

16世纪西班牙崛起。随着新大陆的地理大发现，西班牙的商品发展、商品流通延伸到美洲、南美洲的一些国家，都成为了西班牙的殖民地。在一个多世纪的时期内，西班牙从美洲攫取的黄金200多吨，白银

18600多吨，成为当时世界最强大的国家。

17世纪荷兰崛起。荷兰强力发展海外贸易，抢占殖民地。中国台湾一度被它占领。到1600年它拥有海船一万多艘，被成为"海上马车夫"。荷兰崛起已是"重商主义"时代的末期。荷兰对世界政治经济的发展做出了前引性的贡献。一是政治制度的创新，建立了世界第一个资产阶级民主共和国。后被拿破仑打败，几经演变成为君主制的荷兰王国。二是商品经济制度的创新，发展形成了银行、信贷、簿记、证券等制度。从此，货币资本开始登上商品经济发展的舞台。

18世纪商品经济的发展进入工业革命时期。工业革命起始于英国，瓦特发明了蒸汽机，极大的提高了劳动力。随着商品经济快速发展，商品经济理论演进，"重农主义"和"劳动价值论"取代了"重商主义"成为主导的商品经济理论。重新回答"财富是从哪里来的"。"重农主义"的代表着威廉·配第论定"土地是财富之母，劳动是财富之父"。亚当·斯密的《国富论》讲所有的财富都是劳动创造的。英国是世界上首先进行和完成工业化的国家。凭借强大的经济实力，霸占了许多殖民地，号称"日不落帝国"。

19世纪德国崛起。1871年完成统一，建立德意志帝国。在欧洲德国是后起的国家，但赶超经济发达国家的速度却非常快。作为快速发展基础的政治制度、经济理论、国家发展战略都是创新的。而不照搬已经工业化国家的理论和战略。政治制度实行专制主义，经济发展实行统制主义。其理论基础就是李斯特的"经济统制论"，认为国家是经济发展的重要推动力。英国崛起时，指导的经济理论是亚当·斯密的自由市场经济，价值规律即"看不见的手"，自动地推动和调节商品经济的发展。德国强调的是"看得见的手"，即国家推动和调节商品经济的发展。国家指导工业化，优先发展重工业。到第一次世界大战的前夕，德国的经济发展水平超过了英国。

20世纪苏联、美国崛起。苏联是世界上第一个社会主义国家，创建了共产党执政的社会主义民主政治制度、经济制度，实行以经济建设为中心、生产资料公有制、优先发展重工业、高度集中的指令性计划经济。到1933年，工业发展超过了德国、英国和法国。1926年苏联占世界工业生产的比重为4%，到1938年达到19%，成为世界第二经济大国。经济理论集中论述社会主义政治经济制度产生的历史必然性和优越性，形成理论体系的《政治经济学》教科书。

美国原是英国的殖民地。1783年独立后，经济快速发展，基本动因就是创新。第二次工业革命、第三次工业革命都起始于美国。电和电机的发明和使用，极大地提高了劳动生产率。汽车、电器和建筑工业成为当时美国经济发展三大支柱。20世纪后期，美国率先走上信息经济之路，特别注重开发信息技术、材料科学、生命科学、太空科学等高科技，形成了大批的产业集团。美国成为科学技术发展和经济发展的第一大国。相应的是美国的经济研究的领域宽泛，诺贝尔经济学奖的得主多为美国经济学家。此时，突出的是知识资本理论。但美国的经济理论研究也有偏误，反对社会主义市场经济制度和公有制，经济理论政治化。

21世纪中国崛起。新中国诞生至今已有68年的历史。总体来讲，中国的经济发展速度相当之快。截至2016年，国内生产总值已达到74万亿元，按不变价格计算是2012年的1.32倍，占世界经济总量的14.8%，成为世界上第二经济大国。2013~2016年中国对世界经济增长的平均贡献率为30%，超过美、欧、日贡献率的总和。军事实力大幅增强，科学技术研究在某些领域已处于领先地位。伴随着经济发展和改革，中国的经济理论研究，也是空前的。有两个特点，一是经济理论研究多是对党的经济发展和经济体制改革的方针、路线、政策的解析。二是对西方国家经济理论研究的引进和剖析。实质就是对西方国家经济理论研究的再研究。我国的经济理论研究缺乏前瞻性和原创性。

世界经济发展和经济理论研究相辅相成。没有经济的发展就没有经济理论研究。理论源于实践。经济学说史的发展和经济发展是同步的，中国农本主义是经济学说史的起点。在其后的发展中相继形成了重商主义、重农主义和劳动价值论、经济统制论、计划经济论、经济管理论和知识资本理论。这些都属于商品经济发展的基础理论。

对商品经济基础理论的研究，马克思的《资本论》是巅峰之作。

深刻地揭示了商品经济发展的一般规律。资本循环理论、资本周转理论、扩大再生产理论、剩余价值理论、剩余价值分配理论，核心是剩余价值理论。马克思研究商品经济发展的规律，同时揭示了资本主义经济关系的本质是资本剥削雇佣劳动。商品的生产过程是货币资本为起点，继而转化为生产资本，继而转化为商品资本，继而再转化为货币资本。商品资本再转化为货币的过程，要经过消费这个环节。比如汽车制造厂把汽车卖给电视机制造厂，收回货币。汽车厂的资本的循环过程完成了。汽车成了电视机厂的生产资料，这个过程是生产消费。在资本循环的每个环节，都是投资。如果从社会角度考察生产和消费的关系，一切生产行为的最终目的就是生活消费。商品进入千家万户，即商品经济的终端消费者，资本运动的循环才算真正完成。所以，消费也是投资。《消费资本论》回答的就是这个问题。

《消费资本论》可以说是马克思《资本论》的续篇，是商品经济基础理论的重要创新。在经济学说史的发展中，《消费资本论》占有重要地位，与重商主义、重农主义和劳动价值论、经济统制论、计划经济论、知识资本论，具有同等的历史地位。因为这些理论都具有时代特征。

经过三次工业革命之后，商品经济发展已经全球化了。第四次工业革命已经开始，以信息化、智能化、自动化为基本特点。此次工业革命，中国经济和科技创新可能走在世界前列。我国的经济发展就总量而言，已接近美国。再有七八年的时间，甚至可能超越美国，成为世界第一经济大国。考察一下世界发展历史和经济学说史，可以看出：一个国家崛起和经济发展处于领先地位，必然伴随与经济高度发展相适应的宏观经济学理论。《消费资本论》是商品经济发展规律的理论概括。《消费资本论》将是商品发展新时代的主导性、标志性的经济理论。

商品经济理论源于商品经济发展的实践，同时又回到商品经济发展的实践。指导、引领、推动商品经济的快速和平稳发展。消费资本论将导致商品经济关系的调整。生产和消费是对立统一。没有生产，就没有消费。没有消费，就没有生产。生产和消费处于平衡状态，经济发展就是平稳的。生产和消费处于不平衡状态，经济发展就是不平稳的。商品经济的发展和任何发展中的事物一样，平衡是相对的，不平衡是绝对的。严重的不平衡，就是经济危机。在不平衡中发展，在发展中平衡。在自由市场经济时代，主张商品经济的自由主义，那只"看不见的手"即价值规律会自动调节商品经济的平衡发展。简单地说，就是生产多了，消费不足；商品降价，压缩生产。生产不足，商品涨价，刺激扩大生产。工业革命完成后，极大地提高了劳动生产率，生产迅猛发展，而消费不足，开始爆发周期性的经济危机。最严重的是1929年爆发的经济大危机。经济危机导致政治危机，工人运动风起云涌。工人运动的实质就是雇佣劳动反对资本。在这种情况下，国家开始干预经济发展。国家干预经济发展，形成了与"看不见的手"相对应的"看得见的手"。从理论上讲，就是凯恩斯主义。自此开始来了"两只手"并用的经济理论和国家政策。2008年爆发的经济危机，是全球性的，任何国家都难独善其身。我国在应对这场经济危机中深化改革，提出调整产业结构的供给侧改革：去产能、去库存；鼓励和培育消费。第三产业的发展已经超过了第一、第二产业的发展。经济发展仍保持较高的增长速度。"一带一路"倡议提出后，我国对外投资和贸易快速发展。我国的方针政策是合作共赢。从国家层面讲，我国就是生产，对方就是消费。在激烈的竞争中，我国的优势明显，在同等技术下的产品，我国的商品和服务的价格低。我们把对方的消费也看成是投资。同等商品和服务的价格差，就是对消费方的投资的利润返还。早期崛起的一些国家对外贸易是不等价交换、高价掠夺。相比之下，我国的经济发展得到广泛的赞誉。

总之，《消费资本论》产生于中华民族伟大的复兴时代，它对我国和世界经济发展的影响将是积极的和深远的。

（王瑞璞　中央党校经济学教授、原教务长、全国政协委员）

陈瑜教授提出的"新资本结构理论"是社会主义市场经济理论的基石

● 马仲良

【内容提要】 陈瑜教授对新资本结构理论的研究，符合马克思提出的积极扬弃资本的思路，符合以人民为中心的发展理念，符合习近平新时代中国特色社会主义思想，填补了社会主义市场经济资本结构理论研究方面的空白，具有重大的理论创新价值和实践意义。

陈瑜教授提出的新资本理论，是包括货币资本理论、知识资本理论、消费资本理论有机结合而形成的一个新资本结构理论。我认为这个理论是一个很有创新意义的经济学理论，它是对传统的单一货币资本理论的一个扬弃。扬弃就是有发扬有放弃。陈瑜教授的新资本结构理论继承和发扬了货币资本理论在当今时代有价值的内容，又突破和克服了它的一些局限性，创造性地发展了这个理论。

要对陈瑜教授的新资本理论作出一个评价，就要从我们怎么认识货币资本理论说起。

对"单一货币资本理论"的反思

传统的资本理论是单一货币资本理论，这是西方古典经济学理论的一个重要内容。以亚当·斯密为代表的古典政治经济学认为资本主要指的就是货币资本。当年马克思也把资本定义为能够带来剩余价值的货币，认为它的主要构成形式是单一货币资本。马克思对单一货币资本理论进行了研究，写出了《资本论》。马克思肯定了资本的历史价值，认为货币转化为资本就能够使劳动创造的财富积累起来，能够不断扩大再生产，能够促进社会的繁荣，给社会增加福利。马克思承认，资产阶级在它产生以后不到一百年的历史中所创造的生产力比以往人类历史创造的全部生产力总和还要大，资产阶级由于是资本的人格化代表，在一定社会发展阶段，它充分发挥了推动生产力的作用，是进步的革命性的力量。

马克思和资产阶级经济学家不同的地方是它不仅仅局限于肯定它的作用，而是还指出了它在社会发展中对生产力发展具有负面作用，它认为资本的产生和消亡是一个不以人的意志为转移的历史过程。在起初，资本对生产力的促进作用是主要的方面，但慢慢地资本对生产力的阻碍作用、破坏作用会越来越大，到最后成为一种阻碍生产力发展的力量，最终资本会走向灭亡。

马克思的资本理论把资本看作是一个历史过程，而不像资产阶级经济学家认为的那样资本是一种永恒的东西，是一种永远进步的力量。马克思对资本持一种从进步作用到扬弃资本最后走向消灭资本的历史的辩证的态度，这是对单一货币资本理论的否定之否定的态度。马克思深刻地揭示了资本的来源是工人的劳动创造的剩余价值，资本家占有了工人劳动创造的剩余价值。马克思提出的剩余价值理论揭示了资本的本质，证明资本不是其自身产生的，也不是资本家创造的，而是劳动创造的，是被资本家占有了，它是一种劳动的异化。

马克思提出的"扬弃资本"理论具有重要现实意义

从资本的积极的、革命的、进步的作用，到它的消极作用越来越重，最后到消灭资本，是一个逐渐扬弃资本的过程。马克思认为在一定历史阶段，在社会生产力还没有达到"自动化生产过程的生产力"普遍发展起来的阶段，还是要发扬资本促进生产力的作用，但是要抑制资本的私人性，克服它的局限性。马克思认为资本反映了生产力的社会化的一种发展趋势。人类最初的生产形式是自然经济，它规模很小，最大的特点是自给自足，这是非社会化的生产形式。随着生产率的提高，逐渐出现了产品的交换，当产品交换成为经常性的形式，产品就转变为商品，逐渐形成商品生产方式，这是社会化的生产形式。商品交换能够在更广阔的区域里进行资源配置，促进了社会化分工，自然经济开始转变为商品经济。当生产率进一步提高，生产者有了大量的剩余产品以后，货币资本所有者占有劳动者创造的剩余价值的雇佣劳动产生了。于是，货币资本产生了，随之也产生了资本主义制度。

资本主义制度是私有制，资本的所有权是归资本家私人的。而资本主义的整个生产过程却是社会化的，这样就产生了生产的社会性和占有的私人性之间矛盾。资本既是一种社会化生产的产物，它是社会化分工的成果，它又是资本主义私有制的一个成果。所以，资本具有两重性，资本对落后的自给自足的自然经济和小商品生产来说，具有极大的扩大再生产的优越性，具有推动社会化生产的进步意义；它的占有的私人性，又与社会化大生产有矛盾，这是它的局限性。因为生产越社会化，占有的私人性越不适应生产力。在资本主义的初期，局限性还不成为主要方面。但是，随着社会化的逐渐深化、扩展，占有的私人性的局限性就越来越明显，它就越来越成为一种抑制生产力的因素。资本主义制度内在的生产社会化和占有私人性这对矛盾就越来越尖锐。

生产关系必须适应生产力发展的规律，形成了扬弃资本的必然性。满足生产力社会化发展的要求，需要逐渐扬弃资本的私人性，于是产生了股份公司这种形式。股份公司仍然还保留着资本的私人性。但是，它通过股份公司这种股权形式又成为资本的社会化形式。股份公司就开始慢慢突破资本私人性，慢慢地提升资本的社会性。一个股份公司越是能适应生产力社会化的要求，这个股份公司的规模也就越大。所以股份公司逐渐地扬弃货币资本。所谓"扬"，就把货币资本能够在生产要素配置方面的优点发扬了。所谓"弃"，就是货币资本把占有的私人性的局限性逐渐地转化了，转化成一种更适合社会化生产的形式。所以小的股份公司发展成比较大的股份公司，最后产生了大的股份制集团，在更大的领域拓展，能适应更大规模的生产，这是资本主义的一种进步。

马克思认为，股份公司是对资本的一种扬弃形式，这个过程是货币资本自身的进步，它是在自身基础上的扬弃，它的资本的形式结构发生了变化，但是资本的私人占有属性并没有改变。当资本积累达到一种程度的时候，就形成了国家垄断资本，就运用国家机器、国家行政力量来扩大资本的规模和社会化形式。它是以资本主义国家的形式、用资本主义国家的行政力量来扩大它的社会化。然后又发展到跨国公司,跨国的股份公司,资本的社会化跨越了国界,达到了全球的规模,整个过程都是资本自身的一个扬弃过程,但是它并没有离开资本主义私有制原来的基础,也就是说没有离开资本的私人性的基础,因为这个国家还是资本家统治的国家,这个基本性质没有改变。所以马克思把这个扬弃资本的过程称为资本的消极扬弃过程。

20世纪和21世纪资本主义国家的股份公司、国家垄断资本和跨国公司都有了不同程度的发展,历史证明马克思提出的扬弃资本的理论是正确的。它对于我们进一步认识资本主义发展规律具有重要的指导意义。

发展社会主义市场经济是积极扬弃资本的过程

马克思在《资本论》第三卷中提出有两种对资本的扬弃方式。一种是消极扬弃资本的方式,也就是本文上面讲到的资本主义股份公司的方式。马克思讲,从资本主义到共产主义的转变要经过一个资本的扬弃过程,也就是说资本不是一下就被消灭的。共产主义社会要消灭资本。到了共产主义社会工人自己占有了自己的剩余价值。它首先通过无产阶级革命建立无产阶级政权,无产阶级国家剥夺了资产阶级对生产资料的占有。也就是说,无产阶级国家代表整个无产阶级和人民占有了工人阶级创造的剩余价值,建立社会主义、共产主义公有制。这个公有制是全体劳动人民对生产资料的占有,对资本的占有,这就完全消灭了资本的私人性,从而为消灭资本创造了条件。

再接下去,就要实行联合起来的劳动者对整个社会生产过程的自觉的有计划的调节和控制。马克思并没有使用计划经济的概念。后来,在苏联斯大林时期开始实行计划经济。其实当年苏联实行的计划经济并不是马克思所设想的那种"联合起来的劳动者对整个社会生产过程的自觉的有计划的调节和控制"的经济形式。因为马克思设想的共产主义社会的经济形式是在生产力水平更高阶段出现的。它是建立在高度发达的"自动化过程的生产力"和高度发达的"情报"系统对整个社会生产中供给和需求的快速把握基础之上的。马克思在《资本论》里说的这个情报系统能够很及时地了解整个社会对各种产品的需求量和它之间的比例结构,并且把人们的需求结构很快的通过情报系统、统计系统转达给供给系统,所以这个时候实现了对整个社会生产的自觉的有计划的调节和控制。斯大林时期苏联并没有"自动化过程的生产力"和发达的情报系统,它是用政府的行政化机制来配置资源,做出规划和计划,远远达不到"联合起来的劳动者对整个社会生产过程的自觉的有计划的调节和控制"。它依靠行政统计,数据的失真、失误是非常严重的。

马克思认为资本主义的生产力最开始是用机器代替人的体力劳动,把人的体力解放出来,用机器代替人。然后,要用机器代替人的一般的脑力劳动,逐渐扩大自动化,就逐渐实现了整个生产链条的衔接,最后达到整个生产过程都是自动化的。马克思认为到了共产主义社会,在整个直接生产过程中一个人也没有,完全是自动化的过程,代替人脑力劳动的机器调节控制代替人的体力劳动的机器,于是整个生产过程自动化了。资本主义的生产力达不到这种程度。马克思说一旦到了整体化的自动化生产,这个时候就能实现对资本的完全消灭。因为当整个生产自动化后,在很短很短的时间就能生产出极大量的产品,这个量非常大。情报系统又非常发达,它能及时地把人们的需求类别、数量和结构转达给生产体系,实现整个社会对生产的自觉的有计划的调节和控制,这才是真正的计划经济。

邓小平提出社会主义也可以搞市场经济,这是一个非常大的创新和突破!中国的生产力水平决定了我们还没有达到超越市场经济的程度,我们可以在无产阶级夺取政权以后,通过发展社会主义市场经济推动生产力的发展。

马克思在《资本论》中说,工人建立自己的合作工厂,自己占有自己创造的剩余价值,自己占有资本,这是对资本的积极的扬弃。他说有两种扬弃资本的形式,一种是在资本家私人占有货币资本的基础上形成资本家的股份公司,从资本的私人性开始,通过股份公司慢慢变成一种社会化的生产形式,就是消极扬弃资本私人性的一种走向生产资料社会化的形式，它是一种进步。但是，它还是在资产阶级占有生产资料的基础上，还是在资产阶级统治的基础上的扬弃，因此叫消极扬弃。

如果说工人自己建立股份公司，那就是另一种性质的扬弃，是积极扬弃。如果工人阶级夺取政权，又通过工人阶级政权的力量，来占有资本，比如变成国家的国有资本，那就是积极的扬弃。马克思虽然提出了积极扬弃资本的概念和设想，但是他说得并不具体，他只是一种设想。习近平总书记提出在社会主义市场经济的条件下坚持以人民为中心的发展，这就是一条积极扬弃资本的道路。所以中国特色社会主义搞的社会主义市场经济应该是一种新型的市场经济，它是对资本进行积极扬弃的一种形式。而资本主义国家它在原来的资本私人占有的基础上形成的是一种消极扬弃资本的道路。自从资本主义股份公司发展起来以后，就出现了一条比较明显的消极扬弃资本的道路。

社会主义市场经济其实在列宁的新经济政策时期就有萌芽。他认为俄国生产力这么落后，在生产力落后、市场经济不够发达、文化文明程度比较低的俄国搞社会主义，可以有商品交换，有货币，有银行，有托拉斯，有合作社，有租赁制，有个人利益的激励政策。他说合作社在以前我们认为它是一种资本主义改良的形式。但是，在无产阶级夺取政权以后，我们对合作社的看法根本改变了，合作社是一种社会主义的形式。在发展合作社的条件下，我们对社会主义的整个看法根本改变了。我们今天看列宁这些探索，其实是在探索社会主义市场经济。就是在一个落后的国家，无产阶级可以先夺取政权，然后利用无产阶级国家政权的力量对市场经济进行宏观调控，不断提升人民群众的福利。列宁曾经说这是一种"有利于人民的国家垄断资本主义"，因为它是有利于人民的，所以本质上它就已经不是资本主义，而是走向社会主义的一个步骤，一种社会主义的初级形式。

列宁说过，我们以前认为无产阶级掌握政权以后要立即消灭资本。后来他提出新经济政策，改变了立即消灭资本的看法。可惜的是斯大林没有很好地消化理解贯彻列宁这个思想。列宁去世以后，斯大林就否定了新经济政策，建立了一套行政化的计划经济体制。这套行政化计划经济体制在对抗希特勒法西斯主义侵略的时候，还是发挥了积极的作用，因为它使用国家的行政权利调配资源，非常有力地抗击了法西斯的侵略。在抗击法西斯侵略的卫国战争胜利以后，斯大林仍然坚持计划经济体制，没有提出发展社会主义市场经济的新思路。后来的几位苏联领导人也没有真正的突破，所以他们失败了。

邓小平大胆地提出了社会主义也要发展市场经济。他指出我们不可能跨越市场经济发展阶段，我们也不可能过早地消灭资本，我们还得充分地利用资本。他认为发展市场经济不是我们的目的，是我们达到共同富裕的一个过程、一个手段、一个工具，资本主义可以搞市场经济，社会主义也可以搞市场经济。社会主义的最终的目的是消灭资本，消除两极分化，实现按需分配，实现共同富裕。社会主义市场经济实际上就是一种积极扬弃资本的道路，就是利用资本，利用它配置生产资源，同时要抑制资本的私人性，慢慢地适应社会化生产力发展的需要。

邓小平主张发展股份公司，发展股票市场，他实际上在探索积极扬弃资本的方式。市场经济如果没有资本，它就不能成为真正的现代市场经济，它只能是小商品生产。如果资本没有发挥重要作用，没有资本积累，就不可能有扩大再生产。所以社会主义市场经济必须充分发挥资本的作用，不能消灭资本，只能积极扬弃资本。

社会主义市场经济与资本主义市场经济最大的不同，就是资本主义市场经济是以资本为中心的市场经济，也就是说，是以追求资本利益最大化为目的的市场经济。而社会主义市场经济是以人民为中心的市场经济，也就是说，是以人民群众共同富裕为目标的市场经济。以人民群众共同富裕为目标的市场经济是积极扬弃资本的市场经济。为了深入研究以人民群众共同富裕为目标的市场经济，必须深入到资本结构内部进行分析。我觉得陈瑜教授的《消费资本论》一书就是深入研究社会主义市场经济的资本结构的学术力作。不研究资本，只研究调控运行形式，就触及不到市场经济的本质层面。下力量研究资本结构问题具有非常重要的理论意义和实践意义。

"知识资本理论"是对传统资本理论的重大创新

陈瑜教授认为社会主义市场经济的资本结构不应该是单一的货币资本结构，而是由货币资本、知识资本、消费资本三种资本形成的一个新的资本结构。三种资本结构的新资本理论认为货币资本还是必要的，它是资本的原始形式，是典型的资本形式。但是要加进新的内容。一个就是把知识资本作为资本结构的一个重要内容。所谓知识资本就是新型劳动者，即掌握科学技术、掌握知识的劳动者，他们的劳动在资本结构中应占有重要的位置。由于他们的劳动是创造资本的源泉，所以在整个资本结构中应该占有重要的比例，成为重要内容。这样就把单一货币资本的资本结构，即完全由货币资本所有者占有资本，改变为货币资本所有者和知识劳动者共同占有资本的二重资本结构。知识劳动者凭自身的知识劳动也占有一部分资本，形成知识资本，这样就把资本一分为二。货币资本占有一部分，知识资本占一部分。两方面的比例会有不同。知识资本就是最先进、最进步的劳动者凭自身的劳动进入资本结构，占有自身创造的剩余价值的一部分。凭为什么归知识劳动者所有？凭劳动，凭知识性劳动的贡献，而不是凭货币的投资。凭着货币投资而占有剩余价值，那是货币资本。知识劳动成为资本，就是对资本的积极扬弃。这说明知识劳动者开始占有一部分资本了。我认为这应该是马克思所说的积极扬弃资本的一种具体形式。知识资本恰恰反映了社会主义市场经济的本质，即以人民为中心。

我觉得陈瑜教授能从"人力资本"这个概念拓展到"知识资本"，是一个重大的理论创新。人力资本理论主要是讲教育投资是投资于人力要素的资本，是提高劳动生产率的重要投资，是提高利润率的重要投资。而知识资本是现代的知识创造者以知识劳动、脑力劳动在资本结构中占有一定的比例。它形成一种新的资本形态。人力资本理论没有突破货币资本理论的总体框架，它是货币资本理论框架内的一种局部性的变革和局部性的创新。而陈瑜教授提出知识资本理论是一种突破性的创新。知识资本理论是说资本已经从货币资本占绝对的主导地位开始向知识劳动者通过知识劳动在整个资本结构中占有一定的地位转变。这恰恰是一种社会主义市场经济的本质表现，即，劳动者凭知识劳动开始进入资本结构，逐步驾驭资本，挤占了货币资本的一定发言权，改变了货币资本一统天下的结构，这就是一个重大进步。陈瑜教授还研制了一个软件，能够把知识劳动者的劳动转化为一种享受利润分配权利的量化结构，让它能在整个资本分配中享受到他创造的成果，这样就使劳动创造的一部分剩余价值回归到劳动者本身。这样就激发了知识劳动者对科学技术创造的积极性，激发了运用科学知识和新技术的积极性。这种知识资本理论的运用有利于科学技术的发展，有利于劳动者创造性的提高。

"消费资本理论"是资本结构理论创新的重要拓展

消费资本理论是说消费者根据自己的消费额通过一定的机制在资本结构中占有一定的比例。原来的货币资本只是局限在生产过程中，是一个供给性结构，与消费结构没有直接的关系。陈瑜教授提出消费资本理论把消费者吸收进生产结构里面来。消费者根据他的消费活动占据了生产中的一种支配权、话语权，在整个资本结构中占有一定的地位。消费者消费得越多，它在生产中的发言权和决策权越大，它分享整个生产的成果越多。生产的目的是为了消费，在以前单一货币资本结构的条件下，消费者在生产过程中没有决策权。而在形成消费资本以后，消费者对生产的发言权和决策权越来越大。这就有利于我们的供给更符合消费者的需求，使得我们生产的目的更达符合消费者的需要，这样就能克服资本主义生产目的是追求资本利润最大化产生的弊端。消费资本的发展会使生产的目的逐渐地朝向人民群众消费的目标。

在单一货币资本结构中，货币资本所有者的财富越来越高，而劳动者消费的能力越来越低，生产和消费相脱离的问题会越来越严重。这就是资本主义两极分化的根本原因。在单一货币资本条件下，货币资本所有者为了满足自身消费水平升级而扩大再生产。如果让广大消费者群众、广大劳动者进入资本结构，就能使整个生产的结构符合广大人民群众消费的结构。这是让消费这一端通过新的资本结构在生产供给结构中发挥作用的方式。社会主义生产的目的是满足人民群众不断提高的物质文化的需求，是满足人民群众追求美好生活的需要。怎么能让人民群众这方面的需要通过一种运行机制，能反映到供给结构，反映到生产结构里来？我们如果只是在理论上说，在原则上说，没有找到这个途径，就不能让人民的需求变成一种供给方面的支配力量。如果没有渠道，仍然是货币资本在支配，仍然是有利于货币资本所有者占有剩余价值，那么就仍然解决不了以人民为中心的问题。

我觉得陈瑜教授设计了这么一种模式，让广大人民群众通过消费行为进入资本结构。当然这是很艰巨的事情。这个事容易被货币所有者扭曲。可能变成一种推销手段。消费资本理论与推销有着本质上的区别。推销属于交换过程，是一种交换方式、交换形式。产品的推销方式不能使消费者转化为资本所有者。现在互联网越来越发达，生产者与消费者的信息交换越来越直接。他们的关系也越来越密切、越来越直接。在美国等发达国家，产生了越来越多的"生产消费者"。也就是说，有一些人，他们既是生产者又是消费者。他们既是自己所需要的产品的生产厂家的股东，又是这个厂家的产品的购买者。"生产消费者"的大量出现，大大减少了商品交换环节，大大缩短了交换过程，大大降低了商品的零售价格，有利于消费者购买更多的商品，也有利于生产者扩大再生产，为消费资本的形成奠定了现实基础。如何能使我们的消费者通过他的消费行为占有资本结构的一定地位，这项工作是艰巨的。陈瑜教授对此进行了长时间的多方面的探索，并提出了能量化的可行性方案。

陈瑜教授探索一种市场经济的内在机制，让资本在配置资源的过程中起决定作用，而不是行政力量起决定作用。一定的行政性调控也是必要的，但是行政政策的调控有一定局限性，有时候一个政策有多重效果，有时候适得其反，有时候周期也比较长。我觉得陈瑜教授提出的消费资本理论的方向是对的。以前解决市场问题的操作模式更多是在产品的销售环节探索，这个还不够，还必须在整个供给结构中，在整个生产过程中探索资本结构，让消费者能构对供给有更多的发言权和决策权。让消费者的需求愿望变成消费者的需求结构，消费者的需求结构变成一种投资结构，变成一种供给结构，变成一种生产结构，让消费者在整个生产过程中起更大的作用，起决定作用，只有这样才能形成以人民为中心的发展模式。

习近平说我们的社会主义市场经济要以人民为中心。这就是以人民的需求为中心发展市场经济。我们要进行供给侧的结构性改革。供给侧结构性改革是根据人民的需求来改革，让人民群众的需求得到实现。这就要使消费者凭借他们的消费行为转化为股东，转化为决策者。通过变革股权结构、资本结构，把人民群众的需求直接在生产的决策结构中反映出来。陈瑜教授在提出知识资本理论的同时，又提出了消费资本理论，是资本结构理论创新的重要拓展。

没有革命的理论，就没有革命的行动。自觉扬弃、积极扬弃资本的改革实践，需要有新的理论指导。陈瑜教授的"新资本结构理论"，为我们探索如何进行资本结构创新、如何推进知识资本和消费资本的发展提供了理论上的指导。

"新资本结构理论"是社会主义市场经济理论的基石

陈瑜教授提出的新资本结构理论强调中国社会主义市场经济的资本结构应该改变传统的货币资本一统天下的单一资本结构，应该是由货币资本、知识资本和消费资本三种形态的资本有机结合而成。我认为"新资本结构理论"是对消传统的单一货币资本结构理论的一种创新，一种扬弃。这一理论认为在社会主义市场经济的整个资本结构中，不仅要有货币资本所有者，还要有知识劳动者，他们应该成为知识资本所有者，还要有消费者，他们应该成为消费资本所有者。这三方面的资本所有者构成企业的产权所有者。随着生产的发展，知识资本所有者和消费资本所有者在整个资本结构中所占的比例会越来大，因而发言权越来越大，决定权越来越大。资本结构的创新是落实供给侧结构性改革的重要途径，也是实现以人民为中心的发展目标的重要途径。推动资本结构创新的过程，就是推动供给侧结构性改革的过程，就是落实以人民为中心发展原则的过程，就是推动人民群众实现共同富裕的过程。

因为在单一资本结构中货币资本所有者的发言权特别大，他们总是从货币增值的角度考虑供给，而老百姓真正的需求不能直接反映到生产的决策结构里面去。陈瑜教授研究的新资本结构理论从知识资本和消费资本两个方面把劳动人民特别是科学技术型劳动者的意志以及广大消费者追求美好生活的意愿转化成一种资本结构，让这些力量在资本结构中发挥作用。这些作用就会改变单一资本结构中由货币资本所有者支配生产结构、供给结构的状态，形成一种新的有利于人民群众的利润分配结构，有利于广大人民追求美好生活的供给结构。同时，这种结构也会给予货币资本所有者应有的利润回报，因为他仍然在资本结构中占有一定的比例，并没有被排斥和消灭。新资本结构理论并不把货币资本当作完全消极的东西，它承认货币资本在一定历史条件下，在相当长时间内还是有积极作用的，它能够发挥促进资本积累、促进扩大再生产的积极作用。所以，新资本结构理论不是对传统的货币资本单一结构理论的否定，而是对货币资本单一结构理论的扬弃。

陈瑜教授虽然已经70多岁了，仍然笔耕不辍，认真研究社会主义市场经济的新资本结构理论，我觉得很了不起，让人敬佩，应该得到党和政府以及整个社会的大力支持，让这一理论更加深刻、完善，有更多的条件去做试验，让它成为一种操作模式，成为政策依据。

我认为，社会主义市场经济与资本主义市场经济都是市场经济，必然具有许多共同之处，有许多普遍性特征，但是也必然有许多差异，有许多特殊性。社会主义市场经济理论与资本主义市场经济理论都是市场经济理论，必然有其共性，但同时应该有其特殊性。我认为，社会主义市场经济理论强调以人民为中心，而资本主义市场经济是以资本为中心的。以人民为中心的市场经济把共同富裕作为发展的目标，其宏观政策更加注重民生保障和公共服务政策，其微观特点就是其资本结构更加有利于调动劳动者的积极性，更加注重提高劳动者在分配结构中的比例。我认为，社会主义市场经济条件下的资本结构理论反映了社会主义市场经济的本质特征，应该是社会主义市场经济理论的基石。

我认为，在前一个阶段我们探索社会主义市场经济规律的过程中，比较注重宏观调控方面的作用，对于微观层面特别是资本结构方面，理论界的探索还是比较滞后的。陈瑜教授对新资本结构理论的研究，符合马克思提出的积极扬弃资本的思路，符合以人民为中心的发展理念，符合习近平新时代中国特色社会主义思想，填补了社会主义市场经济资本结构理论研究方面的空白，具有重大的理论创新价值和实践意义。

我认为货币资本、知识资本和消费资本三结合的资本结构理论不仅对于中国发展社会主义市场经济具有重要的指导意义，而且也反映了当代资本主义市场经济的新发展。实际上，近几十年来，资本主义国家的知识资本和消费资本也在发展。比如美国学者杰里米·里夫金在其所著《零边际成本社会》一书中论述了美国等发达国家在高科技和互联网推动下"共享经济"蓬勃发展的状况和趋势。"共享经济"就是知识劳动者和消费者与货币投资者共同享受发展成果的经济模式。"共享经济"模式的本质其实就是一种新型资本结构，即货币资本、知识资本和消费资本相结合的资本结构。当然，资本主义市场经济资本结构的变化仍然是一种消极扬弃资本的模式，与社会主义市场经济积极扬弃资本的模式有着本质的不同。

我认为，无论是从促进社会主义市场经济发展的角度还是从反映资本主义市场经济新趋势的角度看，陈瑜教授的新资本结构理论都应受到经济学界的重视。有的学者在研讨新资本结构理论的学术会议上曾提出陈瑜教授作出的经济学理论贡献具有获得诺贝尔经济学奖的水平。我很赞成这个观点！值此陈瑜教授《消费资本论》第三版出版之际，我对陈瑜教授所取得的重要成果表示衷心祝贺！在肯定和支持陈瑜教授对新资本结构理论研究的同时，我也希望党和政府对社会主义市场经济的创新性资本结构理论给予更多、更有力的支持！希望这个理论不断发展，更加全面、更加系统、更加深刻，产生更大影响。希望有更多的人学习、研究和探索这种理论，让这个创新理论发挥更大的作用，促进社会主义市场经济理论更加深入、系统、成熟。

（马仲良　北京市社会科学院原副院长、研究员）

消费资本论与中国经济学的千年进程

● 白家强

【内容提要】消费资本论的创立,是中国经济学史上第一次原创性的、系统性的、经济学核心理论的创新,《消费资本论》也因此是第一本系统地研究经济学核心问题的原创性著作。陈瑜教授也是第一个系统研究经济学核心问题并有极大创造性的经济学者。这一个个第一,是我们细读中国经济学的发展史,并用严谨而客观的眼光评价一部部经济学著述后,披沙拣金,得出的一个结论。

一、消费资本论的提出与中国经济学的现状

2006年,陈瑜教授将其三年多的理论研究成果结集为《消费者也能成为资本家——消费资本论的理论与应用》(以下简称《消费资本论》),并正式出版。一石激起千层浪,书的出版在经济学以及社会各界引起了广泛的回响。短短三个月的时间,首次印刷的2万册即销售一空,到2007年6月,销量已达8万册,而盗版印量据不完全统计,大大小小各种版本约有百余万册,这在经济学界是非常罕见的。可见,消费资本论已经远远超出了经济学界而对社会广大民众产生了深刻的影响,并得到了经济学专家和普通民众的普遍认同。陈瑜教授也因此获得了广泛的荣誉,2005年,荣获"中国十大财智英才"奖,2006年,获"中国当代思想成就奖",2006年,获"世界杰出华人成就奖"并被评为"世界杰出华人"等。

这一切都是因为消费资本论的理论魅力所致。消费资本论立足于货币资本、知识资本、消费资本三种资本联动推动经济的发展,其核心内

容，是将消费向生产领域延伸，当消费者购买企业的产品时，生产厂家和商业企业应把消费者对本企业产品的采购视同是对本企业的投资，并按一定的时间间隔，把企业利润的一定比例返给消费者。此时，消费者的购买行为，已不再是单纯的消费，他的消费行为同时变成了一种储蓄行为和参与企业生产的投资行为，于是消费者同时又是投资者，消费转化为资本。

这实际上，是把消费者从产品链的末端以投资者的身份提升到前端，使消费者在购买产品时，既能分享企业成长的成果，同时也为企业发展注入新的动力，使消费和投资有机结合。从而使买卖双方在这种条件下合二为一，成为一体，完成消费转化为资本的过程。这样，消费作为一种资本，它同货币资本、知识资本一样，成为企业和地方经济发展的直接动力。

消费资本论可以说是我国经济学理论上的第一次系统的理论原创。它是成体系的著作，而不是只言片语的策论；它直接思考经济学的核心内容，而不是对研究的研究；它综合考虑了经济运行中诸方面的内容，而不是仅将注意力集中于生产；它思考经济发展的基本议题，而不是只对暂时的现象进行描述与分析；它能够具体化为实践，而不仅是抽象的理论思维；它具有持久性的生命力，而不仅是暂时的问题解决之道。总之，消费资本论是中国经济学史上革命性的里程碑式的创新。

经济学（Economics）是源自西方的学科，它是西方学术体系不断分化的结果，为了对经济运行现象进行科学的分析，经济学应运而生。公认的经济学产生于工业革命前后的17、18世纪，亚当·斯密在1776年出版的《对国民财富性质和原因的一个考察》（简称《国富论》）是经济学产生的里程碑式的著作。到20世纪30年代，凯恩斯拓展了经济学的范围，开始研究宏观经济运行的机制，宏观经济学也应运而生。至此，经济学成为微观经济学和宏观经济学两分天下的局面。

经济学研究在资源稀缺的条件下如何达到资源的充分利用，得到最优的结果。亚当·斯密通过研究，认为分工能够使得效率大大提高而使得社会总体财富得到增加，个人的自利行为也不自觉地增加了社会福利，这些思想成为资本主义几百年来发展的指导思想，自由放任的资本主义顺畅运行了一百多年，在人类历史上创造了极大的生产力。

可见，经济学的理念对于一个有组织的文明社会是都有吸引力的。经济学作为一门科学，通过观察或数学的方法，试图科学解释人的经济行为和社会的经济运行，无论古今东西，有其普遍适用性。经济学本身也不分东西，东海西海，"其心同，其理同。"这和哲学不同，哲学来自西方，并有其特定的理念思维方式，而中国的思想注重伦理，注重人生的感悟，形式上多是散文和语录式的。因此哲学东来，导致"中国哲学"的合法性产生严重的危机，"中国哲学"的概念能否成立就成为一个绝大的问题。而经济学不同，经济学有确定的范围和方法，中国的经济学也只是经济学在中国而已。

经济学传入中国就经历了漫长的过程，并且已经是清末时期，而这时，经济学在西方已经经历了一百多年的发展了。19世纪后半期，西方国家的经济学说开始传入中国，先进的中国人借鉴西方资本主义经济学说，曾提出过各种使中国"富国裕民"的对策。20世纪初以后，中国出现最早的留学生，20~40年代，先后出国留学的人中间出现中国近代以来较早的一批专业化的经济学者、专家，并开始用专业化的经济学理论、方法研究探索中国的社会性质、中国的历史发展等问题。也是在这一时期，中国经济学的规模初见雏形，不过，经济学的发展还远远只是吸收和学习西方的阶段，中国本土的经济学家还有待发展。

新中国成立后，先后经历了30年的计划经济时期和30多年改革开放时期。计划经济时代，社会的生产和分配一切仰赖于国家，列宁提出的"超级国家公司"变为活生生的现实，此时的经济学家也处在为国家政策提供建议的阶段，经济学家本身没有独立的地位。资源的有效分配既已由国家控制，研究资源分配的经济学者们也只能做些修修补补的工作，对计划经济本身提不出、也不敢提出什么建设性的建议。

也因为意识形态方面的原因，1978年以前的经济学发展，一切以马克思主义的政治经济学为中心，一切以苏联为向导。这也严重阻碍了中国经济学的独立发展。马克思站在批判资本主义的立场，力图为人类社会找到幸福的良方,他的思想无疑是深刻的。可是,任何一种思想,一旦将其僵化地理解,一旦把它作为不可逾越的教条,它也就堕落成为一种可怕的意识形态。马克思主义在新中国成立后的几十年中就是这样的命运。

同时,中国经济学家受苏联影响很大,一大批优秀的青年去苏联或东欧留学,归国后或成为大学里的学者,或成为政府部门的重要官员,他们将从苏联学会的一套知识体系带回中国,不仅将其运用到中国的经济发展和战略部署中去,也影响了后来的一批中国青年。苏联快速的工业化成就确实给人深刻的印象。但是,工业结构的严重不协调也引起了严重的后果,重工业和军事工业的过快发展导致了人民生活水平的低下,这也为后来苏联的解体埋下了伏笔。苏联的这种经济发展策略也通过其经济学传入中国,对中国产生了严重的不利影响。

可见,新中国成立后中国经济学基本上只起到了传声筒的作用。一方面为国家政策进行考量论证,另一方面传达了苏联的发展模式,中国自身经济学的发展微乎其微。这当然不能怪罪我们的经济学家,一个社会是如此,个人又能奈何!不过,当我们回顾这段历史,我们确实觉得这一时期的经济学成果是太少,更多理论成果的出现还有待社会的继续前行和发展。

1978年中共十一届三中全会的召开,中国历史进入了一个新的纪元,改革开放成为这一时期的时代主题。改革风起云涌,经济发展如火如荼,这些社会的实践亟须理论的指导和论证,同时,社会和经济的实践又为经济学的发展提供了更广大的舞台。从此,伴随着中国的崛起,中国经济学也进入到了新的历史发展阶段。

整体看来,这一时期经济学专业机构不断建立,经济学刊物不断增多,经济学著述大量出现,经济学从业学者数量急剧攀升,经济学学科体系不断完善,经济学的社会影响力越来越大。这是经济学的大发展时期,经济学已不折不扣地成为"明星学问",经济学成为社会科学里的皇冠,甚至有人称经济学为"经济学帝国主义"。可见,经济学确实已经到了繁荣的阶段。

不过，繁荣的同时，对经济学和经济学者的批评声却不绝于耳。2005 年，香港学者丁学良一语惊人，提出"中国没有合格的经济学者"！因此引起了激烈的争论。近年以来，一些经济学家更是语不雷人死不休，厉以宁说过"我建议取消所谓的养老保险失业保险工伤保险等等福利，目的是保持大家的工作热情和能力。"茅于轼说过"道德能值多少钱？学雷锋就是鼓励他人做坏事，这是违背经济学规律的。"张维迎说过"中国目前为什么穷人上不起大学？是因为收费太低。"樊刚说过"经济学家就是为利益集团服务的。"此类的违反学者良知的雷人语录举不胜举。关于当今中国经济学的发展现状，我们在后文还将有更加细致的评述，我们希望能够透过现象看到本质，看到繁荣的背后隐藏的种种危机，并能因病施药，希望中国经济学能够有更加稳健的发展，并能为中国经济的腾飞贡献更多理智的力量。

因此，重新思考中国经济学的生态十分必要，我们也必须反思中国经济学的现状，希望经济学成为更加严谨的科学而不是哗众取宠，成为普通大众的经济学而不是"富人经济学"，成为立足中国本位的经济学而不是西方经济学的传声筒，成为有创造性的原创经济学而不是重复和滥竽充数的经济学。

中国经济学家能有自己独立的原创实属不易，能够有自己独立的原创而能得到普通大众的承认更属不易，能有得到普通大众的承认并能够得到国际的认同最为不易。细数中国经济学一百余年来的发展，能够满足上述条件的著述寥寥无几，而现今 6000 余位经济学家，能够成为合格的经济学家的也是屈指可数。

陈瑜教授和他的《消费资本论》屹立于经济学界，成为满足原创性和大众认同条件的为数不多的经济学家和经济学著作。消费资本论被业内称为"源自中国本土的少有的原创性经济理论体系"，黄进博士曾直言不讳地说："他（指陈瑜教授）可以获得诺贝尔经济学奖！"《消费资本论》获得了极大的阅读群体，陈瑜教授也因此获得了至高的荣誉，这一切，无不是因为消费资本论本身有着不可阻挡的魅力。

消费资本论的创立，是中国经济学史上第一次原创性的、系统性的、经济学核心理论的创新，《消费资本论》也因此是第一本系统地研究经济学核心问题的原创性著作。陈瑜教授也是第一个系统研究经济学核心问题并有极大创造性的经济学者。这一个个第一，是我们细读中国经济学的发展史，并用严谨而客观的眼光评价一部部经济学著述后，披沙拣金，得出的一个结论。

二、《消费资本论》是中国经济学史上第一次系统的原创性著述

上文第一部分粗略梳理了经济学传入中国一百余年来的发展过程，并在简单的回顾过程中看到了中国经济学发展的艰辛历程，从危机四伏的晚清到战乱频仍的民国，从计划经济的苏联模式到改革开放下的市场经济，中国经济学从未得到一个安稳的环境来细细反思其理论和实践，中国经济学也受到社会环境的强烈影响，少有直接深入探讨经济学的核心问题，这致使中国经济学的理论原创不足。

时至今日，经济学的发展不能再随波逐流，不能再充当政策的论证者，更不能再充当利益集团的代言人。我们到了关键时刻，必须得好好反思中国经济学的现状与问题，希望经济学能够更加稳健地发展，并能够为中国未来的经济发展提供更多理智上的力量。

同时，通过上文简单的回顾，我们也看到中国经济学也已经出现了少有的原创性著述，陈瑜教授的《消费资本论》就是一本非常具有启发意义的著作。在理论原创性方面，它远高于输入欧风美雨的经济学著述；在系统性方面，它远高于一些零碎的文章（如古代的策论、马寅初的《新人口论》）和对话式的著述（如吴敬琏、刘吉瑞的《论竞争性市场体制》）；在问题意识上，它远高于一些经济思想的研究著述（如亚当·斯密或马克思经济思想的研究）；在深度上，它远高于一些概论性的经济著作（如各类学科的概论性著述）。这一切，我们需要明了消费资本论的伟大意义。

（一）消费资本论的核心内容

本文开头即大致介绍了消费资本论的核心内容，消费资本论是把消

费者对本企业产品的采购视同是对本企业的投资，并按一定的时间间隔，把企业利润的一定比例返给消费者，使消费者作为消费资本的股东参与企业的经营决策并获得企业的红利。这深刻改变了以往交易货款两清的模式，并使得消费者的地位得到了真正的实质性的改变，企业也因此能够掌握更多的消费者的信息，并以之作为营销的重要参考。这是一种双赢（Win-Win Situation）的理论，一举两得，成为消费资本论的核心理念。

消费资本论也以其对消费的重视革新了传统经济学的思维方式，以往的经济学家——包括一些获得诺贝尔经济学奖的经济学家，他们理论上一个共同的缺陷，是重生产轻消费。他们从资本的高度分析生产对人类社会经济发展的重大作用。他们对生产和生产资本进行了十分深入地研究，详细地阐述了生产资本的属性、作用和意义。而从没有提出一种理论把消费和消费资本的力量系统地揭示出来。而消费资本论就弥补了这点不同。

消费资本论与哈耶克的"消费者主权理论"不同。诺贝尔经济学奖得住哈耶克曾提出"消费资本主权理论"，所谓"消费者主权"，是诠释市场上消费者和生产者关系的一个概念，即消费者根据自己的意愿和偏好到市场上选购所需的商品，这样就把消费者的意愿和偏好通过市场传达给了生产者，于是所有生产者听从消费者的意见安排生产，提供消费者所需的商品。各个生产者就是通过消费者在市场上"投货币票"，了解到社会的消费趋势和消费者的动向，从而以此为依据，安排劳动力和生产资料，改进技术、降低成本，增加品类，以满足消费者的需求，从而最终达到利润最大化的目的。

消费资本化理论与消费者主权理论一脉相承，但又突破了古典和新古典经济学的园囿以及哈耶克理论的局限，是通货和消费紧缩时代理论上的创新和发展。消费者主权理论仅阐明了消费者的重要性，仅解决了"是什么"的问题，没有解决"怎么办"的问题，即没有探讨生产者应在"消费者主权"的前提下，如何获得消费者支持。此外，在理论模型上，消费者主权理论认为生产者和消费者是对立的，消费者的主权对应的是生产者的服从，它没有认识到生产者和消费者可以在一定的机制下有机结合，在市场上实现消费的资本化。而消费资本化理论主要针对的问题是在新经济的条件下，如何实现生产者和消费者的有机结合，通过构建各种类型的市场制度，使生产和消费从对立走向统一，在使消费者的主权得到最大化满足的同时，通过消费的资本化，实现企业利润在更高层面上的最大化。消费资本化理论具有与众不同和独树一帜的特点。它同迄今为止所有经营理念和营销方式不同，具有强烈的新鲜感和独特的魅力。

(二) 消费资本论的特点——一个经济思想史的研究

上文已经指出，消费资本论的创立，是中国经济学史上第一次原创性的、系统性的、经济学核心理论的创新。我们通过第一部分简单回顾了百余年来中经济学的艰难历程得到了这一印象，同时，我们又细致描绘了消费资本论的理论内涵，更加坚信消费资本论不可动摇的原创地位。下面，我还将更加细致地考察中国经济学几千年来的发展及其著述，可以看到，不同时期，中国经济学都有其弱点，不同时期的著述都不可避免地存在各种不足。

经济学学科（Economics）产生不过两百多年的历史，不过，我们却不能说，人们在两百年前，才开始思考经济的问题。作为有衣食之欲的人类，物质生活是其不可缺少的一部分，因此，从有人类之初，经济就成为人生活的重要一方面，对人产生着重要的影响。并且，越是社会发展的早期，经济对人的影响越大，人类越是为衣食等物质生活所控制。人类进入文明社会以来，经济问题依然占据着生活的重要部分，所以，从很早的时期，经济学的思想已经开始显现。

本文第一部分从经济学传入中国开始探讨中国经济学的百年发展史，这是从一门成熟的学科的角度来作为标准，中国经济学的百年发展史也经历了从输入西方经济学学科，到用西方经济学的观点来探讨和解决中国社会的问题，然后到有自己独立观点和成熟体系的阶段。不过，要理解中国经济思想的渊源，我们却不得不回到古代，从中国思想的源头来理解和探讨中国经济思想的发展。并且从比较的角度看出消费资本论经济学体系的重大意义。

西方经济学也有千年发展史和百年发展史之分,如果从经济思想的出现开始算起,古希腊已经开始有了用理智的角度来看待经济问题,所以,这一时期是西方经济思想的源头。古希腊在经济思想方面的主要贡献中,有色诺芬的《经济论》,柏拉图的社会分工论和亚里士多德的关于商品交换和货币的学说。从色诺芬到亚当·斯密,几千年间,零星的经济思想层出不穷,这些经济思想也深刻影响到了西方社会的发展,并且对近代以来成熟的经济学学科的发展有着重要影响。当今任何一本经济思想史的教材,都不会忽略自古希腊以来的经济思想的贡献。

中国经济学发展到现在,产生了消费资本论这样一种伟大的经济学体系,这个经济学体系的产生,不是毫无来由的。它一方面汲取了中国经济思想几千年来的优秀成果,同时,又避免了中国经济学的各种弱点和缺陷,它是中国经济学思想史上第一次系统性的、原创性的、直接关注经济学核心问题的、有着持久的生命力的经济学体系。

茫茫五千年,中国虽盛衰起伏,但是始终保持着经济的稳定和发展,除战乱和天灾,人民还能保持自己的丰衣足食。从中国经济总量来看,据经济史学家统计,在鸦片战争前,中国的 GDP 占世界 GDP 的比率达到 32%,远远高于现在美国的水平。在前工业社会,中国的农业生产率已经达到了顶峰,剑桥大学史学家 Mark Elvin 称其为"高水平均衡",也正是因为如此,才导致了中国没有动力去突破农业,发展工业。总之,中国古代的经济已经达到了很高的水平。

1. 经济思想的系统性

中国古代的思想家们也得益于中国经济的高度发展,对中国经济发展的模式、可能的途径提出了自己独到的见解,为中国经济思想史贡献了自己的智慧。不过,我们也应看到,从古至今,中国的经济学家们也有其不可避免的局限性。古代的思想家对经济理论的贡献仅是只言片语,没有系统的著述,另有一些政府官员,用制订的政策影响了中国经济的发展,如王安石、张居正等。这些策论对国家政策有着经济学的涵义,却还远远缺乏系统性,这是中国经济学的一大缺点。

先秦时期，思想家门都有一致的倾向，都将注意力集中于农业发展，都认为商人不事生产，不能促进生产的发展，商人阶层是社会的寄生群体。同时，提倡节俭，不倡导过度的消费，这也是诸子们经济思想的共同点。

秦汉以后，经济思想已不如先秦诸子时代活跃，但是这一时期很多经济思想都成为了国家政策，对经济发展有着更深远的影响。这一时期很多经济思想，都是由国家的重要官员来体现，如王安石和张居正。这种实践主导下的经济学发展，和改革开放以来的"摸着石头过河"有着吻合之处，社会的实践能够促进理论的发展，不过，没有理论指导的实践却经常是盲目的，王安石变法最终以失败告终，这点是很值得深思的。

在晚清时期，传统的中国经济思想发展到顶峰，乾嘉时期洪亮吉的人口思想和英国马尔萨斯的人口论非常近似，被近代学者称为"中国的马尔萨斯"。从18世纪中叶到1840年这一时期内的经济论述甚多，大都是关于改革盐政、漕运、农田水利和货币方面的具体问题，包世臣、魏源等，都是这方面的专家。在货币方面，1830年以前多系讨论铜钱贵贱及其与白银比价有关的问题。1831年以来王鎏一再刊行的《钱币刍言》一书，引起了一次是否恢复钞币的长期争论。

整体看来，这些讨论了都有利于国家财政货币等政策的稳定和发展，但是，这些讨论又都没有跃出封建社会传统国家的范围和束缚。仍然站在国家统治政策的角度考虑经济发展的问题，而没有达到经济学的整体发展分析的水平。

可见，中国古代经济思想有着严重的弱点，一是经济学理论没有系统化，对经济现象的观察只有只言片语，没有成文的论文和著作，很多经济思想散见在士人的文集和官员的政论中。并且，经济学论述都停留在浅层次的经验层面上，理论性的论著还未出现。第二，很多经济思想有国家政策上的体现，却没有理论的论述。在明清时期，出现了很多讲求人口、财政、盐政等方面的著作，并且都达到了较高的水平，但是，他们也是站在国家政策的角度去论述问题，并且只对经济的一方面进行了论述，没有对经济运行做出整体的分析。这些都是中国古代经济学理论的缺陷和不足。

中国系统化的经济学著述要在西方经济学科输入之后才真正出现。清末时期中西开始交通，中国人开始接触到西方经济学科的体系，因此，这一时期中国经济学的发展，一方面是翻译西方经济需方面的著作，另一方面，是中国人自己协作的经济学概论著作，这些成型的著作已经超出了中国古代经济学思想零星发展的水平，变得具有体系性和系统性。不过，这个时期仍然是以引进和介绍为主，真正具有独立思想的中国经济学家还未出现。

2. 经济思想的原创性

本文已经指出，消费资本论的原创性表现在消费资本论综合考虑经济运行的全过程，关注生产和消费的良性互动，矫正了以往经济学家只注重生产的缺陷。将消费者对本企业产品的采购视同是对本企业的投资，并按一定的时间间隔，把企业利润的一定比例返给消费者，使消费者作为消费资本的股东参与企业的经营决策并获得企业的红利。这是对消费者地位的极大重视，并且，积极刺激了消费，扩大了内需，对我国经济发展具有深远的影响。

从经济学引入中国的百余年来，成文的著述不断增多，但是原创性的思想却越来越少。百余年来，中国的经济学家们或是仍将注意力集中于西方经济学的引入介绍，或是侧重研究历史上的经济学家和经济学思想，或是为国家政策献计出力，或是为经济学体系的完善而探讨新的学科。总之，这百余年来，原创性的标准使得许多著作被历史长河所淘汰。

由上海财经大学教授谈敏主编的《中国经济学目录——1900-1949》收录了20世纪前半个世纪所有的中国人的经济学著述。它分门别类，对我们研究中国经济学的发展有着重要的参考价值，在书中的"经济理论"部分，可以看到，中国经济学家们仍是在做介绍性的工作，概论性的、普及型的著述仍然占据了主要篇目。而经济学是一门发展的学科，当年有影响力的概论性著作，在当今基本已经不再适用。而真正有原创性的经济学著作确实不会随着时代的发展而失去其价值的，如亚当·斯密的《国富论》和马克思的《资本论》等。可见，中国在20世纪前半期的经济学发展还停留在浅层次的发展阶段，真正的原创性的经济学著作还远未出现。

新中国成立后，中国经历了30年的计划经济时代，30多年的市场经济时代，本文第一部分已对此段历史做过简要的介绍。总之，60多年的发展，中国经济学也经历了两次"一边倒"，前30年倒向苏联，介绍马克思主义的经济学理论，后30年倒向欧美，介绍欧美经济学家的思想成果。这种环境下，中国经济学的理论原创性远远不足，虽然比民国时期简要翻译、介绍有了较大提高，不过，细究其理论渊源，却还是在欧美的思想土壤里生了根。

经济学是一门科学，它用客观的眼光研究人类社会的经济现象。欧美国家的西方经济学扎根于西方社会的土壤，它在细致观察和研究西方经济社会的基础上，提出了一系列的理论，并以此作为指导西方经济和社会发展的向导。我们中国的经济学家可以借鉴的是他们观察社会的问题意识和理论视角，但是我们不能采取整体移植的态度，不能将其研究前提和理论成果一并"拿来"，作为解决中国经济问题的良方。这点事我们必须记取的，但这也是当今许多中国经济学家最容易掉入的陷阱。

3. 经济思想的问题意识

经济学是研究社会经济现象的一门学科，因此，确定一个经济学体系是否适合和恰当，也是看它是否正视了社会的经济现象，是否能恰当解决社会的经济问题。以此为标准，很多经济学著述又要被淘汰于有价值的经济学著述之列。

任何一个人，学习经济学开始于学习经济学的整体构架，还特别开始于学习历史上的经济学思想，更是需要学习一些伟大经济学家的经济学思想。我们只有先弄清经济学大家们是怎么说话的，他们说了什么，我们才有可能站在巨人的肩膀上，更上一层楼，作出新的创新和贡献。所以，我们需要学习经济学思想史，所以，我们也要学习亚当·斯密和马克思的经济学思想。

但是可悲的是，很多初学者，甚至经济学家，就止步于此，以了解清楚伟大经济学家怎么说为经济学学习的最高目的，而忘却了经济学应以解析社会经济现象为最终理想。手段最终变成了目的，经济学的意识已荡然无存。

中国人民大学教授姚开建主编了一本《中国经济学著作导读》，书中收录了中国最有影响力的210本经济学著作。在前言中，作者说道："为了使读者较为全面地了解20世纪以来，特别是20世纪后半期以来中国经济学的发展，我们编撰了《中国经济学著作导读》一书。本书定名为《中国经济学著作导读》，是指中国人编撰的经济学著作，主要涉及理论经济学，也兼及部门经济学和应用经济学著作。全书介绍的著作，力求使所选书目能大体代表中国经济学发展总体状况。"因此，我们将很大程度上以本书所列的著作为依据，来分析中国经济学发展的现状，因为本书"所选书目能大体代表中国经济学发展的总状况。"

可以看到，书目之中，很多有影响力的著作都是经济思想史的研究，都是对伟大经济学家的研究，都是对研究的研究。如陈岱孙的《从古典经济学派到马克思》、《政治经济学史》，萧灼基的《恩格斯传》，郭大力的《关于马克思的〈资本论〉》，高鸿业的《评萨缪尔森〈经济学〉》等，他们对深化对经济学的认识、对了解经济学的方法有着重要的意义。不过，这些著述说到底，还是没脱离概论介绍性的范围，他们是对研究的研究，而不直接是对经济现象的研究，它们离一流的经济学著作还差得很远。

消费资本论直接深入到经济学的核心问题，直接探讨生产和消费这对经济学中最主要的矛盾，它不是对以往思想的介绍，而直接探讨消费的重要性及其地位，并提出了切实可行的办法来扩大消费。他颠覆了以往经济学只注重生产的片面性，将消费提高到一个新的高度，这是一个革命性的创造。他和上面讨论的对研究的研究有着质的区别，他直接正视社会的经济现象，并能够解决社会的经济问题，更为难得的是，它得到了实际生活的验证。

三、结语

通过上文仔细的考察和回顾，我们对中国经济思想千年发展的历程有了基本的印象，对百余年来中国经济学的引入和发展有了大致的了解，对60余年来中国本土经济学的发展有了独立的判断。通过这些印象、了解和判断，我们有一个感慨：中国本土的经济学太缺乏原创了，太缺乏系统性的、独立的、直接关涉经济学核心问题的原创性著述了。

消费资本论是中国少有的符合上述条件的原创理论，这是很难得的。正因为如此，《消费资本论》的出版才能够引起本文开头描述的轰动效应，销量代表认同，《消费资本论》近400万册的销量体现了广大民众对这一学说的认同，人们期待原创性的学说已久，而《消费资本论》正是中国本土第一次系统的、原创性的、直接涉及经济学核心的经济理论。通过上文的论述，这一点不证自明。

同时，通过上文的描述，我们也看到中国经济学走过了艰辛的路程，一千余年来中国经济思想只有零星的论述，从未有一本系统的论著。经济学科的产生也是来自于西方的输入，在20世纪初，经济学科才在中国初步建立，而20世纪一大半时间，中国经济学家也仅满足于吸收输入西方的经济学思想（包括苏联），真正立足于中国本土的经济学思想还很罕见。

新中国成立后，中国经济学先后经历了"向苏联倒"和"向欧美倒"两个阶段，中国的学者视野更加开阔，对经济学的体系更加熟悉，他们吸收了西方的理论，在中国建立了比较完善的经济学体系。中国现在的经济学科分为经济学一级学科，和政治经济学、经济思想史、西方经济学、世界经济、人口资源与环境经济学等二级学科，这些都有赖中国经济学者的功劳。

特别是改革开放以后，中国经济学更是经历了迅猛的发展，并产生了"经济学帝国主义"，这点在本文第一部分已经有过大致的介绍。不过，改革开放30余年来，中国经济学仍面临着严重的问题，这点我们需要正视。

除了上文提到过的中国经济学输入介绍多、理论原创少等问题外，中国经济学还有严重的问题，这主要表现在客观的冷静的科学研究少，而政策的提倡论证多。新中国成立前 30 年计划经济时代，经济学家主要是为国家政策出谋划策，而改革开放后，这一问题并没有好转。

改革开放一声炮响，中国进入了经济体制改革的时期，这也是在未有理论理论论证之前，中国社会"摸着石头过河"的实践之一。改革开放政策的形成也亟须理论的论证，因此，这一时期的经济学家主要任务还是为经济体制改革提供理论论证，为市场经济体制正名。

这一时期的经济学家也因此而成名。在 1998 年社会科学院经济研究所和广东经济出版社共同发起推荐对新中国经济建设有较大影响的 10 本经济学著作论证活动，最终选出 10 本经济学著作：孙冶方《社会主义经济论稿》；马寅初《新人口论》；薛暮桥《中国社会主义经济问题研究》；于光远《中国社会主义初级阶段的经济》；王亚南《中国经济原论》（又名《中国半封建半殖民地经济研究》）；卓炯《论社会主义商品经济》；蒋一苇《论社会主义的企业模式》；刘国光《中国经济体制改革的模式研究》；厉以宁《非均衡的中国经济》；吴敬琏、刘吉瑞《论竞争性市场体制》。

可以看到，这一时期的经济学著述跟国家政策紧密相连，仍跟马克思的思想有着千丝万缕的联系，而刘国光、吴敬琏等人的著作就是在为改革开放提供理论上的论证，为市场经济体制正名。这样的著作不胜枚举，它们为中国市场经济体制的最终建立发挥了重要的作用，这点不可否认。但是同时我们也应看到，这样的著作还离科学的经济学研究还有几步之遥。

经济学是一门科学，真正的科学研究应该有恒久的生命力，而不仅是暂时的荣耀。中国的经济学家得益于中国特殊的国情与制度，使他们享受到了特殊的尊荣，不过时过境迁。还能有多少经济学家能为人所记住，还能有多少著作经得起时间的检验，而能屹立于著述之林？这个问题值得我们深思。

所以，真正的经济学应该不为任何势力左右，不为任何人的利益而代言，而仅是为真理而真理的学术追求。当今经济学家雷人语录不断，我们在第一部分已经做过举例，究其原因，还是因为他们与不同的利益集团有千丝万缕的联系，他们已经不是为学术而研究的科学态度，而变成了帮人摇旗呐喊的宣传家，这是中国经济学界的悲哀，更是中国社会的悲哀。

所幸，我们还有陈瑜教授和他的《消费资本论》。《消费资本论》直指经济学理论的核心问题，并纠正了以往经济学家只注重生产的偏见，重新调整了生产和消费的关系，重新摆正了货币资本、知识资本、消费资本三种资本的地位，是我国经济学界不可多得的优秀著作。说《消费资本论》是我国第一本系统性的、原创性的、研究经济学核心问题的经济学著作一点都不过分，而这一点也是我们历数中国几千年来经济思想的历程而得到的观点。

（白家强　世界新经济研究院副研究员）

消费资本论
——中西方经济思想交流与融合的结晶

● 刘俊峰

【内容提要】 任何经济改革和经济理论的创新,都有强烈的时代感和现实感。亚当·斯密和凯恩斯都是西方经济学史上创立新体系、影响巨大的经济学家。他们的理论体系和政策观点,都十分明显地反映了这一点。我国著名经济学家陈瑜教授提出的消费资本论亦如此。它是对建立在生产本位制上的传统经济学的一种颠覆,是经济学理论上的一次伟大革命和创新。

中国古代真正有据可查的经济思想,应该是从春秋时期开始展现出来的。道、儒、墨、法各家及其他思想家在不同程度上提出了很多光辉的经济观点,成为中国古代经济思想的高峰。就个别学派而言,他们的经济观点多局限在某些经济领域,甚至只有一两个独特的观点。但如将他们的经济观点汇总考察,则在生产、分配、交换和消费以及财政、税收和货币思想方面均有原则性的论述,对我国随后的封建经济活动起到深远的影响。

汉代思想家也提出了不少对后世影响深远的经济观点。桑弘羊的平准、均输,统一货币发行和盐铁专卖等政策,在他生前的实施中已收到"民不益赋而天下用饶"效果,后世理财家也屡屡沿用桑氏之措施。

自唐宋以来中国的经济思想就落后于西方,真正提出有特色经济观点的也只有王夫之和洪亮吉。洪亮吉的人口思想与英国马尔萨斯的人口论非常近似,被近代学者称为"中国的马尔萨斯"。

研究中国经济思想的学者普遍有一种感觉,中国古典经济思想越是往前追溯其成就越明显。中国古代经济思想对世界的影响主要体现在两个方面:一是儒家经济思想随着儒家思想在汉文化圈内的传播;二是先秦重农思想走入西欧,成为西欧重农学派的渊源。然而,很多在先秦出现的经济思想，后世竟未予发扬光大。

一、中国近现代没有出现系统经济学的原因

虽然中国先秦和古希腊在经济思想中都包含很浓的伦理因素，但是各自的后继者却走出两条路。西方学者把古希腊带有经济色彩的伦理观在经济板块上不断加以充实，最终形成了系统的经济学理论。而中国把先秦带有经济色彩的伦理全盘给移到政治板块上，最终充实了政治伦理的内容而使经济伦理枯萎在萌芽状态。这主要有三个方面的原因：

1. 社会经济发展状况的影响

中国在唐代就出现了行会组织，西欧最早的行会组织出现于10世纪的意大利。尽管唐代行会的形成在时间上早于西欧，但两者在本质上有着很大差别。首先，唐代城市中居民的主体并非手工业者，而中世纪西欧城市中居民的主体是手工业者。唐代城市由封建政权严密控制，行会实为"官督"行会，完全失去了行会自治的本质。中世纪西欧城市拥有全部政治权利和经济自由，因此，由居民的主体手工业者共同建立的本行业的行会，也就能够体现出它的自治本质。

因此，中世纪西欧行会的存在具有进步性，在行会制度保护下，城市手工业有了进一步的发展。而唐代的"官督"行会，对城市手工业的进一步发展并没有起到实质作用。

从此，西欧的手工业得到了迅速发展，并最终爆发了工业革命。为西方经济的发展和系统经济学体系的建立提供了经济土壤。而中国此后至鸦片战争前夕，社会经济状况并没有发生根本性的变化，只是朝代的更替。再加上中国的贱商传统，使得中国在市场经济的发展上远远落后于西欧，反映在经济思想上，其差距已无须赘言。

2. 思想观念的影响

中国传统的贱商思想在经济思想领域占有重要位置。官僚们很少有人出来反叛传统经济教条。一些人尽管能够意识到应该重视商业，但是传统教条的压力迫使他们成为经济思想上的折中主义者。

西欧的重商主义正是在文艺复兴运动时期产生的。在文艺复兴时

期，西方的经济思想才形成了系统的经济学说。早期的重商主义强调出口贸易，晚期的重商主义强调发展手工业。出口贸易带动国内的外向型经济，而外向型经济要求大力发展手工业，这种发展上的需要很有可能引发手工业中生产技术的革命。而中国长期是官性论主导的社会，强调官本位的主体意识。这种以官性压抑人性的社会，与以神性压抑人性的中世纪西欧社会并无大的区别。西欧出现了以人性反神性的文艺复兴，古希腊经济思想得以发展为学说体系。中国先秦经济思想在汉唐有一定发展，但宋代以后官性越来越浓烈，中国一直未出现以人性反官性的"文艺复兴"，或者说是思想革命。在这种状态下，先秦经济思想的成就始终就没有可能被"复兴"的机会。

在产生威廉·配第经济学说和亚当·斯密经济学说的17~18世纪，中国仍处于古典经济思想阶段。明清之际直至清中叶，中国社会没有发生大的变化，经济思想未形成体系不足为奇。

3. 研究队伍的贫乏

威廉·配第之后，欧洲的大多经济学家都沿着威廉·配第的道路，继续探讨社会的经济规律。从威廉·配第到亚当·斯密大约100多年左右这段时间里，英法经济学者群体的存在是亚当·斯密能够集大成并形成经济学体系的一个重要前提条件。

17~18世纪的中国，缺少威廉·配第和布阿吉尔贝尔式的人物。问题的根源在于社会没有给人提供产生思想的土壤。但除了王夫之、洪亮吉等人提出个别有特色的经济观点外，中国学者基本上没有提出什么新的经济观点。因为中国传统思想是"学而优则仕"，没人把先秦以来的经济思想做系统的整理。研究队伍的贫乏也是中国难以出现系统经济学理论的一个重要原因。

二、当代中国产生新经济理论的必然性

1. 社会经济状况

改革开放30多年来，中国的经济发展取得了飞速进步。成为世界上经济发展最为迅速的地区之一，为新的经济理论的构建和发展提供了

现实土壤。中国在经济理论上也取得了一定的突破。集中体现在对社会主义经济的三大基本特征——计划经济、生产资料公有制、按劳分配的重大突破上。党的十四大确定，把社会主义市场经济体制作为经济体制改革的目标模式。在所有制结构方面，突破了社会主义只能是单一公有制的传统观念，提出要发展多种经济成分，发展非国有经济特别是非公有制经济。分配理论的突破性进展主要反映在由否定按要素分配到确认按劳分配与生产要素按贡献参与分配相结合。为新经济理论的构建和发展提供了思想素材。

2. 历史渊源

中国古代的经济思想包含丰富的伦理因素，只是我们把先秦带有经济色彩的伦理全盘给移到政治板块上，最终充实了政治伦理的内容而使经济伦理枯萎在萌芽状态。而经过五四运动，新中国的百花齐放、百家争鸣以及中共中央提出在"十一五"期间进一步解放思想，加强自主创新能力，使得我们能够更开阔、更理性地研究和分析我国古代的经济思想。我国古代思想强调生活法则同万物本性的统一。认为自我实现就是进入和睦状态或达到和谐；等等。以此为基础构建新的经济理论则对人类社会的发展进步以及构建和谐社会将是非常有益的。

3. 国际环境

步入21世纪以来，世界经济发展的大环境发生了根本性的变化，主要体现在三个方面：一是市场经济由卖方市场完成向买方市场的过渡；二是国民经济的知识化程度越来越高；三是推动经济发展的源动力构成发生了变化。因此建立在生产本位基础上的西方传统的经济理论难以解释现实的经济现象，尤其是难以解释中国经济的高速增长。中国经济学家应该比西方经济学家们更了解中国的经济状况，这是中国经济学家对经济学的理论进行创新、对经济学的发展作出贡献的千载难逢的机会。如果我们能在理论上有所创新，随着中国经济发展，那么，很有可能像19世纪、20世纪初世界著名的经济学家大多出在英国，20世纪30年代一直到现在，世界著名的经济学家大部分出在美国那样，我们迎来世界上著名的经济学家大多出在中国的时代。

三、消费资本论的创建

西方思想有明显的个人主义倾向，东方思想有明显的整体主义倾向；西方思想认为自我实现就是在竞争中获胜，东方思想则认为自我实现就是进入和睦状态或达到和谐；西方思想强调征服自然，东方思想强调生活法则同万物本性的统一等等。如果能把东西方思想彼此综合起来，对人类社会的发展进步将是非常有益的。消费资本论正是在综合这两种思想，以新经济时代为背景而创建的。

由我国著名经济学家陈瑜教授提出的消费资本论，吸收和借鉴了中国传统的消费思想，摒弃了奢靡的消费观，重视和强调消费的力量，保护消费者的利益，利用消费对社会生产的影响，使消费作为一种社会资本的力量充分发挥出来，从经济学的角度挖掘消费作为一种资本的价值和在市场中实现其价值的路径。因此，消费资本论是对中国古代消费思想的继承、延伸和发展。

同时，陈瑜教授提出的消费资本论与西方经济学的消费者主权理论也是一脉相承的，但它又突破了西方古典经济学和新古典经济学以及哈耶克理论的局限，是通货紧缩和消费紧缩时代理论上的创新和发展。消费者主权理论仅仅阐明了消费者的重要性，仅仅解决了"是什么"的问题，没有解决"怎么办"的问题，即没有探讨生产者应在"消费者主权"的前提下，如何获得消费者的支持。此外，在理论模型上，消费者主权理论没有认识到生产者与消费者可以在一定的机制下有机结合，在市场上实现消费的资本化。而消费资本论主要针对的问题是在新经济条件下，如何实现生产者与消费者的有机结合，通过构建各种类型的市场制度，使生产和消费从对立走向统一，在使消费这的主权得到最大满足的同时，通过消费的资本化实现企业利润在更高层面上的最大化。因此，消费资本论是对西方消费主权理论的一种扬弃。

四、消费资本论创立的重大意义

1. 它体现了当代中西方经济学的交流和碰撞

中西经济思想的碰撞是必然的，融合也是必然的。中国人对西方经济思想基本上是在鸦片战争后通过向西方学习的运动而逐渐了解的。中国人在认同了西方先进生产力的同时，也认同了西方的经济思想。中国古典经济思想随着落后的中国生产力被替代，基本上也被西方经济思想给替代了。中国经济思想在冲突融合中得到了发展，但是始终没有形成中国自己的经济学。

新中国成立60多年来，曾出现过两个一边倒。一是建国初期，我们向原苏联一边倒，完全断绝了同西方的沟通和联系。在学术理论界到处充斥的是苏联学者的观点和计划经济理论。而近些年来，在学术理论界特别是经济学界，一些学者言必称欧美，数典忘祖，西方传统的经济学理论到处盛行。因此，中国和西方经济学的碰撞和交流，是以中国全盘吸收外来的经济思想为主，而中国古典经济思想的精华也被外来经济思想所替代。从这个意义上说，中国和西方的经济思想的交流和碰撞并没有达到真正的融合。

我国著名经济学家陈瑜教授提出的消费资本论，是在继承和发展中国传统古典经济学以及对西方经济理论扬弃的基础上而创建的。因此，它的创建体现了当代中西方经济学的交流、碰撞和融合，是经济学史上的一次伟大创举。

2. 它是构建和谐社会的经济学理论

传统的经济发展模式和收入分配模式暗藏了两种剥夺：一是人对自然的剥夺，一是人对人的剥夺。人对自然的剥夺体现在人类经济发展主要依靠资源的大量投入和高消耗来推动发展，以致于自然资源濒于枯竭。人对人的剥夺，则是知识资本所有者和消费资本所有者的应分享的利润被货币资本所有者侵吞，从而大大缩减了劳动者的生活水平和自我发展能力。这就造成了如下格局：一方面，人数众多的劳动者购买力不足，造成大量消费品滞销；另一方面，货币资本所有者不断进行资本积累，造成生产过剩危机。

广大的消费者不能成为生产和分配的真正主人，是因为他们作为消费资本所有者的地位得不到社会制度的承认。消费者无权索取消费资本所创的利润,是两极分化以致贫富悬殊的根本原因。消费者不能成为消费资本的产权主体,还使社会资本积累机制难以适应社会生产力进一步发展的需要。

陈瑜教授提出的消费资本论的根本目的就是确立以三种资本为基础的新的资本理论体系,从而确立以人为本的、持续协调发展的新经济运行体系,从而消灭人对自然的剥夺以及人对人的剥夺,让人与人的关系、人与自然的关系达到真正的和谐。因此,它是构建和谐社会的经济学理论。

3. 它是资本理论新的里程碑

消费资本论的核心内容,是将消费向生产领域和经营领域延伸,当消费者购买企业的产品时,生产厂家和商业企业应把消费者对本企业产品的采购视同是对本企业的投资,并按一定的时间间隔,把企业利润的一定比例返给消费者。此时消费者的购买行为,已不再是单纯的消费,他的消费行为同时变成了一种储蓄行为和参与企业生产的投资行为。从而完成消费消费转化为资本的过程。于是,消费作为一种资本,它同货币资本、知识资本一样,成为企业和地方经济发展的直接动力。

因此,消费资本的确立和消费资本论体系的建立,堪称是21世纪资本理论的又一重大突破,是资本理论的第三次革命,是资本理论史上的新的里程碑。

4. 它完善和发展了市场经济理论

消费资本论在对消费资本深入研究的同时,进一步分析了人力资本,把人力资本提升到知识资本,从而进一步完善了市场经济资本构成,这是对市场经济资本理论的重大突破,并据此提出三种资本相互结合,共同推动社会经济发展的新的经济发展方式,从而完成了新的市场经济理论体系的建设。

根据陈瑜教授提出的消费资本化理论构建的新市场经济理论具有两个基本特征:一是完整的市场经济是由货币资本、知识资本和消费资本三种资本构成;二是经济增长方式是由多种资本要素共同推动社会经济的发展。从而使市场经济的增长方式由单一的形式转化为多种增长方式，即货币资本和知识资本相结合的增长方式，以及"消费资本导向、知识资本创新、货币资本推动"的三种资本融合、三种资本联动的经济增长方式。这是全世界各个市场经济国家经济发展的必然趋势，也是市场经济一条非常重要的经济发展规律。因此，消费资本论完善和发展了市场经济理论。

任何经济改革和经济理论的创新，都要有强烈的时代感和现实感。亚当·斯密和凯恩斯都是西方经济学史上创立新体系、有巨大影响的经济学家。他们的理论体系和政策观点，都十分明显地反映了这一点。我国著名经济学家陈瑜教授提出的消费资本论亦如此。它是对建立在生产本位制上的传统经济学的一种颠覆，是经济学理论上的一次伟大革命和创新。

附：经济学理论的演进图

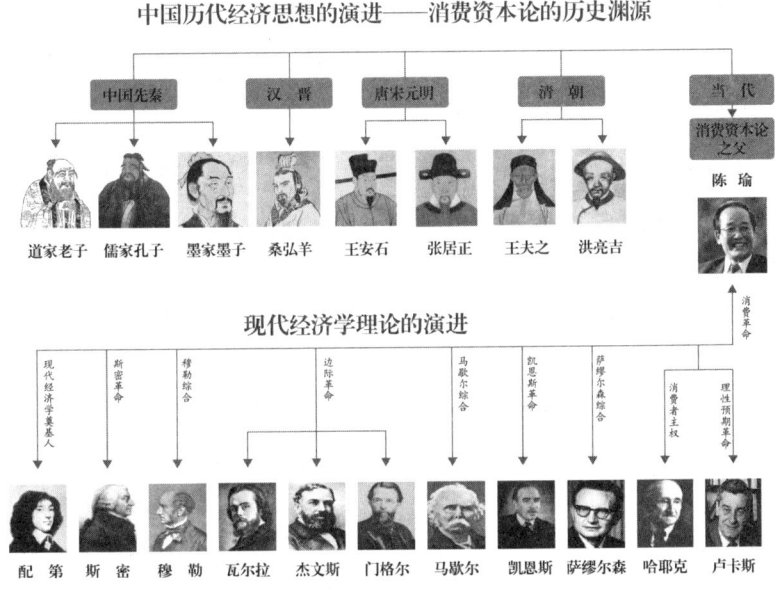

（刘俊峰　经济学博士）

消费资本论是对市场经济理论与实践的全面创新

● 李元元

【内容提要】 消费资本论作为经济学的创新理论,建立了新资本理论体系、新市场经济理论体系和新经济运行体系。同时,还在消费资本论基础上,提出了农业硅谷模式、文化硅谷模式、消费养老保险模式、创新商业模式、消费金融创新模式、投资促进创新模式等,推动了市场经济各项产业的创新发展。消费资本论是对市场经济理论和实践的全面创新。

《消费资本论》作为经济学的理论创新,它帮助我们澄清了经济学一个很重要的概念,即"什么是资本?""谁是真正的资本所有者?"这个问题是经济学研究最基础、最根本的问题,只有解决了这个问题才能清楚地认识到人类社会经济活动是如何组织和运行的?才能真正认识资本在社会经济活动中的作用以及如何发挥作用?才能更好地构建人类社会经济发展的新模式。这种新的模式,正是当前我国和世界各国市场经济发展所需要的模式。

消费资本论将"资本"从"货币资本"这一概念中解放出来,使人们对资本的概念和内涵有了更加全面的认识,使资本的形态由单一的货币资本,演进为生产资本、知识资本和消费资本,从而可以分类研究这三种具体资本形态的特征、功能、在市场经济发展过程中发挥的作用和机制。这不仅是人们对资本认识的深化,更为重要的是为人类社会经济发展找到了新的资本动力源泉,充分激活了曾经被忽视和无法充分发挥作用的两大资本形态,即知识资本和消费资本,使整个社会经济发展的资本总量实现了质的突破,使整个社会生产力水平得到极大的提高,实现经济的繁荣发展。

消费资本理论实现了对资本理论、市场经济理论和经济运行模式的创新，推动了市场经济理论和实践的全面创新。消费资本理论为市场经济的发展开启了崭新的局面。

（一）消费资本论对资本理论的创新

为了重新认识资本、更新资本观念，陈瑜教授给出资本新的定义：资本是人们可配置于生产或交换领域，用以创造产品和服务，以获得经济利润的各种资源，是一种对社会生产和交换进行配置的力量的价值反映。资本最重要的特征是能够增值，能够创造出新的价值。

根据这一定义，陈瑜教授对商品经济全过程进行了分析，并将投入到商品经济全过程中的资本要素划分为三类。第一类是生产性资本要素，即企业投入货币资本购买了生产场地、原材料，完成了商品生产的准备过程；第二类是知识性资本要素，即技术工人和科技人员用他们拥有的劳动技能，完成新商品的生产过程；第三类是消费性资本要素，即来自消费者所创造的巨大的市场力量，消费者购买了新商品，最终实现了价值的增值。因此，陈瑜教授认为，投入到商品经济活动中并带来增值的资本，应该包括生产性资本（简称生产资本）、知识性资本（简称知识资本）和消费性资本（简称消费资本）。这三类资本是由三种资本的所有者在商品经济过程的不同阶段分别投入，共同完成了商品经济的全过程，创造了企业利润和社会财富。陈瑜教授深刻地、科学地分析了资本的增殖过程和利润与社会财富的创造过程，充分证明了市场经济的资本构成包括三种资本，是由一个完整的资本体系在推动市场经济发展。

陈瑜教授在《消费资本论》一书中，对知识资本下了明确的定义：知识资本是在产品和服务的创造过程中所有知识性、技术性的投入。知识资本的获取过程，是人们通过后天的教育或学习，掌握了从事某项劳动所需要的知识和技能。人们获取知识资本的过程，也需要投入必要的劳动时间，进行学习和创造。通常来讲，人们投入的必要劳动时间越多，获得的知识资本就越多。人们在商品经济活动过程中投入的知识资本越多，获得的资本回报也就越高。这一结论也解释了，社会上学历越高的人，通常获得的工资报酬就越高。当然，学历只是人们获得知识资本多少的一种表现形式，人们在工作中也会不断获得新的知识、技能和经验，这种新的知识、技能和经验也都会转化为知识资本。

将知识资本从货币资本分离出来，回归到知识资本本来的属性，这对于人们认识知识资本、积累知识资本和发挥知识资本的作用，有着重大的意义。当货币资本代行知识资本职能时，人们对知识资本的认识不充分，知识资本所有者的权益得不到保护，这就限制了知识资本发挥作用的积极性。当知识资本这一新的资本形态被提出后，知识资本和知识资本所有者的积极性得到极大的鼓励，他们能够更多、更加充分地投入到社会经济的活动中，发挥更大的作用。

随着市场经济的不断发展，人们深刻地认识到：消费者才是市场竞争的最终决定性力量。因为消费者既是市场的主人，又是给经济发展注入新的资本动力的源泉。因此，谁能赢得最多的消费者，谁就能拥有最大的市场和巨额的资本注入。消费资本由此而生，"消费资本化理论"的构建也以此为基础。

消费资本代表了市场消费者的力量。消费资本的所有者即为消费者。消费者通过消费行为购买了企业的商品和服务，才使得商品的新价值得以实现，资本创造的利润才最终实现。商品经济是不断循环的，消费资本以支付货款的形式流入到企业家的手中，接下来会进入到新一轮的商品经济活动中。这就是以消费为起点的，商品经济的循环，在这过程中消费转化为资本，消费者也成为消费资本的所有者，参与到商品经济循环所创造的利润分配中。

陈瑜教授在《消费资本论》一书中，科学地论证了消费转化为资本的过程，指出消费即是投资。从而在世界经济学说史上第一次提出消费资本这一新的资本形态，并以完整的理论体系把社会经济发展中消费和消费资本的力量系统地揭示出来。消费资本化理论的提出，是人类社会经济发展观的一次重大革命。它以崭新的视角和思维模式，分析了消费同生产一样，是推动社会经济发展的动力。

消费资本的提出，使资本理论得到了创新和完善。在新的资本理论体系中，市场经济的资本构成由单一货币资本演变为货币资本、知识资本和消费资本三种资本,从而在市场经济发展史和世界经济思想发展史上第一次提出了科学的、完善的、新的资本理论体系,完成了当代新资本论的建设,给当代社会经济发展以科学的理论导向。

(二) 消费资本论对市场经济理论的创新

资本理论是市场经济理论的第一理论。资本理论的创新,必然会引起市场经济理论的创新。在传统的市场经济理论中,人们认为推动社会经济发展的只有货币资本,因此他们研究的对象主要是货币资本对社会经济发展发挥的机制和作用,而忽视了知识资本和消费资本发挥的机制和作用。在经济权益上,他们主要维护了货币资本所有者的权益,而忽视了知识资本和消费资本所有者的权益。因此,传统的市场经济理论是不完全的市场经济理论,它只研究了部分的经济现象和经济行为,但并未概括全部的经济现象和经济行为,因此它所引导的市场经济,也是不完全的市场经济。

消费资本论对资本理论的创新,引起了人们对商品经济各领域的研究,从以往对商品的流通领域和生产领域的研究,扩大到对消费领域的研究。通过对市场经济全过程的研究,跨越了生产、流通和消费三个领域,研究的是各类资源和资本在三个领域的优化配置,而不仅仅是在生产和流通领域的优化配置。在新的市场经济理论下,人们提出的经济发展方式和资本积累方式,也是多元的,是由三种资本共同发挥作用的机制。

人们在生产过程中,通过对知识资本投入来代替对生产资本的投入,可以有效提高商品的科技含量和附加值,同时降低对资源的消耗和环境的污染,实现发展方式由量变到质变的过程。同时,人们也可以研究通过激活消费资本,解决企业在生产过程的资金需求,改变企业传统的融资模式,实现生产和消费之间需求的直接对接,化解由于信息不对称所造成的供需错配和产能过剩等市场失灵的问题。经济危机的出现,使人们认识到消费不足。但人们始终没有认识到消费也是一种资本。正是由于消费资本的缺失,消费者参与商品经济活动的积极性无法得到释放。从整个市场经济来看,消费者作为市场经济活动的主体。消费者的积极性得不到释放,市场经济活动各要素之间就无法得到均衡配置,市场发展是不平衡的,市场经济的活力也无法得到充分释放。

所以说,消费资本论对市场经济理论的创新作出了重大贡献。它们从市场经济资本构成和经济发展方式两个方面突破了原有的市场经济理论体系,而使市场经济理论本身也发展到一个新的阶段。可以说,消费资本论的提出是新的市场经济理论体系形成的标志。

(三) 消费资本论对市场经济运行体系的创新

消费资本论重要的现实意义是,它构建了全新的市场经济运行体系。消费资本引起的创新,从国家经济发展方式的创新到分配制度创新,从商业模式创新到企业制度创新,它从经济发展的各个方面都进行了全面创新。可以说,消费资本论的创新引发了市场经济一系列的创新,它构建了一个全新的经济运行体系。

陈瑜教授为新经济运行体系给出了定义:新经济运行体系是以货币资本、知识资本和消费资本三种资本为动力、以发展速度适宜、经济效益显著、可持续发展为特征,以实现社会全体成员共同富裕、构建和谐社会为目的的经济运行体系。它包括新的经济发展方式、新的商业模式、新的企业制度和新的分配制度。

1. 经济发展方式的创新

消费资本论提出了一种适应于世界所有市场经济国家的新的经济发展模式,即用三种资本来引领社会经济的发展。在传统的经济发展方式下,社会经济发展主要依靠单一的货币资本,人类的商品经济活动高度依赖对货币资本的投入。这一方面带来了资源的大量消耗和环境的污染,另一方面带来了经济发展的不平衡。在单一货币资本下,企业利润和社会财富集中在货币资本所有者手中,货币资本所有者控制着整个市场经济的活动。而知识资本和消费资本的缺位,使得知识资本所有者和消费资本所有者的权益得不到保护,作用得不到发挥。

因此,消费资本论提出了新的经济发展模式,即用三种资本来引领社会经济的发展。由单一的货币资本发展经济的传统发展方式,转化为货币资本和知识资本相结合的发展方式,再转化为"消费资本导向,知识资本创新,货币资本推动"的三种资本融合、联动的新型发展方式,是全世界各个市场经济国家经济发展的所必然遵循的总的趋势,是市场经济发展的一条重要的经济规律,也是国家、地区和企业经济发展方式的选择方向。

2. 商业模式的创新

消费资本提出后,消费者的消费行为蕴含了投资行为,消费者购买了商品,帮助企业和商家获得了利润,同时自己也可以消费资本所有者的身份,参与一部分利润的分配,这就引起了商业模式的创新。在传统的商业模式下,消费者和企业的关系,就是简单的买卖关系。消费者到企业购物,支付货款拿走商品,企业获得商品的全部利润。在消费资本论的指导下,消费者到企业购物,不仅能够获得物有所值的商品,同时消费者还将被企业视同为临时协议股东,参与企业的利润分配。这种新型的买卖关系,将重构企业和消费者之间的生态关系。企业和消费者之间简单的买卖关系,转变化投资关系,消费者因自身的消费行为获得消费投资收益。

传统的商业模式只有一个内容、一个过程:即商品的交易内容和与之相应的商品的销售过程,商家与消费者之间货款两清,这个过程即认为已经完结。而"以消费资本论"为基础的创新商业模式包含两个内容、两个过程:一是商品的交易内容和与之相应的商品的销售过程;二是商家与消费者共同分享利润的内容和与之相应的利润分配过程。创新商业模式,将能够使商家和消费者的利益关系由对立转变化合作,从长远来看,商家和消费者都能够从中获益。商家将消费者视同为临时协议股东,从而为商家锁定了忠实的消费者群体,使商家的产品能够迅速销售出去。对于消费者而言,消费者能够从商家获得消费资本收益,补充了消费者的再消费能力。

这种新的商业模式是世纪之交更新换代、具有划时代意义的商业模式。一方面消费者在购买商品的过程中有回报预期,从而深受广大消费者的欢迎;另一方面又由于把大批规模订单交给供应商,使供应商扩大了市场,从而深受广大供应商的欢迎。此外,由于产品是由供应商直接供给消费者,没有通过中间商和销售代理等中间环节,从而使商家可以从中间有很大的利润空间。它一改以往旧商业模式的诸多弊端，更加方便、快捷，效率更高地为消费者服务。从根本上改变了完全无视消费者利益的旧的商业模式，而开启了消费者参与企业利润分配的新纪元。

3. 企业制度的创新

新资本理论的提出同样也引发了企业制度的创新。在货币资本主导经济发展的模式下，货币资本出资人成为企业的所有者（股东），他们根据投入货币资本的金额分配股份比例，并按照比例享有企业创造的利润。企业和员工之间的关系就只是一种雇佣关系，而非合作关系。这种雇佣关系，使得员工为企业创造巨大的价值却只能以固定工资或者绩效工资来获得报酬，这就导致了员工的主人翁意识不强、工作积极性不高，对于企业的决策也没有参与权。作为员工即便拥有技能和知识，但其地位在传统的企业制度下，仍旧得不到保护，他们为企业创造的利润，终归是归货币投资人所有。

其次，企业提供的商品或服务，是要销售给消费者，才能够为企业带来利润。那么，从消费者角度来看，消费者用自己的收入购买了商品和服务，收入在不断的减少，而企业却获得了源源不断的收益。这就形成了消费者和企业之间的对立关系。这种对立关系，会严重影响到生产者和消费者之间利益关系。

以新资本论为理论依据对企业制度进行的创新，可以从根本上化解以上问题。新资本理论认为企业拥有三种资本，即货币资本、知识资本和消费资本。货币资本是由货币资本出资人投入、知识资本是由为企业贡献知识和技能的员工投入、消费资本是由购买企业商品的消费者投入，正是这三种资本所有者共同的投入，才给企业带来了利润。因此，应该建立一种新的企业制度，即综合资本股份有限公司，使这三种资本所有者都成为企业股东，都能够参与企业利润的分配，使他们都成为企业的所有者和主人。这种新型企业制度，可以使企业调动所有参与者的积极性，形成一种合作共赢的关系。

4. 分配制度的创新

消费资本论对人类社会发展作出的最大贡献，是提出了新的、科学的、公平的分配制度。在以往传统的经济理论影响下，企业的利润和社会财富只是在货币资本所有者之间进行分配，而知识资本所有者和消费资本所有者被边缘化。从而出现了马太福音所说的，富人会变得越来越富，而穷人会变得越来越穷。世界上80%的财富被掌握在20%的人手中，而余下的80%的人群则处于贫困状态。究其根本原因，就是市场经济分配模式的问题。货币资本只是资本的一种形态，却独享了全部的利润。而其他利润创造者，却无法参与分配。这必然会造成分配不公、贫富悬殊和两级分化。

陈瑜教授指出，几个世纪以来，在传统的市场经济理论影响下，我们的市场经济一直是货币资本一枝独秀。它的作用一直受到高度重视，货币资本所有者的权益也得到最充分的保证。而知识资本的作用和知识资本所有者的权益，尤其是消费资本的作用和消费资本所有者的权益，却长期处于被淡化甚至缺位的状态。传统的市场经济资本理论这种失衡，是形成不公平分配制度的深刻的理论根源。

消费资本论认为，企业的利润和社会财富是由三种资本共同创造的，因此也应该由三种资本所有者共同参与分配。这将从根本上动摇了流行几个世纪之久的货币资本所有者独享企业利润的不公平的分配制度。为彻底打破社会分配不公的格局，奠定了坚实的理论基础。基于三种资本的分配制度，是一种公平的、科学的分配制度，使全社会成员都能够享受到经济发展和社会进步带来的实惠。这种分配制度，是一种真正实现共同富裕、构建和谐社会的分配制度。

（四）消费资本论推动国民经济各个领域创新

消费资本论是对市场经济理论和实践的全面创新，消费资本论不仅具有重大理论创新价值，还有重要的实践创新意义。消费资本论推动了国民经济各领域的创新，陈瑜教授在《消费资本论》一书中列举了国民经济各领域创新发展的模式，这对于各领域、各产业的创新发展都具有指导意义。下面，我们以其中的农业硅谷模式、文化硅谷模式、消费养老保险模式、创新商业模式、消费金融创新模式、投资促进创新模式为例，进行说明。

1. 农业硅谷模式

农业硅谷模式,是在科技是第一生产力的思想指导下,沿着科技推动生产力发展,从而引发农业生产方式创新的思路,提出的一种现代化农村经济、现代化农业产业体系、现代农业发展的组织与管理体系。它既是农业科技创新,也是农业生产体制、生产机制以及经济方式的创新。它将在实践中不断得到完善和提高,有力地推动我国农村经济和农业生产快速发展,彻底改变我国农村、农业和农民的面貌,是贯彻党中央提出的"实施乡村振兴战略"的一种好方法、好模式。

农业硅谷由"一个中心(综合协调中心)和两条链(生产链、功能链)"组成,将农村经济发展的所有产业和功能囊括在内。它的特点在于,不是建立一套层层叠叠的行政管理体系,而是组合形成以专业职责划分的、完善的功能网络和生产经营运行体系。

值得强调的是,在建设农业硅谷的过程中,要充分发挥农民的积极性和主动性。这将是政府引导的、专家指导的、农民自己建设的,农民是农业硅谷的主体,是真正的主人、所有者、实践者、经营者和受益者。农业硅谷将是农民企业家的摇篮和新一代农民的培育基地,也将是我国小康和谐社会的试验基地和社会主义新农村的雏形。

农业硅谷模式,既是我国农业的发展模式,也是我国农村的发展模式。它将以其科学的内涵、创新的机制和简约的形式而有可能在全国范围内迅速推广。

2. 文化硅谷模式

文化硅谷的建设,以文化和科技作为其发展的基本动力支撑,开辟了知识资本支撑人类社会经济持续增长的新局面。因此,文化硅谷的建设,是人类社会经济发展动力转型的一个重大的历史性标志,具有深远的历史意义。文化硅谷模式,不再单纯地依靠货币资本和资源的投入,而是转化为依靠人类的知识和技能等知识资本获得发展动力。它是知识经济时代出现的一种高级形态的知识密集型的产业。文化硅谷将文化和科学技术相融合,打造出高知识形态的文化创意产品。

文化硅谷在人类社会知识产品的生产过程中将发挥巨大的作用。文化硅谷将文化和科学技术相融合，打造出高知识形态的文化创意产品。文化硅谷通过建立和健全知识产权和专利的交易机制，使得文化创意产品的知识成果能够在市场上进行流通和交易，使其发挥出更大的社会效益和经济效益。文化硅谷作为文化创意企业的集聚区，还带来了人才的集聚、资源的集聚、技术的集聚，这将为高知识形态的文化创意产品的创造和生产提供非常有利的环境和条件。

各个国家和地区通过打造出几个、几十个文化硅谷，生产出大量的知识产品和知识成果，并迅速转化为生产力，将有力地推动世界经济的发展。文化硅谷的建立，正式开启了人类社会经济知识产品生产过程，而且规模巨大，是人类社会知识产品生产过程规模化的历史性开端。

3. 消费养老保险模式

"消费养老保险"模式是由政府主导的、专家指导的、企业市场化运作的，根据消费资本论原理，消费者通过消费可获得消费资本利润，转化为保险金的新型养老保险机制。消费养老保险模式最重要的创新意义在于，它开辟了养老金的新渠道，找到了养老金的新源头。

这是因为，"消费养老保险"模式，引入了建立在消费资本论基础上的创新商业模式。传统的商业模式的基本特征是买卖双方货款两清，认为这一经济过程即已结束。但消费资本论认为，这一过程虽已结束，但一个新的经济过程开始了，即：消费者购买厂家和商家的服务后，其货款转到了厂家和商家的手中，进入了企业的下一个生产过程和经营过程，此货款即转化为资本。从这个意义上说，消费者也是投资者，由消费者货款转化的资本也产生利润，因此消费者理应参与企业利润分配，得到企业返还一定比例的利润作为收益，消费者即可将这部分收益转化为自己积攒的养老金。

在这种养老保险机制下，消费者、被保险人将由传统保险制度下被动的被参与者、被执行者，转化为新型养老保险制度的积极主动的参与者、主人翁和新型养老保险制度的主力军。新型养老保险制度开辟了养老资金的新渠道，找到了一条生生不息、源源不断、永续长存、与市场完全对接、充满内生活力的养老保险模式，是全国城乡居民共同参与的全民养老、终生养老的保险体制和机制。

4. 创新商业模式

创新商业模式,是企业将消费者对商家的产品和服务的采购过程视同是对自己的投资,因为消费者所付货款的大部分都进入到商家的下一个经营过程,并转化为资本,也产生利润。这样,消费者也是投资者,成为企业的协议股东参与利润分配,实现了企业和消费者利润共享。

同时,创新商业模式吸收并发挥了电子商务、物流和订单经济的重大作用,并同银行和保险业密切合作。因此,创新商业模式实际上是有形市场(地网)、无形市场(天网)、虚拟经济(订单经济)、物流业、金融业、保险业诸多市场经济要素组合的有机综合体。它是一个以生产企业、供应商、物流企业、商业企业、消费者、银行及保险公司等相互合作为基础,以消费资本论为核心,以产品和服务为纽带,以利润共享为特征,以合作共赢为目标的行业产业链的有机综合体。

创新商业模式在其实际运作过程中,将形成一个长期的、深层次合作的,甚至是互为股东、利润共享、紧密型的利益共同体。企业在这一利益共同体中发挥核心作用,为各合作单位提供卓有成效的服务,给合作企业带来显著的经济效益,同时也给本企业带来巨大的利润。

5. 创新消费金融模式

创新消费金融模式,是在消费资本论指导下的消费金融公司的创新经营模式。消费金融公司将购买其金融产品的消费者视同投资者,并按照一定的返还率,将金融产品的部分收益返还给消费者,以鼓励消费者的消费行为。消费资本论扩大消费而非刺激当期消费,消费行为与投资行为合二为一后,可以使消费者提高购买能力而非透支未来,从而扩大了消费者的消费总量。

由于消费者的消费行为,本身就是投资,因此,消费金融公司以此为起点,发挥消费金融公司的引导作用,对取得消费贷款的消费者的消费行为进行必要的引导。把他们的消费贷款直接引向到约定的商家、超市、餐饮和供应商,使这笔消费贷款直接进入厂家和商家手中,进入厂家和商家的生产过程和经营过程,转化为资本,使消费者成为厂家和商家的投资者，参与企业的利润分配，实现消费者"边消费边赚钱"的目的。

消费金融公司的这种引导功能的创新，既能够解决消费者进行个人消费的资金难题，也解决了实体企业发展的资金难题，同时使消费者的消费行为同实体企业生产行为直接对接和互动，营造一种生产和消费互赢的新的商业生态体系，充分发挥消费金融公司作为非银行金融机构，通过合理引导个人信贷消费，推动经济发展的重要作用。

6. 投资促进创新模式

以消费资本论为指导，我国的投资促进工作就要实现由单一种货币资本促进模式转变为货币资本、知识资本和消费资本三种资本投资促进并举的新模式。

今后，在招商引资的同时，要加强招商引智的工作，高度倚重知识资本的力量，把产品的生产从资源依存型逐渐过渡到科技依存性，高度倚重和发挥知识资本的作用，加大科技含量，降低物耗，从而加速地方和企业的经济发展。同时，加强对消费资本的开发，资本就在我们身边，凡有消费和消费者的地方，就存在着消费转化为资本的土壤和条件，就有消费资本化的可能，影响范围积极广大，这是急待开发的一个巨大的资本存量。

投资促进创新模式，就是通过继续积极引进货币资本、高度重视引进知识资本、指导企业大力开拓消费资本，推动我国投资促进工作呈现一个崭新的局面，从而为促进我国经济发展方式转型，实现各领域、各行业的快速发展发挥重要作用。

消费资本论已经进入到推广和应用的阶段。这是一项伟大的发现，也是一场伟大的实践。消费资本论对市场经济理论和实践的全面创新，标志着消费资本引领世界市场经济发展的时代已经到来。

（李元元　世界新经济研究院院长助理）

附录二：部分媒体报道

陈瑜：世界消费资本之父

导言： 二零零七年十月十二日，美国麻省理工大学斯隆学院迎来了首位宣讲中国系统经济学原创著述的学者。他的专题演讲在经济学界掀起了一场热浪，在经济学史上竖立了一座丰碑。泱泱大国从此于经济领域有了属于自己的泱泱宏论，"消费资本"这一革命性理论亦从此蜚声中外，被媒体盛赞为"给予世界的辉煌礼物。"

他就是陈瑜——影响了中国经济改革的伟大思想者，消费资本之父。

中共十八大的胜利召开和提出的各项决议，开启了中国经济发展的新局面，为中国今后的经济发展指出了前进的方向，进一步提出建设具有中国特色社会主义的历史任务。中国特色社会主义，是中国现代历史的主题。它是理论的主题也是实践的主题。我们的理论创新和经济发展实践创新，都要围绕着这一主题展开。

中国特色社会主义，不同于传统的社会主义，也不同于西方学者提出的民主社会主义。它在经济、政治、文化和社会四个方面都具有独有的特征，其中经济特征具有基础和根本性质。从经济发展的角度看，它又是一种新的经济运行体系。它是以发展速度适宜、经济效益显著、可持续发展为特征，以实现社会全体成员共同富裕、建成和谐社会为目的的新经济运行体系。

社会主义市场经济是中国特色社会主义的载体和基本经济内容。它是继以亚当·斯密经济学派为代表的自由市场经济运行体系、凯恩斯经济学派为代表的政府干预经济运行体系之后，第三个最科学的市场经济运行体系。历史已经证明，沿用西方传统的经济理论，不可能建设成社会主义市场经济。建设社会主义市场经济的科学理论依据，是包括货币资本、知识资本和消费资本三种资本在内的新资本理论，新资本论是新的市场经济理论完成的标志。消费资本理论是贯穿整个新经济运行体系的一条红线。

一、消费资本论问世，一论激起千层浪

消费资本论一经问世，中央电视台、人民日报、中国经济周刊、中国产经新闻、中国经济时报、中国改革报、新华网等媒体争相报道。消费资本化理论受到热议，获得很多专家和媒体的赞誉。很多城市、企业、论坛等都相继邀请陈瑜教授做演讲和报告。

2005年3月，卡塔尔王国第一副首相专门邀请陈瑜教授参加当月在多哈举办的"第五届民主与贸易国际会议"，陈瑜教授在会上做了消费资本化理论的精彩演讲，受到了与会各界的广泛赞誉，此报告被录入大会文集，并在国内《理论前沿》全文发表。各国有关院校和社团纷纷发来请陈瑜教授做报告的邀请函。消费资本论是源自中国本土的原创经济理论。2007年10月12日，陈瑜在美国麻省理工大学斯隆学院所做的"消费资本论"专题演讲，引起热烈反响，受到高度赞扬，为此，美国当地媒体把这一演讲誉为"给予世界的辉煌礼物"。恩格斯曾说过："一个国家，一个民族，一时一刻不能停止理论思维，才能跻身于世界文明之林。"陈瑜教授说"我想一个民族如此，一个人也是如此。我们只有不断地思考和设计，才能成为一名国家的、民族的和世界的优

秀人才。所以，我认为，每个历史时代都应有属于那个时代的自己的经济学理论。"

消费资本论为社会主义市场经济理论完善与建设作出了杰出贡献。陈瑜教授也因此获得广泛的赞誉和荣誉，2005年，荣获"中国十大财智英才奖"；2006年，荣获"中国最高策划奖"；2007年，荣获"中国当代思想成就奖"和"世界杰出华人成就奖"，并评为"世界杰出华人"；2008年，荣获"国际创意产业杰出人物奖"；2009年，荣获"共和国功勋人物奖"并由中国邮政发行《共和功勋人物志》专题纪念邮票；2010年，荣获中国管理大奖"终生成就奖"；2010年，荣获联合国开发计划署颁发的"联合国千年发展目标——人类经济社会进步奖"等荣誉和奖项。

商务部黄进博士更是高度评价陈瑜教授的消费资本论对中国和世界经济发展的重大意义和作用，他认为陈瑜教授应当获得诺贝尔经济学奖。消费资本理论是"全富"的理论，其意在全民富裕，这比台湾的"均富"理论要高很多。均富就好像是打土豪分田地，出发点是从富人那里拿一部分钱给穷人，而不是直接产生全富。消费资本理论会产生"全富"的效应。

从经济发展史看，消费资本理论既是民族经济理论，也是世界经济理论。它将对中国乃至世界经济发展产生深远影响。

二、消费资本理论给世界经济发展带来曙光

西方经济发展困难重重，举步维艰，面临前途未卜的严峻形势。西方经济学在面对经济危机、金融危机的时候，捉襟见肘、周而复始，根本无法解决当今世界面临的经济难题。

在2008年，由美国始发、迅速向全球蔓延的世界性金融危机，严重影响了世界经济的发展，而且对世界各国的实体经济发展，也造成了严重的危害。时至今日，这场金融危机的高峰期已经过去，但其过程远未结束，它继续影响着世界的发展。几年来，世界经济依然面临的严峻的经济、金融、货币和贸易形势，也充分证明了这一点。当前，世界经

济并没有真正走出危机，也没有恢复到正常的发展状态，发展中的深层次的矛盾也远未得到解决，世界经济依然面临着下行的风险。主要表现在：（1）世界经济发展总体趋缓，增速下滑，并呈现出某种程度的下行走势，尤其是一些发达国家经济徘徊不前，甚至出现经济滞涨和负增长现象；（2）欧洲、日本等主要国家主权债务危机日趋严重；（3）全球通胀压力加大；（4）贸易保护主义再次突起，并呈蔓延之势；（5）国际货币体系处于混乱和无序状态，货币危机日趋成熟，蓄势待发。

之所以时至今日依然存在这种严峻形势，是因为当时各国政府采取的各种举措，都是金融家们从传统思维出发提出建议。传统的金融专家习惯就金融谈金融，习惯中行业内寻找解决问题的办法，而没有把金融置于世界经济大背景下去进行研究和思考。这种思维模式引导人们局限在操作和技术层面，难以触及实质性问题。我们应当给出一个根治金融危机的方案，而不仅是一纸退烧的药方。

世界性金融危机的根源是世界经济深层次矛盾未能解决而引发的世界范围内出现的尖锐化、激化的畸形经济状态。只要世界经济发展中深层次的矛盾没有解决，世界性金融危机就难以避免。我们必须认清世界经济发展本质问题和金融危机产生的根本原因，并从根本上予以解决，才能避免金融危机的发生。

这次百年一遇的金融危机并非是突发的，而是流行几个世纪之久的、传统的经济发展模式和金融发展模式诸多重大弊端长期积累的必然结果，是一次总爆发。这次世界性金融危机最深刻的原因，是由于在旧的、传统的经济发展模式和金融发展模式影响下，世界经济和金融在其长期发展过程中，消费资本一直处于缺失状态。消费需求不足和消费资本缺位，是这次世界性金融危机的根本原因。

化解和根本解决世界性金融危机的基本对策，就是必须摆脱单一货币资本的传统发展模式，调整市场资本构成，化解世界经济发展深层次矛盾，用三种资本推动世界经济发展，才能避免金融危机的爆发，才能使得经济走上协调、稳定、健康发展之路。由单一货币资本走向由货币资本、知识资本和消费资本三种资本构成的市场经济形态，是一种先进的市场经济形态。它打破了西方经济理论的黑夜,给世界经济发展带来新的曙光。

三、市场经济的三大经济运行体系

(一)亚当·斯密为代表的自由竞争经济运行体系

早期以魁奈为代表的法国重农学派,提出了在农业贸易中实行自由放任的思想。英国经济学家亚当·斯密深受到重农学派影响,继承和发扬了重农学派的自由主义思想。亚当·斯密以人性自私论为出发点,进一步提出市场存在一只"看不见的手"即通过分工和市场的作用,表面上看,是"人人为自己",实际促进整个社会财富的增长。通过这只"看不见的手"实现市场自由竞争,无需政府干预,市场会以其内在机制维持其健康运行,逐步形成了市场经济中的价格机制、供求机制和竞争机制,达到市场运行的最有化,达到国家富裕的目的。

亚当·斯密是市场经济自由主义的主要创建者。他的《国富论》是现代经济学的开山之作,也奠定了资本主义自由经济的理论基础,他认为分工是劳动生产力上最大的改进以及运用劳动所表现的更大的熟练、技巧和判断力的根本原因;并且主张"自由放任"极力提倡自由贸易;后来的经济学家大卫·李嘉图进一步发展了自由经济自由竞争的理论,他认为在商业完全自由的制度下,各国都必然把它的资本和劳动用在最有利于本国的用途上。

经过长时间的发展自由经济理论建立了一套相对完整的理论体系。它强调按各国的比较优势参加贸易、竞争和分工,以图在世界范围内降低生产成本和增加消费者剩余。但是,无论是以古典经济学理论为基础或是以新古典经济学理论为基础的自由经济理论都无法用价格、供求曲线解决有效需求不足的问题,即使马歇尔已经认识到在经济学的研究中消费应当居于首位。

自由经济理论的重要缺陷之一就是经济信息的不对称。自由经济学家所推崇的自由竞争模式实际上是不完全信息条件下,带有明显盲目性的一系列企业经济行为的组合。自由竞争模式的假定实际上是不完全信息条件：竞争主体之间的不完全信息；价格信息的不完全性；供给信息的不完全性；在市场信息不完全条件下竞争主体弹性选择等。而随着科技进步生产力的提高，由于信息不对称导致有效需求不足成为困扰自由经济的最大难题。同时，放任自由竞争，一方面会导致拥有优势方处于垄断地位，另一方面胜利者会排斥新进入的弱小者，竞争停留于一个比较弱的层次。市场信息的不完全，使得竞争逐步走向无序状态，出现市场失灵问题。

从经济发展史来看，亚当·斯密的理论对世界经济发展作出了巨大贡献。在19世纪，以亚当·斯密为代表的自由市场经济运行体系把英国经济推向了世界巅峰。

(二) 凯恩斯为代表的政府干预经济运行体系与罗斯福新政

一直以来，自亚当·斯密开始，西方经济发展就是以"自由放任"为主旋律。美国政府深信其经济制度是健全的，不主张对企业经济活动进行干预。直到1929~1933年资本主义世界经济危机和胡佛反危机的失败，为罗斯福上台实行新政，创造了一个历史性的机遇。

1929年1月~1933年3月，罗斯福任纽约州长期间执行的政策，是他后来实行的"罗斯福新政"政策的开端，为新政产生提供了有利条件。广大人民群众强烈要求变革，在保存资本主义制度和资产阶级民主的前提下，抛弃自由放任、全凭市场机制自我调整的政策，大力加强国家对社会经济生活的干预，改变局部生产关系。

罗斯福新政分为三个阶段。第一阶段（1933~1935年）：着重调整和复兴经济。政府调整金融体系，充分恢复货币调节经济的润滑作用；同时帮助就业，增加消费，刺激工农业生产，实现均衡发展。为此，从1933年3月9日~6月16日（史称"百日新政"），罗斯福政府先后说服国会通过70多项新政法案，其中15项重要法律中有关金融立法占三分之一。第二阶段（1935~1939年）：着重改革。政府在经济全面复兴基础上进行一系列涉及各个方面的改革，为建立福利社会和强化民主政体打下了坚实的基础。

到1940年，美国国民收入已恢复到1929年经济危机爆发前的水平。罗斯福新政加强了国家对经济的干预和管制,这种做法虽然与美国传统的"自由放任"的思想相违背,但顺应了当时的要求,这是因为"自由放任"已经不符合美国当时的生产力发展状况的需求。

凯恩斯主义及19世纪末20世纪初美国的实用主义、进步主义思潮,第一次世界大战期间对经济的全面干预以及20世纪20—30年代早期制度学派经济学理论创新,是罗斯福新政的思想渊源。罗斯福新政开创了国家干预经济的新模式,加强了国家对经济的干预和管制。但在罗斯福看来,资本主义制度仍然不可动摇,而经济制度可以通过运用政府的力量进行干预实现改良。实际上,美国经济从此进入一种垄断组织与国家政权相结合的体制,形成了国家垄断资本主义。

然而在凯恩斯宏观经济运行体系中,政府干预理论也存在着监管不灵的情况,与亚当·斯密的自由竞争理论问题症结"市场失灵"相对应的是"政府监管失灵"的顽症。其表现在,一方面,政府相关部门在监管过程中普遍存在"寻租"的需求,造成经济的低效率运行,经济资源的浪费;另一方面,在产业经济发展过程中,产业集团为了使主管部门实行有利于它发展的管理政策,会进行商务贿赂,来俘获政府主管部门,使政策有利于大的生产集团,而不利于其他没有行贿的小产业集团,这就使政府监控失灵。政府失灵出现违背市场真实需求的产能过剩或者不足。

美国以凯恩斯经济理论为基础的罗斯福新政,使得以美国为代表的西方国家由自由市场经济运行时代进入国家资本主义经济时代。凯恩斯为代表的经济运行体系也使美国经济超过英国,成为世界霸主持续至今,罗斯福新政也带来了美国经济80多年的稳定发展。

由此看来,一个新的经济运行体系对于国家的发展来说是至关重要的。同样,凯恩斯经济理论对世界经济发展产生了深远的影响。在20世纪,以凯恩斯为代表的政府干预经济运行体系把美国经济推向了世界巅峰。

(三)陈瑜教授的社会主义市场经济运行体系

1. 现代主流经济理论的"双失灵"困境

现代西方经济学将亚当·斯密的自由竞争经济运行体系和凯恩斯的政府干预经济运行体系理论进行整合，发展成西方主流经济学。根据西方经济学理论，在严格的市场完全竞争假设条件下，市场这只"看不见的手"能够使资源配置效率最大化，同时社会福利达到最大化，即达到所谓的"帕累托最优状态"。但在西方国家，大企业的垄断和过度的市场竞争同时并存，使社会资源的配置失去了效率，社会消费的公正原则也遭到破坏，即微观经济学中通常所说的"市场失灵"。而市场失灵的原因有三：

其一，不对称信息与不存在的信息。市场的信息不对称问题非常严重，既包括隐藏信息问题，也包括隐藏行为问题。因为信息的不对称，市场失灵不可避免。由于信息不对称而造成的市场失灵，在市场上形成"牛尾效应"，这是市场营销活动中普遍存在的现象。商品供应链上的各级供应商，根据来自其供应链上下级销售商的信息进行供应决策的时候，需求信息的不真实性会沿着供应链逆流而上，产生逐级放大的效应。当信息回溯到源头供应商那里，其获得的需求信息和实际市场的顾客需求信息已经发生了很大的偏差，变异系数比分销商和零售商的变异系数大得多。由于这种需求放大变异效应的影响，上游供应商往往维持比下游需求更高的库存水平，以应对销售商订货的不确定性，从而人为地增大供应链中上游供应商的生产供给。这就是由于需求信息和生产供应信息不对称，造成生产过剩的根本原因之一。

其二，外部性。"外部性"是指当个人和厂商对一种行为直接影响到他人，却没有给予支付或得到补偿。其中支付实质上就是指外部成本内部化，得到补偿实质上就是指外部收益内部化。外部性有正的外部性和负的外部性之分。但支付和补偿一般需要有权力集中的一个部门来主导完成。

其三，市场势力。垄断行为会对消费者利益造成损害，因此需要政府的市场监管来减少垄断行为的出现。如果政府监管可以矫正市场失灵，那么只要政府插手，市场也将不会有任何运行上的问题。但现实中，并不是这样，市场经济至今仍有许多无法克服的顽疾。

首先政府监管需要承担监管成本，并有一定的局限性。因此，一些经济学家认为，市场的失灵却未必一定需要政府监管来矫正，就因为政府监管也有其自身的成本和局限。而成本最终还是会转嫁到消费者身上，造成一定的福利损失。此外，政府监管过严会影响企业的创新活力，最终不利于市场机制的运作。

监管的成本包括：人力资本的投入、国家税收的支出、管理机构的投入、管制规则制定与实施，监管中的设租与寻租、监管制度的路径依赖。

政府相关部门在监管过程中普遍存在"寻租"的需求，造成经济的低效率运行，经济资源的浪费。那么，除了要支付市场监管的成本，政府还应意识到监管的失灵，即与市场失灵相对应的所谓"政府失灵"。分析监管失败原因的理论主要有俘获理论和新经济自由主义论。

"俘获理论"的基本思想是：某产业中的企业希望政府对该行业实施管制，原因在于它们可以通过俘获管制者而使其按照自己的利益行事。该理论认为所有的管制者最终都被一些被管制者以各种方式俘获了。管制的结果实际上是管制者利用管制机制在为某些特别的利益集团提供服务。

市场失灵和政府失灵的双重矛盾是目前的市场经济模式所无法解决的根本矛盾，而消费资本化理论则可以对这种矛盾进行有效化解。按照消费资本化理论的经济运行模式，消费成为资本以后，消费者同时也作为投资者，可以大大降低市场上信息不对称的问题，正外部性的收益和负的外部性成本已经在消费转化为资本的过程中内部化了，同时，企业的市场势力转化为广大消费者的利益，市场失灵将得到极大缓解。政府将从繁重的市场经济监管中解脱出来，将监管过渡到为社会服务。腐败和官僚资本将失去最深厚的土壤。消费资本化理论是经济领域的崭新理论，它不同于亚当·斯密及萨缪尔森等工业经济时代形成的经济理论，必将对传统经济学理论产生挑战，同时对传统经济学理论的许多重大方面都提出修改、补充或完善的需求。

2. 社会主义市场经济运行体系

从市场经济发展史来看，到目前为止依次出现过两种经济运行体系，一是以亚当·斯密经济学为理论基础的"自由放任"的经济运行体系；一是以凯恩斯经济学为理论基础的政府干预经济运行体系，强调政府在经济运行中的作用。从本质上看，这两种经济运行体系都是建立在单一货币资本支持发展的传统市场经济理论基础上的经济运行体系，前者强调自由放任发展；后者则强调宏观调控干预。二者在经济发展方式、商业模式、企业制度以及分配制度上并没有本质区别。

而以陈瑜教授的消费资本论为基础建立的社会主义市场经济运行体系，它的各个组成部分都是以消费资本论为基础构建起来的，无论是经济发展方式、商业模式、企业制度，还是分配制度都同旧的经济运行体系有着本质的区别。因此，它是一种全新的经济运行体系。它是继自由市场经济运行体系、政府干预经济运行体系之后，第三个最科学的、先进的市场经济运行体系。

在前两种经济运行体系下的传统的经济发展模式和收入分配模式隐藏了两种剥夺：一是人对自然的剥夺，一是人对人的剥夺。人对自然的剥夺体现在社会经济发展主要依靠自然资源的大量投入和高消耗来推动发展，以致造成自然资源濒于枯竭。人对人的剥夺，则是知识资本所有者和消费资本所有者应分享的利润，被货币资本所有者侵吞，从而大大降低了劳动者的生活水平和自我发展能力。这就造成：一方面，人数众多的劳动者收入低下、生活贫困、购买力不足，造成大量消费品滞销；另一方面，货币资本所有者拥有巨额财富、不断进行资本积累，造成生产过剩危机。

在前两种经济运行体系下，广大的消费者不能成为生产和分配的真正主人，是因为他们作为消费资本所有者的地位得不到社会制度的承认。消费者无权索取消费资本所创造的利润，这是两极分化以致贫富悬殊的根本原因。消费者不能成为消费资本的产权主体，还使社会资本积累机制难以适应社会生产力进一步发展的需要。

而社会主义市场经济作为一种新经济运行体系，是以消费资本论为基础。消费资本论的根本目的就是确立以三种资本为基础的新的资本理论体系，从而确立以人为本的、持续协调发展的新经济运行体系，从而消灭人对自然的剥夺以及人对人的剥夺,让人与人的关系、人与自然的关系达到真正的和谐。

显然,社会主义市场经济运行体系克服了现代主流经济理论的"双失灵"顽症。在这三种市场经济运行体系中,社会主义市场经济运行体系才是与时俱进的、最科学和最先进的经济运行体系。相信,在21世纪,陈瑜教授提出的社会主义新市场经济运行体系有望把中国经济推向世界巅峰。

四、中国特色社会主义市场经济运行体系

改革开放30多年来,我国的市场经济建设取得举世瞩目的成就,国民经济迅速发展,综合国力不断提升。在党中央和国务院领导下,中国在经济发展的实践过程中,逐渐摆脱了传统市场经济理论的束缚,克服了单一货币资本支持经济发展方式的缺陷,不断调整和优化经济发展方式,实现了三种资本融合、联动推动市场经济发展的模式,成功地走出了一条具有中国特色的社会主义市场经济发展道路。

从我国经济发展成功经验的实际出发,对中国市场经济发展所取得的实际经验进行总结,上升到理论的高度,提出适合社会主义市场经济发展的新理论和新模式,并向全世界进行阐述,而不再是重复和照搬西方传统的市场经济理论和传统模式。中国应行使自己的话语权,提出适合我国市场经济发展的、本土化的、原创的市场经济理论,来指导今后我国社会主义市场经济的发展,并引领世界各国市场经济进入一个崭新的发展阶段。

陈瑜教授提出的新经济运行体系,肯定了中国经济30多年高速增长的成果,对高速增长的历史原因以及根本动力,做出了回答。对大家普遍关心的有关社会主义市场经济发展和理论建设问题,给予分析和说明。如:究竟什么是中国特色的社会主义市场经济?社会主义市场经济的基本特征是什么?它的科学性、先进性表现在哪里?社会主义市场经济发展的基本规律是什么?

中国特色社会主义经济就是新经济体系的实践者。中国特色社会主

义市场经济理论基础：是以消费资本论为基础的新资本论，即新的市场经济理论。

1. 中国特色社会主义市场经济的定位和基本内容

中国特色社会主义市场经济定位：它是以发展速度适度、经济效益显著、可持续发展为特征，以实现社会全体成员共同富裕、构建和谐社会为目的的新经济运行体系。

中国特色社会主义市场经济基本内容：包括新的发展方式、新的商业模式、新的企业制度和新的分配制度。

2. 中国特色社会主义市场经济在发展过程中将逐渐形成自身建设的基本内容和特征，充分体现了它的科学性、优越性和先进性。

首先，在社会主义市场经济条件下，国家、地区和企业的资本构成，将逐步转变为由三种资本构成。其次，社会主义市场经济将建立新企业制度。即建立包括货币资本、知识资本和消费资本三种资本的"综合资本股份有限公司"制度。第三，社会主义市场经济将建立适合以买方市场为主的创新商业模式。第四，社会主义市场经济将实行全民共富的新分配制度。

3. 社会主义市场经济发展的基本规律

社会主义市场经济的资本构成包括货币资本、知识资本和消费资本三种资本，而不是唯一的货币资本。因此，解决国家、地区和企业经济发展所需要的资金问题，总的思路应当是：（1）继续充实货币资本；（2）高度倚重知识资本；（3）大力开拓消费资本。由单一的货币资本发展经济的发展方式，转化为货币资本和知识资本相结合的发展方式，再转化为"消费资本导向、知识资本创新、货币资本推动"的三种资本融合、联动的新型发展方式，是完全的市场经济发展所必然遵循的总趋势，是社会主义市场经济发展的基本经济规律。

五、消费资本理论对中国经济和世界经济发展的影响

（一）消费资本主导世界经济发展的时代已经到来

进入新世纪，国家、地区和企业发展的经济背景较之以前有了本质

的不同。最重要的区别是市场经济已经完成了由卖方市场向买方市场的过渡,市场经济已经进入一个新的发展阶段。在以买方为主的市场经济发展阶段里,消费资本以其独特的魅力和强势的姿态,登上了人类社会经济发展的历史舞台。消费资本成为推动各国经济发展的关键资源和主导力量。它一经出现,就显示出它对社会经济发展的巨大威力,并立即向传统的经济发展方式发起挑战,引起各国政府领导人、企业家的高度关注,也激发了世界各国专家学者对消费和消费资本的研究热情,并且事实上已经成为各国研究经济发展的焦点。消费资本论至今已经成为对中国经济和世界经济发展产生广泛影响的新的资本理论,为所有市场经济国家提供了新时期经济发展的理论导向,她将引导人们寻找到新的经济增长极和新的经济发展方式。

(二) 消费资本理论是社会经济发展观的重大革命

消费资本论的提出,是社会经济发展的重大革命。它以崭新的视角和思维模式,分析了消费同生产一样,是推动社会经济发展的动力。

以往的经济学家,包括获得诺贝尔经济学奖的经济学大师们,他们理论上一个共同的缺陷,是重生产轻消费。这种缺陷是由于历史的局限及其理论研究前提的失衡双重原因而形成的必然结果。

其实,人类社会经济发展的最终目的是为了消费。消费是生产的动力,消费是生产的市场,消费是生产的目的。生产和消费是一个问题的两个方面。只从生产的角度分析社会经济的发展,是单方面的、局部的分析。只有从资本的高度并同时从生产和消费两个方面分析社会经济发展,才是全面的、科学的分析。

消费资本论,从时代变化和理论发展两个方面突破西方传统经济学理论的局限,而提出的新的资本理论体系。它引领了一种新颖的创新思维方式,着眼于从生产和消费双向看问题。把消费向生产领域和经营领域里延伸,科学地论证了消费转化为资本的过程,提出消费即是投资。从而在世界经济学说史上第一次提出消费资本这一新的资本形态,并以完整的理论体系把社会经济发展中消费和消费资本的力量系统地揭示出来。说明消费作为一种资本,它同货币资本、知识资本一样,成为经济发展的直接动力。

继货币资本、知识资本之后，消费资本的确立和消费资本理论体系的建立，是21世纪资本理论的又一重大突破，是资本理论的第三次革命，是资本理论史上新的里程碑，也是社会经济发展观的一次重大革命。

（三）消费资本理论标志着新经济运行体系的建立

综合资本时代的到来，冲击和影响着市场经济的各个领域和环节，昭示着一个新的经济运行体系的诞生。"自由放任"的经济运行体系和强调政府在经济运行中的作用经济运行体系，从本质上看，这两种经济运行体系都是建立在生产本位理论基础上的经济运行体系，前者强调自由放任发展；后者则强调调控，以使生产处于有序的发展状态。二者在经济发展方式、商业模式、企业制度以及分配制度上并没有本质区别。

而以消费资本论为基础建立起的经济运行体系，它的各个组成部分都是以消费资本论为基础构建起来的，无论是经济发展方式、商业模式、企业制度，还是分配制度都同旧的经济运行体系有着本质的区别。因此，它是一种全新的经济运行体系。

新经济运行体系不仅对当前我国经济发展升级具有重大现实意义，而且对中国和世界经济长期发展也具有重大的理论导向意义。

结语

每个历史时代都应有属于那个时代的自己的经济学理论。由著名经济学家陈瑜教授提出的消费资本论是中国市场经济发展的理论总结，是中国本土化、体系性的理论创新，一经推出就引起了世界各地的广泛关注和热烈反响。作为以人为本的创新理论，消费资本论为最广大的消费者立言，它作为一种"全富"理论，也将为中国和全世界构建一个共赢的社会、一个和谐的社会、一个真正繁荣的社会作出贡献。

消费资本论在不断的发展、传播和实践的过程中，已经由一人之论转变成为一派之论，也必将成为一国之论和普世宏论。陈瑜教授提出的消费资本论为全世界消费者送来了一份辉煌的礼物，同时也触动了经济学界几个世纪以来的盲区，其意义不亚于发现元素周期表，是世界经济未来几十年发展的一把金钥匙,必将造福全世界数十亿消费者。因此,研究、宣传和践行消费资本论,不仅是经济学家的责任,而且也是广大消费者、企业和广大企业员工的责任,同时也是全世界各国人民共同的责任。

为此,我们呼吁:全世界消费者联合起来,为开辟消费资本论研究的新境界,开创消费资本理论实践的新纪元而共同奋斗!

(载于2014年4月30日《中国贸易报》)

消费资本理论:一个可能改变世界的观点

访问者:世界新经济研究院院长陈瑜教授

主持人:《新远见》杂志记者

北京7月的一个炎热的下午,苏先生实现了他一个多月以来的愿望:以12000余元的价格在首都时代广场选购了一台天津产索尼牌数码摄像机。两天之后,这台摄像机将成为他的刚刚顺利完成高考的儿子的18岁生日礼物。为了这个礼物,苏先生整整忙碌了一个半月,以他多年从事广告业的经验,从十几个品牌中挑选研究了近三十种产品。

"价格是贵了些,但是大品牌嘛,厂家的利润高些也正常。性能价格比还可以。"苏先生对他的这次消费心满意足。

然而,就在他实现这次消费行为的同时,就在他进行这次消费的商厦的隔壁,一群人正在热烈地研讨着。如果苏先生能够听到这次讨论,他的"心满意足"或许就会改变,他或许就会意识到,在送出这台摄像机的同时,他还可以给儿子一个更大的礼物:让他成为一个著名品牌厂商的股东。

因为,隔壁的那群人在说:消费,可以资本化。

简单转身之后，一切都不简单

像苏先生这样的消费行为，在世界的每一个地方，每天都在进行着。尤其在中国，这样的消费热潮已经成为全世界瞩目和探讨的一个现象，潜力巨大的消费市场已经被公认为全球第一。

厂家生产出产品，商家销售出产品，消费者购买了产品，厂商从产品价值和市场价格的差距之间分别获得利润。从经济学角度来讲，这是最简单最基本的一个经济行为。或许因为它的简单，所以多少年来，人们对这个经济行为的研究和实践鲜有突破和创造。

在位于北京西长安街首都时代广场609室的世界新经济研究院里，院长陈瑜和他的下属们正在热忱地运筹着一场头脑风暴。这场风暴的暴眼，正是针对着这个最简单的经济行为——消费。

陈瑜发现的"消费资本论"的一个简单的阐释是：消费者在购买了企业的商品之后，企业应把消费者的消费视同是对该企业的投资，并按一定的时间间隔，把该企业利润的一定比例返还给消费者。这意味着，消费者在消费的同时，完成转身动作，成为一个投资者。而消费，则质变为资本。

这是一个简单的转身。

但是，如果这个转身能够完成，一切都将改变：苏先生将会从投资的角度来看待他的消费行为、选择他的消费对象，并且以股东的权利和责任对待他所实现消费的厂商；索尼将会以吸引投资的姿态来对待苏先生，以对待股东的姿态来服务和回报苏先生；在"眼球经济"的驱动下，厂家和商场都会忙不迭地改变惯常的营销模式和商务计划，以使苏先生在十几个品牌的近三十种产品的海量选购中尽快看到自己。

在陈瑜的观点舞台上，人类最基本的经济行为的几个主角跳了一段"探戈"。微妙的转身之间，世界大为不同：我们一直在竭力嘶吼的消费者权益可以轻松地拥有了量化保障，"3·15"或许会变成"股东权益日"；我们一直在捶胸顿足的假冒伪劣市场整治可以从容地摆脱"围追堵截"的艰苦历程，在投资驱动下，百姓的消费资金会按照资本的规则有序自然地汇集到优质优品的厂家囊中，并相对透明公正地接受公众的监督；我们一直在扼腕叹息的中国企业的诚信缺失可以在很大层面上得到改进的内生动力，最广大的消费者群体会以投资者的身份，实现真正实际意义上的具备法律效应的"诚信审计"。

更为重要的是，转型中国现实中成堆的难题，在消费资本化理论面前，很多都可能找到解决的方案。比如，拉动需求，以市场化的手段真正释放巨额居民储蓄存款；引领生产要素的合理流动，促进中国经济区域化的协调发展；增加渠道，解决金融体制改革中企业融资难问题；赋予弱势群体新的平等的经济权益，化解社会阶层洗牌中的相对矛盾，实现社会主义和谐社会的构建。

"历史证明，多元资本的推动远比单一资本的推动对经济发展的促进作用要大得多。"陈瑜院长的信心在于："消费资本与货币资本、知识资本联动，必将大大促进中国经济的快速发展，使中国经济在未来几十年的发展中真正实现领先并超越。"

"人类经济发展中，长期依赖单一的货币资本。美国率先意识到知识资本的重要，并将其与货币资本联动，带来了几十年迅猛的发展。而其他国家如日本没有尽快地意识到知识资本的重要，思想理论上的落后带来了他们后来的发展乏力。我们如果能够尽快地意识到还有第三种资本可以利用，并尽快地予以实践，未来的发展绝对是可以期待的。"

陈瑜期望消费资本论能够上升为国家政策，更广泛地运用于实践。理论先行，路径多元，使中国经济也能借此实现一个漂亮的转身。

而中国经济一转身，世界将会被极大改变。

经济突破，首先需要经济理论突破

消费资本论从何而来？

陈瑜答，从实践中来，从写书的过程中来。

一个经济学家的写作，是一个不断思考、不断求证的痛且快乐的过程。

20世纪80年代，陈瑜曾经写过一篇名为《寂寞的哲学，活跃的经济学》的文章，引起了两个学界友好的论争。

在陈瑜看来，经济学必须是热闹的，经济学决不能寂寞。80年代初，正是经济学打破了三个禁区：承认劳动力是商品、中国还存在着剥削、土地可以出租，从而使得中国的经济改革大潮奔涌向前。作为一名经济学者，他深深地自豪于自己钟爱的领域为国家发展进步所作出的重大贡献。

然而，近二十多年来经济学界的建树平平，却一直让他感到忧虑。"当下经济学界的两个主要问题，一是引进西方经济学的理论观点多，自身的理论创新少；二是经济学理论重复过多。特别是近十年来，中国还没有一种突破性的新的经济学理论出现。"

但是，现实的中国正处在决定性的转型和发展期，经济学理论研究的落伍显然会影响到整个经济发展的顺利前行。"经济要发展，理论必须先行。没有经济学理论上的突破，就不会有经济发展上的突破。"

作为一名学者，当前中国经济发展中的诸多难以解决的问题困扰着他。他坚信，经济学理论上的突破一定会解决这些难题，这些难题也只有在经济学理论的突破下才能得到最根本性的解决。这种坚信继而化为了一种责任，这种责任让陈瑜潜下心来认真思考。

"我仔细回顾了市场经济发展最近两百年的历史。在第一个一百年，货币资本成为创造社会财富的主要源泉，社会的统治力量掌握在货币资本所有者手中。到了20世纪90年代初，知识资本和信息开始使财富转移到知识产权资源掌握者手中。知识资本的出现让我对资本的形态产生了兴趣，我开始思考：还有没有第三种形态抑或第四种形态的资本存在？"

在一般意义上，消费者付清货款取得其购买的商品的所有权之后，经济行为即告结束。但在这个人人司空见惯的经济行为里，陈瑜却看到了更丰富、更深层次的东西——资本。

马克思理论说，生产决定流通、决定分配、决定消费。但根据辩证法原则，陈瑜发现，在一定条件下，消费也会反作用于生产：消费者购买了商品，生产企业收回资本，在补偿了生产成本之后还有一块，这块新增加的资本在以前被当作生产者的利润完全算在生产者和工厂主那里。这种算法并不一定公平,因为其中也应该有消费者的利益。从经济学的角度来看,消费者是其所花的钱的所有者,当这部分钱注入到再生产再运营过程中,就不是普通的钱了,而是推动生产经营的一种资本力量。从这个意义上来说,消费者购买一个企业的产品达到一定的量,其消费资金就具有了资本的意义。

这一发现令陈瑜惊喜:"要恢复事情的本来面貌,要重新确认消费者作为消费资本载体、消费资本所有者的地位。"

在今天这个时代,经济学贵为显学。而在浮躁、功利的现实社会里,原创的经济学正渐行渐远。

有人曾对所谓"原创"作出过新的注解:将从别人那里搬过来的东西进行新的拼装,也是原创——一些人正在做着这样的尝试;将精美包装过的泊来品用符号进行推理,也是原创——另一些人正在做着这样的尝试。

类似这样的尝试很大程度上成为了当下经济学界的一种时尚。成为时尚的原因之一可能是,真正的原创实在是太难了。而陈瑜和他的消费资本化理论显然告诉我们:什么才是原创,怎样才能原创,中国需要原创。

有人做过这样的分析:在中国,被称为"经济学家"的人有5000名,能在国际主流学术刊物上发表论文的不超过100人,在国际上有知名度的不超过10人。

这样的统计虽然不很准确,但因为缺乏创见,中国经济学家在国际经济学界的影响力非常有限却是不争的事实。

手里捧着经典,嘴里忙着搞预测、下判断、开对策,心里惦记着经济效益和"社会效益",于是丢失了学养、深刻和力度,只留下轻率、肤浅和不负责任。坊间流传的一则故事里这样说:一个经济研究机构有100名经济学家,有99个把他写的分析报告引起"上面"注意当作全部目的。还有一个在不断给报纸写文章,因为引起上面注意太难,先引起公众注意再说。

一些经济学家们的面孔已然模糊。

萨缪尔森的《经济学》第十六版在中国出版时,这位美国第一位诺贝尔经济学奖获得者说，希望他的书能对中国经济建设有所帮助，但他更希望中国经济学家能创造出完全适合于自己国家的经济学。

创建适合自己国家的经济学，这正是陈瑜这样的经济学家们正在努力的作为。

原创的理论，需要植根于原本的土壤

消费资本论基本成型之后，尤如一个虔诚的布道者，陈瑜开始以饱满的激情在国内外各种场合进行宣讲。有志于成为中国的兰德公司的世界新经济研究院成为了这一原创理论的孵化基地。

在卡塔尔，陈瑜对这一中国原创理论的演讲得到了各国领导人和企业界的关注。在北京、深圳，理论界关注的同时，企业界更是兴趣盎然。在陈瑜的办公桌上，摆放着好几份针对不同行业不同企业的运用消费资本化理论的具体解决方案。这些方案都是应企业的要求设计制作的。

"一招好棋能带活整个棋局。"对此，陈瑜始终坚信不移。"希望社会的每一个层面、每一个分子都能分享到这颗果实。"

在陈瑜的内心里，能够最终付诸于实践并开花结果，才是一个理论创造的最终目的，也才是理论创造者最大的愉悦。

他和他的同事们都坚信这一天很快就会到来，并为此每天不懈地工作着。他们的自信来自于，这一理论产生于实践生活，产生于对客观事实的研究，所以必然会对现实生活产生深刻影响。

当下的中国经济，正需要这种植根于本土的原创经济学研究。在从计划经济向市场经济过渡的史无前例的制度试验中，有大量的理论问题需要探讨，有大量的现实问题需要解决之道。与中国经济发展命运相连的中国经济学研究，就这样承载着使命和机遇。

陈瑜无疑在完成着他的使命。

他的老师陈岱孙先生说过，经济学应该永远与生活、实践的活水源相连，从实际经济生活的争辩与对策中提炼出人类思维能力尚能解决的问题。

这当是经济学研究的宗旨。它意味着，只有针对现实问题进行的经济学理论原创，才具有生命力。

一些经济学者在讲学中动不动就搬出西方经济学理论，搬出在美国在欧洲的经历夸夸其谈。陈瑜对此颇不以为然。"一个最简单的道理就是：在沙漠中长得很好的仙人掌，放到水里必然存活不下去。"

"被很多人顶礼膜拜的西方经济学理论，基本上都是成熟市场经济国家经济发展的理论总结，它们产生、发展在一个国家特定的体制背景、社会人文背景之下。抽掉这些特定的背景，把其不加分析地放置于一个体制背景、文化背景完全不同的国家，显然是不适合的。一个证明就是，就在我们的经济学者眼光向外的时候，北美、西欧的经济学家却把目光更多地投向了中国经济发展的实践。"

所以，陈瑜说："经济学家要客观、要清醒。"他一直强调的一句话是："从经济学来看，所有国家都不具备发展本国经济所必需的全部条件。"其潜在的意思是，每个国家都有自己特定的条件，看清自己，看到自己的优势，在此基础上发展自己，才是正确的。比较优势原理告诉人们，应当干自己最擅长的事情。解释中国的经济现象，解决中国的经济问题，显然只能依靠中国经济学家自己，通过深入实践，以严谨、客观的态度构建起中国自己的经济学理论。

二三十年前，没有哪一位西方经济学家会预见到中国在其后 25 年间创造出世界上最快的经济增长速度。因为在他们看来，中国并不具备西方经济学教科书上所列出的经济增长的必要条件：完备的市场、私有产权以及有效的法治。

然而，"奇迹"发生了。于是，中国学者在运用西方经济学理论解释中国特殊的经济现象时，出现麻烦是必然的。

两年前，60 多位中国经济学家、政治学家和法学家在"走向新的政治经济学"高级研讨会上达成共识：西方经济学理论不足以解释当前中国的经济现象，中国需要"原创"的经济学。

英国皇家国际事务研究所亚洲项目负责人格林认为，无论最终结果如何，中国学者旗帜鲜明地提出创建中国原创经济学这一事件本身就说明，在经历了长期的经济快速增长之后，中国人对于自身发展模式已经充满自信。

而陈瑜和他的消费资本化理论告诉格林,这种自信现已有了结果。

泱泱大国,必然衍生泱泱宏论

有人曾这样解释"为何中国出不了诺贝尔经济学奖获得者":经济学与经济的发展成正比关系,中国经济在世界经济中的非中心地位以及中国市场经济国家地位的未予认同,是中国经济学家的研究受到冷落、观点被边缘化的主要原因。

而陈瑜则说:消费资本论能够在中国产生并运用的一个现实背景是,中国拥有近14亿人口的巨大消费市场。换句话说,消费资本论就应该也只应该在拥有世界最大消费市场的中国产生。

或许,再也没有比中国更复杂的经济国情了。从中长期看,中国经济规模及潜在规模之大,虽美国亦不能比;中国不同地区的地理环境、语言文化、经济状况千差万别,这是排在世界经济前几名的国家所无法比拟的;中国的生产方式和所有制状况的复杂程度亦为世界之冠,既有18世纪的农业生产,也有现代新经济;社会主义市场经济既非现代经济学所能解释,也不符合传统马克思主义经济学。

由此,中国所进行的改革震荡也是前所未有的,同时处在从农业社会转向工业社会、从国有经济计划经济转向民营经济市场经济、从封闭社会走向开放社会这三大变革之中。

这样一个复杂多变的背景,能够成就中国,也能够成就中国的原创经济学。

社会贫富差距逐渐拉大;城市居民储蓄存款高居不下;企业受制于资金短缺;消费者与商品提供者之间摩擦不断;社会普失诚信……对震荡中必然出现的这些问题,经济学家争论了许久,作出了不少的诊断,但疗效始终不太明显。陈瑜相信,消费资本化这剂"土"方可以解决一些问题。而在此基础上,中国完全能够创建出本土的优秀经济学理论,并影响世界。

有人曾经断言:中国是世界上惟一可能提炼出对世界经济问题具有

影响力的大问题的经济体。因为，中国经济学家深谙中国的历史、文化和社会制度，了解传统体制的弊端所在，能够体察和把握社会各个层面的心态。相当一部分中国经济学家置身于国际经济发展的大背景下，熟悉并掌握了相对前沿的经济学理论。

美国经济学家米尔顿·弗里德曼曾经说过：谁能正确解释中国的改革和发展，谁就能获得诺贝尔经济学奖。而最有资格解释中国改革和发展的，正是中国自己的经济学家。

林毅夫先生说：生活在这个时代的中国经济学家们是幸运的。

但是，幸运将最终落在谁的头上？或者说将首先落在谁的头上？

修成正果，需要学者的素质，需要广博的学识，更需要知识分子的现实责任。

民生思想，才能造就民生学说

促使陈瑜思考消费资本论的另一个思想诱因是："我常常在想，在富人和知识分子之外，如何来保护最大多数公众的利益？货币资本所有者和知识资本所有者因为资本的力量，而使其地位和权益被放到最大。那么，在这两个圈子之外，更广大的社会民众拥有什么？他们的权益在哪里？"

一位大学教授曾开玩笑地说：在校园里，如果看到楼前停满汽车的，那一定是经济学系，里面的人在高谈阔论；楼前停满自行车的，一定是社会学系，里面的人在大声骂娘；楼前什么车都没有的，一定是哲学系，里面的人默默无声。

这些年来，经济学界的确是够热闹的，媒体不止一次地报道说：讲课可以讲出千万富翁。

有人在网上义愤填膺地批评说：现在的经济学理论就是"富人理论"！

著名经济学家茅于轼先生说："我们思考经济学的问题不能脱离一点，那就是：我们怎么能够为人民创造更多的福利？这就是经济学的最终目的，所有的研究都不能脱离这个目的。"他主张增加社会的幸福感，甚至说要建立一门"快乐学"的学问。

亚当·斯密在《国富论》里指出，有大部分成员陷于贫困悲惨状态的社会，决不能说是繁荣幸福的社会。

米瑟斯对学问的定义是："为了大多数人的幸福，而不是为了特殊阶层服务的一种倾向。"

天下熙熙，皆为利来；天下攘攘，皆为利往。形形色色的世界里总有纷繁复杂的人。不少经济学家成名后，更多地关心自己的利益。而有追求的经济学家考虑的决不是一己私利。

茅于轼说："即使在市场经济的社会也需要一些凭理想完成的事。我们很失败，但从未灰心。"

陈瑜显然是另一个始终凭理想做事并从未灰心的学者。

"消费资本论意在构建一个共赢的社会。这个共赢的社会，必然是一个和谐的社会，一个真正繁荣幸福的社会。"陈瑜说。

"消费资本论改变了利益单向分配的格局，不同的利益主体达成共赢，包括消费者、生产者在内的整个社会都将获得利益；它将改变人与人的关系，消费者同时也是投资者，从而改变了此前与生产者的关系，双方处于平等地位。"

陈瑜常常思考：在经济学的视角里，普通百姓的利益到底在哪里？富豪榜上的数字令人气短，而最广大的公众却没有多少改变自身现实的机会。

在社会学家的研究中，富人与穷人的格局已经定型。这是一个并不乐观的论断，但也许是一个事实。

陈瑜却想为此做出些努力，他希望最大多数人都能拥有自己的利益。当消费在他的研究舞台上成为一种资本的时候，他觉得找到了为大多数人谋利益的经济学途径。

"普通人没有进行资本增值和积累的平台，或者说平台非常稀少和狭窄。但是企业有，越大的品牌企业拥有的平台越大、越好。通过消费资本论，任何人都可以将他的消费行为同时转化为投资行为，将他的消费资本放到他自己选择的企业平台上进行增值和积累。而企业则可以在一年的时间里利用这些资本进行规模化再生产，获得更加丰厚的利益。这样，利益的多赢使得更大多数人获得了可观的收益。"

因此，有人说：陈瑜的消费资本论是真正现实可操作的"穷人经济学"。

从维护最大多数公众的利益出发，研究协调效率与公平，推动社会经济发展，这是穷人经济学的内核。依此评价，陈瑜无愧。

社会主义和谐社会的构建，正需要这样的学问。

为多数人谋幸福的学问，正需要这样的学者。

《大学》曰：古之欲明德于天下者，先治其国；欲治其国者，先齐其家；欲齐其家者，先修其身；欲修其身者，先正其心；欲正其心者，先诚其意；欲诚其意者，先致其知；致知在格物。

修身、齐家、治国、平天下，是儒者通向大儒的默默的脚步。

仁者爱人，一个悠远而古老的梦想。

(《新远见》2005年7月第14期)

为消费立言

● 安　平

北京西单，是首都乃至全国都著名的商业区，每天有上百万人创造了上亿元的消费，人们习以为常地拿出金钱购得自己需要的商品，以为从此和商家、厂家两讫。但是就在西单商业区的对面首都时代广场609室的世界新经济研究院里，著名经济学家陈瑜却在热忱地运筹着一场关于消费资本化的理论革命，即消费要作为资本，从而让全体消费者通过消费获得一个创富平台，达到全社会的共赢。

理论突破，痛并快乐的过程

陈瑜的"消费资本论"的一个简单的阐释是：消费者在购买了企

业的商品之后，企业应把消费者的消费视同是对该企业的投资，并按一定的时间间隔，把该企业利润的一定比例返还给消费者。这意味着，消费者在消费的同时，成为一个投资者。而消费，则质变为资本。

这一看似简单的转化，却引起了媒体、经济学界和企业家们的高度评价和极大关注。一家著名的财经杂志以"一个可能改变世界的观点"为标题，做了40多个版的报道。一位国内的知名企业家认为这个观点是资本世界的又一里程碑。商务部的一位博士认为这一理论可以获诺贝尔经济学奖，因为它是源自于中国本土、适用于全世界的经济学理论创新。

当记者问到"消费资本"理论如何诞生而来时，陈瑜现实的感慨多于欣喜。他说，一个经济学家的工作，是一个不断思考、不断求证的痛且快乐的过程。

上世纪80年代，陈瑜曾经写过一篇名为《寂寞的哲学，活跃的经济学》的文章，引起了两个学界友好的论争。

在陈瑜看来，经济学必须是热闹的，经济学决不能寂寞。80年代初，正是经济学打破了三个禁区：承认劳动力是商品、中国还存在着剥削、土地可以出租，从而使得中国的经济改革大潮奔涌向前。作为一名经济学者，他深深地自豪于自己钟爱的领域为国家发展进步所作出的重大贡献。

然而，近二十多年来经济学界的建树平平，却一直让他感到忧虑。"当下经济学界的两个主要问题，一是引进西方经济学的理论观点多，自身的理论创新少；二是经济学理论重复过多。特别是近十年来，中国还没有一种突破性的新的经济学理论出现。"

作为一名学者，当前中国经济发展中的诸多难以解决的问题困扰着他。他坚信，经济学理论上的突破一定会解决这些难题，这些难题也只有在经济学理论的突破下才能得到最根本性的解决。这种坚信继而化为了一种责任，这种责任让陈瑜潜下心来认真思考。

"我仔细回顾了市场经济发展最近两百年的历史。在第一个一百年，货币资本成为创造社会财富的主要源泉，社会的统治力量掌握在货币资本所有者手中。到了20世纪90年代初，知识资本和信息开始使财富转移到知识资源掌握者手中。知识资本的出现让我对资本的形态产生了兴趣，我开始思考：还有没有第三种形态抑或第四种形态的资本存在？"

在一般意义上，消费者付清货款取得其购买的商品的所有权之后，经济行为即告结束。但在这个人人司空见惯的经济行为里，陈瑜却看到了更丰富、更深层次的东西——资本。

一个虔诚的布道者

消费资本论基本成型之后，尤如一个虔诚的布道者，陈瑜开始以饱满的激情在国内外各种场合进行宣讲。有志于成为中国的兰德公司的世界新经济研究院成为了这一原创理论的孵化基地。

今年3月底应卡塔尔王国的首相邀请，陈瑜参加了在多哈召开的"第五届民主与贸易国际会议"并在大会上做了消费资本化理论全文演讲，这一中国原创理论的演讲得到了各国领导人和企业界的关注。在北京、深圳，理论界关注的同时，企业界更是兴趣盎然。在陈瑜的办公桌上，摆放着好几份针对不同行业不同企业的运用消费资本化理论的具体解决方案。这些方案都是应企业的要求设计制作的。

"一招好棋能带活整个棋局。"对此，陈瑜始终坚信不移。"希望社会的每一个层面、每一个分子都能分享到这颗果实。"

在陈瑜的内心里，能够最终付诸于实践并开花结果，才是一个理论创造的最终目的，也才是理论创造者最大的愉悦。

他和他的同事们都坚信这一天很快就会到来，并为此每天不懈地工作着。他们的自信来自于，这一理论产生于实践生活，产生于对客观事实的研究，所以必然会对现实生活产生深刻影响。

天下熙熙，皆为利来；天下攘攘，皆为利往。形形色色的世界里总有纷繁复杂的人。不少经济学家成名后，更多地关心自己的利益。而有追求的经济学家考虑的决不是一己私利。

陈瑜显然是一个始终凭理想做事并从未灰心的学者。

"消费资本论意在构建一个共赢的社会。这个共赢的社会，必然是一个和谐的社会，一个真正繁荣幸福的社会。"陈瑜说。

"消费资本论改变了利益单向分配的格局,不同的利益主体达成共赢,包括消费者、生产者在内的整个社会都将获得利益;它将改变人与人的关系,消费者同时也是投资者,从而改变了此前与生产者的关系,双方处于平等地位。"

陈瑜常常思考:在经济学的视角里,普通百姓的利益到底在哪里?富豪榜上的数字令人气短,而最广大的公众却没有多少改变自身现实的机会。

在社会学家的研究中,富人与穷人的格局已经定型。这是一个并不乐观的论断,但也许是一个事实。

陈瑜却想为此做出些努力,他希望最大多数人都能拥有自己的利益。当消费在他的研究舞台上成为一种资本的时候,他觉得找到了为大多数人谋利益的经济学途径。

"普通人没有进行资本增值和积累的平台,或者说平台非常稀少和狭窄。但是企业有,越大的品牌企业拥有的平台越大、越好。通过消费资本论,任何人都可以将他的消费行为同时转化为投资行为,将他的消费资本放到他自己选择的企业平台上进行增值和积累。而企业则可以在一年的时间里利用这些资本进行规模化再生产,获得更加丰厚的利益。这样,利益的多赢使得更大多数人获得了可观的收益。"

"中国需要原创经济学"

或许,再也没有比中国更复杂的经济国情了。从中长期看,中国经济规模及潜在规模之大,虽美国亦不能比;中国不同地区的地理环境、语言文化、经济状况千差万别,这是排在世界经济前几名的国家所无法比拟的;中国的生产方式和所有制状况的复杂程度亦为世界之冠,既有18世纪的农业生产,也有现代新经济;既有市场经济和民营企业的体制和空间,又不具备西方经济学教科书上所列的经济增长的必然条件:完备的市场、私有产权以及有效的法治。可是就是这样一个矛盾体,却创造了25年经济以世界最快速度增长的奇迹。

如何对中国的经济增长现象作出科学的解释,这是摆在中国经济学界的一个重要课题。一些经济学者在讲学中动不动就搬出西方经济学理论，搬出在美国在欧洲的经历夸夸其谈。陈瑜对此颇不以为然。"一个最简单的道理就是：在沙漠中长得很好的仙人掌，放到水里必然存活不下去。"

"被很多人顶礼膜拜的西方经济学理论，基本上都是成熟市场经济国家经济发展的理论总结，它们产生、发展在一个国家特定的体制背景、社会人文背景之下。抽掉这些特定的背景，把其不加分析地放置于一个体制背景、文化背景完全不同的国家，显然是不适合的。一个证明就是，就在我们的经济学者眼光向外的时候，北美、西欧的经济学家却把目光更多地投向了中国经济发展的实践。"

一直以来我们的经济学理论引进的多，重复的多，而来自总结自身实践经验的理论几乎没有。这一大缺憾事实上即将或者说正在影响到未来中国经济增长，因为未来中国经济的增长是否能继续，取决于中国的经济学界能否提出科学的理论指导和有效的行动方案。中国需要源自我们自身实践经验的、严肃的、正统的、庄重的经济学。

在今天这个时代，经济学成为显学。而在浮躁、功利的现实社会里，原创的经济学正渐行渐远。而陈瑜和他的消费资本论显然告诉我们：什么才是原创，怎样才能原创。陈瑜说：消费资本化理论能够在中国产生并运用的一个现实背景是，中国拥有13亿人的巨大消费市场。换句话说，消费资本论就应该也只应该在拥有世界最大消费市场的中国产生。

创建适合自己国家的经济学，这正是陈瑜这样的经济学家们正在努力的作为。社会贫富差距逐渐拉大；城市居民储蓄存款高居不下；企业受制于资金短缺；消费者与商品提供者之间摩擦不断；社会普失诚信……对震荡中必然出现的这些问题，经济学家争论了许久，作出了不少的诊断，但疗效始终不太明显。陈瑜相信，消费资本化这剂"土"方可以解决一些问题。而在此基础上，中国完全能够创建出本土的优秀经济学理论，并影响世界。

（《中国联合商报》2005年8月29日）

他可以获得诺贝尔奖

访问者：国家商务部黄进博士
主持人：《新远见》杂志记者 王 健

新远见：消费资本论是一个新的理论，有业界人士认为它是对经济学理论的创新和突破。您作为一个经济工作的实践者，怎么看待这一理论？

黄 进：我很看重这个理论创新。我的博士论文研究的是美国的社会经济运行模式，主要是罗斯福新政后美国社会经济的变化，其中很多问题我认为与消费资本化理论有很直接的关系。美国的资本主义并不神秘，不外乎就是一个资本积累的基本模式。马克思总结过，资本主义就是一个供给基本模式，只考虑生产者赚钱的愿望，不考虑消费者深层的需要。它强调供给，认为生产者把东西生产出来，自然而然就会有人买。所谓"供给能够创造自己的需求"，这是著名的萨伊定理。它忽略了消费者的消费能力，没有考虑到消费者没有钱就不能购买商品。在这种认识下，产生了种种经济问题并导致经济危机，对生产力造成巨大破坏。罗斯福新政后，美国采用了很多崭新的市场观念甚至包括社会主义的一些观点，对经济进行一些计划管理，对老百姓进行一些救济。通过这样的改革，美国改变了资本积累的模式，把供给积累模式转变为需求积累模式，也就是说，不是供给产生需要，而是要刺激需求以发展生产。这样，资本主义阶级斗争的矛盾逐渐缓和。所以，消费对经济运行有着非常重要的作用，它甚至可以改变一些经济学已经揭示了的真理，从而产生新的经济规律。所以我很支持、赞同陈教授的这一理论创新。我觉得他可以获得诺贝尔经济学奖。

新远见：这是一个很高的高度。

黄 进：因为这个理论创新是世界级的理论创新。经过实践的检验，它的潜在价值将得到显示。

到2004年，诺贝尔经济学奖颁发了36届，55人获奖。所有这55名经济学家，研究问题都是从生产这个角度来进行的。也有人涉及到了消费方面的一些重大问题，比如说哈耶克，但都是把消费作为整个社会经济运行体系的一部分来看待的，是从附属于生产这样的角度，用数理的方法、计量的方法、分析表的方法等等来进行研究的。有些从应用角度来讲，有些从管理角度来讲，有些从组织角度来讲，有些从行为角度来讲，讲来讲去，不外乎就是怎么赚钱。没有一个人以消费为主切入点来讲这个问题。从这个角度来说，陈瑜教授具有前面55个人所没有的创造性。一个社会生产的目的就是为了消费，只从生产的角度来研究经济就等于仅是用半个大脑在思考。夸张一点说，前55个诺贝尔经济学奖获得者，是用半个大脑思考的，评委也是用半个大脑思考的，而陈教授从消费的角度来思考问题，可以说其思考的大脑是完整的，是一个，不是半个。所以说他的理论创新是以前的诺贝尔经济学奖获得者所没有的。

新远见：目前我国经济学界的理论创新好像并不多见，这对中国经济的发展来说应该是很不利的。

黄 进：中国经济从改革开放以来持续增长了二十多年，这是前所未有的。面对这么巨大的经济成就，我们没有自己的经济学的解释是不可想象。如此的经济成就要求我们必须有自己的理论创新，向世界解释中国经济之谜。没有这个经济学理论的突破，我们就是行动的巨人，思想的矮子。从这个意义上来说，陈教授的理论就适应了这样一种需要。

现在我们面临的现实是，物价稍微持续高一点就叫唤，经济稍微增长势头过猛就讲过热，人员稍微紧张一点就讲要调整、要宏观调控。怕物价高，怕经济增长速度快，怕人员紧张，一发生这些现象就交换，就调整，把本来好好的经济"啪"一下打下去，这就是没有理论创新的结果。新的可用的因素不能发挥，只能从传统的那些数量的、计量的、组织的角度看经济学，没有从人本主义的角度看经济学问题。

新远见：相比起理论创新来，简单地摹仿西方经济学的一些观点或者闭门造车当然更容易些。

黄 进：理论创新需要艰苦的劳动和广泛的合作。理论创新可以是小的原理的创新，可以是小的观点的创新，也包括一个体系的创新。我认为陈教授的创新是一个理论体系的创新。理论创新的过程很折磨人，同时也很锻炼人。如果陈教授的创新能够完成的话，我认为他本人也将达到一个很高的境界，成为我们这些后生晚辈学习的楷模。现阶段的理论创新不同于过去的闭门造车。从现阶段社会经济发展的速度来讲，闭门造车的方式进展太慢，被社会接受、产生效应的过程也会很漫长，所以说需要广泛的合作。

新远见：也曾有经济学家重视消费，像凯恩斯就注重需求，以需求拉动经济增长，但是没有将消费作为一种资本来看，消费资本论把消费资本化，意义何在？

黄　进：过去讲需求不是从消费者本人来讲的，而是以减少税收、增加贷款等手段来刺激需求，是外界对消费者的刺激，而不是消费者本人的动力。也就是说，消费者是被动而不是主动的，而且这种刺激的效用是有限的。而消费资本化理论则把消费变成了消费者内在的驱动。花了钱之后就会有更多的钱，而不是花了钱之后就没有钱了。为什么叫资本？就是因为它可以在运动中增值。花了钱会有更多的钱，为什么不花？干嘛还要存在银行里？这样就可以使躺在银行里的巨大存款发挥作用。这是促进中国经济发展的动力。

新远见：这样来看，广大的民众都将是受益者，也许正是在这个基础上，有人认为陈瑜的这个理论是"穷人的经济学"。

黄　进：这个理论是"全富"的理论，其意在全民富裕，这比台湾的"均富"理论要高很多。均富就好像是打土豪分田地，出发点是从富人那里拿一部分钱给穷人。而不是直接产生全富。而消费资本化理论会产生"全富"的效果。

新远见：这是一个令人期待的图景。但有人提出这样的担心，由于富人本身消费能力就比穷人强，现在他的消费同时又变成一种投资，可以增值，那么会不会又在一定程度上拉大贫富差距？

黄　进：但是在原来的体系中，富人还是会富，而穷人只会越来越穷。没有这个理论富人要富你阻止不了，穷人要穷你也帮不了他。有了这个理论，富人照样富他的，而穷人却可以富起来，这是两害相较取其轻，两利相较取其重。

新远见：再好的理论最终要应用于实践才有意义，而这个过程一般来说是很不易的。以您的实践经验，消费资本化理论要运作起来必须具备怎样的条件？

黄　进：我觉得要做到以下这三点：

其一，理论体系要完善。任何理论不可能一提出来就是完善的，是不能改变的。体系尽量要完善是指在逻辑上要严密，要能自圆其说。

其二，要提供一套可以操作的方案。我认为在这其中，银行的中介作用要得到大力的发挥。根据这个理论，消费者买商品时与生产厂家有个协议，根据每年投进企业的资本来结算消费者的利润。但是一个人每年要买很多东西，如果与每个厂家都定立一个协议单个结算，就太繁琐而难以操作，所以必须发挥银行的中介作用，由银行跟所有的厂家签订协议，然后消费者只要刷银行卡，那么消费的时候银行就直接登记了，最后一结算，什么都很清楚。尤其在现今货币虚拟化时代，货币成了磁卡上的数字，没有银行作用的发挥，这个理论的操作就很困难。

其三，要引起党和国家决策层的重视，使其得到大规模的运用。像发挥银行的中介作用这样的事，没有国家的参与是不可能实现的。为了让理论发挥作用，很多事情需要去做，所以这是一个庞大的社会经济工程。从这个意义上说，陈教授的这一理论不仅仅是个创新，同时也具有工程学意义。

(《新远见》2005年7月第14期)

附录三：演讲选编

在多哈国际会议上的演讲

(2005年3月11日)

尊敬的卡塔尔国第一副首相兼外交部长阁下
尊敬的会议主席
尊敬的各位政要、贵宾、经济学家、企业家
尊敬的新闻界的朋友们
女士们、先生们：

十分感谢卡塔尔国第一副首相兼外交部长阁下、卡塔尔国外交部大会组委会、卡塔尔大学和卡塔尔贸易和工业社团对中国世界新经济研究院和我本人的盛情邀请，使我非常荣幸地出席这届庄严的、认真务实而富有重要意义的大会。

根据大会的主题，我谈以下两项内容。

首先，我们应当在和平的环境中，在互惠互利的条件下，加强在经济、贸易和技术方面的合作。因为任何一个国家、一个民族、一个地区都不具备发展自身经济所需要的全部条件。要么拥有资源，但是缺少资金和技术；要么拥有资金和技术，但是缺乏资源等等。因此，加强国与国之间、地区与地区之间的经济合作是必然的、正常的和自然而然的事情。当然，合作只能是在和平环境下才能拥有。

其次，在经济发展过程中，要科学地、合理地解决资金和市场问题。

下面，就国家、地区和企业在经济发展过程中面临的资金和市场问题及其解决方法，我向世界各国经济学家、政府领导人、企业家提出我的新的理论见解。我认为，在新的世纪里，各国政府领导人、市长和企业家将面临并且可以拥有三种资本，即货币资本、知识资本和消费资本，而不是单一的或者唯一的货币资本。这一理论将化解城市和企业发展过程中的资本短缺问题，而有力地推动经济发展。

为了便于说明问题，我想对最近二百多年的市场经济做一个简要的分析：在最近的二百年中的第一个一百年，世界各地大都是单一地依靠货币资本来扩展和发展经济。在经过一百多年的发展历程之后进入最近一百年的时候，在发达的市场经济国家，人们逐渐意识到还有另外一种资本在推动经济发展，这就是后来在20世纪80年代逐渐明晰起来的知识资本。随着经济发展的实践和与之相应的经济理论研究的深入，在20世纪末和21世纪初，人们又逐渐意识到还有一种巨大的资本存量——第三种形式的资本，即消费资本，它同货币资本和知识资本一样，是推动国家、地区和企业经济发展的直接动力。

现在分述如下。

货币资本

几个世纪以来，一直到今天，货币资本依然是一个国家、一个民族、一个地区和企业经济发展的直接动力，在今后一个相当长的时期里，它依然会发挥着重要作用，这是毫无疑义的。我们可将它称之为生产资本和金融资本混合成长的时代，即地区和企业经济主要是依靠银行所提供的货币资本来发展。这一发展经济的基本方式已持续了几个世纪之久。直到今天，也依然是一些国家和地区所依赖的一种发展方式。这一发展经济的方式也曾造就了人类的历史文明。

但是随着科学技术的飞速发展和新的时代的到来，已经显示出这一传统的发展经济的基本方式的局限性和不充分性。它的局限性和不充分性主要表现在：单一地依靠货币资本这一传统的发展经济的形式，常常会出现资本短缺的现象，并形成为地区和企业经济发展的瓶颈。这一问题一直困扰着一些国家、一些地区和企业的领导人，阻碍着经济发展。我们面临的研究任务就是：一方面继续发挥货币资本对经济发展的作用，同时又要化解这种传统的单一地依靠货币资本来扩展和发展经济经常面临的货币资本短缺的瓶颈问题。

知识资本

前面讲过，在第一个一百年里，人们一直以为是资本和劳动创造财富。但是这个一百年之后，人们逐渐发现，有相当一部分财富并不单是资本加劳动创造的。人们认识到，新的科学技术即人类知识的结晶对所创造的财富起着重大的作用，也就是说，除货币资本以外，还有一种形式的资本即人类的知识结晶——高新技术也是推动经济发展的直接动力。这就是后来人们清晰地认识到的第二种形式的资本即知识资本。它的具体的作用表现为：当货币资本不能充分满足一个国家、一个地区、一个企业经济发展需要的时候，知识资本就起到一种点石成金的作用，它可以几倍、十几倍地扩大现有货币资本的实力，推动地区和企业自身的经济发展，创造更大量的财富。这种货币资本联合知识资本推动经济发展的模式，在一些发达国家已经有了一段时期的尝试和实践，并收到很好的成效。但是在市场经济不发达的发展中国家和地区尚未充分展开，不少地区依然是单一地依靠货币资本，还没有充分意识到知识资本对经济发展的重要作用。

我认为，发展中国家应当深入地研究和思考这个问题，大力发展本国的科学技术，把本国的科学技术成果迅速地转化为生产力，尽快地走上一条货币资本和知识资本联合发展经济的新途径。找出适合于本国、本地区、本企业的货币资本和知识资本结合的适宜形式，完成货币资本和知识资本的联合。这对国家、地区和企业的经济发展将具有不可估量的重大意义。发展中国家应当逐步走上知识经济引领未来发展的道路。

消费资本和消费资本论

几个世纪以来,随着经济的不断发展,越来越多的企业家深刻地认识到消费者才是市场竞争最终的决定性力量。因为他们既是市场的主人,又是给企业注入新的资本动力的源泉,因此谁能赢得最多的消费者,谁就能拥有最大的市场和巨额的资本注入。消费资本由此而生,"消费资本化理论"的构建也以此为基础。

消费资本论的核心内容,是将消费向生产领域延伸,当消费者购买企业的产品时,生产厂家和商业企业应把消费者对本企业产品的采购视同是对本企业的投资,并按一定的时间间隔,把企业利润的一定比例返给消费者。此时,消费者的购买行为,已不再是单纯的消费,他的消费行为同时变成了一种储蓄行为和参与企业生产的投资行为。于是消费者同时又是投资者,消费转化为资本。

这实际上,是把消费者从产品链的末端以投资者的身份提升到前端,使消费者在购买产品时,既能分享企业成长的成果,同时也为企业发展注入新的动力,使消费和投资有机结合。从而使买卖双方在这种条件下合二为一,成为一体,完成消费转化为资本的过程。这样,消费作为一种资本,它同货币资本、知识资本一样,成为企业和地方经济发展的直接动力。

消费资本论与哈耶克的"消费者主权理论"不同。诺贝尔经济学奖得主哈耶克曾提出"消费者主权理论"。"消费者主权"最早见于现代经济学之父亚当·斯密的《国富论》中,后来的奥地利学派和剑桥学派都把"消费者主权"看成是市场关系中的最重要原则。所谓"消费者主权",是诠释市场上消费者和生产者关系的一个概念,即消费者根据自己的意愿和偏好到市场上选购所需的商品,这样就把消费者的意愿和偏好通过市场传达给了生产者,于是所有生产者听从消费者的意见安排生产,提供消费者所需的商品。这就是说生产什么、生产多少,最终取决于消费者的意愿和偏好。消费者主权可以用一个比喻来说明,消费者在市场上每花一元货币就等于一张选票，消费者喜欢某种商品，愿意花钱去买它，就等于向这一商品的生产者投了一票。生产者只有使自己的商品适合消费者的需要，消费者才会投他的票，也就是愿意购买他的商品，否则商品就会滞销、生产者就会亏本。各个生产者就是通过消费者在市场上"投货币票"，了解到社会的消费趋势和消费者的动向，从而以此为根据，安排劳动力和生产资料，改进技术、降低成本，增加品类，以满足消费者的要求，从而最终达到利润最大化的目的。

消费者主权理论也曾引起争议，比如另一位获得诺贝尔经济学奖的经济学家加尔布雷思曾根据大公司垄断市场的现实提出过"生产者主权"的概念，但哈耶克认为，即使是完全的市场垄断，生产者的生产也必须遵从消费者的意愿，否则大公司将失去最终的发展推动力，生产就会处于受限制的状态中，终将失去已有的垄断地位，这对公司和整个社会经济都是有害的。而上个世纪80年代以来苹果计算机公司、麦道公司、康柏公司等大公司的兴衰在实践中多次验证了消费者主权理论的正确性。

消费资本论与消费者主权理论一脉相承，但又突破了古典和新古典经济学的园囿以及哈耶克理论的局限，是通货和消费紧缩时代理论上的创新和发展。消费者主权理论仅阐明了消费者的重要性，仅解决了"是什么"的问题，没有解决"怎么办"的问题，即没有探讨生产者应在"消费者主权"的前提下，如何获得消费者支持。此外，在理论模型上，消费者主权理论认为生产者和消费者是对立的，消费者的主权对应的是生产者的服从，它没有认识到生产者与消费者可以在一定的机制下有机结合，在市场上实现消费的资本化。而消费资本化理论主要针对的问题是在新经济的条件下，如何实现生产者与消费者的有机结合，通过构建各种类型的市场制度，使生产和消费从对立走向统一，在使消费者的主权得到最大化满足的同时，通过消费的资本化，实现企业利润在更高层面上的最大化。

消费资本论具有与众不同和独树一帜的特点。它同迄今为止所有经营理念和营销方式不同，具有强烈的新鲜感和独特的魅力。它将对广大消费者的消费心理产生很大影响——一种宝贵的积极参与尝试的心理和亲和力，以及愿意长期合作的巨大的吸引力和凝聚力。由于它的与众不同和独特新意，将会产生很大的"轰动效应"，即"注意力经济学"效应，或者说"眼球经济学"效应，也就是说广大的消费者的眼光将凝聚在应用消费资本论的企业的产品上。同时因为它不但满足消费者的需求，而且还关心消费者的利益，所以会受到消费者的欢迎。当企业把消费者作为本企业一位投资人和成员时，消费者从另一端也会做同样的考虑，即：广大的消费者愿意成为我们企业一名长期的合作者，因为他（她）可以从我们的企业中长期获益。

消费资本论在实践和应用中可以有多种实现形式，比如，消费者投资、消费者参股、消费者期权、消费者选择权等等，通过这些方式将消费向生产领域延伸，以在不同的层次上实现消费的资本化。其中最简单的一种形式是"消费者投资"，即生产者将单位销售收入的一定比例注入为消费者在本企业开设的个人投资账户，然后根据企业的盈利状况，将个人投资账户的累计额和企业利润的一定比例按一定的时间间隔分期返还给消费者，使消费者参与企业投资、分享企业发展成果，从而达到吸引消费者，实现消费资本化的目的。

此时，消费者的购买行为，已经不再是单纯地为了获取商品从而满足偏好，他的消费行为同时变成了一种储蓄行为和参与企业生产的投资行为，这就可以使一个国家、一个地区、一个企业通过一个巨大的消费聚拢效应而拥有一个新的巨大的资本注入，创造出一个十分庞大的资本存量来发展经济。

综上所述，货币资本在知识资本的作用下，增长了几倍甚至十几倍，而消费资本使前者的总量又翻了一番。因此，这种理论将使许多政府领导人、地区领导人和企业家笑逐颜开。因为他们由于拥有了这种理论而拥有了巨大的资本来推动本国和本地区的经济发展。

谢谢大家！

在美国麻省理工大学斯隆商学院的演讲

(2007年10月11日于波士顿)

尊敬的麻省理工大学斯隆学院的各位教授及师生们
尊敬的各位经济学家
尊敬的安德鲁·沃克先生
尊敬的新闻界朋友们:

首先,十分感谢美国麻省理工大学及其斯隆学院对中国世界新经济研究院及我本人的盛情邀请,使我有机会就新世纪经济学理论,尤其是消费资本论,同在座的各位进行有益的交流。

今天,我在世界最高学府之一——美国麻省理工大学神圣的讲坛上,向全世界各国经济学家、政府领导人和企业家,提出我的新的资本理论、新的经济运行体系和新的企业制度。

(一) 在市场经济发展过程中,依次呈现出三种资本形态

传统的经济学理论认为:推动经济发展只有一种资本,即货币资本。但市场经济发展的实践说明,事实并非如此。人们通过对市场经济发展史的研究,尤其是对最近二百年的市场经济的研究,逐渐认识到:完整的市场经济的资本构成应包括货币资本、知识资本和消费资本三个重要组成部分,而不是单一的或者唯一的货币资本。换言之,是三种资本共同推动着市场经济的发展,而不仅是单一的货币资本。

但多年以来,我们的市场经济一直是货币资本一枝独秀,它的作用受到人们的高度重视,货币资本所有者的权益也得到充分的保证。而知识资本和知识资本的所有者,特别是消费资本和消费资本的所有者,却长期处在被淡化甚至缺位的状况,从而使他们长期处于被动的消极状态,形成单一地依靠货币资本发展经济的局面。虽然经济也能取得一定

程度的发展，但是由于长期地依靠货币资本这一单一要素发展经济，资本短缺、创新乏力、消费萎缩的问题不可避免。

近年来，知识资本的作用开始受到人们的重视。人们认识到，新的科学技术即人类知识的结晶，对所创造的财富起着重大的作用。也就是说，除货币资本以外，还有一种形式的资本即人类的知识结晶——高新技术也是推动经济发展的直接动力。这就是后来人们清晰地认识到的第二种形式的资本即知识资本。它的具体的作用表现为：当货币资本不能充分满足一个国家、一个地区、一个企业经济发展需要的时候，知识资本就起到一种点石成金的作用，它可以几倍、十几倍地扩大现有货币资本的实力，推动地区和企业自身的经济发展，创造更大量的财富。这种货币资本同知识资本相结合的经济增长方式，比之依靠单一货币资本的经济增长方式，为市场经济的发展提供了更大的支持力和推动力。

随着市场经济的不断发展，人们进一步深刻地认识到：消费者才是市场竞争的最终决定性力量。因为消费者既是市场的主人，又是给经济发展注入新的资本动力的源泉。因此，谁能赢得最多的消费者，谁就能拥有最大的市场和巨额的资本注入。消费资本由此而生，"消费资本化理论"的构建也以此为基础。

消费资本论的核心内容，是将消费向生产领域和经营领域延伸。当消费者购买企业的产品时，生产厂家和商业企业应把消费者对本企业产品的采购视同是对本企业的投资，并按一定的时间间隔，把企业利润的一定比例返给消费者。此时，消费者的购买行为，已不再是单纯的消费，他的消费行为同时变成了一种储蓄行为和参与企业生产的投资行为。于是消费者同时又是投资者，消费转化为资本。

这实际上，是把消费者从产品链的末端以投资者的身份提升到前端，使消费者在购买产品时，既能分享企业成长的成果，同时也为企业发展注入新的动力，使消费和投资有机结合。从而使买卖双方在这种条件下合二为一，成为一体，完成消费转化为资本的过程。这样，消费作为一种资本，它同货币资本、知识资本一样，成为企业和地方经济发展的直接动力。

（二）消费资本论是资本理论新的里程碑，是新的资本理论体系完成的标志

消费资本论，是突破西方传统市场经济理论的局限，而提出的新的资本理论。它科学地论证了消费转化为资本的过程，指出消费即是投资。从而在世界经济学说史上第一次提出消费资本这一新的资本形态，并以完整的理论体系把社会经济发展中消费和消费资本的力量系统地揭示出来。消费资本化理论的提出，是人类社会经济发展观的一次重大革命。它以崭新的视角和思维模式，分析了消费同生产一样，是推动社会经济发展的动力。

以往的经济学家，包括一些获得诺贝尔经济学奖的经济学家，他们理论上一个共同的缺陷，是重生产轻消费。他们从资本的高度分析生产对人类社会经济发展的重大作用，但却没有一位经济学家从资本的高度分析消费对社会经济发展的重大作用。他们对生产和生产资本进行了十分深入的研究，详细地阐述了生产资本的属性、作用和意义。而从没有提出一种理论把消费和消费资本的力量系统地揭示出来。

其实，人类社会发展的最终目的是为了消费。生产和消费是一个问题的两个方面，只从生产的角度分析社会经济的发展，是单方面的、局部的分析。唯有从资本的高度并同时从生产和消费两个方面分析社会经济发展，才是全面的、科学的分析。

以往的经济学家在理论上存在这一共同缺陷的原因，是在于他们理论研究的前提失衡。因为他们研究的前提是"商品的生产过程"，而不是"商品经济全过程"。以"商品生产过程"为前提，其研究的重点是"生产的准备环节"和"生产环节"，而不是消费环节，或者说主要是"商品生产的准备过程"和"商品的生产过程"，而忽视了对"商品的消费过程"及其重大作用的深入研究。

因此，市场经济理论研究的前提应是"商品经济全过程"，而不只是"商品的生产过程"。否则，其研究及研究成果必然是不充分的。传统的市场经济理论的缺陷恰恰出在这里。

消费资本的确立和消费资本理论体系的建立，是 21 世纪资本理论的又一重大突破，是资本理论的第三次革命，是资本理论史上又一个新的里程碑。

至此，人们认识到在市场经济发展的过程中存在着三种资本形态。其实，三种资本形态在人类经济发展的初期就已经存在了，它是随着经济发展的不同阶段而依次呈现出来。我的贡献在于，对已经呈现出的三种资本形态的内涵进行了界定，并根据三种资本的内在联系以及它们运行的特点和规律，对新的资本理论的结构和内容以完整的理论系统地揭示出来，重建了到目前为止完整的新的资本理论体系。消费资本化理论则是新的资本理论体系完成的标志。

（三）消费资本论完善和发展了市场经济理论，是新的市场经济理论形成的标志

在对消费资本论的深入研究中，进一步分析了人力资本，并把人力资本提升到知识资本，从而进一步完善了市场经济资本构成体系，这是对市场经济资本理论的重大突破，并据此提出三种资本相互结合，共同推动社会经济发展的新的经济增长方式，从而完成了新的市场经济理论体系的建设。

我们可以看到，新的市场经济理论具有两个最基本的特征：一是完整的市场经济的资本构成是由货币资本、知识资本和消费资本三种资本构成；二是经济增长方式是由多种资本要素共同作用推动社会经济的发展。

知识资本的确立和消费资本论的提出，是市场经济理论不断发展的重大成果。它不仅有力地推动了各国市场经济的发展，而且由于它从市场经济资本构成和经济增长方式两个方面突破了原有的市场经济理论体系，从而使市场经济理论本身也发展到一个新的阶段。可以说，消费资本论的提出是新的市场经济理论形成的标志。

（四）消费资本论揭示了企业利润形成的秘密——人类社会一次伟大的发现

新的资本理论体系的建立，特别是消费资本理论的提出，向人们揭示了商品经济全部的真实过程，从而揭示了并科学地论证了以往经济学家予以回避的、没有揭示出来的社会财富和企业利润形成的秘密。

这是由于，新时期市场经济理论研究的前提是"商品经济全过程"，而不只是"商品的生产过程"。

商品经济全过程包括如下三个环节或者说三个阶段：

生产资本由于购买了生产场地、原材料和零部件，而完成了自己的责任和义务——这是商品生产的准备过程。

工程师、科技人员和能工巧匠（工人们）利用已有的生产场地，把原材料和零部件转化为产品——这是知识资本发挥作用的过程，即商品的生产过程。

产品只有在进入市场并由消费者购买之后，才能实现其价值和利润——这是商品的消费过程，这一过程是消费资本的载体——消费者完成的。

由此可以直接引申出如下几个结论：

1. 市场经济的资本构成应包括生产资本、知识资本和消费资本三个部分，而不是唯一的生产资本；

2. 社会财富，当然也包括企业利润，是由生产资本、知识资本和消费资本共同创造的；

3. 三种资本的载体即三种资本所有者，应当共同参与社会财富和企业利润的分配。

对商品经济过程的分解，充分揭示了商品经济的全部真实过程，也深刻地揭示了企业利润形成的秘密，这一发现，从根本上动摇了流行几个世纪之久的不公平的分配制度。为彻底打破社会分配不公的格局奠定了坚实的理论基础。这是人类社会一次伟大的发现，由此将揭开人类社会生活和经济发展的新的一页。

(五) 消费资本论——一种新的经济运行体系

从市场经济发展史来看，到目前为止依次出现过两种经济运行体系，一是以亚当·斯密经济学为理论基础的"自由放任"的经济运行体系；一是以凯恩斯经济学为理论基础的经济运行体系，强调政府在经济运行中的作用。

但是从本质上看，这两种经济运行体系都是建立在生产本位理论基础上的经济运行体系，前者强调自由放任发展；后者则强调调控，以使生产处于有序的发展状态。而二者在经济增长方式、商业模式、企业制度以及分配制度上并没有本质区别。

而消费资本论认为：社会生产的最终目的是为了消费，生产和消费是一个问题的两个方面。只从生产的角度分析社会经济发展的动力是单方面、局部的分析，只有从生产和消费两个角度分析社会经济发展的动力，才是全面的、整体的分析。

我们以消费资本论为基础建立起的经济运行体系，无论是经济增长方式、商业模式、企业制度，还是分配制度都与旧的经济运行体系有着本质的区别，因此，它是一种全新的经济运行体系。

新的经济运行体系包括新的经济增长方式、新的商业模式、新的企业制度和新的分配制度。新的经济运行体系的要点，是人类社会通过不断调整和完善经济增长方式来实现加速经济发展的目的；新经济运行体系的基本模式是由单一货币资本支持经济发展转化为货币资本和知识资本共同推动经济发展，进而转化为三种资本融合共同推动经济发展；而以"消费资本导向、知识资本创新、货币资本推动"的经济发展模式为新的经济运行体系的精髓、灵魂。

1. 新的经济增长方式

经济增长方式是指国家、地区和企业经济发展的推动力构成及其发挥作用的形式。经济增长方式的转型，是指经济发展的推动力构成的改变及其发挥作用的形式的变化。只有转变经济增长方式，才能使国家和地区（包括企业）的经济有突破性的发展和质的飞跃，进入一个崭新的发展阶段。

在新的经济运行体系下，推动经济增长的原动力为生产资本、知识资本和消费资本三种资本，其经济增长方式也是多元的。由单一的货币资本发展经济的传统增长方式，转化为货币资本和知识资本相结合的增长方式，再转化为三种资本联动的新型增长方式，是全世界各市场经济国家经济发展实践所必然遵循的总的趋势，也是市场经济一条非常重要的经济发展规律。

2. 新的商业模式

进入新世纪，市场经济已经完成由卖方市场向买方市场的过渡。它标志着市场经济由卖方（厂家、商家）占主导地位的时代已经结束。以买方（消费者）占主导地位、买方（消费者）同卖方（厂家、商家）平等合作的时代已经开始。适应卖方市场时期的商业模式已经陈旧，新时期需要提出创新的商业模式推动市场经济发展。

新的商业模式与旧的商业模式不同，以往的商业模式只包含"一个内容，一个过程"，即单一的商品交易内容和过程，买卖双方货款两清，即完成了销售的全部过程。而新的商业模式则包括"两个内容，两个过程"，即商品交易内容和过程，以及买卖双方利润分配的内容和过程。因为消费者的货款大部分进入下一个经营过程和生产过程，转化为资本，产生利润，因此商家和厂家应当将其中利润的一部分返给消费者。

新的商业模式的操作程序是：通过地网（门店连锁）和天网（电子商务）把消费者分散的、零星的、无计划的消费需求经过整理变成有计划的规模的分类需求，提供给供应商，供应商按照分类需求供货，通过物流送到消费者手中。这可以使整个交易过程变得高效、便捷，同时又提供了一个巨大的利润空间。在商品交易过程完成之后，卖方根据消费者需求额度的大小，把企业的利润按一定比例分配给消费者。

3. 新的企业制度和新的分配制度

由三种资本共同创造企业利润，因而应由三种资本所有者共同参与利润分配的理论，将是确立新的公平分配制度的理论基础。这种新的公平分配制度，将从根本上打破流行已久的不公平的分配格局，而从源头上解决分配不公的问题。

在这种理论基础上可以确立一种新型的、由三种资本共同参与的综合资本股份有限责任公司，作为支持新的公平分配格局的企业制度。这种企业制度由三种资本共同推动企业的发展，并将保障三种资本所有者的权益。作为一种新型的企业制度将结束1602年开始建立的单一货币资本股份有限公司以来的企业制度的历史，而开创世界企业发展史的新纪元。

（六）消费资本论将完成知识资本量化和消费资本量化——世界性的重大前沿课题

新的资本理论体系的建立，特别是消费资本理论的提出和知识资本的重新界定，使消费资本量化和知识资本量化成为可能，并将完成这一世界性的重大前沿课题。对三种资本的规模进行计量，以及对它们所发挥的作用进行评估，将为国家、地区和企业的经济增长所投入的资本做出十分精确的量化说明；这对国家、地方和企业的经济发展具有十分重大的现实意义。而且消费资本量化和知识资本量化还将有力地推动各经济学科，如计量经济学、统计学、会计学以及其他相关经济学科的深入研究和发展。

中国世界新经济研究院对消费资本量化和知识资本量化进行了长期深入的研究，已经取得了实质性的进展，今年11月即可研制成第一个建立在知识资本量化基础上的人力资源管理信息系统。

各位专家、各位来宾：

消费资本论提出后，受到世界各国经济学家的高度关注和充分的认同。我们研究院，愿意同美国麻省理工大学斯隆学院和美国其他高等院校和研究机构的专家，进一步加强交流与合作，以便对新世纪人类社会经济发展提供新的理论导向。

最后，关于消费资本论，我最想说的一句话是：全世界消费者联合起来！

谢谢！

关于知识资本量化研究

——在"澳门特别行政区生产力暨科技转移中心组织的学术报告会"上的演讲

(2008年4月9日)

尊敬的杨俊文主席

尊敬的刘本立会长

尊敬的潘婉仪委员

尊敬的澳门科技大学校长助理刘良钢教授

尊敬的各位专家、企业家，各位来宾

女士们、先生们：

  首先，十分感谢澳门生产力暨科技转移中心对世界新经济研究院和对我本人的盛情邀请，使我有机会就当代新资本理论，尤其是知识资本量化研究，同在座的各位进行有益的交流。

  今天，我在中国澳门特别行政区科学与实践相结合的最高组织和管理机构——澳门生产力暨科技转移中心神圣的讲坛上，向澳门各界人士、也向世界各国经济学家、政府领导人、企业家提出我的新的理论见解。

  人类社会自20世纪下半叶以来，发生了急剧的变革，一种新的经济形态——知识经济渐渐显露并显示出强劲的发展势头。在知识经济社会，知识的生产率日益成为一个国家、一个行业、一家企业竞争的决定性要素，而不再是以体力劳动者为主的劳动生产率。当知识成为创造产品和服务来获得经济利润的资源时，知识也就成为知识资本；相应的，知识资本对经济发展的贡献成为人们关心的话题，而解决这一问题的关键就是能够量化知识资本。

  知识资本量化研究的应用范围非常广泛，不仅可以应用在宏观上，用来统计资本积累总量，还可以应用在微观上，对于企业内部管理也具有重要意义。知识资本量化研究的重大作用具体如下：

第一，知识资本量化研究有助于精确量化国家或地区投资规模，明确国民经济或地区经济中运行着的资本总量；为国家、地区和企业经济成长从资本构成方面提供了非常精确的量化说明，这将发动多种资本效用，推动国家、地区和企业的经济发展。也有利于调整资本构成，为下一个经济发展高峰积累经验，有助于提高三种资本的投资效益。

第二，知识资本量化是国家、地区建立新的经济运行体系和企业实现经济增长方式转型的必要条件。新的经济运行体系和经济增长方式转型都是以市场经济的三种资本形态即消费资本、知识资本和生产资本为运行载体，因此对知识资本进行量化为国家、地区建立新的经济运行体系和企业实现经济增长方式转型提供了必要条件。

第三，知识资本量化是建立新企业制度的必要条件。我们要建立货币资本、知识资本和消费资本三种资本综合的股份公司，就必须能够用货币资本量化知识资本，这样才能衡量知识资本载体和消费资本载体所占股份比例大小；进而构建三种资本综合股份公司。

第四，知识资本量化和消费资本量化可以从宏观层面、中观层面、微观层面提高国家、地区和企业的管理水平。将知识资本所有者拥有的知识资本进行量化，清晰地计算出知识资本值的大小，以便建立明确的知识资本长效激励机制，使知识资本所有者能够参与企业利润分配。这样才能激发知识资本所有者的积极性，使知识资本的创造力充分发挥出来。

以前员工只能作为基层的劳动者，而在知识资本长效激励机制之下，他们可以分享企业长期发展的成果，逐渐成为企业的主人。在这种激励机制下，员工产生一定的回报预期。这在很大程度上，激发了员工的工作热情，彻底改变了被动的工作态度，使员工活跃起来，大大提高了积极性和主动性。此外，知识资本长效激励机制会使员工自觉地提升业务水平，不断追求工作的完美和高效，从而提升了企业整体的绩效水平。同时也促进了组织结构的优化，增强了企业凝聚力。员工对企业的忠诚度增强和主人翁意识不断增强。

第五，为经济学分支学科如计量经济学、会计学和统计学等分支学科的进一步发展创造了条件。

总之，知识资本量化研究带来理论上、制度上和思想上的创新，它是世界上最前沿的研究课题之一，它是一个国家或地区的创新亮点，为社会的各个层次和领域都带来了新内容。

论新时期商业模式的创新
——在台湾"第三十六届国际中小企业年会"上的讲话

（2010年10月6日）

一、新的资本理论——消费资本论的提出

当前，世界经济正处于一个大发展、大变革、大调整的新的历史发展时期。在世界性金融危机影响的形势下，世界各个国家、地区和企业面临一个共同的任务，就是寻找新的经济发展方式和新的经济增长极。这是因为，进入新世纪，世界经济形势发生了深刻的变化。国家、地区和企业发展的经济背景较之上个世纪有了本质的不同。世界经济的发展，呈现出三个崭新的特征。

第一，进入新世纪，市场经济已经完成了由卖方市场向买方市场的过渡。市场经济已经进入以买方为主的经济发展阶段，这标志着卖方占主导地位的时代已经结束，买方占主导地位的时代已经到来。在这一发展阶段里，作为买方的消费者，成为市场竞争的最终决定性力量。因为消费者既是市场经济的主人，又是给经济发展注入新的资本动力的源泉。谁能够赢得最多的消费者，谁就拥有最大的市场和巨额资金的注入。在以买方为主的发展阶段，消费对生产和经济发展的制约作用日益凸显。换言之，消费和消费资本成为新世纪经济发展的关键性资源和主导力量。因此，国家、地区和企业在今后的经济发展过程中，必须高度重视消费和消费资本的重大作用。

第二，国民经济知识化水平越来越高。每个经济元素包含的知识和科技含量的比重越来越大，知识和科技成果对社会经济发展的作用日益凸显，这标志着世界经济已经进入知识经济发展阶段。在这一阶段里，知识生产率日益成为国家、地区和企业竞争的关键要素，而不再是以体力劳动为主的劳动生产率。在新世纪，人类深刻地认识到在物质生产过程之外，还存在着知识生产过程。它的产品，有力地推动着国家、地区和企业的经济发展，成为一种崭新的资本力量，形成一个新的资本形态，即知识资本。而且，与传统的货币资本不同，知识资本是一种清洁的、无污染的资本，它可以无限地复制，对货币资本发挥着点石成金的倍加效应，它将创造出比货币资本更高的利润率。所以，在新世纪，国家、地区和企业的经济发展，必须高度重视知识和知识资本的重大作用。

第三，长期以来坚持单一依靠货币资本发展经济的传统的市场经济理论已经过时，已经不能充分适应新时期经济发展的需要。同时，也标志着单一货币资本主宰经济发展的时代已经结束，而消费资本发挥主导作用、多种资本共同推动经济发展的时代已经到来。人们可以清楚看到，依靠单一货币资本发展经济、忽视知识资本，特别是忽视消费资本作用的传统经济发展方式存在着严重的欠缺和弊端。也充分说明，传统的经济发展方式，连同它的金融模式、企业制度和商业模式，在流行几个世纪之后，已经走到尽头，已经难以为继，它已不适应今后世界经济发展的需要。

中国和世界各国的经济发展的实践都已充分说明：用单一货币资本发展经济，以牺牲资源和环境为代价换取经济发展的经济增长方式已经走到尽头。还不仅如此，伴随这种经济增长方式所形成的传统的市场经济理论也已进入终结时期。如果继续沿用过去的市场经济理论诠释今天的经济，分析今后的发展，并以此为基础规划今后的经济运行，显然是不适宜的。那将会使我们犯了一种人们常说的时代错位和适用理论不当的错误，会导致今后的经济运行走回头路、停滞不前，甚至会误导今后的经济发展。

市场经济已经进入新的发展阶段。我们应当用新的市场经济理论，尤其应当用自主创新的经济理论，作为今后经济发展的理论导向。在这里，我还要强调指出，在以买方为主的市场经济发展阶段里，消费资本论应当是首要的和最重要的资本理论，也是市场经济理论的重大创新。消费资本论，是新的市场经济理论形成的标志。新的市场经济理论认为，完整的市场经济资本构成应包括货币资本、知识资本和消费资本三种资本，而不是唯一的货币资本。因此，解决国家、地区和企业经济发展所需要的资金问题，总的思路应当是：（1）继续充实货币资本；（2）高度倚重知识资本；（3）大力开拓消费资本。同时，经济发展方式也应该是多元的。由单一的货币资本发展经济的传统发展方式，转化为货币资本和知识资本相结合的发展方式，再转化为"消费资本导向、知识资本创新、货币资本推动"的三种资本融合、联动的新型发展方式，是全世界各个市场经济国家经济发展的所必然遵循的总的趋势，也是国家、地区和企业经济发展方式的选择方向。

在世纪之交，在新旧历史交替时期，提出新的市场经济理论，来代替旧的传统的市场经济理论，用新的经济发展方式和新的商业模式，代替旧的经济发展方式和旧的商业模式，以新的市场经济理论作为国家、地区和企业经济发展的理论导向，这是历史的必然。

二、建立在消费资本论基础上的新商业模式

人类社会经济进入一个新的发展时期，特别是在世纪之交，市场经济已经完成由卖方市场向买方市场的过渡。生产占主导地位的时代已经结束，消费起主导作用的时代已经到来。与之相应，旧的商业模式已进入终结时期，而一种新的商业模式将应运而生。

1. 构建新商业模式的理论基础是消费资本论

传统的市场经济理论认为，推动经济发展的只有一种资本，即货币资本。但市场经济发展的实践证明，事实并非如此。人们通过对市场经济发展史的研究，尤其是对最近二百年的市场经济的研究，逐渐认识到：完整的市场经济对应的资本构成应包括货币资本、知识资本和消费

资本三个重要组成部分，而不是单一的或者唯一的货币资本。换言之，市场经济的发展是由三种资本推动，而不是一种资本推动的，是三种资本共同创造了社会财富和企业利润。因此应由三种资本所有者共同参与社会财富和企业利润的分配，而不应由货币资本所有者独享企业利润。

消费资本论的核心内容，是将消费向生产领域和经营领域里延伸。当消费者购买企业和商家的产品和服务时，生产厂家和商业企业应把消费者对本企业产品和服务的采购视同是对本企业的投资，以合同的形式记录在案，一年下来，参照央行活期存款的利率，并按一定的时间间隔，把企业利润的一定比例返给消费者。此时消费者的购买行为，已不再是单纯的消费，他的消费行为同时变成了一种储蓄行为和参与企业生产和经营的投资行为。于是消费者同时又是投资者，其消费转化为资本。这实际上是把消费者从产品链的末端以投资者的身份提升到前端，使消费者在购买产品时，既能分享企业成长的成果，同时也为企业发展注入新的资本动力，使消费和投资有机结合，从而使买卖双方在这种条件下合二为一，成为一体，完成消费转化为资本的过程。这样，消费作为一种资本，它同货币资本、知识资本一样，成为企业和地方经济发展的直接动力。

此时，消费者的购买行为，已经不再是单纯的为了获取商品从而满足意愿和偏好，他的消费行为同时变成了一种储蓄行为和参与企业生产和经营的投资行为，这就可以在一定程度上消除买卖双方的对立，化解消费者和生产者之间的根本矛盾，从而使双方获益，达到消费者、生产者、经营者和全社会共赢的目的。

消费资本论在实践和应用中可以有多种实现形式，如①消费者投资；②消费者参股；③消费者期权；④消费者选择权等。通过这些方式将消费向生产领域和经营领域里延伸，在不同的层次上实现消费的资本化，它对经济发展将产生重大的经济效应。

2. 消费资本论的科学依据

消费资本论揭示了企业利润形成的秘密——这是人类社会一次伟大的发现。新的资本理论体系的建立，特别是消费资本理论的提出，向人们揭示了商品经济全部的真实过程，从而揭示了并科学地论证了以往经济学家予以回避的、没有揭示出来的社会财富和企业利润形成的秘密。

以往的经济学家，包括获得诺贝尔奖的经济学家，他们理论上一个共同的缺陷，是只重生产轻消费。他们从资本的高度分析生产对社会经济发展的重要作用，但却没有一位经济学家从资本的高度分析消费对社会经济发展的重大拉动作用。他们对生产和生产资本进行了十分深入的研究，详细地阐述了生产资本的属性、作用和意义。而从没有提出一种理论把消费和消费资本的力量系统地揭示出来。其实，人类社会发展的最终目的是为了消费。生产和消费是一个问题的两个方面，只从生产的角度分析社会经济的发展，是单方面的、局部的分析。唯有从资本的高度并同时从生产和消费两个方面分析社会经济发展，才是全面的、科学的分析。

以往的经济学家在理论上存在这一共同缺陷的原因，是在于他们理论研究的前提失衡。因为他们研究的前提是"商品的生产过程"，而不是"商品经济全过程"。而忽视了对"商品的消费过程"极其重大作用的深入研究。

因此，市场经济理论研究的前提应是"商品经济全过程"，而不只是"商品的生产过程"。否则，其研究及研究成果是不充分的。传统的市场经济理论缺陷恰恰在这里。

新时期市场经济理论研究的前提应当是"商品经济全过程"，而不只是"商品的生产过程"。

商品经济全过程包括如下三个环节或者说三个阶段：

其一，生产资本由于购买了生产场地、原材料和零部件，而完成了自己的责任和义务——这是商品生产的准备过程。

其二，工程师、科技人员和能工巧匠（工人们）利用已有的生产场地，把原材料和零部件转化为产品——这是知识资本发挥作用的过程，即商品的生产过程。

其三，产品只有在进入市场并由消费者购买之后，才能实现其价值和利润——这是商品的消费过程，这一过程是消费资本的载体——消费者完成的。

由此可以直接引申出如下几个结论：

第一，市场经济的资本构成应包括生产资本、知识资本和消费资本三个部分，而不是唯一的生产资本；

第二，社会财富，当然也包括企业利润，是由生产资本、知识资本和消费资本共同创造的；

第三，三种资本的载体即三种资本所有者，应当共同参与社会财富和企业利润的分配。

通过对商品经济过程的分解，充分揭示了商品经济的全部真实过程，进一步深刻地、具体地揭示了企业利润形成的秘密，指出企业利润是由三种资本——货币资本、知识资本和消费资本共同创造的。这一发现，从根本上动摇了流行几个世纪之久的货币资本所有者独享企业利润的不公平的分配制度，为亿万消费者和知识资本所有者共同参与企业利润分配，提供了极为重要的科学理论依据。为彻底打破社会分配不公的格局奠定了坚实的理论基础。这是人类社会一次伟大的发现，由此将揭开人类社会生活和经济发展的新的一页。

3. 消费资本论的法律依据

以现行的政策和法律为依据，中国企业法、合同法、最高法院司法解释；财政部关于财务会计制度的规定，投资额的确定等。

4. 新商业模式的特征

（1）核心特征是消费者和商家共同分享利润

传统的商业模式只有一个内容、一个过程：即商品的交易内容和与之相应的商品的销售过程，商家与消费者之间货款两清，这个过程即认为已经完结。而"以消费资本论"为基础的新的商业模式包含两个内容、两个过程：一是商品的交易内容和与之相应的商品的销售过程；二是商家与消费者共同分享利润的内容和与之相应的利润分配过程。新商业模式，把消费者对商家的产品和服务的采购过程视同是对自己的投资，因为消费者所付货款的大部分都进入到商家的下一个经营过程，并转化为资本，也产生利润。明智的企业家把由消费者货款转成资本所产生利润的一部分返给消费者，这对消费者继续采购本企业产品和服务的积极性是一个极大的调动。这种新商业模式对于迅速扩大市场份额，和解决企业自身扩大经营范围所需要的资金补充，将起到重大作用、拥有独特的魅力。

这种新商业模式具有与众不同和独树一帜的特点，它同迄今为止所有经营理念和营销方式不同，具有强烈的新鲜感和独特的魅力。它将对广大消费者的消费心理产生极大的影响———一种宝贵的积极参与尝试的心理，以及愿意长期合作的巨大的吸引力和凝聚力。由于它的与众不同和独特新意，将会产生极大的轰动效应，即"注意力经济学"效应，或者说"眼球经济学"效应，也就是说广大消费者的眼光将集中在应用消费资本论的企业的产品上。同时因为它不但满足消费者的需求，而且还关心消费者的利益，所以会受到消费者的欢迎。当企业把消费者作为本企业一位投资人和成员时，消费者也会从另一端做同样的考虑，即广大消费者愿意成为我们企业长期的合作者，因为他们可以从我们的企业中长期获益。

（2）新商业模式还具有崭新的组织形式特征

新商业模式吸收并发挥了电子商务、物流和订单经济的重大作用，并同银行和保险业密切合作。因此，新的商业模式实际上是有形市场（地网）、无形市场（天网）、虚拟经济（订单经济）、物流业、金融业、保险业诸多经济要素组合的有机综合体。是一个以生产企业、供应商、物流企业、商业企业、消费者、银行及保险公司等相互合作为基础，以消费资本论为核心，以产品和服务为纽带，以利润共享为特征，以合作共赢为目标的行业产业链的有机的综合体。

其具体操作程序为：首先，商家和厂家通过地网（门店连锁）和天网（电子商务）把消费者分散的、零星的、无计划的消费需求，经过整理变成有计划的规模的分类需求，并且加以分类做成订单，提供给供应商，供应商按照分类需求供货，通过物流送到消费者手中。这可以使整个交易过程变得高效、便捷，同时又提供了一个巨大的利润空间。其次，在商品交易过程完成之后，商家根据消费资本论，把消费者的购买行为视为一种储蓄行为、一种投资行为，按照一定的时间间隔把企业利润的一部分返给消费者。至此，商家完成了产品流（产品销售）和价值流（利润分配）的全部过程，也即完成了建立在消费资本论基础上的创新商业模式的全过程。

（3）新商业模式是一个崭新的合作平台，是一个深层次的紧密的利益共同体

新商业模式在其实际运作过程中，将形成一个长期的、深层次合作的，甚至是互为股东、利润共享的、紧密型的利益共同体。企业在这一利益共同体中发挥核心作用，为各合作单位提供卓有成效的服务，给合作者带来显著的经济效益，同时也给本企业带来巨大的利润。

这种新的商业模式是世纪之交更新换代、具有划时代意义的商业模式。一方面消费者在购买商品的过程中有回报预期，从而深受广大消费者的欢迎；另一方面又由于把大批规模订单交给供应商，使供应商扩大了市场，从而深受广大供应商的欢迎。还不仅如此，由于产品是由供应商直接供给消费者，没有通过中间商和销售代理等中间环节，从而使商家可以从中间有很大的利润空间。它一改以往旧商业模式的诸多弊端，更加方便、快捷，高效地为消费者服务。它从根本上改变了完全无视消费者利益的旧的商业模式，而开启了消费者参与企业利润分配的新纪元。

综上所述，建立在消费资本论基础上的新商业模式，是在世纪之交提出的一个科学的、严谨的、具有更新换代和划时代意义的商业模式。它将在新形势下使中国企业实现经济发展方式转型和升级，形成企业新的核心竞争力，使企业在激烈的市场竞争中胜出。同时企业作为市场驱动内需的载体将为我国最终需求总量的提升，进而对我国宏观经济发展和稳步回升作出重大贡献。

知识经济时代和知识资本
——在"全球首届知识资本高峰论坛"上的开幕词

(2009年8月于北京)

尊敬的成思危副委员长

尊敬的诸位大使先生

尊敬的各位贵宾、各位专家、企业家和新闻界朋友

女士们，先生们：

经过长时间的酝酿和准备，在中国政府和海内外专家以及社会各界人士的积极参与和大力支持下，全球首届知识资本高峰论坛今天隆重开幕了！

我代表大会组委会，大会各主办单位，对成思危副委员长，各位贵宾，以及来自五大洲的专家，企业家的光临，表示衷心的感谢和最热烈的欢迎！

今天是一个具有里程碑意义的历史性时刻，在中华人民共和国首都——北京举行的全球首届知识资本高峰论坛，云集了数百名来自各国研究知识经济和知识资本的顶尖级专家，企业精英和国家政要。这是一次世界范围的"群英会"，也是世界知识资本一个盛大节日。让我们共同预祝本届大会取得圆满成功。

女士们，先生们：

进入新世纪，世界经济发生了深刻的变化，一种全新的经济形式——知识经济正疾步向我们走来。它以其独特的魅力登上了社会经济发展的历史舞台。在知识经济时代，知识资本成为推动各国经济发展的关键资源和主导力量。它一经出现，就展示出她对社会经济发展的巨大威力，并立即向传统经济发展模式发起挑战。引起各国政府领导人，企业家的高度关注，也激发了世界各国专家学者对知识经济和知识资本的研究热情。

人类从未像现在这样深刻地感受到"知识就是力量"的真正含义。知识的迅速传播和知识资本的广泛应用,为新时代经济发展注入了强大的动力和无限的活力。人们越来越深刻地意识到单一货币资本主宰世界经济发展的时代已经结束,货币资本、知识资本和消费资本共同发挥作用的复合资本时代正在到来。

今天,知识经济、知识资本的研究已成为全球范围的世纪性课题。面对世界性金融危机,越来越多的专家正在摆脱传统经济理论的束缚,用一种全新的,更加全面、更加科学的视角和思维,审视当今世界经济发展,积极为自己的国家和全世界尽快化解危机难题寻找新的理论,探索世界经济发展的新途径。

本届论坛是一次高规格的国际性峰会,它具有全球性、学术性和紧密联系实际的特征。因此,本届论坛对于知识资本理论建设和世界经济发展,具有十分重要的意义。

本届峰会为中外知识资本专家搭建了一个广泛的交流平台。专家们集聚一堂,共同探讨,充分吸纳和整合世界各国知识资本的研究成果;总结和研究知识资本推动经济发展的经验及其发挥作用的机制。这对知识资本理论建设与实际应用具有十分重要的意义。它标志着关于知识资本理论与应用的研究已经由初期分散的局部研究阶段,进入相对集中的全面系统研究阶段。这是知识资本理论与应用研究的一个飞跃!

其次,这是展示几十年来,特别是近几年知识资本理论与应用最新研究成果的重要平台。它为各个国家、地区和企业分享和应用最新成果提供了便利条件。这对世界经济和各国经济的发展具有重要意义。众所周知,应用知识资本理论研究与应用的最新成果,一方面可以使人们把已经认识到的知识资本迅速而高效地发挥作用,促进国家、地区和企业的快速发展;同时也可以发掘和激活蕴藏在各个国家、地区和企业中的知识资本存量,进一步增强国家、地区和企业的经济发展活力,走出全球金融危机所造成的困境,迎接知识经济时代的新机遇。

第三,本届峰会还将呼唤和推动各国知识资本专家联合起来,组织起来。经济全球化使我们成为"地球村"的近邻,也让我们告别了以往的孤立单兵作战式的研究方法。为了更好地完成我们共同的历史使命，我们应当携起手来，组建一个统一的研究团队，形成知识资本国际联盟。

女士们，先生们：

作为知识资本领域规格最高、规模最大、最具权威性和影响最广泛的专业论坛，将充分体现理论与实践相结合的原则，将知识资本的理论研究成果充分应用于国家、地区和企业发展。在本次峰会上，中外专家、企业家将激情对话，尽情展现学术的绚丽思想火花与市场经济的无限活力。本次峰会将设定主题演讲、圆桌会议、分会讨论、精英对话、晚宴、酒会等多种形式全面阐释论坛各项会议议题。

这次论坛是一次推动各个国家、地区和企业开发利用知识资本的盛会。近距离的接触，让我们有了深切的了解，让我们共同面向世界，投入世界，与世界共忧。思人类所共思之题，创人类尚未创之伟业，解人类未解之谜，让知识资本理论的参天巨树，挺拔在世界知识之林。

激情盛夏，共襄盛举。让我们联合起来，共同开辟知识资本理论的新境界，开创知识资本应用的新纪元，谱写知识经济时代的新篇章。

最后，预祝全球首届知识资本高峰论坛取得圆满成功。谢谢大家！

在"全球首届消费资本高峰论坛"上的开幕词

（2009 年 12 月 10 日）

尊敬的成思危副委员长
尊敬的各位贵宾、各位大使先生、参赞先生
尊敬的各位专家、企业家和新闻界朋友们：

今天，全球首届消费资本高峰论坛隆重开幕了，我代表大会组委会和各主办单位，向各位的光临表示最热烈的欢迎和衷心的感谢。

当前，世界经济正处于一个大发展、大变革、大调整的新的历史发展时期的起点。在世界性金融危机影响的形势下，世界各国面临一个共同的任务，就是寻找新的经济发展方式和新的经济增长极。

进入新世纪，世界经济形势发生了深刻变化。国家、地区和企业发展的经济背景较之以前有了本质的不同。最重要的区别是市场经济已经完成了由卖方市场向买方市场的过渡，市场经济进入一个新的发展阶段。在以买方为主的市场经济发展阶段，消费对经济发展的作用日益凸显，消费在国民经济各个领域，发挥主导作用的时代已经到来，正是在这一经济发展的背景下，消费资本以独特的魅力和强势的姿态登上了人类社会经济发展的历史舞台。消费资本论一经问世，立即引起世界各国的专家、学者、政府领导人和企业家的高度关注，引发了各界对消费资本论的研究热情，并且事实上已经成为研究经济发展的焦点。

经过长时间的艰辛探索和不断实践，消费资本论至今已经成为对中国经济和世界经济发展产生广泛影响的新的资本理论，为所有市场经济国家提供了新时期经济发展的理论导向，它将引导人们寻找到新的经济增长极和新的经济发展方式。而国内外消费资本论实践基地的设立和涌现出来的成功范例，标志着消费资本论已经进入广泛的推广和应用阶段。它将为进一步推动消费资本理论的研究与应用，为激活各个国家、地区和企业的消费资本存量，为增强市场经济发展的无限活力作出重大贡献。

这是本届高峰论坛举行的社会经济背景，也是本届高峰论坛的研讨主题。本届高峰论坛将从理论和实践的高度，研讨、探索建立在消费资本论基础上的新时期的新经济运行体系，包括新经济发展方式、新商业模式、新企业制度和新分配制度，并分别提出规范的、具有可操作性的具体方案。

新的经济发展方式，将明确提出以消费为主的拉动经济增长的发展方式。以推动经济方式的转化，完成经济转型，即：由单一的货币资本发展经济的传统发展方式，转化为货币资本和知识资本相结合的发展方式，再转化为"消费资本导向、知识资本创新、货币资本推动"的三种资本融合、联动的新型发展方式，是全世界各个市场经济国家经济发展的所必然遵循的总的趋势，也是市场经济一条非常重要的经济发展规律，也是世界未来经济发展的基本模式。

新分配制度和新企业制度：

消费资本论通过对商品经济过程的分解，充分揭示了商品经济的全部真实过程，进一步深刻地、具体地揭示了企业利润形成的秘密，指出企业利润是由三种资本——货币资本、知识资本和消费资本共同创造的。这一发现，从根本上动摇了流行几个世纪之久的货币资本所有者独享企业利润的不公平的分配制度，为亿万消费者和知识资本所有者共同参与企业利润分配，提供了极为重要的科学理论依据。为彻底打破社会分配不公的格局奠定了坚实的理论基础。这是人类社会一次伟大的发现，由此将揭开人类社会生活和经济发展的新的一页。这是本书为维护亿万消费者权益而对市场经济理论研究所作出的第二项理论成果。

由三种资本共同创造企业利润，因而应由三种资本所有者共同参与利润分配的理论，将是确立新的公平分配制度的理论基础。这种新的公平分配制度，将从根本上打破流行已久的不公平的分配格局，而且是从国民收入第一次分配就予以解决，而不是从国民收入第二次、第三次分配那种带有恩赐性质的解决方法。它将彻底消除广大消费者"相对贫困"的命运。与此同时建立一种新型的、由三种资本共同参与的综合资本股份有限责任公司，作为支持新的公平分配格局的企业制度。这种企业制度由三种资本共同推动企业的发展，并将保障三种资本所有者的权益。作为一种新型的企业制度将结束自1602年荷兰最初建立的世界上第一个单一货币资本股份有限公司以来的企业制度的历史，而开创世界企业发展史的新纪元。

本届高峰论坛由于研讨内容本身的重大意义将会载入历史史册，它将是人类社会经济发展新旧两个时代的分水岭，它将是新旧两种市场经济理论更替的标志，它也是人类社会经济发展实行新的经济运行体系的起点和开端。

各位贵宾、各位代表，对于各位的光临再次表示诚挚的谢意，预祝本届高峰论坛取得圆满成功。

关于我国海洋经济发展新思路的思考和建议
——在"2016中国海洋经济发展高端论坛"上的讲话

(2016年11月24日于湛江)

尊敬的会议主席
尊敬的各位来宾、各位专家、企业家和新闻界朋友们：

十分感谢广东省政府和国家海洋局的盛情邀请，使我有机会出席这届洋溢着创新精神和富有重要意义的海洋经济发展论坛！

中共十八大的胜利召开和提出的各项决议，开启了中国经济发展的新局面，也开启了理论创新和实践创新的新局面。理论创新和实践创新的核心，是在党中央各项决议的指引下，在总结我国经济发展实践经验的基础上，探索出新时期社会主义市场经济发展的新理念、新思路和新举措。换言之，是为我国现阶段和今后经济长期发展探索出一条新路。

中国拥有一万八千多公里的海岸线和三百万平方公里的"蓝色国土"，海洋国土约占中国国土面积的三分之一，海洋蕴含的资源非常丰富、超乎想象。在陆地经济发展处于深耕细作、项目遍布、几近饱和的情况下，"蓝色国土"、海洋经济的进一步开发和发展，无疑，是多年来让人们眼前一亮的广阔的发展领域和新的经济增长极。

多年来，在党中央深化改革方针的指引下，我国的海洋经济在体制改革、基本建设和经济发展方面都取得了很大的成就。这就为海洋经济今后的改革和发展奠定了坚实的基础。但是，海洋经济同陆地经济一样，面临着新一轮的发展。如何使新一轮的发展，比上一轮发展得更好，取得更大的成就，做到中央满意、全国人民满意和海洋经济全体建设者满意，这就需要认真的思考，在总结以往经济发展经验基础上，结合新的经济创新理论，提出新的发展理念、新的发展思路和新的发展举措。为今后海洋经济的发展，探索出一条迅速发展的新路，加快海洋经济的发展，对于目前我国进行的经济结构调整和"一带一路"倡议有着重要的意义。

海洋经济是个庞大的经济系统，是诸多海洋产业集群的集合体。它包括海洋渔业、海洋交通运输业、海洋船舶工业、海盐业、海洋油气业、滨海旅游业、海洋服务业，以及海产品内地市场销售和国际贸易等等。如果进行详细的分类具体分析，尚需留待以后。今天只能从总的发展思路提出我个人的思考和建议，供各位专家研究参考。

在提出我的思考和建议之前，我要做以下几点说明：

第一点，我思考内容的出发点和提出的建议，同西方经济理论不同。我个人认为西方经济理论作为市场经济发展第一阶段的理论，它已经随着市场经济第一阶段的结束而进入终结时期，它已经不具备市场经济新阶段理论导向的功能，也已不能对新时期经济现象作出科学的诠释。如果我们今天继续用上个世纪、上上世纪的经济理论，来分析新时期的经济现象，并以它为基础规划新时期的经济运行，那么它将使新时期经济运行停滞不前，甚至走回头路。正如人们所说的，那就犯了时代错位和使用理论不当的错误。

经济科学是一门历史科学，每一时期都有它的代表人物提出新的经济理论，作为那个时期经济发展的理论导向。现在我们已经进入市场经济新的发展阶段，我们应该用新的市场经济理论作为理论导向，规划新时期的经济运行，才是正确的、科学的。

第二点，新中国成立60多年来，我们国家在经济界出现过两个一边倒，一个是在新中国成立初期，即提出向苏联一边倒。当时对我国大规模社会主义经济建设充斥的是苏联学者的计划经济理论，我们的干部读的书，也是苏联科学院经济研究所编写的政治经济学教科书，我们搞了30多年没有成功。后来，我们决定搞市场经济，于是我们许多专家学者言必称欧美，数典忘祖，食洋不化、照抄照搬西方理论和模式，对我国市场经济发展充斥的是西方经济学的各种流派和观点，读的书也是马歇尔的《经济学原理》、曼昆的《经济学教程》和凯恩斯的通论。结果，我国市场经济的发展问题多多。这两个一边倒造成的直接后果，就是我们忽视了要建立符合我们国家经济发展实际需要的、本土的、原创的经济理论。一个国家、一个民族,尤其是一个大国,如果没有自己本土的、原创的、符合本国经济发展实际需要的经济学理论,就等于没有主见,就只能听别人的话、跟别人走。这就是我国近年来的经济界的现状。

2016年5月17日习近平总书记在哲学社会科学工作者座谈会上的讲话,指出:"我们的哲学社会科学有没有中国特色,归根到底要看有没有主体性、原创性。跟在别人的后面亦步亦趋,不仅难以形成中国特色哲学社会科学,而且解决不了我国的实际问题"。因此,我们必须要建立我国本土的、原创的、符合我国实际需要的哲学社会科学理论,意义非常重大。

第三点,我今天是试图用我国本土的、原创的市场经济理论,提出我的思考内容和具体建议,供各位专家研究参考。

我的思考和具体建议是:

一、用新的经济发展方式引领今后我国海洋经济的发展

在旧的传统的市场经济理论影响下,对于经济的发展,主要是从投入产出比、粗放到集约、产业结构调整的角度来思考。其实,仅仅做到这一步是不够的。这些,只是对产业的调整和优化,只是在同一发展方式下的演进,只是在同一发展方式下比例和数量的增减,而不是质的变化。

经济发展方式是指国家、地区和企业经济发展的资本动力结构及其发挥作用的形式。经济发展方式的转型,是指经济发展的资本动力结构的改变及其发挥作用的形式的变化。只有转变经济发展方式,才能使国家和地区、企业的经济有突破性的发展和质的飞跃,进入一个崭新的发展阶段。

传统的经济学理论认为,推动经济发展的只有一种资本,即货币资本。经济发展方式也是用单一货币资本支持经济发展的传统的经济发展方式。但市场经济发展的实践说明,事实并非如此。通过对最近二百年市场经济发展史的研究,尤其是我国市场经济发展实践证明:完整的市

场经济资本构成应包括货币资本、知识资本和消费资本三个重要组成部分。而不是单一的或者唯一的货币资本。换言之，是三种资本在推动市场经济的发展，而不是一种资本在推动市场经济发展。

三种资本融合联动推动市场经济发展，才能从根本上突破单一货币资本支持经济发展的传统的经济发展方式，实现经济发展方式质的飞跃。

由于市场经济的资本构成包括三种资本，因此，解决国家、地区和企业经济发展所需要的资金问题，总的思路应当是：（1）继续充实货币资本；（2）高度倚重知识资本；（3）大力开拓消费资本。同时，经济发展方式也应该是多元化的。由单一的货币资本发展经济的传统发展方式，转化为货币资本和知识资本相结合的发展方式，再转化为"消费资本导向、知识资本创新、货币资本推动"的三种资本融合联动的新型发展方式，是全世界各个市场经济国家经济发展所必然遵循的总趋势，是社会主义市场经济发展的基本经济规律，也是国家、地区和企业经济发展方式选择的方向。

二、高度倚重知识资本

进入新世纪，各国国民经济知识化水平越来越高。每个经济元素包含的知识和科技含量的比重越来越大，知识生产率日益成为国家、地区和企业经济发展的关键要素和主导力量，而不再是以体力劳动为主的劳动生产率。这标志着世界经济已经进入知识经济发展阶段。人类深刻地认识到，与物质产品生产过程并行的，还存在着知识产品的生产过程。知识产品，有力地推动着国家、地区和企业的经济发展，成为一种崭新的资本力量和新的资本形态，即知识资本。知识资本与传统的货币资本不同，它是一种清洁的、无污染的资本，可以无限的复制，多次发挥作用，对货币资本发挥着点石成金的倍加效应，它可以几倍和十几倍现有货币资本规模的作用，它将创造出比货币资本更高的利润率。它一经出现，就展示出它对社会经济发展的巨大威力，成为国家、地区、行业和企业发展的关键资源和主导力量，它同货币资本一起成为企业经济发展的支柱资本。

海洋经济今后要大力培育新兴海洋产业和高科技含量的海洋高技术产业，海洋高技术的迅猛发展将引发和带动海洋产业群的扩展和壮大。海洋经济建设者中的科学家、科学工程技术人员、高级管理人员、技术工人和员工是发展海洋高新技术产业的主力军。他们是推动海洋经济发展的知识资本的代表。调动他们的积极性，充分发挥他们的作用，对于今后海洋经济发展至关重要。

但是，多年以来，我们的市场经济一直是货币资本一枝独秀，它的作用受到人们的高度重视，货币资本所有者的权益得到充分的保证。而知识资本和知识资本的所有者，特别是消费资本和消费资本的所有者，却长期处在被淡化甚至缺位的状况，从而使他们长期处于被动的消极状态，形成单一的依靠货币资本发展经济的局面。虽然经济也能取得一定程度的发展，但是由于长期地依靠货币资本这个单一要素发展经济，资本短缺、创新乏力、消费萎缩的问题不可避免。

以往由于受传统理论和管理方法的局限，企业的管理模式是建立在单一货币资本管理的体系之上，企业知识资本管理长期处于缺位状态，只有货币资本基础上的薪酬体系，而没有基于知识资本基础上的薪酬制度和管理机制。海洋经济各主管部门和企业事业单位应加速建立基于知识资本和知识资本量化基础上的薪酬制度和管理机制，弥补多年以来企业只有货币资本基础上的薪酬体系的不足。

最新的管理理念认为推动企业发展的不但是货币资本，同时还有知识资本。企业的高级管理人员拥有管理能力、管理理论、管理办法和管理经验，他们把企业的各个要素合理组合在一起，使各个要素充分地发挥作用，这是他们所拥有并投入到企业的知识资本；企业科技人员他们有专业、有技术，甚至发明专利和知识产权，这些是他们的知识资本；企业的普通员工，有技术、有办事能力和经验，这些是普通员工的知识资本。全体员工为企业所做的服务，实际上投入的是他们所拥有的知识资本。如果对他们所投入的知识资本进行科学的和精确的计量，给付相应报酬，真正体现了按劳分配，这是对企业员工的极大鼓舞。

同时，还可以分期分批地使高级管理人员、科技人员和企业员工逐步成为企业的知识资本股东，根据他们所做的贡献，将企业一部分股份分配给员工，这将大大增强企业员工的主人翁意识，极大地激励员工工作的积极性。

三、大力开拓消费资本，实行创新商业模式

以往的经济学家，包括获得诺贝尔奖的经济学大师们，他们在理论上一个共同的缺陷是重生产轻消费。他们从资本的高度分析生产对社会经济发展的重要作用，而没有一位经济学家从资本的高度分析消费对社会经济发展的重大作用。其实，社会经济发展的最终目的是为了消费，消费是生产的动力，消费是生产的市场，消费是生产的目的。只有从生产和消费两个方面并同时从资本的高度分析社会经济发展的动力，才是全面、科学的分析。

在产品短缺时代，消费者处于被动地位，消费的价值仅在哲学家的眼里绽放异彩，而到了产品相对过剩时代，任何人都不能再忽视消费的力量。消费者成为市场经济的主人，消费已成为市场的主导力量。消费决定着生产的成败，决定着每一张货币选票的投向，关系到每一个企业、家庭和个人。每个社会细胞的经济行为的终极目标都可归结为消费，任何产品的最终指向也都是消费。因而一切的社会活动都是在围绕消费而展开，消费也决定着货币资本和知识资本能否实现其最终价值。

因此，消费已经不仅仅是一个过程，而是有足够的力量形成能够和货币资本、知识资本并驾齐驱的一种影响一切的资本——消费资本。

实际情况说明，消费资本真正发挥作用是在产品相对过剩之后，而其作用是随着商品供求格局的变化而变化。和货币资本、知识资本一样，消费资本一直是存在的。只不过在产品短缺时代，它的作用长期处于被淡化、被掩盖、被忽视的状态，当时也没有一种理论把它的力量系统地揭示出来。

随着市场经济的不断发展，人们深刻地认识到：消费者才是市场竞争的最终决定性力量。因为消费者既是市场的主人，又是给经济发展注

入新的资本动力的源泉。谁能赢得最多的消费者，谁就能拥有最大的市场和巨额的资本注入。消费资本由此而生，消费资本化理论的构建也以此为基础。

消费资本理论的核心内容，是将消费向生产领域和经营领域里延伸。当消费者购买企业的产品时，生产厂家和商业企业应把消费者对本企业产品的采购视同是对本企业的投资，并按一定的时间间隔，把企业利润的一定比例返给消费者。此时，消费者的购买行为，已不再是单纯的消费，这种消费行为同时变成了一种储蓄行为和参与企业生产的投资行为。实际上是把消费者从产品链的末端以投资者的身份提升到前端，使消费者在购买产品时，分享企业成长的成果，使消费和投资有机结合。从而使买卖双方在这种条件下合二为一，成为一体。于是消费者同时又是投资者，消费转化为了资本。

进入新世纪，世界经济形势发生了深刻变化。国家、地区和企业发展的经济背景同上个世纪相比有了本质的不同。最重要的不同是，市场经济已经完成了由卖方市场向买方市场的过渡，市场经济已经进入以买方为主的市场经济发展阶段。可是，我国许多的企业家现在采用的商业模式，还是上个世纪延续下来的、适合卖方市场经济发展阶段的传统商业模式，因此进入新世纪、进入买方市场经济发展阶段，就很不适应。第一个不适应是卖货难，第二由于卖货难，积压产品多，资金流转不畅；第三企业转运不灵。而新的适合买方市场经济发展阶段的创新商业模式，还没有提出来，这是我国的企业家对企业当前和今后究竟如何发展感到迷茫和困惑的最重要的经济背景原因。

传统商业模式的基本特征是买卖双方货款两清，传统的经济理论认为这一经济过程即已结束。而建立在消费资本论基础上的创新商业模式，认为这一过程虽已结束，但一个新的经济过程开始了。因为消费者的货款到了厂家、商家手中，进入了厂家和商家下一个生产过程和经营过程，也转化为资本。由消费者货款转化的资本，也产生利润。明智的企业家，把由消费者货款转化的资本，所产生利润的而一部分返给消费者，实现了消费者和企业的利益共享。这对于企业迅速扩大市场份额和解决企业自身扩大再生产所需要的资金补充,具有十分重要的意义。这是创新商业模式的一个重要的显著特征。

同时,创新商业模式具有崭新的组织形式特征。它吸收并发挥了电子商务、物流和订单经济的重大作用,并同其他相关市场要素主体密切合作。因此,新的商业模式实际上是有形市场(线下实体经济)、无形市场(线上经济)、虚拟经济(订单经济)、物流企业、商业企业、消费者等相互合作为基础,以消费资本论为核心,以产品和服务为纽带,以利润共享为特征,以合作共赢为目标的行业产业链服务的有机的综合体。

此外,创新商业模式在实际的运行过程中,将形成一个长期的、深层次合作的、甚至是互为股东、利润共享的、紧密型的利益共同体。企业在这一利益共同体中发挥核心作用,为各合作单位提供卓有成效的服务,给合作者带来显著的经济效益,同时也给企业自身带来巨大的效益。

具体到海洋经济的发展来讲,参与海洋经济开发的企业,要应用新的商业模式,当消费者购买企业的产品和服务时,能够参与到企业利润的分配环节,这既鼓励了消费者参与再消费的积极性,同时也补充了消费者再消费的能力。在发展滨海蓝色旅游产业和海洋现代渔业,在水产品流通与服务方面,要重点推进电商渠道业务,利用现代化的电商平台构建同消费者之间共赢的联合体。

四、建立新企业制度

建议参与海洋经济开发建设的企业,实行新的企业制度。

在新的市场经济理论基础上,可以建立一种新型的、由三种资本参与的综合资本股份有限公司。由单一货币资本股份有限公司体制向综合资本股份公司体制转化,是市场经济发展的趋势,也是我国经济体制深化改革的要求。

"综合资本股份有限公司"三种股东形式分别是:(1)货币资本股东。(2)知识资本股东。知识资本股东即员工股东代表了知识资本的力量，尤其专家和管理人员作为股东是对他们发挥出来的知识资本的肯定，也是对知识资本发挥作用的有效激励。（3）消费资本股东。企业应该把大客户、大买家吸收进来，按消费额度给与一定的股份，使其成为消费股东。消费股东是"综合资本股份有限公司"的重大特色，它不同于以往任何的企业制度，将消费者视为股东，真正将消费者从产品链的末端提到前端，使得消费者在消费过程的同时还能从企业的长期发展中获利。这是一种全新的视角，使生产和消费真正结合了起来，大量消费资本的注入使得企业发展获得了不竭的动力。这种新型的企业制度将结束荷兰在1602年建立的东印度公司单一货币资本股份有限公司企业制度的历史，开启了新企业制度的时代。

最后，预祝大会圆满成功！

创新商业模式，让丝绸之路再铸辉煌
——在"丝绸之路沿线各国驻华大使座谈会"上的讲话

（2013年10月16日于北京）

中共中央总书记、国家主席习近平9月7日在哈萨克斯坦纳扎尔巴耶夫大学发表重要讲话，在讲话中着重指出，为了使欧亚各国经济联系更加紧密、相互合作更加深入、发展空间更加广阔，可以用创新的合作模式，共同建设"丝绸之路经济带"。

2100多年前，中国汉代的张骞肩负和平友好使命，两次出访中亚，开启了中国同中亚各国友好交往的大门，开辟出一条横贯东西、连接欧亚的丝绸之路。这条丝绸之路曾是连接中国与亚欧各国的贸易通道，被誉为全球最重要的商贸大动脉，为古代东西方之间经济、贸易与文化交流作出了重要贡献。在经济全球化发展迅速的今天，各国之间的贸易往来更为密切，丝绸之路应继续发挥其商贸大动脉的作用，进一步扩大我国与亚欧各国的经贸往来。

在新时期，边境地区的发展要依托有利的地理优势，加强同周边国家与地区的经贸合作与往来，打造以本地为中心，向周边国家与地区辐射的经贸合作圈或经济带。我国西部地区现在发展的重要方向是，加强区域合作，向西不断延伸与发展，同中亚五国建立紧密的贸易关系，深化合作、互利互惠、共谋发展，再造丝绸之路新辉煌。

进入新世纪，世界经济形势发生了深刻的变化。国家、地区和企业发展的经济背景较之上个世纪有了本质的不同。最重要的不同就是，进入新世纪，市场经济已经完成了由卖方市场向买方市场的过渡。我们现在已经处于以买方为主的市场经济发展阶段。在以买方为主的市场经济发展阶段，消费对生产和经济发展的制约作用日益凸显，消费、消费者和消费资本，成为国家、地区和企业市场竞争的关键资源和主导力量。因为消费者既是市场经济的主人，又是给经济发展注入新的资本动力的源泉。谁能够赢得最多的消费者，谁就拥有最大的市场和巨额资金的注入。国家、地区和企业在今后的发展中，要高度重视消费者和消费资本的作用。

在这里，要着重指出，中国的和世界各国的企业，现在采用的商业模式，还是上个世纪延续下来的、适合卖方为主的商业模式。采用这种适合卖方为主的商业模式，一进入新时期就感到非常不适应，主要表现在：（1）卖货难；（2）资本周转不畅；（3）企业运转不灵，而新的适合买方为主的新商业模式还没有提出来。这是中国的和外国的企业家对经济发展感到困惑和迷茫的最根本的经济背景原因。

以卖方为主的传统的商业模式，它的基本特征是买卖双方货款两清，即认为这一经济过程即已结束。在这种传统商业模式下，使买卖双方的贸易关系，只能停留在表浅层次，而无法向深层次发展。建立在消费资本理论基础上的创新商业模式则与此不同。新商业模式，把买方对企业的产品和服务的采购行为视同是对本企业的投资。因为买方所付货款的大部分都进入到企业的下一个经营过程和生产过程，转化为资本。由买方的货款转化为资本，也产生利润。明智的企业家把由买方货款转成资本所产生利润的一部分返给买方，这对买方继续采购本企业产品和服务的积极性是一个极大的调动。这种新商业模式对于迅速扩大市场份额,和解决企业自身扩大经营范围所需要的资金补充,将起到重大作用和独特的魅力。

其次,新商业模式还具有崭新的组织形式特征,它吸收并发挥了电子商务、物流和订单经济的重大作用,并同银行和保险业密切合作。因此,创新的商业模式实际上是有形市场(地网)、无形市场(天网)、虚拟经济(订单经济)、物流业、金融业、保险业诸多经济要素组合的有机综合体。是一个以生产企业、供应商、物流企业、商业企业、消费者、银行及保险公司等相互合作为基础,以消费资本论为核心,以产品和服务为纽带,以利润共享为特征,以合作共赢为目标的行业产业链的有机的综合体。

第三,新商业模式在其实际运作过程中,将形成一个长期的、深层次合作的,甚至是互为股东、利润共享的、紧密型的利益共同体。企业在这一利益共同体中发挥核心作用,为各合作单位提供卓有成效的服务,给合作者带来显著的经济效益,同时也给本企业带来巨大的利润。

综上所述,建立在消费资本论基础上的新商业模式,是在世纪之交提出的一个科学的、严谨的、具有更新换代和划时代意义的商业模式。采用创新的商业模式,可以有力地推动我国企业和周边国家企业贸易向深层次发展,可以稳定地、迅速地扩大贸易规模,使丝绸之路经济带迅速繁荣。

附录四：序言荟萃

《消费者也能成为资本家（中文版）》
自　　序

陈　瑜

（2006年2月于北京）

本书的撰写酝酿已久。每当想起这个新的理论将会对社会产生影响，我的思绪就久久不能平静。一种无形的力量支撑着我，使我不能停下我的思考和写作。经济学以一种独特的魅力吸引着我，她犹如苍穹中无数耀眼的星，是那么神秘，有那么深邃，仿佛在昭示：社会经济的发展，正在呼唤新的经济理论诞生。

令我深感欣慰的是，在撰写本书的时候，我国经济欣欣向荣、生机勃勃的高速发展的景象时时呈现在我的眼前，给了我无比的信心，也给了我更多的责任，促使我积极参与描绘祖国经济繁荣、人民生活幸福的蓝图。

我提出消费资本化理论，意在构建一个共赢的社会。这个共赢的社会，必然是一个和谐的社会，一个真正繁荣幸福的社会。我觉得，消费资本化理论作为一种以人为本的理论，找到了一条符合大多数人利益的经济学途径，因此有人称它为中国的"穷人经济学"。我感到，它更是一种"全富"的理论，因为它同时为社会构筑了一个富人、穷人都适用的共赢的经济平台。

本书对广大公众、普通消费者、农民、市民都将有所裨益，因为他们可以从书中找到改变自己现实状况的机会，找到属于自己的一个致富的平台。普通消费者可以从书中了解到消费本身就是投资，从而找到使自己获利的答案。企业家将从书中寻找到扩大市场和解决资金短缺的方法，从而不再为企业的发展和市场销售而苦恼。地方官员则可以从书中找到加速地方经济发展的重要途径。

我们也对国家的经济发展提出建议。因为消费资本化理论完善和发展了市场经济理论，它将为我国以后的经济发展提供相应的理论导向；它将推动国家的经济体制深化改革，使我国向更为完善的市场经济体制和更为优越的经济结构过渡。消费资本化是扩大内需的原动力，它将加快西部经济大开发的进程，它将推动农村经济快速发展。它又是充分就业的新理论，它是"穷人经济学"又是"全富"理论，它还将对我国构建和谐和富裕的社会发挥重要作用。

本书以消费资本化为核心，深刻地阐述了它形成的社会经济背景、历史渊源、理论结构、核心内容、数学模型、物理模型以及它的运作方法、理论意义和对当前经济发展的重要作用。消费资本化理论进一步发展了市场经济理论。它从市场经济资本构成和经济增长方式两个方面突破了原有的市场经济理论体系，从而使市场经济理论发展到一个新的阶段。可以说，消费资本化理论是新的市场经济理论形成的标志。

消费资本化理论是中国市场经济发展的理论总结，是源自中国本土的原创的体系性理论创新，也是中国结束缺乏本土经济学理论现状的一项重要理论成果。希望本书也能给经济学家带来一些灵感，创造出更多的促进经济发展的原创性理论。

在本书的撰写过程中，得到了各界人士的大力支持。我国著名的经济学家萧灼基教授十分关心和支持消费资本化理论的研究工作，并担任"消费资本化理论研究小组"的顾问。其他有关专家和领导徐有芳、杨福昌、赵登举、冯并、李惠仁、陈高桐、贾康、周道许、朱明德、高玉滨、薛增泉、曹国英、吴松生、梅松、朱铁臻、陈孟平、张闻宇、谭庆功、李善东、薛良斗、陈克强、刘兴国、吴慧荣、由长科、黄进等，都对本书的出版给予了大力支持和关心。著名教授和青年学者聂世基、王国军、郑志鹏、赵庆海、靳宝兰、姚建培、陈和权、谢一岗、王新利、武斌、董堃、陈洵、董红、吴孟捷、王砾、徐晓东、董迎军、孙越、李恒、崔红磊、陈凌、侯璐等分别参与了本书部分文稿的撰写、模型的设计以及文献资料的编辑整理工作。在此，一并深表谢忱。

最后，请广大读者和专家对本书提出宝贵意见，以便日后进行修订。

《消费者也能成为资本家（英文版）》序　言

（2006年8月22日）

这是写给全世界各个阶层人士——政府领导人、企业家、广大公众和消费者——的一本书；也是写给我的全球同行们——全世界经济学家的一本书。

我认为，已经流行两个世纪之久的西方传统经济学理论的核心部分——资本理论，已经滞后于现代的社会经济发展，或者说，就新时期经济发展的要求而言，它已经很不适应、已经过时。新时期的经济发展，要求我们重建经济学的核心理论——新的资本理论。

以往的经济学大师们——包括一些获得诺贝尔经济学奖的经济学大师们——他们理论上一个共同的缺陷，是重生产轻消费。他们从资本的高度分析生产对人类社会经济发展的重大作用，但却没有一位经济学家从资本的高度分析消费对社会经济发展的重大作用。他们对生产和生产资本进行了十分深入的研究，详细地阐述了生产资本的属性、作用和意义,而从没有提出一种理论把消费和消费资本的力量系统地揭示出来。

其实,人类社会经济发展的最终目的是为了消费。生产和消费是一个问题的两个方面。只从生产的角度分析社会经济的发展,是单方面的、局部的分析。只有从资本的高度并同时从生产和消费两个方面分析社会经济发展,才是全面的、科学的分析。

以往的经济学家在理论上存在这一共同缺陷的原因,是在于他们理论研究的前提失衡。因为他们研究的前提是"商品的生产过程",而不是"商品经济全过程"。以"商品生产过程"为前提,其研究的重点是"生产的准备环节"和"生产环节",而不是消费环节;或者说,主要是研究"商品生产的准备过程"和"商品的生产过程",而忽视了对"商品的消费过程"及其重大作用的深入研究。

因此,市场经济理论研究的前提应是"商品经济全过程",而不只是"商品的生产过程"。否则,其研究及研究成果必然是不充分的。传统的市场经济理论的缺陷恰恰出在这里。

实际上,"商品经济全过程"表现为如下三个环节或者说三个阶段。

1. 生产资本由于购买了生产场地、原材料和零部件,而完成了自己的责任和义务。——这是商品生产的准备过程;

2. 而工程师、科技人员和能工巧匠(工人们),则是利用已有的生产场地把原材料和零部件转化为产品。——这是知识资本发挥作用的过程,即生产过程;

3. 产品只有进入市场并由消费者购买之后,才能实现其价值和利润——这是商品的消费过程。这一过程则是消费资本的载体——消费者完成的。

我们由此可以直接引申出如下几个结论:

1. 市场经济的资本构成应包括生产资本、知识资本和消费资本三个组成部分,而不是唯一的货币资本;

2. 社会财富——当然也包括企业的利润——是由生产资本、知识资本和消费资本共同创造的;

3. 三种资本的载体即三种资本所有者,应当共同参与社会财富和企业利润的分配。

传统经济理论一直称为货币资本的资本，实际上是生产资本。因为当人们只发现一种资本形态的时候，由于需要用货币来量化，故以为资本就是货币，货币就是资本，因此也以为生产资本就是货币资本。但是当人们发现了三种资本形态后，货币则成为多种资本的价值尺度和量化手段，所以生产资本只有恢复到本来的名称。

我提出消费资本化理论，是意在构建一个共赢的社会。这个共赢的社会，必然是一个和谐的社会，一个真正繁荣幸福的社会。我觉得，消费资本化理论作为一种以人为本的理论，找到了一条符合大多数人利益的经济学途径。因此，有人称它为中国的"穷人经济学"。我感到，它更是一种"全富"的理论。因为它同时为社会构筑了一个富人、穷人都适用的、共赢的经济平台。

本书以消费资本化为核心，深刻地阐述了它形成的社会经济背景、历史渊源、理论结构、核心内容、数学模型和物理模型以及它的运作方法、它的理论意义和对当前经济发展的重要作用。消费资本化理论进一步发展了市场经济理论。它从市场经济资本构成和经济增长方式两个方面突破了原有的市场经济理论体系，从而使市场经济理论发展到一个新的阶段。可以说，消费资本化理论是新的市场经济理论形成的标志，也是新的资本理论体系形成的标志。

消费资本化理论是中国市场经济发展实践的理论总结，是源自中国本土的原创的体系性理论创新。人们常说，越是民族的，就越是世界的。我想，对中国市场经济发展经验的理论总结，它的成果——消费资本化理论，也理应走向世界。

《消费资本论——消费资本理论与应用》
自　序

陈　瑜

（2008 年 8 月 16 日于北京）

这是为中国十三亿消费者和全世界数十亿消费者权益立言的一部书。作者在对市场经济的深入研究中，发现消费者才是市场经济的真正主人。他们是经济发展的原动力，他们是社会财富和企业利润的创造者。但是，几个世纪以来，他们在市场经济中的重要地位和巨大作用，连同他们的权益一起，一直处于被淡化、被边缘化，甚至处于缺失状态。这是当今世界广大消费者依然处于"相对贫困"状态的根本原因。

以往的经济学家，包括获得诺贝尔奖的经济学大师们，他们在理论上一个共同的缺陷是重生产轻消费。他们从资本的高度分析生产对社会经济发展的重要作用，而没有一位经济学家从资本的高度分析消费对社会经济发展的重大作用。其实，社会经济发展的最终目的是为了消费，消费是生产的动力，消费是生产的市场，消费是生产的目的。只有从生产和消费两个方面并同时从资本的高度分析社会经济发展的动力，才是全面、科学的分析。

消费资本论即消费资本化理论的提出，是人类社会经济发展观的一次重大革命。它以崭新的视角和思维模式，分析了消费同生产一样，是推动社会经济发展的动力。

消费资本论，是作者在对市场经济理论的深入研究中突破西方传统经济学理论的局限，而提出的新的资本理论。它以完整的理论体系把市场经济中消费和消费资本的力量系统地揭示出来，从而深刻地论证了消费资本的载体——当今数十亿消费者在市场经济发展中的重要地位和巨大作用。这是本书为维护消费者权益而对市场经济理论深入研究所取得的一项重要成果。

作者在本书中，还通过对商品经济过程的分解，充分揭示了商品经济的全部真实过程，进一步深刻地、具体地揭示了企业利润形成的秘密，指出企业利润是由三种资本——货币资本、知识资本和消费资本共同创造的。这一发现，从根本上动摇了流行几个世纪之久的货币资本所有者独享企业利润的不公平的分配制度，为亿万消费者和知识资本所有者共同参与企业利润分配，提供了极为重要的科学理论依据。为彻底打破社会分配不公的格局奠定了坚实的理论基础。这是人类社会一次伟大的发现，由此将揭开人类社会生活和经济发展的新的一页。这是本书为维护亿万消费者权益而对市场经济理论研究所作出的第二项理论成果。

其实，三种资本形态在市场经济发展的初期就已经存在。它是随着经济发展的不同阶段而依次呈现出来。本书的贡献在于，对已经呈现出的三种资本形态的内涵进行了界定，并根据三种资本的内在联系以及它们运行的特点和规律，对新的资本理论的结构和内容以完整的理论系统地揭示出来，重建了到目前为止完整的新的资本理论体系，即新资本论。消费资本论则是新资本论形成的标志。

这是本书对市场经济理论研究所取得的第三项理论成果。

本书对市场经济理论研究所取得的第四项成果，是建立了新的市场经济理论。消费资本论进一步发展了市场经济理论。它从市场经济资本构成和经济发展方式两个方面突破了原有的市场经济理论体系，从而使市场经济理论发展到一个新的阶段。可以说，消费资本论是新的市场经济理论形成的标志。

根据市场经济发展实践的需要，作者在本书中，增加了对消费资本和知识资本量化的研究。

新的资本理论体系的建立，特别是消费资本理论的提出和知识资本的重新界定，使消费资本量化和知识资本量化成为可能，并将完成这一世界性的重大前沿课题。对三种资本的规模进行计量，以及对它们所发挥的作用进行评估，将为国家、地区和企业的经济增长所投入的资本做出十分精确的量化说明。这对国家、地方和企业的经济发展具有十分重大的现实意义。而且还将有力地推动各经济学科，如计量经济学、统计学、会计学以及其他相关经济学科的深入研究和发展。这是本书对市场经济理论发展作出的第五项成果。

在本书中，在新资本论、新市场经济理论以及知识资本和消费资本量化研究的基础上，提出了当代新的经济运行体系。新经济运行体系，是以速度适度、效益显著、可持续发展为特征，以实现社会全体成员共同富裕、建设和谐社会为目的的经济运行体系。它包括新的经济发展方式、新的商业模式、新的企业制度和新的分配制度。

在新的经济运行体系下，推动经济发展的动力是三种资本即货币资本、知识资本和消费资本，其经济发展方式也是多元的。由单一货币资本推动经济发展的传统方式，转化为货币资本和知识资本相结合的发展方式，再转化为消费资本导向、知识资本创新、货币资本推动的三种资本融合、联动的发展方式，是全世界各市场经济国家经济发展实践所必然遵循的总的趋势，也是市场经济一条非常重要的经济发展规律。

新的商业模式与旧的商业模式不同。以往的商业模式只包含"一个内容，一个过程"，即单一的商品交易内容和过程，买卖双方货款两清，即完成销售的全部过程。而新的商业模式则包括"两个内容，两个过程"，即商品交易的内容和过程，以及买卖双方利润分配的内容和过程。因为消费者的货款大部分进入下一个经营过程和生产过程，转化为资本，产生利润。因此，商家和厂家应当将其中的一部分利润返给消费者。这是在世纪之交提出的一种更新换代和具有划时代意义的新的商业模式。

由三种资本共同创造企业利润，因而应由三种资本所有者共同参与利润分配的理论，将是确立新的公平分配制度的理论基础。这种新的公平分配制度，将从根本上打破流行已久的不公平的分配格局，而且是从国民收入第一次分配就予以解决，而不是从国民收入第二次、第三次分配那种带有恩赐性质的解决方法。它将彻底消除广大消费者"相对贫困"的命运。与此同时建立一种新型的、由三种资本共同参与的综合资本股份有限责任公司，作为支持新的公平分配格局的企业制度。这种企业制度由三种资本共同推动企业的发展，并将保障三种资本所有者的权益。作为一种新型的企业制度将结束自1602年荷兰最初建立的世界上第一个单一货币资本股份有限公司以来的企业制度的历史，而开创世界企业发展史的新纪元。

提出新的经济运行体系，是本书对市场经济理论发展作出的一项最重要的成果。它不仅对当前我国经济发展进一步升级具有重大现实意义，而且为中国和世界各市场经济国家今后长期发展提供了科学的理论导向。

经济科学是一门历史科学。每个历史时期，都拥有属于它自己的经济学理论。在百年一遇的世纪之交，在新旧理论交替时代，消费资本论的提出，既是偶然，也是必然。它是源自中国本土化的、体系性的理论创新，是作者在新世纪向世界数十亿消费者献上的一份厚礼。我始终认为，中华民族不仅能够在经济发展上取得举世瞩目的成就，同样，在世界经济理论发展史上也会留下中国人浓重的笔墨。消费资本论，作为一种以人为本的"全富"理论，必将为中国和全世界构建一个共赢的社会、一个和谐的社会、一个真正繁荣幸福的社会作出贡献。

作为经济学理论工作者，时代赋予我们这一历史使命，我们是幸运的。作为本书的作者，我一定秉承"心系国家、博爱天下"的精神，继续为亿万消费者权益立言，继续呼吁"全世界消费者，联合起来"。

在本书第一版《消费者也能成为资本家——消费资本化理论与应用》发行时，承蒙广大读者厚爱。短短两年时间，发行八万册。许多消费者、企业家，包括部分政府官员纷纷来函来电，要求再版本书。为了满足广大读者要求，在再版时，在内容上做了大量的增补，是在原书基础上的进一步创新和发展。

在本书的撰写过程中，得到了社会各界人士和专家学者的大力支持，青年学者也贡献了他们的热情和智慧。有关专家和领导徐有芳、杨福昌、张序三、赵登举、方嘉德、白文庆、韩德乾、田鹤年、国林、李玉堂、景在新、李良、萧灼基、冯并、李惠仁、倪光南、许榕生、陈高桐、贾康、刘振堂、王斯洪、刘国栋、钱龙生、周益平、陈安杰、周道许、初炳英、朱明德、高玉滨、徐孟洲、刘新华、薛增泉、曹国英、吴松生、梅松、朱铁臻、徐夏平、陈孟平、孙兴焕、张闻宇、谭庆功、李善东、薛良斗、陈克强、李永泰、吴慧荣、由长科、黄进等,都对本书的出版给予大力的支持和关心。著名教授和青年学者聂世基、王国军、郑志鹏、赵庆海、靳宝兰、姚建培、陈和权、谢一岗、刘俊峰、刘婷、王新利、武斌、董堃、陈洵、董红、吴孟捷、王砾、徐晓东、董迎军、孙越、李恒、李梦姣、果红秋、崔红磊、陈凌、侯璐等分别参与了本书部分文稿的撰写、模型的设计以及文献资料的编辑整理工作。在此,一并致以深切谢忱。

最后,请广大读者对本书提出宝贵意见,以便日后再次进行修订。

《陈瑜文选》自序

陈 瑜

(2013 年 3 月于北京)

我国的经济学现状

建国六十多年来,我国出现过两个一边倒,一个是建国初期即提出的"向苏联一边倒",在理论界到处都充斥着苏联学者的观点和计划经济理论。读的书,主要是苏联出版的第二版政治经济学教科书。这种一边倒的倾向,从建国初期,一直延续了三十年。结果,我国的计划经济未能取得成功。另一个是我们开始搞市场经济时的"向欧美一边倒",在理论界,特别是经济和金融领域的一部分专家和学者,言必称欧美,数典忘祖。在理论界到处充斥着西方经济学家和金融专家的观点,以及西方经济学理论。读的书,主要是亚当·斯密的《国富论》,马歇尔和曼昆的经济学原理,以及凯恩斯和萨缪尔逊的"经济学教程",一直延续至今。

这两种倾向,造成的直接后果就是多年来我们没有着力创建从我国经济和金融发展实际出发的、本土的、民族的、切合中国经济系统发展需要的理论。一个国家、一个民族没有自己的经济理论，就等于没有主见，只好总是听别人的话，跟别人走。这就是我国经济学领域和金融领域在较长一段时期内的现状。

理论创新的阻力

多年以来直到目前，在我国同时存在着三种教条主义，对今天的理论创新、科学地继承和发展马克思主义都是极为不利的。一是"食经不化"的老教条主义，或称之为东教条主义；二是"食洋不化"的洋教条主义，或称之为西教条主义；三是"食古不化"的旧教条主义，或称之为古教条主义。这三种教条同创新是背道而驰的，因为它们让人们丧失独立思考的精神和自主创新的能力。

老教条主义的基本特征，是一切从定义和公式出发，而不是从实际出发，不与时俱进，把某些具体结论当作万古不变的教条。它轻视实践，割裂理论与实践、理论与时代的联系。洋教条主义是迷信西方，崇洋媚外，抄袭和套用西方的学术思想和模式，削中国实践之足，去适应西方经济模式之履。古教条主义是不能做到古为今用、推陈出新，一味地强调古代的、自然经济的观点和模式，教条主义地对待历史文化传统，不能区分历史文化传统中的精华与糟粕，主张全面继承，试图从古代社会形态中寻求现代社会发展的途径。"东""西""古"教条主义的共同特点是思想僵化，一切从书本、定义和公式出发，不从实际出发，不顾及时代的特征，隔断理论与实践、理论与时代的联系，否认思想和理论要随着实践的发展而不断发展，从而成为我们理论创新的严重阻力。

我们必须以马克思列宁主义为指导，消除"东""西""古"三种教条主义的影响，克服理论创新道路上的阻力。

我们尤其应以科学的态度对待马克思主义，正确地继承和创新马克思主义。为此，我们必须彻底肃清老教条主义的影响。因为，老教条主义窒息了马克思理论的生机和活力，从根本上封闭了马克思主义发展的道路。马克思、恩格斯一贯把实践看作是自己理论产生、存在和发展的基础，强调与时俱进，强调自己理论的运用随时随地都要以当时的历史条件为转移。同时，马克思主义创始人反复强调要把他们的理论与各国具体实践相结合，提醒人们"必须考虑到各国的制度、因素和传统"。也正是在与各国具体实际相结合的过程中，马克思主义日益民族化和世界化。列宁把具体情况具体分析视为马克思主义的灵魂，把这些原则在某些细节上加以改变，正确适应于民族的和国家的差别，针对这些差别正确的加以运用。

本文集将以马克思主义和中国实践相结合，从实现马克思主义中国化的角度，来诠释和总结中国社会主义市场经济发展的经验，对中国今后的经济发展和世界经济发展产生积极地影响，逐步形成科学的、系统的和完整的社会主义社会经济建设理论。这也是我出版本文集的初衷。

新时代基本特征

当前，世界经济正处于一个大发展、大变革、大调整的新的历史发展时期。在世界性金融危机影响的形势下，世界各个国家、地区和企业面临一个共同的任务，就是寻找新的经济发展方式和新的经济增长极。这是因为，进入新世纪，世界经济形势发生了深刻的变化。国家、地区和企业发展的经济背景较之上个世纪有了本质的不同。世界经济的发展，呈现出三个崭新的特征。

第一，进入新世纪，市场经济已经完成了由卖方市场向买方市场的过渡。市场经济已经进入以买方为主的经济发展阶段，这标志着卖方占主导地位的时代已经结束，买方占主导地位的时代已经到来。在这一发展阶段里，作为买方的消费者，成为市场竞争的最终决定性力量。因为消费者既是市场经济的主人，又是给经济发展注入新的资本动力的源泉。谁能够赢得最多的消费者，谁就拥有最大的市场和巨额资金的注入。在以买方为主的发展阶段，消费对生产和经济发展的制约作用日益突显。换言之，消费和消费资本成为新世纪经济发展的关键性资源和主导力量。因此，国家、地区和企业在今后的经济发展过程中，必须高度重视消费和消费资本的重大作用。

第二，国民经济知识化水平越来越高。每个经济元素包含的知识和科技含量的比重越来越大，知识和科技成果对社会经济发展的作用日益突显，这标志着世界经济已经进入知识经济发展阶段。在这一阶段里，知识生产率将取代以体力劳动为主的劳动生产率，日益成为国家、地区和企业竞争的关键要素。在新世纪，人们深刻地认识到：人类社会生产过程包括两个过程，即物质生产过程和知识生产过程。知识生产过程的产品，有力地推动着国家、地区和企业的经济发展，成为一种崭新的资本力量，形成一个新的资本形态，即知识资本。而且，与传统的货币资本不同，知识资本是一种清洁的、无污染的资本，它可以无限的复制，对货币资本发挥着点石成金的倍加效应，它将创造出比货币资本更高的利润率。所以，在新世纪，国家、地区和企业的经济发展，必须高度重视知识和知识资本的重大作用。

第三，长期以来坚持单一依靠货币资本发展经济的传统的市场经济理论已经过时，已经不能充分适应新时期经济发展的需要。同时，也标志着单一货币资本主宰经济发展的时代已经结束，而消费资本发挥主导作用、多种资本共同推动经济发展的时代已经到来。人们可以清楚地看到，依靠单一货币资本发展经济，忽视知识资本，特别是忽视消费资本作用的传统经济发展方式存在着严重的欠缺和弊端。也充分说明，传统的经济发展方式，连同它的金融模式、企业制度和商业模式，在流行几个世纪之后，已经走到尽头，已经难以为继，它已不适应今后世界经济发展的需要。

建设原创理论

中国和世界各国的经济发展的实践都已充分说明：用单一货币资本发展经济，以牺牲资源和环境为代价换取经济发展的经济增长方式已经走到尽头。还不仅如此，伴随这种经济增长方式所形成的传统的市场经济理论也已进入终结时期。如果继续沿用过去的市场经济理论诠释今天的经济，分析今后的发展，并以此为基础规划今后的经济运行，显然是不合适宜的。那将会使我们犯了一种人们常说的时代错位和适用理论不当的错误，会导致今后的经济运行走回头路、停滞不前，甚至会误导今后的经济发展。

市场经济已经进入新的发展阶段。我们应当用新的市场经济理论，尤其应当用自主创新的经济理论，作为今后经济发展的理论导向。在这里，我还要强调指出，在以买方为主的市场经济发展阶段里，消费资本论应当是首要的和最重要的资本理论，也是市场经济理论的重大创新。消费资本论，是新的市场经济理论形成的标志。新的市场经济理论认为，完整的市场经济资本构成应包括货币资本、知识资本和消费资本三种资本，而不是唯一的货币资本。因此，解决国家、地区和企业经济发展所需要的资金问题，总的思路应当是：（1）继续充实货币资本；（2）高度倚重知识资本；（3）大力开拓消费资本。同时，经济发展方式也应该是多元的。由单一的货币资本发展经济的传统发展方式，转化为货币资本和知识资本相结合的发展方式，再转化为"消费资本导向、知识资本创新、货币资本推动"的三种资本融合、联动的新型发展方式，是全世界各个市场经济国家经济发展所必然遵循的总的趋势，也是国家、地区和企业经济发展方式的选择方向。

经济科学是一门历史科学，每个时期都会出现新的代表人物，根据时代的进步和实践的发展，对以前的经济理论进行创新，提出新的理论作为新时期经济发展的理论导向。在世纪之交，在新旧历史交替时期提出新的市场经济理论来代替旧的传统的市场经济理论，用新的经济发展方式和新的商业模式代替旧的经济发展方式和旧的商业模式，以新的市场经济理论作为国家、地区和企业经济发展的理论导向，这是历史的必然。

中国话语权

搞好世界经济发展是世界各国的共同责任，每个国家都有责任把本国发展经济的成功经验贡献出来。我们中国也不例外，我们也要把中国经济发展的成功经验的理论总结贡献给世界，对世界经济的发展产生积极影响。

改革开放 30 年来，我国取得了举世瞩目的成就，这本身就是对世界经济的重大贡献。很多有识之士认为中国经济发展是世界经济发展的引擎。中国的国际地位在迅速提升，我们要珍惜我们取得的成就，看到它对推动世界经济发展的积极作用。同时，在世界上要有我们自己的话语权。就世界经济如何发展问题应该有各种不同的声音，也应该有中国的声音和话语权。中国成功经验的理论表述，就是中国的声音和话语权，代表着中国的主张。

同时，我们必须认识到话语是形式，是表现；思想是内容，是实质。话语体系是伴随思想理论体系的确立而形成的。在打造中国话语权和中国话语体系时，我们应当坚持继承和创新，不断地把马克思主义基本原理同我国的实际和时代特征相结合，才能使我们站在理论研究的制高点。

本文选将从中国经济发展取得成功经验实际出发，而不是重复、抄袭和照搬其他国家老旧的经济理论。中国应该拥有自己的话语权，表述中国本土化的、原创的市场经济理论，用中国的理论研究成功解读中国实践和中国道路，提出中国的理论主张，体现中国的话语权和具有中国特色、中国风格和中国气派的语言体系。

新世纪以来，我写了不少有关新市场经济理论和新市场经济发展模式的文章。选出了集中体现最新经济理论研究成果的 58 篇文章，编成文选，做出我们自己的理论总结，并上升到理论的高度，向全世界进行阐述。

在本文选的编辑过程中，李元元、李治宇同志做了大量的整理校对工作，在此表示感谢。欢迎广大读者就本文选的理论观点交流探讨提出宝贵意见！以便日后修订。

附录五：两篇宣言

知识资本宣言
——全球首届知识资本高峰论坛通过

(2009年8月22日于北京)

20世纪80年代以来，世界经济发生了日益深刻的变化：一种全新的经济形态——知识经济正疾步向我们走来。她以其独特的魅力登上了社会经济发展的历史舞台，成为推动各国经济发展的关键性资源和主导力量，并以不可阻挡的奔放势头向传统的经济发展模式发起挑战。由此激发了世界各大洲经济学家对知识经济以及知识资本量化和管理的研究热情。

2009年8月22日至23日，是一个具有里程碑意义的历史性时刻，全球首届知识资本高峰论坛在中华人民共和国首都——北京隆重召开。

这里云集了数百名来自各大洲不同国家研究知识经济、知识资本的顶尖级专家和中国知名学者、企业精英、国家政要。

从这样的背景和事实中可以得出以下结论：

人类从来没有像现在这样更加深切地感受到"知识就是力量"的真正涵义；知识的空前传播和知识资本的广泛应用，为新时代经济社会注入了强大的动力和无限的活力；人们越来越清晰地认识到：单一货币资本主宰世界经济发展的时代已经结束，货币资本、知识资本、消费资本共同发挥作用的复合资本时代正在到来！

知识经济、知识资本的研究已经成为全球范围内的世纪性课题了，她如巨大的磁铁，吸引着一切有识之士注目，凝聚着一切有志于此的经济学专家和学者聚焦。

面对全球性金融危机，更多的学者开始跳出传统经济学的藩篱，用一种崭新的、更加宽广的、更加科学的视野和方法，审视现实、规划未来，积极为自己的国家和全世界尽快化解危机难题寻找新的理论，探索新的方向和路径。

为了这一崇高责任和神圣使命，本届高峰论坛将专家们的交流成果，提出的理念、思想和达成的共识，凝练和提升，形成如下宣言，用中文、英文等多种语言公诸于世。

一、知识资本理论的发现和应用

知识资本的发现是人类历史上一次伟大的发现，知识资本的应用是人类历史上一次伟大的实践。

1969年，美国人加尔布雷斯第一次提出知识资本概念。他认为"知识资本是一种知识性的活动，是一种动态的资本，而非固定的资本形式。"此后，知识资本概念正式以理论形态被世人认可，并迅速燃起了世界各大洲经济学家的研究热情。

1980年，日本学者弘之伊丹出版了《发动无形资产》的专著，对知识资本与企业价值的关系，做了系统的开创性的研究。

1986年，卡尔·艾里克·斯维比出版了第一本探讨只有员工知识和创造力的知识公司的著作，对知识资本的本质进行了深入的分析，认为知识资本体现在公司员工的竞争力和公司的内外结构上。斯维比被称为知识管理的奠基人和开拓者，也是第一个认识到需要测量知识资本量的人。他率先为无形资产建立了会计制度，并在自己的公司里进行周密的测试。

20世纪90年代以来，有越来越多的经济学家和管理学家投入对知识资本的研究，不断为知识资本理论和实践的发展作出贡献。其中，美国《财富》杂志的编辑托马斯·斯图尔特等人是特别值得一提的卓越者。托马斯以其敏锐的历史洞见，推动着知识资本研究工作不断向深度和广度发展。1991年，他在其经典性论文《知识资本：如何成为美国最有价值的资产》中指出，知识资本已经成为美国最重要的资产；1994年，他又进一步论证了知识资本是企业最有价值的资产。Stewart Thomas A 将长期以来被大家忽视的知识资本及其重要性揭示出来，指出知识资本虽然常常以潜在的方式存在，但都是企业、组织和一个国家最重要的资产。另外两位权威的知识资本专家艾德文森（L. Edvinsson）和沙利文（P. Sullivin）则认为，知识资本是企业真正的市场价值与账面价值之间的差距，这就使知识资本的概念更加通俗易懂，同时为知识资本量化分析指明了方向。

中国经济学界对知识资本的关注和研究起步于世纪之交，世界新经济研究院院长陈瑜教授的研究成果代表着中国人对这一理论研究的高度。他的主要贡献：一是提出了新的资本理论，指出，完整的市场经济应该由货币资本、知识资本和消费资本三种资本构成，而且随着科技进步与发展，几乎每个经济元素包含的知识和科技含量越来越高，知识对社会经济发展的作用越来越大。二是率先开发出了知识资本量化长效激励机制管理系统，将定性与定量的方法相结合，建立了知识资本量化模型，为国家、地区和企业实施对知识资本管理和分配提供了具体可行的方法。三是提出了推动市场经济发展的总体思路和基本运行方式，即继续充实货币资本，高度倚重知识资本，大力开拓消费资本；由单一的货币资本发展经济的传统发展方式转化为"消费资本导引、知识资本助推、货币资本保障"的三种资本融合、联动的新型发展方式。这就科学地揭示了全世界一切市场经济国家经济发展必须遵循的铁律。

二、知识资本理论研究的问题和任务

人类认识的一般顺序是实践先于理论，理论是是实践的观念反映。

与蓬勃发展的知识经济相比，关于知识资本的研究相对滞后，总体上还处于初级阶段。从这样的基础前行，我们任重道远，也就是说，在当今和今后一个时期内，知识资本的理论研究和应用研究将面临着诸多问题和繁重任务。

一要进一步加强有关知识资本的基础性理论研究。要回答这样一些问题：什么是知识资本？知识资本理论的基本问题是什么？知识资本推动经济创新和发展的过程、特征和机制是什么？知识与科技、经济社会的关联怎么样？知识资本理论包含着哪些范畴和基本规律？知识资本理论体系应该如何建构等等。

回答这些问题，首先要对知识资本概念的内涵作出科学界定。因为知识资本是知识经济的细胞，是全部知识资本理论的逻辑起点。人们对知识资本内涵的认识和科学界定经历了一个从人力资源到人力资本，再到知识资本的不断深化过程。

学界最初的表达是人力资源是货币资本投入教育后转化而成的由人的个体所承载的知识和技能。人力资源作为资本投入到生产和流通领域创造价值，即转化为人力资本。20世纪60年代，西奥多·舒尔茨给人力资本的概念下了定义，即人力资本是指凝结于劳动者身上，通过投资费用转化而来的表现为劳动者技能和技巧的资本。莱斯特·瑟罗则进一步将人力资本定义为个人的生产技术、才能和知识。到了20世纪末，人们看了人力资本中知识技能的重要性越来越突出，知识资本的概念逐步取代了人力资本。2008年，中国学者陈瑜在他的《消费资本论》一书中，比较全面地揭示了知识资本的涵义，指出，知识资本是以知识形态表现的资本，它的外延应是包括在产品和服务的创造过程中所有知识性、技术性的投入。知识资本有广义和狭义之分。广义知识资本是指以人及其知识成果为载体所凝聚的知识总量，包括能力、管理、技术、经验及其成果等要素。狭义知识资本是指人及其知识、技术成果为载体的知识总量在其工作过程中一定时期内释放出来的现值，它包括员工积累的知识、技术、能力和正确的价值观、兴趣、态度，以及正在创造的知识及其成员等。

无疑，这是我们目前对知识资本科学内涵的认识所达到的高度，也许还应发展和完善。但这些认识不仅为深入研究知识资本以及与之相关的基本概念和基本原理奠定了基础，而且为进一步构建科学的知识资本理论体系提供了前提。

二要进一步深化对知识资本量化方法的研究。相对于前者，这种研究更侧重于应用。知识资本量化研究，将有助于准确地量化国家、地区和企业在发展过程中运行着的知识资本在全部资本中所占有的比例，为国家、地区和企业经济增长从资本构成方面提供可靠的标准和精准的量化说明。这对于优化资本结构，提速经济发展，更充分地发挥知识资本在创造财富中的作用具有十分重要的作用。

因此，不少国家政府早就组织专家学者们着手于这方面的研究了，并相继提出了20多种知识资本量化方法。这些方法基本上是沿着宏观和微观两种思路展开的，存在着两个主要缺欠和不足：（1）因不是以知识资本单体量化为研究起点，所以计算结果多与企业实有知识资本总量不相符合，甚至相距很大；（2）在量化方法上遵循的不是统一的尺度和标准，所以计算结果在不同国家、地区和企业难有可比性。但是，这些探索是有益的，每种方法都有可取之处，对进一步寻找并建立统一的量化标准和方法具有一定的启迪和借鉴意义。正如密勒所说："曾经是正确的东西，虽然可能很渺小，但却好比种子，定会在另一些正确的东西中延续其生命。"

实际上，近年来在不断探索中，我们已经初步找到了知识资本量化的方向和路径，并成功地开发出了很有实用价值的软件。这就是以个人知识资本量化研究为出发点，将知识资本量化研究的目标分为个人、组织（机关、企业）、区域和国家四个层次；进而设定知识的指标体系，采用分层分析方法构建数学模型，最终求出每个单位的知识资本的含量。由于个人是知识资本的载体，所以只要求出单个人的知识资本含量，就可以比较准确地计算出企业、地区和国家的知识资本总量，就能够科学地建立起知识资本量化的方法和模型。

三要进一步加强对现代知识产权制度的研究。这种研究从一定意义上说,与知识资本量化研究互为因果,相互促进。为了尊重知识,发挥知识在经济发展中的作用,人们制订了现代知识产权制度,将知识的成果以货币资本的形式进行量化之后在市场上流通。但严格说来,在这阶段,知识还未能成为真正的资本。由于知识产权是知识资本的成果,而不是知识资本本身,所以知识资本的许多成果,无法完全用知识产权的方式表现,它所能表现的只不过是一部分,即可以购买和流通的那一部分。可见,在现代知识产权制度下,知识资本的职责在很大程度上是由货币资本代行和承担的,所以它的活力很难充分释放出来。这就要求我们必须在科学解决知识资本量化基础上,改革和完善现代知识产权体制,使之由知识产权体制转化为知识资本体制。只有这样,才能充分发挥知识资本的作用,才能推动经济社会更迅速更科学的发展。

四要进一步加强对经济伦理的研究。研究知识资本理论,建构知识资本理论体系必须与经济伦理相联系起来。知识资本与货币资本、消费资本共同推动经济社会发展,创造财富,而伦理必须确保发展和创造是正当进行的。

经济伦理包括三个层次:经济制度、企业和个人决策。我们应该关注的不仅仅是企业和个人,同时还应该关注发挥包括知识资本在内的各种资本发展经济,创造财富作用时,他们对经济制度、国家利益和人类的福祉带来什么样的影响。

知识资本价值如何实现,是由知识资本的拥有者和使用者的价值观决定的。运用知识资本发展经济和创造财富,动机可以是追求私利,也可是为了国家和民族的繁荣富强。另一方面,他们的理想信念、个人发展的乐趣以及服务于社会和他人的乐趣,也是至关重要的。我们的理论和研究更重要的是要考虑到动机和最终结果这两者之间的统一。如果研究知识资本推动经济发展时,脱离经济的充分基础而是一味地简单片面地空谈知识作用和技术意义,那就永远接近不了真理。从这个意义上说,我们应该把经济伦理放在知识资本及其知识经济的核心地位上,应该让伦理贯穿在知识资本推动经济社会发展过程的始终,要把可持续发展、生态文明建设、社会效益、公平分配作为不可或缺的理念,纳入我们的研究视野。我们的使命之一，就是帮助社会一切生产经营单位树立科学发展观念，引导其在经营战略和经济活动中，始终做到既考虑利润增值的需要，又考虑保护环境，着眼于长远发展和促进社会福祉目的的实现。

五要集中力量从知识资本角度加强对当前金融危机成因的研究。知识资本与金融资本具有很强的耦合关系。第一次工业革命以来的历史表明，随着知识、技术发展和新产业出现，利润和预期市场的扩大，货币资本会大量投入到新产业和新基础设施，逐取高额利润。但是，这种投入达到一定程度时，利润下降，人们的预期破灭，从而导致金融危机和经济危机。这是一条不可抗拒的规律。当前这场席卷全球的金融危机就是由知识资本积累和转化、信息技术变革和发展而引起的。我们记得，20世纪70年代开始，金融资本快速进入对信息技术和网络技术的投资，进入产业范式构建阶段。到了20世纪80年代末期，投资大量扩张，纳斯达克一路上涨。但是，高投入并没带来预想的高回报，人们的预期受到一定程度的影响，金融资本开始寻找新的机会。它们把触角伸向了东南亚，从而引发了亚洲金融危机。不久，网络泡沫也彻底破灭了。

按理，当时美国经济就应该出现萧条，但危机为什么直到2008年才全面爆发？有两个原因：一方面，在知识爆炸时代，信息技术革命的脚步不会因网络泡沫的破灭而停止，尤其是无线通讯技术的革命，带来了网络基站等新的基础设施建设，手机等电子新产品如雨后春笋般涌现出来，知识资本、技术进步不断推动各种终端产品向小型化、功能化、实用化方向发展，创造了新的产品和市场；另一方面，为了避免经济衰退，美联储连续27次降息，增加了市场的流动性，贷款增多，投资过热，诱导不当消费，刺激房地产市场。但是，在弥补网络泡沫破灭带来损失时所生成的房地产市场泡沫，很快也破灭了。于是，次贷危机引发了金融危机，扩散至全球，演化为一场金融风暴，对实体经济产生了巨大的负面影响。

找到了原因，就明晰了化解和摆脱的办法。我们认为，当前金融危机属于技术变革周期中波动，是由于美国信息技术带来的金融资本和产业资本分离，过度虚拟化的结果。因此，只有通过根本性的调整，使金融资本和产业资本再次结合才能化解危机。我们相信，在货币资本和知识资本、消费资本三者结合和共同推动下，全球经济一定会走出危机低谷，实现新的复苏。

三、知识资本理论研究与实践的重大意义

近两个世纪以来，人类社会所创造的物质财富比之前所有时代财富的总和还要多，人类的生活水平与科学技术得到了空前的进步。但是，高投入，高消耗的传统经济发展模式，在世界各国人民创造物质财富的同时，也给我们赖以生存的自然环境留下了难以愈合的伤痕。资源枯竭，环境污染，动植物生存环境日益恶化，这种种问题都成为悬在世界各国人民头上的达摩克利斯之剑，迫使人们加快步伐，寻找全新的、可持续发展的经济增长模式。

在这样的历史大潮下，知识经济携着一阵春风，出现在我们的面前。知识资本理论研究与实践也随之如雨后春笋般在世界各国展开。

知识资本理论作为一种新兴的经济理论。它以高科技为主要特征，以无限知识为基础的，能够给企业带来利润的无形资产；人类社会的生产力开始进入这样的一个阶段，知识正在取代土地、物质资本等传统的资本日益在生产中起着主导作用；在新的世纪，只有以知识的投入代替资源的投入，经济才能持续长久的发展；知识资本的出现，使企业的所有制发生了变化，新型的以知识管理和知识分配为主要内容的企业制度开始出现并深刻影响未来社会的所有制结构。知识资本理论的兴起，丰富了生产资料的内涵，为认识所有制提供了新的视角，为全世界经济可持续发展提供了一条康庄大道。

未来的时代是知识经济时代，更是一个知识资本起主导作用的自由王国。研究知识资本理论，发展知识经济，为我们的子孙后代创造一个良好的物质与精神生活环境是我们共同的使命，让我们在不同的国度共同踏上通往知识资本自由王国的征程。各国专家们已经取得的研究成

就，标志着我们已经叩开了自由王国的大门。当然，这是一个充满神奇的世界，还有数不清的必然的东西，等待着我们去触摸和认识。

经济全球化使我们成为"地球村"的邻居，也让我们告别了以往的孤立地单兵作战式的研究方法。为了更好地凝聚和优化稀有资源，早在2008年12月第四届中国——东盟企业家交流研讨会上，世界新经济研究院院长陈瑜教授就正式发出了"成立一个由各国专家组成的关于知识资本量化研究的学术委员会，建立一个世界性的知识资本研究中心，搭建一个有利于彼此交流的平台"的倡议，当时，得到了与会者的一致赞同。于是，就有了2009年3月在香港成立的"知识资本国际联盟"，就有了这次在北京举办的"全球首届知识资本高峰论坛"。

近距离的接触让我们有了深切的了解，深切的了解锻造了"知识资本国际联盟"面向世界和未来的共同的理念和追求。

今天，我们比以往任何时候都更加懂得，面向世界，就意味着让我们更自觉地投入世界，与世界共忧，思人类所共思之题，创人类尚未创立之业，解人类仍未解之谜，让知识资本理论的参天巨树挺拔于世界知识之林；面向未来，不仅意味着时间的无限性，也意味着勃发的想象力和上下求索、众志成城的豪迈精神。未来不停地呼唤，自由王国的大门永远敞开着，迎纳所有涉过暗夜的来者。在未来的行进中，"必然"将一个个被征服，成为一个个"自由"。未来的天地如梦，我们的任务就是变梦想为现实。

朋友们，清晓的光已照亮崎岖的山路，走，便是当前的任务。让我们负重前行，毫不踌躇，肩并着肩，手拉着手，共同开辟知识资本理论的新境界，一道开创知识资本应用的新纪元，携手谱写知识经济时代的新篇章！

消费资本宣言
——全球首届消费资本高峰论坛通过

（2009年12月19日于北京）

消费资本犹如一只无形的大手，无时无刻不在影响着市场经济的发展。消费不再仅仅是市场经济的一个过程，她已经成为市场经济发展最主要、最直接的动力。在世界经济大发展、大变革的历史时期，消费资本论的提出是21世纪市场经济理论最重要的突破，是人类社会经济发展观的一次重大革命；而召开"全球首届消费资本高峰论坛"，则标志着消费资本论已经进入到推广和应用的阶段。这是一项伟大的发现，也是一场伟大的实践。它标志着广大消费者、政府官员和企业家的觉醒，也标志着消费资本引领世界的时代已经到来。我们在此集聚一堂，共同发表《消费资本北京宣言》，具有里程碑的意义。

一、消费资本主导世界经济发展的时代已经到来

进入新世纪，世界经济形势发生了深刻变化。国家、地区和企业发展的经济背景较之以前有了本质的不同。最重要的区别是市场经济已经完成了由卖方市场向买方市场的过渡，市场经济已经进入一个新的发展阶段。在以买方为主的市场经济发展阶段里，消费资本以其独特的魅力和强势的姿态，登上了人类社会经济发展的历史舞台。消费资本成为推动各国经济发展的关键资源和主导力量。它一经出现，就显示出它对社会经济发展的巨大威力，并立即向传统的经济发展方式发起挑战，引起各国政府领导人、企业家的高度关注，也激发了世界各国专家学者对消费和消费资本的研究热情，并且事实上已经成为各国研究经济发展的焦点。消费资本论至今已经成为对中国经济和世界经济发展产生广泛影响的新的资本理论，为所有市场经济国家提供了新时期经济发展的理论导向，她将引导人们寻找到新的经济增长极和新的经济发展方式。

消费资本论认为,完整的市场经济资本构成应包括货币资本、知识资本和消费资本三种资本,而不是唯一的货币资本。因此,解决国家、地区和企业经济发展所需要的资金问题,总的思路应当是:继续充实货币资本,高度倚重知识资本,大力开拓消费资本。同时,经济发展方式也应该是多元的,由单一的货币资本发展经济的传统发展方式,转化为货币资本和知识资本相结合的发展方式,再转化为"消费资本导向、知识资本创新、货币资本推动"的三种资本融合、联动的新型发展方式,是全世界各个市场经济国家经济发展所遵循的法则,也是市场经济一条非常重要的经济发展规律。这标志着货币资本主宰世界的时代已经结束,消费资本主导世界经济发展的时代已经到来。

二、消费资本论标志着新经济运行体系的建立

复合资本时代的到来,冲击和影响着市场经济的各个领域和环节,昭示着一个新的经济运行体系的诞生。从市场经济发展史来看,到目前为止依次出现过两种经济运行体系,一是以亚当·斯密经济学为理论基础的"自由放任"的经济运行体系;一是以凯恩斯经济学为理论基础的经济运行体系,强调政府在经济运行中的作用。

但是从本质上看,这两种经济运行体系都是建立在生产本位理论基础上的经济运行体系,前者强调自由放任发展;后者则强调调控,以使生产处于有序的发展状态。二者在经济发展方式、商业模式、企业制度以及分配制度上并没有本质区别。

而以消费资本论为基础建立起的经济运行体系,它的各个组成部分都是以消费资本论为基础构建起来的,无论是经济发展方式、商业模式、企业制度,还是分配制度都同旧的经济运行体系有着本质的区别。因此,它是一种全新的经济运行体系。而消费资本论是贯穿整个新经济运行体系的一条红线。

新经济运行体系是一种速度适宜、效益显著、可持续发展并且可以实现社会全体成员共同富裕的经济运行体系。换言之,它是以三种资本为动力,以速度适度、效益显著、可持续发展为特征,以实现社会全体

成员共同富裕、构建和谐社会为目的的经济运行体系。

新的经济运行体系包括新的经济发展方式、新的商业模式、新的企业制度和新的分配制度。新经济运行体系不仅对当前我国经济发展升级具有重大现实意义，而且对中国和世界经济长期发展也具有重大的理论导向意义。

三、消费资本理论是社会经济发展观的重大革命

消费资本论的提出，是社会经济发展的重大革命。它以崭新的视角和思维模式，分析了消费同生产一样，是推动社会经济发展的动力。

以往的经济学家，包括获得诺贝尔经济学奖的经济学大师们，他们理论上一个共同的缺陷，是重生产轻消费。这种缺陷是由于历史的局限及其理论研究前提的失衡双重原因而形成的必然结果。

其实，人类社会经济发展的最终目的是为了消费。消费是生产的动力，消费是生产的市场，消费是生产的目的。生产和消费是一个问题的两个方面。只从生产的角度分析社会经济的发展，是单方面的、局部的分析。只有从资本的高度并同时从生产和消费两个方面分析社会经济发展，才是全面的、科学的分析。

消费资本论，从时代变化和理论发展两个方面突破西方传统经济学理论的局限，而提出的新的资本理论体系。它引领了一种新颖的创新思维方式，着眼于从生产和消费双向看问题。把消费向生产领域和经营领域里延伸，科学地论证了消费转化为资本的过程，提出消费即是投资。从而在世界经济学说史上第一次提出消费资本这一新的资本形态，并以完整的理论体系把社会经济发展中消费和消费资本的力量系统的揭示出来。说明消费作为一种资本，它同货币资本、知识资本一样，成为经济发展的直接动力。

继货币资本、知识资本之后，消费资本的确立和消费资本理论体系的建立，是21世纪资本理论的又一重大突破，是资本理论的第三次革命，是资本理论史上新的里程碑，也是社会经济发展观的一次重大革命。

四、消费资本论开创公平分配的新纪元

几个世纪以来，在传统的市场经济理论影响下，我们的市场经济一直是货币资本一枝独秀。它的作用一直受到高度重视，货币资本所有者的权益也得到最充分的保证。而知识资本的作用和知识资本所有者的权益，尤其是消费资本的作用和消费资本所有者的权益，却长期处于被淡化甚至缺位的状态。传统的市场经济资本理论这种失衡，是形成不公平分配制度的深刻的理论根源。

消费资本论认为由三种资本共同创造企业利润，因而应由三种资本所有者共同参与利润分配的理论，将是确立新的公平分配制度的理论基础。这种新的公平分配制度，将从根本上打破流行已久的不公平的分配格局，而从源头上解决分配不公的问题，将结束几个世纪以来企业不公平分配制度的历史，开创企业利润公平分配的新纪元。

五、消费资本论开启新企业制度的新时代

新企业制度是由三种资本组成的，融合三种资本力量，并保护三种资本所有者权益的"综合资本股份有限公司"。

在"综合资本股份有限责任公司"中，三种股东——原始股东、员工股东、消费者股东分别代表了货币资本、知识资本和消费资本。具体做法是，根据我国现在市场经济的发育程度和我国企业发展的实际情况，实施知识资本股东价值测评制和消费资本股东预留制。"综合资本股份有限责任公司"将充分发挥三种资本的重要作用，真正实现了三种资本融合、联动推动企业经济的发展。

新企业制度的建立，需要对企业原有的组织结构进行调整，除了企业原有的董事会、总经理、市场部等职能部门外，特别要在企业中建立的消费资本管理部和知识资本管理部，有效地将企业知识资本和消费资本的积极性和能动性调动起来，共同为企业的发展服务。

"综合资本股份有限公司"作为全新的企业制度，从根本上改造了传统的从1602年由荷兰开始建立并流行至今的单一货币资本股份制模

式。从而，开启了新企业制度创新发展的新时代。

六、消费资本论是新商业模式伟大实践的理论基础

新商业模式是以消费资本论为理论基础，以全新的电商平台为运作载体，应用崭新的地面商铺经营理念，使地网（地面商铺）和天网（电商平台）有机结合；联合生产厂家、供应商和物流企业，并引入虚拟经济（订单经济）和增值服务理念，同银行和保险公司密切合作，使企业的信息流、价值流和物流，三流合一；使实行新商业模式的企业在获得规模优势的同时，兼具中小型企业灵敏的反应和创新能力。因此，新商业模式具备以往传统企业运营模式难以比拟的强大竞争优势。

新商业模式的核心特征是消费者与商家共同分享利润。新商业模式在实际运作过程中，将形成一个长期的、深层次合作的，甚至是互为股东、利润共享的、紧密型的利益共同体。企业在这一利益共同体中发挥核心作用，为各合作单位提供卓有成效的服务，给合作者带来显著的经济效益，同时也给本企业带来巨大的利润。

这种新的商业模式是世纪之交更新换代、具有划时代意义的新模式。一方面，消费者在购买商品的过程中有回报预期，从而深受广大消费者的欢迎；另一方面，又由于把大批规模订单交给供应商，使供应商扩大了市场，从而深受广大供应商的欢迎。它一改以往旧运营模式的诸多弊端，更加方便、快捷，效率更高地为消费者服务。它从根本上改变了完全无视消费者利益的旧的商业模式，是在世纪之交提出的一个科学的、严谨的、具有更新换代和划时代意义的新商业模式。

七、消费资本理论是中国的，也是世界的

由我国著名经济学家陈瑜教授提出的消费资本论是中国市场经济发展的理论总结，是中国本土化、体系性的理论创新，一经推出就引起了世界各地的广泛关注和热烈反响。作为以人为本的创新理论，消费资本论为最广大的消费者立言，被称为中国的"穷人经济学"；同时，它作为一种"全富"理论，也将为中国和全世界构建一个共赢的社会、一个

和谐的社会、一个真正繁荣的社会作出贡献。

　　消费资本论在不断的发展、传播和实践的过程中，已经由一人之论转变成为一派之论，也必将成为一国之论和普世宏论。陈瑜教授提出的消费资本论为全世界消费者送来了一份辉煌的礼物，同时也触动了经济学界几个世纪以来的盲区，其意义不亚于发现元素周期表，是世界经济未来几十年发展的一把金钥匙，必将造福全世界数十亿消费者。因此，研究、宣传和践行消费资本论，不仅是经济学家的责任，而且也是广大消费者、企业和广大企业员工的责任，同时也是全世界各国人民共同的责任。为此，我们呼吁：全世界消费者联合起来，为开辟消费资本论研究的新境界，开创消费资本理论实践的新纪元而共同奋斗！

参考文献

1. 马克思. 资本论（第1卷）[M]. 北京：人民出版社，2004.
2. 〔美〕曼昆. 经济学原理 [M]. 梁小民，译. 北京：三联书店及北京大学出版社，2006.
3. 傅允生. 去奢从简：中国古代消费观溯源——从孔子、老子消费思想说起 [J]. 现代财经，2000（10）.
4. 张文显. 市场经济与现代法的精神论略 [J]. 中国法学，1994（6）.
5. 中共中央马克思恩格斯列宁斯大林著作编译局. 马克思恩格斯全集（第2卷）[M]. 北京：人民出版社，1972.
6. 中共中央马克思恩格斯列宁斯大林著作编译局. 马克思恩格斯选集（第1卷）[M]. 北京：人民出版社，1972.
7. 普列汉诺夫. 普列汉诺夫哲学著作选（俄文版）[M]. 北京：三联书店，1959.
8. 王利明. 民法 [M]. 北京：中国人民公安大学出版社，2005.
9. 斯蒂格勒. 经济管制理论 [J]. 经济与管理科学（第2卷），1971（1）.
10. 中国金融年鉴 [M]. 北京：中国金融出版社，2002~2017.
11. 陈勇勤. 中西方经济思想的演化及比较研究 [M]. 北京：中国人民大学出版社，2006.